Walter-Jörg Langbein

Das große Buch der Esoterik

Geheimgesellschaften • Satanismus
Heilkunde • Magie • Wahrsagen

MOEWIG

Hinweis: Die Ratschläge und Empfehlungen dieses Buches wurden von Autor und Verlag nach bestem Wissen und Gewissen erarbeitet und sorgfältig geprüft. Dennoch kann eine Garantie nicht übernommen werden. Eine Haftung des Autors, des Verlags oder seiner Beauftragten für Personen-, Sach- oder Vermögensschäden ist ausgeschlossen. In allen medizinischen Fragen ist der Rat des Arztes maßgebend.

Originalausgabe

Umschlagfoto: Schuster
Printed in Germany
ISBN: 3-8118-1650-0

Inhalt

Vorwort: Wohin es geht

Vor Jahrhunderten lebten die stolzen Uros auf künstlichen Inseln in dem riesigen Titicacasee (Peru und Bolivien). Der Legende nach verfügten sie über besonderes Wissen, das auf himmlische Götter zurückgehen soll. Esoterisches Wissen? Die Uros wurden von den Inkas verfolgt und vertrieben. Ihre Nachkommen sind zurückgekehrt und setzen alte Traditionen auf den originalgetreu nachgebauten Schilfinseln fort. Touristen besuchen gern ihre originellen Wohnstätten, fotografieren und kaufen handgewebte Teppiche.

Nur wenige Kilometer von der Touristenattraktion entfernt, am Ufer des Titicacasees, gibt es eine archäologische Merkwürdigkeit, die kaum von Fremden beachtet wird. Im Örtchen Juli, zehn Kilometer von Puno entfernt, fragt man sich am besten zum „Tor in eine andere Welt“ durch. Zu erreichen ist es nur über holprige Feldwege, vorbei an steinigen, kargen Feldern, oft umrahmt von dornigem Gestrüpp. Einzelne Bauern schuften. Sie wundern sich, wenn es einmal einige Fremde in ihre Welt verschlägt. Sie nicken, grüßen freundlich und wenden sich wieder ihrer schweren Alltagsarbeit zu.

Die Sonne brennt erbarmungslos vom wolkenlosen Himmel. Plötzlich taucht braungrau eine felsige Erhebung auf. Wird sie Schatten spenden? Wir nähern uns langsam. Die Luft ist dünn in mehr als 4000 Metern Höhe, jeder Schritt strengt an. Aus der Nähe wird erkennbar, dass eine Seite der natürlichen Felsformation eindeutig bearbeitet worden ist, und das vermutlich schon vor Jahrtausenden. Ein gewaltiges Tor wurde dem harten Fels abgetrotzt. Eine Fläche von gut zwanzig mal zehn Metern wurde glatt poliert.

Im Zentrum der Wand lockt eine kleine, in den Stein gemeißelte Tür. Wohin mag sie führen? Wieder tritt man näher. Und ist fast enttäuscht. Die kleine Tür mündet nirgendwohin. Sie endet im gewachsenen Stein. Im Zentrum der Tür wiederum gibt es eine etwa faustgroße, halbrunde Kuhle. Damit hat es eine ganz besondere Bewandtnis. Der Forscher Paul Damon, der sich intensiv mit dem steinernen Rätsel auseinander gesetzt hat, weiß von einer uralten Überlieferung zu berichten: Man muss hier eine ganz bestimmte goldene Kugel einsetzen und einen magischen Gesang anstimmen, damit man durch die steinerne Wand in eine andere Welt gelangen kann.

Aus esoterischer Sicht stellt das mysteriöse Tor mit der kleinen Tür den Zugang zu geheimem, verborgenem Wissen dar. Wer als Eingeweihter über den richtigen Schlüssel verfügt, wer ihn richtig anzuwenden weiß, der kann durchschreiten, was für die meisten Menschen immer verschlossen bleiben wird.

Für Esoteriker ist das Tor am Titicacasee ein physisch greifbares Sinnbild für das Unsichtbare hinter der Fassade des Alltäglichen. Es soll verdeutlichen, dass die Welt, wie wir sie mit unseren fünf Sinnen wahrnehmen, nur ein Teil einer viel größeren Gesamtwirklichkeit ist. Seit unzähligen Jahrtausenden haben Esoteriker diese verborgene Welt zu ergründen versucht. Ihre Erkenntnisse wurden der Allgemeinheit vorenthalten. Der griechische Philosoph und Wahrheitssucher Platon (427–347 v. Chr.) unterschied zwischen den Logoi exoterikoi und den Logoi esoterikoi, zwischen Schriften, die für die Öffentlichkeit bestimmt waren und anderen, die nur seinem engsten Schülerkreis vermittelt wurden, zwischen öffentlichen und verborgenen Lehren.

Diese Unterscheidung einerseits zwischen allgemein zugänglichem und andererseits nur Auserwählten verfügbarem Wissen gab es vermutlich schon immer: beim einfachen Naturvolk in der grauen Vergangenheit ebenso wie bei der imposanten Hochkultur. Die kulturwissenschaftlich arbeitenden Schriftsteller Louis Pauwels und Jacques Bergier gehen sogar so weit zu behaupten, dass Esoterik sozusagen die logische Konsequenz von Menschsein ist: „Wir sind der Ansicht, dass die Intelligenz, wenn sie ein bestimmtes Niveau erreicht hat, unwillkürlich zu einer Art Geheimwissenschaft wird. Wir meinen, dass sie über unbegrenzte Macht verfügen wird, wenn sie sich nur voll entwickeln kann, wenn sie nicht in einem Blumentopf verkümmern muss, sondern auf freiem Boden steht.“

Jahrtausendelang wurde weltweit esoterisches Wissen zusammengetragen. Die fortschrittlichsten Wissenschaftler ihrer Zeit waren häufig Esoteriker, die im Geheimen arbeiteten. Nicht selten geschah dies aus Selbstschutz. Neue, revolutionäre Gedanken konnten im wahrsten Sinne des Wortes lebensgefährlich sein. Speziell im späten 19. und frühen 20. Jahrhundert freilich wandten sich die so genannten seriösen Wissenschaften von jeglicher Form vermeintlichen dummen Aberglaubens ab. Ins Kreuzfeuer der Kritik geriet auch die Bibel.

Wir kennen heute dank moderner Messmethoden sehr genau den Aufbau unseres Planeten Erde, von der harten Kruste bis zum weichen Kern. Wir wissen, dass die Erde eine Kugel ist, die wie eine kostbare Perle in der Schwärze des luftleeren Alls hängt. Wir sind genau über den Urknall informiert. Das gesamte Universum war einst auf einen winzigen Punkt komprimiert und dehnte sich in einer unvorstellbaren Explosion ins Unendliche aus. Diesen Wissensstand verdanken wir einigen wenigen Generationen moderner Forscher und Wissenschaftler. Bibelkritiker weisen nun darauf hin, dass die Autoren des Alten Testaments ein im Vergleich dazu nicht nur sehr primitives, sondern auch vollkommen falsches Bild von der Erde und dem Kosmos zeichneten. Sahen sie nicht die Erde als platte Scheibe? Hatten sie nicht von der Kugelgestalt unseres Heimatplaneten genauso wenig Ahnung wie von der Sache mit dem Urknall?

Wir sind mächtig stolz auf unseren Wissensvorsprung. Freilich zeigt es sich bei genauerem Studium der Originalschriften des Alten Testaments, dass sie ein verborgenes Wissen enthalten, das geradezu verblüffend ist. Entschlüsselt man die Sprache der Bibel, dann stellt man fest, dass die altehrwürdigen Texte ein Weltbild beschreiben, das nicht weniger genau und zutreffend ist als das unsere. Die explosionsartige Ausdehnung nach dem Urknall war ebenso bekannt wie die Kugelgestalt der Erde und ihr genauer Aufbau, vom weichen Inneren bis zur harten Schale.

Uraltes, dabei unglaublich präzises und hochgradig zutreffendes Wissen wurde versteckt: hinter einer Sprache, die für den oberflächlich Lesenden geradezu belanglos klingen konnte. Es wurde aber auch in geheimen Zirkeln von Generation zu Generation weitergereicht, der großen Öffentlichkeit vorenthalten. Das Große Buch der Esoterik versucht diesem verborgenen, sprich esoterischen Wissen auf den Grund zu gehen und es systematisch offen zu legen.

Bei den Azteken und bei den Mayas gab es keine künstliche Trennlinie zwischen Mystik, Magie und Materie. Der Mensch galt nicht als Gegenstück zum Göttlichen. Vielmehr gingen himmlische und irdische Welt ineinander über. Während magischer Rituale wurde die

Grenze zwischen den Reichen der Menschen und der Tiere aufgehoben. Menschen wuchsen über sich selbst hinaus. Scheinbar unverrückbare Grenzen wurden aufgehoben: zwischen Menschen und Göttern. Was bei diesen alten Kulturvölkern schon vor Jahrhunderten praktiziert wurde, das forderte der Physikprofessor und Philosoph Fritjof Capra in den 80er-Jahren des 20. Jahrhunderts. Man müsse die Wirklichkeit in ihren vielfältigen Erscheinungsformen wieder als Einheit sehen. Strenge Naturwissenschaft und Mystik sollten mit vereinten Kräften versuchen, der Realität auf den Grund zu gehen. Physik und Philosophie, so Capra, müssten gleichberechtigt unser Denken bestimmen.

Erleben wir die Verwirklichung von Professor Capras Vorstellungen in Gestalt der Esoterik? Fallen jetzt auch bei uns die so lange gehegten Grenzen zwischen theoretischer Naturwissenschaft und praktischer Magie, zwischen theologischer Mystik und der Atomphysik? Bislang schien sich die klassische Wissenschaft vom Großen immer mehr dem Kleinen und Kleinsten zuzuwenden. Man sucht bis heute mit Milliardenaufwand nach dem kleinsten Partikelchen der Materie und hat dabei das große Ganze des Universums aus dem Blickfeld verloren. Die Esoterik hat im Gegensatz dazu den Kosmos in seiner Gesamtheit im Sinn. Es geht nicht mehr um den kleinsten gemeinsamen Nenner, sondern um die Einheit im Unendlichen. Es geht um Ganzheit, nicht um so weit wie möglich gehende Zergliederung und Unterteilung.

Auf dem Weg zum Weltbild des dritten Jahrtausends kommen wir an der Esoterik nicht mehr vorbei. Das vorliegende Buch will nun einen Überblick bieten. Der Verfasser lädt die Leserinnen und Leser zu einer Reise durch Raum und Zeit ein. Gemeinsam machen wir uns auf die Suche nach der Esoterik. Es wird um Atlantis ebenso gehen wie um den Zeitbegriff der Mayas, um Albert den Magier ebenso wie um die Zahlengeheimnisse der Kabbala, um Anthroposophie wie um Zukunftsschauen á la carte.

Wohin die Reise geht? Zur Esoterik!

1
Am Anfang war das Wort

1.1 Altes Testament: Esoterisches Wissen von der Welt

„Indien ist auf dem Seeweg erreichbar!" Mit dieser These wandte sich vor mehr als einem halben Jahrtausend Christopherus Kolumbus an die Mächtigen seiner Zeit. Doch so mancher potenzielle Finanzier lehnte es dankend oder empört ab, sich auch nur auf eine Diskussion einzulassen. Kolumbus' Plan konnte doch nicht funktionieren. Denn jedes Schiff, das von Europa aus Richtung Westen segelt, würde zwangsläufig irgendwann den Rand der Erde erreichen und ins Nichts stürzen. War doch die Erde eine Scheibe, so von Gott selbst erschaffen. Und so auch im Alten Testament beschrieben.

Ist das biblische Weltbild tatsächlich so falsch? Oberflächlich betrachtet scheint dem so zu sein. Will man aber das verborgene, esoterische Weltbild des Alten Testaments ergründen, muss man den historischen Hintergrund bedenken. Nach der babylonischen Verschleppung des Volkes Israel um 590 v. Chr. wurden die Juden nach und nach in fremde Länder zerstreut. Vielen war die einstige Muttersprache fremd geworden. Viele verstanden das Hebräische, die Sprache des Alten Testaments, gar nicht mehr. Also übertrugen kundige Rabbiner in Alexandria die heiligen Texte ins Griechische. Dabei bauten sie außerbiblische Vorstellungen in den Text des Alten Testaments ein. Demnach handelt es sich bei der Erde um eine flache Scheibe, die von Säulen getragen wird.

Biblisches Weltbild … versteckte Erkenntnisse

Der Esoteriker freilich, der das Alte Testament auf verborgenes Wissen hin überprüft, stößt auf ein ganz anderes Weltbild, das nicht im Widerspruch zum heutigen, modernen Kenntnisstand steht. Um dieses versteckte Weltbild erkennen zu können, muss man freilich den hebräischen Originaltext mit detektivischem Spürsinn ins Deutsche übertragen. So heißt es im Buch Hiob (Kapitel 26, Vers 7) wortwörtlich: „Und Gott hängte die Erde auf in ein Belimah." Der Terminus Belimah setzt sich zusammen aus „beli" und „mah". Beli bedeutet ohne, mah etwas. Belimah heißt demzufolge „ohne-etwas".

Das „Ohne-etwas" entspricht unserer Vorstellung vom leeren Raum. Man kann also Hiob (Kapitel 26, Vers 7) wortwörtlich so übersetzen: „Und Gott hängte die Erde auf in ein Vakuum."

Wie aber sieht die Erde nach der esoterischen, also verborgenen Darstellung des Alten Testaments aus? Jesaja gibt Antwort. Im 40. Kapitel lesen wir Vers 22 in heutiger Übersetzung so: „Gott thront über dem Kreis der Erde." Ist damit gemeint, unser Planet sei eine platte Scheibe? Wieder müssen wir den hebräischen Originaltext bemühen. Da steht: „Jahwe thront über Chug der Erde." Was bedeutet Chug? Das Hauptwort Chug leitet sich vom Tätigkeitswort chagag ab. Chagag steht in seiner ursprünglichen Bedeutung für „sich drehen". Chug ist also etwas, was sich dreht. Die ans Tageslicht gebrachte verborgene Bedeutung von Jesaja (Kapitel 40, Vers 22): „Gott thront über dem Sich-Drehenden der Erde."

Der Bibelforscher Karel Claeys widmete sich drei Jahrzehnte der Erforschung des Originaltexts des Alten Testaments. In detektivischer Kleinstarbeit rekonstruierte er von zahlreichen wichtigen Worten deren ursprüngliche Bedeutung, indem er beispielsweise zurückverfolgte, auf welche ursprüngliche Begriffe wichtige Wörter zurückgeführt werden können. Intensiv setzte er sich auch mit Chug auseinander. Nach seinen sorgsamen und äußerst komplexen Sprachstudien handelt es sich bei Chug um die sich drehende, rotierende Kugel. Berücksichtigt man diese Erkenntnis, so wird die esoterische Bedeutung von Jesaja (Kapitel 40, Vers 22) klar: „Gott thront über der sich drehenden Kugel der Erde."

Bezieht man nun noch Hiob (Kapitel 26, Vers 7) mit ein, so ergibt sich ein erstaunlich korrektes, freilich verborgenes Bild von unserem Heimatplaneten im Alten Testament: Demnach ist die Erde eine sich im Vakuum drehende Kugel.

Enthält das Alte Testament noch mehr verborgenes Wissen vom Planet Erde? Der Prophet Habakuk enthüllt wiederum Erstaunliches, wenn man sprachforschend die hintergründige Bedeutung der Worte erkennt. Lesen wir erst den Text im Wortlaut einer gängigen Bibelübersetzung. Habakuk Verse 9 und 10 werden da so wiedergegeben: „Du spaltetest das Land, dass Ströme flossen." Theologen sind sich weitgehend darin einig, dass dieser Text einen Vulkanausbruch beschreibt.

Was ist mit „dass Ströme flossen" gemeint? Der hebräische Ausdruck lautet Majim. („Du spaltetest das Land, dass Majim flossen.") Was bedeutet Majim? Wir begegnen dem Terminus auch im Psalm 136, Vers 6. Missverständlich heißt es in einer modernen Übersetzung: „Gott, der die Erde über den Wassern ausgebreitet hat." Wörtlich übersetzt indes lautet der Vers: „Gott, der Erde über den Majim ausgebreitet hat." Majim kann in diesem Zusammenhang nicht Wasser bedeuten. Denn wo sollte Gott Erde über den Wassern ausgebreitet haben?

Im „Hebräischen und aramäischen Wörterbuch zum Alten Testament" von König finden wir Erstaunliches. Demnach steht Majim für „eine leicht strömende und zerrinnende Masse". Setzen wir diesen Ausdruck in Psalm 136 ein, so lautet Vers 6: „Gott, der Erde über eine leicht strömende und zerrinnende Masse ausgebreitet hat." Mit Majim ist demnach die zähflüssige Magma-Masse im Erdinneren gemeint, die bei einem Vulkanausbruch als Lava an die Erdoberfläche tritt.

Somit wird das esoterische Mosaikbild von der Erde um ein weiteres Steinchen ergänzt: Unser Planet ist eine sich im Vakuum drehende Kugel. In ihrem Inneren befindet sich eine „strömende und zerrinnende Masse", die von einer Schicht Erde bedeckt ist. Diese Kruste wird gelegentlich durchbrochen, etwa bei Vulkanausbrüchen. Dann tritt Lava an die Erdoberfläche. Derartige Eruptionen können sich auch auf dem Boden der Meere ereignen. Diese korrekte Aussage über Vorgänge auf dem Meeresgrund findet sich wiederum im Alten Testament, ebenfalls esoterisch verschlüsselt.

Dem Leser moderner Übersetzungen entgeht dieser Sachverhalt freilich. Da heißt es in den Sprüchen Salomos (Kapitel 7, Vers 24) lediglich: „Als die Meere noch nicht waren, …, als die Quellen noch nicht waren, die von Wasser fließen." Hier werden, das erkennt jeder, der den hebräischen Originaltext liest, Majim und Ozeane gleichgesetzt – unzulässigerweise. Die wörtliche Wiedergabe indes lautet: „Als die Ozeane noch nicht waren, …, als dort noch keine strömende und zerrinnende Masse war."

In grauer Vorzeit gab es also noch keine Meere. Später traten dann auf dem Meeresboden Lavamassen aus.

Fazit: Der Esoteriker erkennt in verschiedenen Texten des Alten Testaments keineswegs das falsche Weltbild von der scheibenförmigen Erde. Vielmehr liest er durchaus korrekte Beschreibungen des Planeten Erde, die im Einklang mit heutigem Wissensstand zu sehen sind.

Big Bang und biblische Schöpfung – kein Widerspruch?

Kritisch gesonnene Bibelleser mögen aber einwenden, dass es im Alten Testament einen ganz entscheidenden Fehler gebe. Der biblische Schöpfungsbericht sieht angeblich Gott als einen Schöpfer, der die Welt und das Weltall von Anfang an fix und fertig gestaltet. Angeblich lässt das Alte Testament keinen Platz für ein allmähliches Werden, für ein Entstehen. Wird doch alles von Gott als jeweils fertiges Endprodukt geschaffen.

Bibelkritiker behaupten: Im Gegensatz zur biblischen Schöpfungsmythologie ist das Weltall einer ständigen Entwicklung unterworfen.

Am Anfang – vor etwa zehn bis zwanzig Milliarden Jahren – gab es nach aktuellem Forschungsstand nicht unser unendliches Universum, so wie wir es heute kennen. Die Materie, aus der Planeten, Sterne, Galaxien und Galaxienhaufen bestehen, die heute auf das gesamte Universum verteilt ist, war in unvorstellbarer Weise verdichtet. Sie war auf die Größe eines mathematischen Punktes konzentriert.

Dieser Urzustand lässt sich nicht wirklich begreifbar machen. Wir können ihn uns nicht wirklich vorstellen. Wie und warum sollten sich unendliche Masse und unendliche Energie zu einem Punkt ohne Ausdehnung und Dimension zusammenziehen? Damit dieser Vorgang möglich wird, ist Energie erforderlich. So kostet es ja auch Kraft, wenn man einen weichen Schneeball zu einer kleineren „Eiskugel" zusammendrückt. Grundsätzlich gilt: Um etwas (zum Beispiel Materie) von großem Rauminhalt auf ein Etwas von kleinem Rauminhalt zusammenzupressen, ist Energie erforderlich. Woher soll diese Energie vor zehn bis zwanzig Milliarden Jahren gekommen sein? Oder gab es von Anfang an nur die Zusammenballung aller Masse und Energie auf einen Punkt? Wo befand sich dieses Superkonzentrat? Wir können uns zur Not, wenn auch schwer, eine winzige Kugel vorstellen, in der sich alle Energie und alle Materie des Universums zusammengezogen hatten.

Da sich aber nach geltender astrophysikalischer Lehrmeinung das gesamte Universum in eben dieser Miniaturkugel befand, gab es keinen Raum, der sie umgab. Und damit wird unsere Vorstellungskraft über Gebühr strapaziert. Carl Sagan verdeutlicht, wie unbegreifbar dieser Urzustand ist: „Aber man darf sich nun nicht vorstellen, die ganze Materie und Energie wäre irgendwo in einen kleinen Winkel des heutigen Universums hineingepresst gewesen. Vielmehr war das ganze Universum, Materie und Energie und der Raum, den sie ausfüllten, auf ein äußerst kleines Volumen beschränkt, womit sich nicht viel Raum für Ereignisse bot."

Irgendetwas löste den Prozess der Expansion aus. Irgendetwas setzte eine gewaltige Ausdehnung in Gang, an deren Anfang das unendlich Kleine und an deren Ende das unendlich Große steht. Für den biblischen Esoteriker steckt Gott hinter diesem Prinzip, das schon im Alten Testament beschrieben wird. Man muss nur die verborgene Aussage der Texte erkennen, indem man die Texte wortwörtlich übersetzt. So heißt es bei Jesaja (Kapitel 40, Vers 22), dass Jahwe „regierend ist über die Kugel der Erde … und die Himmel, die sich ausdehnen wie viele Stäubchen".

Bei Jesaja finden sich einige weitere deutliche Hinweise auf Gott als Kraft, die hinter der Ausdehnung des Big Bang steht. … freilich nur in der wörtlichen Übersetzung. Die Aussage der Texte ist so verblüffend korrekt, dass ich gleich mehrere leicht unterschiedliche Formulierungen des identischen Sachverhalts anführen möchte – wortgetreu nach dem hebräischen Text!

- Jesaja Kapitel 42, Vers 5: „So spricht der Herr, Jahwe, der geschaffen hat die Himmel ausdehnend …."
- Jesaja Kapitel 44, Vers 24: „Ich, Jahwe, bin es, der die Dinge alle erschafft ausdehnend."
- Jesaja, Kapitel 51, Vers 13: „Und du hast Jahwe vergessen, welcher gemacht hat die Himmel ausdehnend …"
- Hiob lobt Gott (Kapitel 9, Verse 4 bis 8) – weil er weise sei und stark an Kraft „die Himmel ausdehnend".
- Auch der Psalmist (Psalm 104, Vers 2) frohlockt: „(Jahwe), du bist ausbreitend die Himmel ausdehnend".

Der Zeitgenosse mag es als naiv empfinden, wenn immer wieder als Urheber der „Ausdehnung" Gott vermutet wird. Er mag getrost stattdessen die Vokabel „Kraft" verwenden. Doch auch der Skeptiker muss zugeben: Schon Autoren des Alten Testaments war das Prinzip der ständig anhaltenden Ausdehnung des Universums bekannt. Der Prozess ist – so steht's richtig im Alten Testament – noch keineswegs abgeschlossen. Er hält noch an.

Exkurs: Von der Esoterik des Alten Testaments zum Wissen der „Primitiven"

Das esoterische Wissen vom Big Bang finden wir nicht nur in Texten des Alten Testaments, sondern auch schon bei so genannten „primitiven Völkern" poetisch-mythologisch umschrieben. So heißt es bei den Maiana (Gilbert-Inseln): „Na Arean saß allein im Raum, einer im Nichts schwebenden Wolke gleich. Er schlief nicht, denn es gab keinen Schlaf. Ihn hungerte nicht, denn es gab keinen Hunger. So saß er lange in sich versunken, bis ihm ein Gedanke kam. Und er sprach zu sich selbst: ‚Ich werde ein Ding machen.'"

Immer noch in mythologischer Verkleidung birgt die altchinesische Mythologie eine erstaunliche, genau zutreffende Beschreibung des Universums vor dem Urknall. Sie gibt in einfachen Worten wieder, was wir heute, Jahrtausende später, auch nicht besser begreifbar machen können: „Am Anfang war das große kosmische Ei. In dem Ei war Chaos und im Chaos schwebte P'an Ku, der Nichtentwickelte, der göttliche Embryo. Und P'an Ku brach aus dem Ei hervor."

Vor zehn bis zwanzig Milliarden Jahren erfolgte dann der „Urknall". Carl Sagan: „Warum es dazu kam, ist für uns das größte Geheimnis. Dass es dazu kam, steht aus verschiedenen Gründen fest."

Am Anfang waren alle Materie und alle Energie auf einen Punkt konzentriert. Dann kam es zu einer Explosion unvorstellbaren Ausmaßes, zu einer Apokalypse, die jede Vorstellungskraft sprengt. Warum kam es dazu? Was löste die gigantische Ausdehnung aus?

1.2 Neues Testament: Astrologen und Engel

Astrologen im Neuen Testament

Im Jahr 614 n. Chr. eroberte der Perserkönig Chosrau II., genannt Abharwez (der Siegreiche), Jerusalem. Die byzantinische Garnison vermochte den massiven Ansturm nicht abzuwehren. Schutzlos waren die verschiedenen Kirchen den plündernden Persern ausgeliefert. Mit reicher Beute zogen die marodierenden Truppen weiter, erreichten bald das Städtchen Bethlehem. Die Geistlichen der üppig geschmückten „Geburtskirche" fürchteten schon, ihr letztes Stündlein habe geschlagen, und fielen zu einem letzten Gebet auf die Knie. Schon standen persische Soldaten im Gotteshaus, das Kaiser Konstantin etwa drei Jahrhunderte zuvor über der „Geburtsgrotte Christi“ hatte errichten lassen. Chosrau II. selbst war es freilich, der seinen wahrlich nicht zimperlichen Männern verbot, das Gotteshaus zu plündern oder gar zu zerstören. Warum? Was war der Grund für die Milde des Perserkönigs, der sich den Beinamen „Geißel der Christenheit“ erworben hatte?

Im Inneren der Kirche gab es ein üppiges Wandgemälde, das die Anbetung des Jesuskindes durch die drei „Weisen aus dem Morgenlande“ zeigte. Über jene Männer vermeldet das Neue Testament (Evangelium nach Matthäus, Kapitel 1–12): „Da Jesus geboren war zu Bethlehem im jüdischen Lande zurzeit des Königs Herodes, siehe, da kamen Weise vom Morgenland nach Jerusalem und sprachen: Wo ist der neugeborene König der Juden? Wir haben seinen Stern gesehen im Morgenland und sind gekommen, ihn anzubeten.

Da das der König Herodes hörte, erschrak er und mit ihm das ganze Jerusalem und ließ versammeln alle Hohenpriester und Schriftgelehrten unter dem Volk und erforschte von ihnen, wo der Christus sollte geboren werden. Und sie sagten ihm: Zu Bethlehem im jüdischen Lande; denn also steht geschrieben durch den Propheten (Micha 5,1): ‚Und du Bethlehem im jüdischen Lande bist mitnichten die kleinste unter den Städten in Juda; denn aus dir soll mir kommen der Herzog, der über mein Volk Israel ein Herr sei.‘

Da berief Herodes die Weisen heimlich und erkundete mit Fleiß bei ihnen, wann der Stern erschienen wäre und wies sie nach Bethlehem und sprach: ‚Ziehet hin und forschet fleißig nach dem Kindlein. Und wenn ihr’s findet, dann sagt mir’s wieder, dass ich auch komme und es anbete.‘ Als sie nun den König gehört hatten, zogen sie hin. Und siehe, der Stern, den sie im Morgenland gesehen hatten, ging vor ihnen hin, bis dass er kam und stand oben über, wo das Kindlein war. Da sie den Stern sahen, wurden sie hocherfreut.“

Andächtig stand Chosrau vor dem Gemälde, das die „Weisen aus dem Morgenlande“ zeigte. Das war eindeutig an ihren uniformartigen Gewändern zu erkennen, die typisch für ihre Zunft waren. Nun mag das Wandgemälde tatsächlich persische Magie gezeigt haben, aber waren die biblischen Weisen tatsächlich „Astrologen“ aus der Heimat Chosraus?

Der persisch-babylonische Raum war, von Jerusalem aus betrachtet, tatsächlich das „Morgenland“. Und dort blühte die Kunst der wissenschaftlichen Astrologie. Sterne wurden aber nicht nur beobachtet, sie wurden auch gedeutet. Große Herrscher, so war man überzeugt, würden durch besondere Sterne oder Planetenkonstellation angezeigt. So nimmt es nicht wunder, dass sich persische Astrologen auf die Reise machten, um einen Mächtigen von Morgen anzubeten, dessen Geburt in den Sternen stand.

Welchem Stern aber mögen sie gefolgt sein? Chris Clayton vom englischen Rutherford-Appleton-Laboratorium will die Antwort gefunden haben. Er spielte mit einem Spezialcomputer die Planetenbewegungen der letzten zwei Jahrtausende durch und machte eine verblüffende Entdeckung: Im Juni des Jahres 2 v. Chr. kamen sich Jupiter und Venus am Firmament so nahe, dass sie ineinander zu verschmelzen schienen und wie ein neuer Stern am Firmament erstrahlten. Löste jene Planetenkonstellation die Reise der „Weisen" aus dem Morgenland aus? Es mag sogar sein, dass sie sich im Herbst oder gar zur Winterszeit anno 3. v. Chr. auf den Weg machten. Am 25. Dezember erschien nämlich am Horizont das Sternbild der Jungfrau. Deshalb wurden in jener Zeit in Persien, aber auch in Phönizien, Ägypten und Syrien Feste gefeiert. Man zelebrierte die Geburt des Sonnengottes. Man pries seine jungfräuliche Mutter. Horus wurde als Sohn der unbefleckten Himmelskönigin und Jungfrau Isis gesehen.

Berechneten die „Weisen" die Planetenkonstellation Jupiter/Venus? Erwarteten sie die Geburt eines Mächtigen aus dem Schoße einer Jungfrau? Der griechische Text des Matthäusevangeliums spricht von einem „aster", also nicht von einem Stern, sondern von einem „leuchtenden Himmelskörper". Diese Bezeichnung ist äußerst exakt: Jupiter und Venus rückten ja nur scheinbar, nur optisch zusammen, ergaben den Anschein eines „leuchtenden Himmelskörpers". Es war keineswegs ein neuer Stern am Himmel aufgetaucht. Der „Stern von Bethlehem" geht auf die lateinische Vulgata zurück, die aus „aster" „stella" machte – einen Stern.

Fromme bildliche Darstellungen des „Sterns von Bethlehem" erinnern an einen Kometen. Und tatsächlich wurde im Altertum darüber spekuliert, dass Geburt und Tod berühmter bedeutender Männer von Kometen am Himmel begleitet würden. So soll beim Tod Cäsars ein Komet erschienen sein, aber auch bei der Geburt und der Thronbesteigung des Mithridates. In den Jahren vor und nach der Zeitenwende lässt sich freilich kein Komet nachweisen. Im Jahre 22 n. Chr., so berechnete der Astronom Halley, muss solch ein Schweifstern im Mittelmeerraum gesehen worden sein. Es kann aber ausgeschlossen werden, dass Jesus so spät geboren wurde.

Erblickte Jesus also 2 v. Chr. das Licht der Welt, während Jupiter und Venus als großer leuchtender Punkt am Himmel standen? Oder war es fünf Jahre früher, also 7 v. Chr., als Saturn und Jupiter dicht beieinander standen, wie Johannes Keller berechnete?

Ein konkretes Geburtsjahr Jesu lässt sich also nicht eruieren. Allenfalls lässt sich aus dem Neuen Testament ein Hinweis auf die Jahreszeit herauslesen. Bei Lukas (Kapitel 2, Vers 8) heißt es, dass zu jener Zeit Hirten auf dem Felde waren und Nachtwache über ihre Herde hielten. In der Region von Bethlehem waren die Herden von Ostern bis November „auf dem Felde". Dann begann die Regenzeit. Man darf mithin annehmen, dass Jesus irgendwann zwischen Mai und November das Licht der Welt erblickte. Nähere Angaben sind nicht möglich.

Man kann also noch darüber streiten, was sich damals am Himmel abspielte. Was es auch war: Es lockte die Astrologen aus dem Morgenland an. Wie viele waren es? Wie hießen sie? Wir wissen es nicht, denn die Bibel nennt weder eine Zahl noch Namen. Der Volksglaube, der dazu neigt, unklare Aussagen zu konkretisieren, in der Fantasie mit Leben zu erfüllen, machte aus ihnen die drei Könige Caspar, Melchior und Balthasar. In frommen, naiven Darstellungen werden sie mit Kronen dargestellt. Caspar wird als Schwarzer gezeigt. Biblisch fundiert sind diese Einzelheiten in keiner Weise.

Die Dreizahl der Könige mag aus einem Vers bei Matthäus herausgelesen worden sein. Da heißt es (Matthäus Kapitel 2, Vers 11), die Weisen hätten „Gold, Weihrauch und Myrre" als Geschenke mitgebracht. Ging man stillschweigend davon aus, dass drei Geschenke auf drei „Geburtstagsgäste" deuten? Drei galt zudem als Zahl der Ganzheit. „Drei Herrscher" stehen dann für die gesamte Obrigkeit der Welt. „Drei Könige", die ehrerbietig vor Jesus das Haupt neigen, vertreten damit symbolisch die Gesamtheit der Könige der Welt. Jesus sollte von Anbeginn an als „Herrscher" über die Welt vorgesehen sein. Um das zu verdeutlichen, scheute man auch nicht davor zurück, einen Bibelvers falsch zu übersetzen. So heißt es noch in älteren Bibelausgaben bei Lukas (Kapitel 2, Vers 8), Engel an der Geburtsstätte hätten frohlockt „Ehre sei Gott in der Höhe und Friede auf Erden und den Menschen ein Wohlgefallen!“ Richtig muss es indes heißen: „und Friede den Menschen, die Gott liebt!“ oder „und Friede auf Erden bei den Menschen seines Wohlgefallens“. Ursprünglich wurde also die frohe Botschaft eingeschränkt: auf jene Menschen, denen Gott gut gesonnen war. Die falsche Übersetzung bezog, vom Bibeltext abweichend, alle Menschen mit ein.

Nachträglich erfolgte auch eine symbolhafte Interpretation der Gaben der „Könige“. Sie kündigten angeblich bereits das gesamte Leben Jesu an. Gold stehe für sein „Königtum“, Weihrauch symbolisiere seine „Göttlichkeit“ und „Myrre“ bedeute seinen Tod.

Warum wurden in der mittelalterlichen Tradition aus Astrologen Könige gemacht? Geschah dies nur, um ein politisches Szenario entwickeln zu können: „Die Herrscher der Welt verneigen sich vor dem Jesuskind.“? Das war ohne Zweifel das Hauptmotiv. Als „Begründung“ wurde eine Stelle aus dem Alten Testament (Psalm 2, Verse 2, 6 und 11) herangezogen, die freilich aus dem Zusammenhang gerissen wurde: „Die Könige der Erde lehnen sich auf. Ich aber habe meinen König eingesetzt auf meinem heiligen Berge Zion. Dienet dem Herrn mit Furcht und küsst seine Füße mit Zittern!“

Jedes Neujahr ziehen Kinder oder Jugendliche, als Caspar, Melchior und Balthasar verkleidet, durch die katholischen Lande und malen die Initialen C + M + B über die Türschwellen. Freilich hat man inzwischen den Brauch in Kirchenkreisen umgedeutet: C + M + B gelten offiziell nicht mehr als die Initialen der Könige aus dem Morgenland, sondern als Abkürzung für den kurzen lateinischen Satz „Christus Mansionem Beneficat“ – „Christus segne dieses Haus“.

Rund ein halbes Jahrtausend später wurden die drei Magier im Kölner Dom verehrt. Die Christenheit war davon überzeugt, dass ein sakraler Schrein seit 1164 Reliquien der wertvollsten Art enthalte: Gebeine von den Weisen aus dem Morgenland. In aufgeklärten Kreisen tat man diese Überlieferung gern als unsinnige Frömmelei ab. Doch dann wurde 1980 der reich verzierte Sarkophag geöffnet. Man stellte fest, dass er tatsächlich die sterblichen Überreste dreier Männer barg. Sie waren in kostbaren Gewändern zur letzten Ruhe gebettet worden – vor mindestens 1800 Jahren. Der edle Stoff war, wie wissenschaftliche Expertisen eindeutig ergaben, im fernen Orient gewebt worden. Er könnte also aus der Zeit um Jesu Geburt stammen. Sind also tatsächlich im Kölner Dom die „drei Astrologen aus dem Morgenland“ bestattet? Diese Frage wird sich wohl nie mit Sicherheit beantworten lassen. Fragen über Fragen ergeben sich: Wie sollten die Toten nach Deutschland gekommen sein? Und wann? Geschah es im Rahmen des schwunghaften Handels mit Reliquien, irgendwann im frühen Mittelalter?

Unbestreitbar aber ist: Die Überlieferung von den drei „Weisen aus dem Morgenland“ hat einen sehr konkreten, realen Hintergrund: einen astrologischen, also esoterischen.

Engel – himmlische Helfer

Persische Astrologen machten Herodes darauf aufmerksam, dass ein künftiger „König der Juden“ geboren worden sei. Scheinheilig bat er die „Weisen aus dem Morgenland“, das Kind zu suchen. Er wolle es anbeten. Dem Tyrannen freilich stand der Sinn nach Mord. Er wollte den künftigen Messias töten lassen. Es bestand also Lebensgefahr für den kleinen Jesus. Rechtzeitig warnte ein Engel, heißt es im Neuen Testament (Das Evangelium nach Matthäus, Kapitel 2 Vers 13): „Da sie aber hinweggezogen waren, siehe, da erschien der Engel des Herrn dem Joseph im Traum und sprach: ‚Stehe auf und nimm das Kindlein und seine Mutter zu dir und flieh nach Ägyptenland und bleib allda, bis ich dir's sage; denn Herodes geht damit um, dass er das Kindlein suche, es umzubringen.‘

In schwerer Stunde erfährt Jesus, als er im Garten Gethsemane auf seine Verhaftung wartet, Unterstützung – durch einen Engel (Das Evangelium nach Lukas, Kapitel 22, Vers 43): „Es erschien ihm aber ein Engel vom Himmel und stärkte ihn.“ Engel sollen nach Jesu Auferstehung die frohe Botschaft verkündet haben (Das Evangelium nach Lukas, Kapitel 24, Verse 22 und 23): „Auch haben uns erschreckt etliche Frauen aus unserer Mitte; die sind frühe bei dem Grabe (Jesu) gewesen, haben seinen Leib nicht gefunden, kommen und sagen, sie haben eine Erscheinung von Engeln gesehen, welche sagen, er lebe.“

Das Neue Testament sieht in Engeln Helfer – für die Toten wie für die Lebenden. Engel sind es, die nach Überzeugung des Neuen Testaments die Seelen Verstorbener ins Jenseits führen. So heißt es im Evangelium nach Lukas (Kapitel 16, Vers 22): „Es begab sich aber, dass der Arme starb und ward getragen von den Engeln in Abrahams Schoss." (siehe auch: Was kommt nach dem Tod?)

Petrus wird von einem Engel aus dem Gefängnis befreit, wie die Apostelgeschichte zu berichten weiß (Kapitel 12, Verse 7 und 8): „Und siehe, der Engel des Herrn kam daher und ein Licht schien in dem Gemach; und er schlug Petrus an die Seite und weckte ihn und sprach: ‚Stehe behände auf!' Und die Ketten fielen ihm von seinen Händen. Und er ging hinaus und folgte ihm nach. Und er wusste nicht, dass es Wahrheit war, was durch den Engel geschah, sondern er meinte, er sähe ein Gesicht."

Gerade dieser Aspekt wird in der volkstümlichen Esoterik wie im christlichen Schutzengelglauben deutlich. Und tatsächlich scheinen zahlreiche Erlebnisse aus unseren Zeiten zu belegen, dass immer wieder Engel eingreifen, um einzelne Menschen aus Situationen der höchsten Bedrängnis zu führen.

Der Arzt und ein Schutzengel

So hatte Dr. S.W. Mitchell, ein bekannter Neurologe aus Philadelphia, ein merkwürdiges Erlebnis, als er sich nach einem besonders anstrengenden Tag schlafen gelegt hatte. Seine Begegnung mit einem Engel wurde in der Fachzeitschrift „Pur" publiziert:

„Plötzlich weckte ihn ein heftiges Klopfen an der Tür. Er stand auf, öffnete und sah ein ärmlich gekleidetes Mädchen. Die Kleine sagte, ihre Mama sei sehr krank, und flehte ihn an, mitzukommen und sie zu untersuchen. Es war eine kalte, stürmische Nacht, es schneite und er war wirklich erschöpft, aber er zog sich unverzüglich an und folgte dem Kind. Nach einem längeren Marsch durch die Kälte erreichten sie schließlich ein Häuschen. Die Mutter des Mädchens war allein und litt, wie der Arzt sofort erkannte, an einer schweren Lungenentzündung.

Er verabreichte ihr fürs erste einige Medikamente und rief dann im Krankenhaus an, um die Aufnahme der Kranken zu veranlassen. Bevor er sich verabschiedete, beglückwünschte er die Erkrankte zu ihrer aufgeweckten und tapferen Tochter. Die Frau sah den Arzt mit merkwürdigem Blick an und sagte dann traurig: ‚Meine Tochter ist vor einem Monat gestorben.' Sie fügte hinzu, sie habe den Mantel und ihre Schühchen im Kleiderschrank neben dem Bett aufbewahrt.

Verwundert öffnete Dr. Michell den Schrank. Dort hing der Mantel jenes Mädchens, das ihn geweckt und hierher geführt hatte. Das Kleidungsstück war warm und trocken, es konnte unmöglich wenige Minuten zuvor in der nasskalten Witterung getragen worden sein."

Vor dem Erfrieren bewahrt!

Auch Elfi Freund (Pseudonym), 33, ist von der Realität von Schutzengeln überzeugt. Zusammen mit einigen Arbeitskolleginnen wollte sie eine ausgiebige Wandertour durch die Fränkische Schweiz unternehmen. Die geschiedene Bambergerin, alles andere als eine eifrige Kirchgängerin, hatte aber Bedenken. Würde sie konditionsmäßig mit den anderen mithalten können? „Ich beschloss zu trainieren, unternahm jeden Abend stramme Märsche. Dann kam meine ‚Generalprobe'. Mit einem guten Kompass ausgestattet wollte ich nur auf Feld- und Waldwegen so schnell wie möglich 35 Kilometer zurücklegen."

Noch heute bekommt es Frau Freund mit der Angst zu tun, wenn sie an jenen kalten Märztag zurückdenkt. „Immer tiefer kam ich in die Einöde. Schon stundenlang hatte ich kein Haus mehr gesehen. Ich merkte, dass ich meine Kräfte überschätzt hatte, war schon sehr geschwächt. Ich musste mich ausruhen. Plötzlich sah ich auf einer Anhöhe so etwas wie eine Hütte. Ich nahm meine ganze Kraft zusammen, hielt auf den Unterschlupf zu. Der Pfad, auf dem ich ging, führte daran vorbei. Also schlug ich mich querfeldein. ... Auf einem glitschigen Stein rutschte ich aus und stürzte. Der Schmerz war entsetzlich. Halb ohnmächtig blieb ich liegen. Ich bekam es mit der Angst zu tun, nahm alle Kräfte zusammen und kroch auf die Hütte zu. Endlich erreichte ich sie."

Elfi Freund kauerte sich in eine Ecke des zugigen Verschlags. Ihr Arm war gebrochen, schmerzte höllisch. Fast genauso weh tat ihr linker Fuß. Er war angebrochen. „Ich war ein jämmerliches Häufchen Elend, fühlte nur noch Schmerz, hatte mich wohl schon aufgegeben. Immer wieder schlief ich ein. Plötzlich rüttelte mich jemand an der Schulter. Es war ein junges Mädchen, vielleicht zehn, zwölf Jahre alt. ‚Hier können Sie nicht bleiben! Sie erfrieren sonst!' Energisch zog sie mich auf die Füße. Der Schmerz war entsetzlich. Ich stützte mich auf sie, humpelte los. Nach qualvollen Minuten, die mir wie eine Ewigkeit vorkamen, erreichten wir ein einsam gelegenes Haus. Ich war überglücklich. Doch wo war das Mädchen? Verschwunden! Ich klopfte an der Tür. Eine einfach gekleidete Frau öffnete mir. Sie führte mich ins Haus, stützte mich dabei. Entkräftet sank ich auf einem Sofa nieder. Während die Frau nach einem Krankenwagen telefonierte, entdeckte ich das Foto eines Mädchens an der Wand. Es zeigte eindeutig meine kleine Retterin. ‚Ihre Tochter?' fragte ich. ‚Ja!' antwortete die Frau traurig. Das ist meine Maria! Sie starb vor einem Jahr an Krebs."

Wenig später kam der Krankenwagen. Frau Freund: „Ich bin davon überzeugt: Ein Engel hat mich gerettet. Ich wäre sonst in der einsamen Hütte erfroren."

Dr. Lejeune und die Schutzengel

Die Erlebnisse von Dr. S.W. Mitchell und Elfi Freund sind für Dr. René Lejeune alles andere als unglaubwürdig. Der Schriftsteller hat eine Vielzahl von Artikeln und Büchern über Engel geschrieben, an deren realer Existenz es für ihn keinerlei Zweifel gibt. Lejeune, der lange Jahre Generaldirektor der „Genfer International School" war, beklagt eine „Schwäche des Glaubens", in der die Existenz von Schutzengeln „totgeschwiegen wird". Dabei hat seiner Ansicht nach „jeder Mensch, ob gläubig oder nicht, einen Schutzengel". Unbegrenzt sei die Macht dieser himmlischen Wesen, Einschränkungen gingen vom Menschen aus. „Grenzen gibt es nur beim Menschen. Seine Freiheit vor allem zieht solche Grenzen, so wie es auch Gott gegenüber geschieht. Auf der Pilgerfahrt von der Geburt zum Tode gibt es nicht so etwas wie eine allumfassende Lebensversicherung. Daher kann die Gegenwart des Schutzengels einen durch mich verursachten Unfall wohl nicht verhindern. Sein Schutz ist kein kontaktmäßiges Verhältnis. Leben kann gefährlich sein. Der Mensch ist keine Marionette."

Dr. Lejeune ist davon überzeugt, dass sich der Schutzengel niemals vom Menschen abwendet. Kein Mensch verliert je seinen himmlischen Helfer. Wohl kann sich aber der Mensch „dem Bösen weihen". Dann verbannt er „seinen Schutzengel in eine dunkle Ecke seines Schattens, wo ihm nichts anderes übrig bleibt als zu weinen und zu flehen".

Für Dr. Lejeune sind christlicher Glaube und die Lehre von Schutzengeln untrennbar miteinander verbunden. „Den Jüngern wurde durch das Wort Jesu (Matthäus 18,10) bewusst, dass Kinder von einem Engel begleitet sind. Schon im Alten Testament glaubte man an allgemeine persönliche Schutzkraft der Engel. ‚Seinen Engeln gebot Er, dich auf allen deinen Pfaden zu behüten.' (Psalm 91, Verse 11 und 12). Im 4. Jahrhundert bekräftigte der Heilige Basilius, Kirchenvater, dass ‚jeder Gläubige einen Engel hat als Hirt und Beschützer und ihn bis ins ewige Leben begleitet.' Im 12. Jahrhundert hat Bischof Honoré d'Autun die Schutzengel-Andacht verbreitet. Die Kirche feiert liturgisch am 2. Oktober."

Sorgsam unterscheidet Dr. Lejeune zwischen „Aberglaube" und „Schutzengelglaube". Er betont: „Gebete, Medallien, Bildchen kräftigen inneres Erlebnis und reges Bewusstsein. Es sind keine Amulette, sondern bloße Zeichen, die an den Schutzengel erinnern. Der christliche Glaube hat nichts mit Aberglaube zu tun."

Engel und Esoterik

Der auf dem neuen Testament fußende Glaube von Engeln betont freilich nur einen, wenn auch sehr wichtigen, Aspekt des Gesamtphänomens.

Dionysius Areopagita listete im 5. nachchristlichen Jahrhundert ein umfangreiches esoterisches System von Engeln auf. Es ist streng hierarchisch gegliedert und lässt sich in neun Stufen unterteilen:

1. Seraphim
2. Cherubim
3. Throne
4. Herrschaften
5. Fürstentümer
6. Mächte
7. Kräfte
8. Erzengel
9. Engel

Während der neutestamentarische, vorwiegend positive Engelsglaube fast ausschließlich gute Geister in den Himmelswesen sieht, kennen viele Esoteriker auch eine negative Seite der Engelswelt. Sie verweisen darauf, dass auch der Teufel einst ein Engel war. Weil er gottgleich sein wollte, sich gegen Gott erhob, wurde er zur Strafe aus dem Himmel verstoßen.

Die esoterische Sicht von der Welt der Engel kann als eine Spiegelung unserer irdischen Daseinsebene gesehen werden, wo Gut und Böse einander gegenüberstehen.

Der französische Esoteriker Jacques Albin Simón Collin konzentrierte sich auf die negative Welt der Engel. 1818 verfasste er sein legendäres „Dictionnaire Infernal". Der Titel, eine deutsche Übersetzung ist nie erschienen, lässt sich mit „Höllisches Lexikon" wiedergeben. Das düstere Opus erfreute sich enormer Nachfrage, wurde von Collin immer wieder erweitert und ergänzt. 1863 lag bereits eine sechste Auflage vor.

Collin, 1793 in Plancy bei Arcis geboren, war ein unermüdlicher Erforscher des Okkulten und ein Schriftsteller mit unglaublichem Arbeitseifer. Heute wissen wir, dass er unter mindestens 20 verschiedenen Pseudonymen veröffentlichte. Besonders angetan war er aber vom kultischen Brauchtum der Bibel. Ihn faszinierte der Ruf, den die alten Israeliten schon seit dem Altertum genossen – als Kenner der Geheimwissenschaften und Beschwörer. Dabei sollen zahllose „Dämonen" angerufen worden sein. So trug Collin zeit seines Lebens die Namen von schwarzen Engeln und Dämonen zusammen. Rund 7000 davon veröffentlichte er in seinem „Höllischen Lexikon", in seinem verschollenen Privatarchiv sollen noch weit mehr Namen zu finden gewesen sein.

1.3 Kabbala – Gott, Mensch und Welt

Eine Spurensuche

Wenn Esoterik als „Lehre" die Kunde vom Verborgenen ist, dann ist die Kabbala im wahrsten Sinne des Wortes esoterisch. Gegen Ende des 13. Jahrhunderts n. Chr., vermutlich um das Jahr 1290, verfasste der spanische Jude Moses bar Shem Tov de León aus Guadaljara ein geheimnisvolles Werk, betitelt „Sefer ha-Sohar", was sich mit „Buch des Glanzes" übersetzen lässt.

Angeblich geht es auf ein weit älteres Buch, verfasst von Simeon ben Joachai, zurück, der im 2. Jahrhundert die biblischen Schriften kommentierte. ... und erklärte. De León will das uralte Schriftstück in einer Höhle in Palästina gefunden haben. Das Werk ist über weite Strecken schwer verständlich. Klar ist aber, dass es offensichtlich vor Jahrtausenden im „Alten Israel“ so etwas wie einen Geheimkult gab, dessen mächtigen und angesehenen Vertretern die Geheimnisse der biblischen Schriften bestens vertraut waren, Mysterien, die freilich nur sehr wenigen Eingeweihten zugänglich gemacht wurden.

Vermutlich gab es so etwas wie eine Hierarchie in dieser Kultgemeinschaft, je höher man stieg, desto tiefer wurde man in die Geheimnisse eingeweiht . Die Mysterien des uralten Kults, von dem niemand weiß, wann er entstand, wurden in den nur Eingeweihten zugänglichen Werken der so genannten „Kabbala“ schriftlich niedergelegt.

Als „göttliche Lehre“, als „göttliche Unterweisung“, als „Religionsgesetz“ galten im Judentum die fünf Bücher Mose. Sie waren nach Überzeugung der Rabbiner dem Moses direkt mitgeteilt worden und werden als „schriftliche Thorah“ bezeichnet. Die übrigen Werke des Alten Testaments hingegen wurden schon geringer geschätzt. Als Urheber wurde der „Heilige Geist“ angesehen. Fast ähnlich bewertet wurde die Kabbala. Schon um 150 n. Chr. soll Rabbi Simeon ben Joachai erste Texte verfasst haben, gefolgt von anderen Meistern. Rabbi Simeon, verehrt als „heilige Leuchte“, war wie seine Nachfolger darum bemüht, das innerste Wesen der allmächtigen Gottheit zu ergründen.

Professor Dr. Alfred Lehmann, Direktor des psychophysischen Laboratoriums an der Universität Kopenhagen (1858–1921), versuchte wissenschaftlich exakt den Ursprung der Kabbala zu eruieren. Seine Versuche, historisch nachweisbare Fakten in Form einer Literaturgeschichte zusammenzutragen, scheiterten. So musste der Gelehrte schließlich resigniert feststellen: „Über allem, was die Kabbala betrifft, das heißt über Ursprung, Alter und Bedeutung, ruht ein dichter, geheimnisvoller Schleier. Wohl ist es der modernen Kritik gelungen, denselben an manchen Stellen zu lüften, aber noch sind nur wenige Rätsel gelöst.“

Esoteriker verweisen heute gern auf das 7. und 8. Buch Henoch. Da werden die Namen von 200 Engeln aufgelistet, die angeblich einst die Menschheit auch in den geheimen Künsten unterrichteten. Gehörte die Kabbala dazu?

Dem babylonischen Talmud zufolge wurden von Moses selbst „70 Älteste“ in die Kabbala eingeweiht, die ihre Kenntnisse freilich nur mündlich weitergeben durften.

Datierungsversuche

Irgendwann wurde gegen dieses Verbot verstoßen, indem geheime Schriften doch zu Papier gebracht wurden. Wann geschah dies? Wie viele mögen es gewesen sein? Wir wissen es nicht, werden es wohl auch nie erfahren. Von den „Urtexten“ sind nur noch zwei bekannt und erhalten: „Sepher Jezirah“, zu Deutsch „Das Buch der Schöpfung“, und „Sohar“, das „Buch des Glanzes“, auch „Das Buch vom Licht“ genannt.

Beide Texte lassen sich nur annähernd datieren. Das „Buch der Schöpfung“ weist arabische Einflüsse auf. Seine Niederschrift dürfte nicht vor Mitte des 9. Jahrhunderts begonnen worden sein. Wir wissen, dass Rabbi Sadia im 10. Jahrhundert einen Kommentartext zum „Sepher Jezirah“ verfasste. Eine schriftliche Version des Buchs vom Licht dürfte damals also schon vorgelegen haben. Wirklich? Oder erläuterte der Rabbi in schriftlicher Form Geheimtexte, die damals immer noch nur mündlich weitergegeben werden durften?

Mündlich gelehrt wurde die Kabbala jedenfalls bereits im 12. Jahrhundert in einer der ältesten und bedeutendsten Synagogen Europas, in Speyer. Geradezu legendären Ruf sollen hier die Rabbis Samuel ben Kalonymos he'Chassid und Jehuda he'Chassid genossen haben. Sie werden als zwei der „Väter der Kabbala“ bezeichnet. Mit Recht?

Anno 1243 versetzte ein Komet Europa in Angst und Schrecken. Er wird im „Sohar“ erwähnt. Das freilich besagt nur, dass noch im 13. Jahrhundert am Schrifttext des Sohar gearbeitet wurde und nicht, dass der Urtext in dieser Zeit entstand.

Arturo Castiglioni gehört zu den Esoterik-Experten, die der Kabbala ein hohes Alter zubilligen. Er schreibt: „Im Grunde sollte mit der späteren Vertiefung der Legenden nur die Behauptung, die Kabbala reiche in ferne Zeiten zurück, untermauert werden. Es ist jedoch historisch, dass mündliche Überlieferungen über Jahrhunderte weitergegeben und später im Sepher Jezirah und im Sepher Sohar niedergelegt wurden. Der Sepher Jezirah entstand vermutlich im 6. oder 7. Jahrhundert n. Chr. in Mesopotamien. Der Sohar (der bereits im 3. Jahrhundert bekannt war) wurde wahrscheinlich von Moses de Leon

(1250–1305), einem spanischen Juden und Gelehrten, nach alten Quellen neu verfasst. Beide Bücher enthalten Gedanken und Überlieferungen der Mischna, die vermutlich im 2. Jahrhundert n. Chr. geschrieben wurde.“

Anders als bei heutigen Büchern, deren Entstehungszeit exakt feststeht, wird man die „Originalausgaben“ der wenigen esoterischen Kabbala-Texte, die heute noch vorliegen, wohl nie datieren können. Nicht minder geheimnisvoll ist auch ihr Inhalt. So heißt es mahnend im „Buch Sohar“: „Wehe dem Menschen, der im Gesetze nichts anderes sieht als einfache Erzählungen und gewöhnliche Worte! Wenn es wirklich weiter nichts enthielte, so könnten wir auch in unseren Tagen ebenso gut ein Gesetz schreiben, das der Bewunderung würdig wäre. Um gewöhnliche Worte zu finden, brauchten wir uns nur an die irdischen Gesetzgeber zu wenden, bei denen man oft mehr Größe findet. Es würde dann genügen, ihnen nachzuahmen und ein Gesetz nach ihren Worten und ihrem Beispiel zu machen. Aber so ist es nicht: Jedes Wort im Gesetz enthält einen tieferen Sinn und ein verborgenes Mysterium. Die Erzählungen des Gesetzes sind nur das Gewand des Gesetzes. Wehe dem, der das Gewand des Gesetzes für das Gesetz selber hält! In dieser Bedeutung sagt David: ‚Herr, öffne mir die Augen, dass ich sehe die Wunder an deinem Gesetz!‘ Der große Haufen achtet nur auf das Kleid oder auf die Erzählungen des Gesetzes; sie kennen nichts anderes; sie sehen nicht, was unter dem Kleide verborgen ist. Die Aufgeklärten dagegen beachten das Gewand nicht weiter, sondern sehen auf den Leib, den es verhüllt. Die Weisen endlich, die Diener des höchsten Königs, die, welche die Höhen Sinais bewohnen, beschäftigen sich mit der Seele, die die Grundlage für alles übrige und das Gesetz selber ist; in zukünftigen Zeiten werden diese Weisen vorbereitet sein, die Seele der Seele, welche im Gesetz atmet, zu schauen.“

Worin aber besteht das esoterische Wissen der Kabbala?

Vom Umgang mit Buchstaben und Worten: Gematria, Notarikon und Temura

Hinter den fremdartig klingenden Fachbegriffen verbergen sich drei Methoden, aus den Texten des Alten Testaments verborgene esoterische Botschaften herauszulesen. Sie setzen freilich genaue Kenntnis der hebräischen Originale voraus. Die angewandten Methoden mögen heute schwer oder gar nicht nachvollziehbar sein. Für den gläubigen Kabbalisten, daran muss erinnert werden, waren die Texte bis auf den kleinsten Buchstaben bedeutungsvoll.

Gematria

Besonders in Spanien setzten sich Kabbalisten mit den Zahlenwerten von Buchstaben und Worten auseinander. Sie gingen vom hebräischen Text des Alten Testaments aus. Da jedem Buchstaben ein Zahlenwert entspricht, kann jedes Wort auch als Summe der Zahlenwerte der einzelnen Buchstaben ausgedrückt werden. Die Kabbalisten vertraten nun die Ansicht, dass Worte mit gleichem Zahlenwert gegeneinander ausgetauscht werden können. „Achad" (Einheit) und „Ahabha" (Liebe) haben beide den Zahlenwert 13. Beide Worte können nach Ansicht der Kabbalisten im Text des Alten Testaments gegeneinander ausgetauscht werden.

Notarikon

Nicht minder intensiv wurden die Texte des Alten Testaments Wort für Wort überprüft, um versteckte, also esoterische Botschaften ausfindig zu machen. Die Kabbalisten gingen davon aus, dass die einzelnen Buchstaben wichtiger Worte wiederum die Anfangsbuchstaben anderer Worte seien. König David sagt über Simei (1. Buch der Könige Kapitel 2, Vers 8): „der mich schändlich verfluchte". Im hebräischen Text wird das Wort „Nimrezet" (Flüche) verwendet. Der esoterische Kabbalist versteht dieses Wort als Abkürzung. Jeder einzelne Konsonant des Wortes steht wiederum für ein anderes Wort. Die Konsonanten von Nimrezet sind NMRZT.

N – Noeph (Ehebrecher)
M – Moabiter (von Ruth abstammend)
R – Rozeach (Mörder)
Z – Zores (Gewaltätiger)
T – Thoeb (Grausamer)

Für den esoterischen Kabbalisten ist das kein Zufall. Er geht vielmehr davon aus, dass der Verfasser der Königsbücher, vermutlich der Prophet Jeremia, König David gegenüber starke Vorwürfe erhob – versteckt allerdings. Kabbalakenner Horst E. Miers: „Das hebräische

Wort Nimrezet birgt in sich die schmähenden Vorwürfe, die der Prophet dem König machte.

Ein weiteres Beispiel. Im 5. Buch Mose (Kapitel 30, Vers 12) wird die Frage gestellt: „Wer will uns in den Himmel fahren?“ Nimmt man von jedem hebräischen Wort den ersten Buchstaben, so ergibt das, aneinander gefügt, das Wort Mila. Die jeweils letzten Buchstaben jedes Wortes hingegen bilden JHWH, den Gottesnamen Jahwe. Daraus leitet der esoterische Kabbalist eine klare Aussage ab. Jahwe hat die Beschneidung als Kennzeichen für sein auserwähltes Volk anbefohlen.

Temura

Der Vollständigkeit halber sei auch das kabalistisch-esoterische System der Temura genannt. Sie setzten alle voraus, dass die fünf Bücher Mose und andere Texte des Alten Testaments Begriffe enthielten, die erst der Dechiffrierung bedurften, um dann wirklich verstanden zu werden. Es gab freilich keinen einheitlichen Code, sondern deren mehrere. In einfachen Systemen mussten bestimmte Buchstaben durch andere ersetzt werden. Kompliziertere Systeme unterteilten das Alphabet in Gruppen, die dann wiederum untereinander ausgetauscht wurden. Es würde freilich den Rahmen eines Buches sprengen, auch nur einige der Temura-Entschlüsselungssysteme darzustellen.

Die Schöpfung als Abglanz Gottes

Das Buch Sohar beschäftigt sich mit dem allmächtigen Gott in seiner Funktion als Schöpfer und mit seiner Beziehung zum Menschen. Wie bereits ausführlich dargestellt (siehe: 1.1. Altes Testament: Esoterisches Wissen von der Welt) sah der Kabbalist die Schöpfung keineswegs als abgeschlossene Handlung, sondern als immer weiter fortgeführten Prozess an. Gott, das „Geheimnis im Geheimnis“, hat zudem keineswegs nur unsere Erde kreiert. Täglich schafft er „dreizehntausend Myriaden Welten“.

Das Erschaffene, also auch Mensch und Welt, ist ein Ausfluss Gottes. Die Kabbala vermittelt dem wissenden Esoteriker Modelle – von Gott, dem Menschen und der Welt. Wenn vom „Menschen“ die Rede ist, dann ist freilich der „im Göttlichen ruhende Urmensch“ gemeint. Aus Gott heraus ist der Mensch entstanden. In Gott kehrt er im Idealfall wieder zurück.

Sinnbildlich will das Buch Sohar den Schöpfungsvorgang, der sich dem Verständnis des Menschen entzieht, umschreiben: ein gewaltiger Lichtstrahl sei „Gott" entsprungen, aus dem wiederum neun Lichter entstanden. Diese zehn Lichter galten als Teilaspekte des unendlichen Gottes. Sie waren durch „22 Pfade" miteinander verbunden. Jedem dieser Wege entspricht einer der 22 Konsonanten des hebräischen Alphabets. Sie werden bildlich als Kreise und Linien im Lebensbaum dargestellt.

Der Lebensbaum

Der Lebensbaum verdeutlicht in der esoterischen Kabbala den Abstieg Gottes in einem Lichtstrahl zur Erde. Will die Seele zu Gott gelangen, so muss sie den umgekehrten Weg nehmen, mühevoll zu himmlischen Sphären emporklimmen. Zehn ineinander liegende Kugeln machen das Universum der Kabbala aus. Gott selbst ist die äußerste Sphäre, dann folgt die der Fixsterne. Die nächsten sieben Kugeln stimmen mit den damals bekannten Planeten überein. Die innerste Kugel umfasst nicht nur den Mond, sondern auch die Erde selbst.

Die Seele des Menschen steigt von Gott, der äußersten Sphäre, zur Erde, der innersten Sphäre, hinab. Zunächst ist sie nur Licht, baut sich nach und nach zu einem Wesen auf. Beim Passieren der unterschiedlichen Kugeln werden Eigenschaften aufgesogen. Um es modern zu formulieren: Der werdende Mensch wird nach und nach programmiert. Oder etwas humaner: Er durchläuft eine alle Bereiche abdeckende Schule. Venus gibt ihm die Liebe, Merkur die Intelligenz. Den physischen Leib erhält der dann vollendete Mensch auf der Erde. Demnach gilt der Mensch als ein Abbild des bekannten Universums.

Kaum aber hat die Seele sich Schicht für Schicht zum Menschen geformt, strebt sie wieder zu ihrem Ursprung zurück, zu Gott. Sie will sich wieder mit dem Licht, aus dem einst auch das Universum geströmt war, vereinen. Diese Rückreise kann freilich erst nach dem physischen Tod des Menschen angetreten werden und ist keineswegs leicht. Da gibt es die Engel, die alles andere als positiv gesehen werden können. Sie hausen auf den verschiedenen Sphären, die alle von jeder Seele auf dem Rückweg zu Gott passiert werden müssen. Die Engel versuchen mit allen Mitteln, aufsteigende Seelen festzuhalten.

Nicht nur die Engel sind dabei zu fürchten. Es stellen sich heimkehrenden Seelen auch böse Geister entgegen, die Tag und Nacht Jagd auf Gottessucher machen.

In der Kabbala ist das Leben des Menschen nur ein Zwischenaufenthalt. Kaum vom Ursprung getrennt, sehnt er sich wieder dorthin zurück. Der Kabbala-Anhänger weiß, dass sich ihm Hindernisse auf der Rückreise in den Weg stellen werden. Um diese überwinden zu können, versucht er schon zu Lebzeiten, so viel wie möglich über die himmlischen Sphären in Erfahrung zu bringen.

Zehn Sphären
Ziel der Seele ist die höchste Sphäre, Kether, „Krone", genannt. In ihr vereinigt sie sich mit Gott. Engel versuchen Eindringlinge abzuwehren. Für den Kabbalisten wurden diese Wächter bereits beim Propheten Hesekiel beschrieben (Hesekiel Kapitel 1, Verse 5 und 6): „Und mitten darin war etwas wie vier Gestalten, die waren anzusehen wie Menschen. Und jede von ihnen hatte vier Angesichter und vier Flügel." Die magische Zahl der Kether-Sphäre: 1.

Zu Beginn des dritten nachchristlichen Jahrtausends setzen sich Esoteriker intensiv mit der „Mann/Frau-Sein"-Thematik auseinander. Weltweit wird Gruppenarbeit geleistet. Männer suchen und erkennen ihre weibliche Seite. Frauen werden sich ihrer männlichen Seite bewusst. In der „Krone" gibt es nicht die Trennung in „männlich" und „weiblich". Das Ziel des Lebensweges ist es demnach, in der Kabbala ein Leben jenseits der Polarität von „männlich" und „weiblich" zu führen. Hier sind auch Vorstellungen von alt und jung aufgehoben. Das „innere Kind" ist ebenso Teil von Sphäre 1 wie „Männliches" und „Weibliches".

Sphäre 2 mit der magischen Zahl 2 ist Chochma, die Weisheit. Sie folgt unmittelbar auf die ursprüngliche göttliche Sphäre. Deshalb bekommt sie am meisten göttliches Licht ab. Chochma ist das Prinzip Vernunft, das hinter allem steht. Auch sie wird bewacht: von kreisenden, sich drehenden Engeln. Nach Kabbala-Überzeugung werden sie bei Hesekiel als Räder beschrieben (Hesekiel Kapitel 1, Verse 16 und 17): „Die Räder waren anzuschauen wie ein Türkis und waren alle vier gleich und sie waren so gemacht, dass ein Rad im anderen war. Nach allen vier Seiten konnten sie gehen; sie brauchten sich beim Gehen nicht umzuwenden.“ Als Symbole Chochmas gelten der Phallus (der bei den Indern als Lingam verehrt wurde) und der Turm. Nach Kabbala-Interpretation kann man den Bau des Turms zu Babel dann so verstehen: Schon zu Lebzeiten versuchten die Menschen zur göttlichen Sphäre vorzudringen, die sie aber nach göttlichem Willen erst nach dem Tode anstreben durften. Chochmas, in bildlichen Darstellungen oft ein bärtiger alter Mann, wird als Vater des Universums angesehen.

Die kindlich-naive Darstellung Gottes als greiser Mann mit Rauschebart entspricht der Kabbala-Personifizierung von Chochma. Als reife Frau hingegen wird Binah dargestellt, die Mutter des Universums. Ihre heilige Zahl ist die drei. Sie ist die dritte Sphäre des Kabbala-Universums. Ihre Symbole sind die weiblichen Genitalien, aber auch der Schlüssel, Kreis, Oval und Diamant.

Heutige Esoteriker versuchen, das einstmals vorherrschende Matriarchat zu rekonstruieren. Es wird darüber meditiert, wie es ausgesehen haben mag. Das Matriarchat findet sich schon in der Kabbala. Männlichkeit und Weiblichkeit Gottes stehen einander gleichberechtigt gegenüber.

Die zehn Sphären in ihrer Gesamtheit spiegeln sich wider im Menschen. Die dritte Sphäre findet ihre Entsprechung aber auch in den irdischen Muttergöttinnen. Eine typische Vertreterin dieser mächtigen Wesen ist die dreigestaltige Hekate, die sowohl im Himmel als auch auf Erden und in der Unterwelt wirkt. Sie gilt als Zaubergöttin und Herrin der Toten.

Als weiblich wird Sphäre 4, Hesed, die Liebe, angesehen. Als feminine Kraft ist sie für die Ordnung der Dinge zuständig. Der Stab des Magiers ist ihr Symbol, aber auch der Krummstab des Bischofs. Sie wird auch als Dreieck oder als Pyramide dargestellt. Hauptgegnerin der Hesed ist die Macht der Zerstörung, Din, Sphäre Nummer 5. Astrologisch wird sie mit dem Mars gleichgesetzt, mit dem Planeten des Kriegs und der Zerstörung. In den Augen vieler Kabbalisten ist sie der Ursprung alles Bösen. Bildlich wird Hesed als mächtiger, oft weiser Herrscher auf dem Thron dargestellt. Din ist dann der bewaffnete Soldat im gefürchteten Streitwagen.

Fifereth, die Schönheit, Sphäre Nr. 6, steht für die Sonne, die die einander bekämpfenden Kräfte von Hesed und Din auszugleichen versuchte. Eines ihrer verschiedenen Symbole ist das Bild des geopferten Kindes. Häufig wird Fifereth mit Jesus gleichgesetzt. Magisches Tier von Fifereth ist der Löwe, Personifizierung der Sonne.

Je weiter die tiefer gelegenen Sphären von der höchsten oder äußeren Kugel entfernt waren, desto irdischer wird ihre Bedeutung. Netsah, der Sieg, Sphäre Nummer 7, stellte die männliche Potenz in der Natur dar. Sie symbolisierte die körperliche Liebe, die Leidenschaft. Sie wird mit der Venus gleichgesetzt und als schöne nackte Frau dargestellt. Ihr Anteil am menschlichen Wesen ist die Liebe zur Kunst, von der Malerei bis zur Musik.

Hod, die Majestät, Sphäre Nummer 8, galt als weibliche Kraft, zuständig für den menschlichen Geist, aber auch für das intuitive Verständnis. Die Kabbalisten sahen sie als gut und böse zugleich. Sie ist weise und klug, aber auch hinterlistig und verschlagen. In der Astrologie wird Hod mit Merkur gleichgesetzt, der als Planet Einfluss auf Intelligenz und Magie hatte. Merkur ist das Pendant zu vernünftigem, logischem Denken, kaufmännischem Abwägen, aber auch zur betrügerischen List und zu magischen Praktiken. Quecksilber ist das Metall Hods, das magische Alchimisten in Gold verwandeln wollten. Das magische Sinnbild für diese Sphäre sind zwei Schlangen.

Yesod, die Grundlage, ist Sphäre Nr. 9, Ursprung jeglicher Schöpferkraft. Neun ist die symbolische Zahl der Magie. 9 galt auch als die Zahl der Einweihung in okkulte Praktiken. Der Mond wird als Planet angesehen, als Welt Yesods, als Ort der Zauberei. Yesod versuchte stets einen Ausgleich zu schaffen zwischen Netsah und Hod. Aus der Spannung zwischen diesen beiden Polen schöpfte er die Kraft für Zauberpraktiken. In der irdischen Welt entsprach der Elefant der Yesod-Sphäre. Das Rüsseltier galt als stark und intelligent zugleich. In bildlichen Darstellungen wird Yesod als schöner nackter Mann gezeigt.

Der Lebensraum des Menschen, unsere Erde, das irdische Königreich Malkhuth, ist schließlich Sphäre 10. Bildlich dargestellt wird Malkhuth häufig als Sphinx, als Körper gewordene Einheit von Himmlischem und Irdischem. Ein weiteres Bild für Malkhuth, das irdische Königreich, ist eine auf einem prächtigen Thron sitzende, gekrönte junge Frau.

Der Esoterik-Spezialist Jacques Bergier ist von der Kabbala fasziniert: „Der Mensch hat, ist er einmal auf der Erde angelangt, alle Eigenschaften aller Sphären in sich angesammelt wie Informationen auf einer Computerdiskette. Seiner Anlage nach könnte er perfekt sein. Besteht sein Manko darin, dass er zwar eine Unmenge von Fakten und Daten gespeichert hat, die er aber – warum auch immer – (noch?) nicht lesen kann? Ermöglicht die Esoterik dem Menschen Zugriffe auf Wirklichkeiten, die doch so nah sind? Die wir aber nicht nutzen, weil wir sie nicht zur Kenntnis nehmen?"

1.4 Gnosis – esoterische Konkurrenz zur frühen Kirche

Zeitgleich zur Kabbala entstand die religiöse Bewegung der Gnosis. Vordergründig bestehen Ähnlichkeiten, ja Parallelen. So gibt es auch in der Gnosis die Vorstellung, dass der Urmensch aus Gott hervorging und im erstrebenswerten Idealfall wieder zu Gott zurückkehrt. In einem wichtigen Gnosis-Text lesen wir: „Er (Gott) erinnert die Seinen an ihre himmlische Heimat und belehrt sie über den Rückweg. Er überliefert ihnen vor allem die heiligen Formeln, die sie kennen müssen, um beim Aufstieg die sieben verschiedenen Planetensphären, die kosmischen Mächte, zu passieren."

Wie die Kabbalisten waren auch die Gnostiker davon überzeugt, dass es einst die Wahrheit schlechthin gab. Sie wurde als eine geheime Offenbarung weitergereicht. Gnostisch sind auch einige Lehren der Qumran-Sekte. So mancher Text aus den Höhlen vom Toten Meer ist von einem gnostischen Traktat nicht zu unterscheiden: wenn es zum Beispiel um den Dualismus „Söhne des Lichts"/„Söhne der Finsternis" geht. Gnostisch ist auch die Abwendung der Qumran-Leute, die sich in ihre klosterähnliche Abgeschiedenheit in der Wüste zurückzogen, von den Genüssen der Welt. Das gilt auch für ihre Engelslehren. Die himmlischen Wesen lassen nur jene Seelen durch die sieben Himmel und die sieben Paläste zu Gottes Thron streben, die die entsprechenden Siegel sozusagen als „Reisepass" vorweisen können.

Die gnostische Lehre als detailliertes, abgeschlossenes Lehren-Gebäude lässt sich heute nicht mehr rekonstruieren. Warum nicht? Einerseits achteten die Gnostiker selbst streng darauf, dass ihr Wissen Unwürdigen nicht zugänglich war. Das führte dazu, dass eine Vielzahl von gnostischen Lehren entstand, die oft in zentralen Punkten voneinander abwichen. Andererseits wurden ihre Anhänger vom

4. bis 8. Jahrhundert vehement und blutig verfolgt. Unzählige esoterische Geheimdokumente wurden vernichtet. Zum Glück wurden nach 1945 in Nag Hammadi, Ägypten, Schrifttexte aufgefunden, die einige Aufschlüsse über die esoterische Glaubenswelt der Gnostiker ermöglichen.

Gnosis – Versuch einer Annäherung

Was lässt sich noch über das esoterische Geheimwissen der Gnostiker, das im 2. und 3. Jahrhundert n. Chr. im Mittelmeerraum eine Blütezeit erlebte, aussagen? Eine höchste Gottheit steht erhaben über jeglicher Wirklichkeit. Die materielle Welt schuf ein Demiurg. Er produzierte auch den Menschen, indem er das kostbare Geistige der wahrhaft göttlichen Oberwelt mit der als schlecht angesehenen Materie vermengte.

Wer war dieser Demiurg? Darüber herrscht keine Klarheit. Manche Gnostiker sehen ihn als ein „niederes Mittelwesen", andere als den Teufel selbst. Der Mensch ist in seiner Erdhaftigkeit gefangen. Er kann nur auf Erlösung hoffen, wenn er zur Gnosis findet und seinen erhabenen, göttlichen Anteil erkennt.

Voller Verachtung betrachteten Gnostiker die Welt des Materiellen. Dabei beriefen sie sich auf Jesus, zitierten Texte des Neuen Testaments, etwa: „Wenn du vollkommen sein willst, geh, verkauf deinen Besitz und gib das Geld den Armen; dann komm und folge mir nach." (Matthäus, Kapitel 19, Vers 21). In ihrer Weltverachtung gingen sie noch einen Schritt weiter. So beriefen sich Gnostiker gern auf das kirchlich nicht anerkannte Thomasevangelium, wo folgendes angebliche Jesuswort zu finden ist: „Wer die Welt erkannt hat, der hat einen Leichnam gefunden. Und wer einen Leichnam gefunden hat, dessen ist die Welt nicht wert."

Zahllose Gnostiker versuchten, so wie später indische Yogis oder Angehörige christlicher Bettelmönche, der schnöden Welt mit ihren materiellen Gütern so weit wie möglich zu entkommen. Manche zogen sich auf Bäume oder in das Mauerwerk verlassener Ruinen zurück. Andere entsagten der Welt, indem sie sich selbst in kalte Klausen einschlossen oder an Felsen anketteten. Wiederum andere fasteten bis an die Grenze des Hungertods, manche mögen sie glücklich überschritten haben.

Zahllose Gnostiker lebten wie später Nonnen und Mönche, nämlich zölibatär. Walter Nigg, einer der führenden Kenner der Gnostiker: „Innerhalb der Gnosis wurde ein strenger Asketismus vertreten, der die Sinnlichkeit auszurotten bestrebt war, um Christus ähnlich zu werden. Vor allem war jegliche Ausübung des Geschlechtsverkehrs verpönt. Auch die eheliche Umarmung zum Zweck der Kinderzeugung wurde abgelehnt. Die Menschheit soll nicht fortgepflanzt werden, weil dadurch nur immer neues Elend entsteht. Nach gnostischer Auffassung hat Jesus auf die Frage der Salome ‚Wie lange wird der Tod herrschen?' die Antwort gegeben: ‚So lange, als ihr Weiber gebärt!'"

Walter Nigg weist darauf hin: „Das Mönchstum hat die asketischen Tendenzen aufgenommen und sie in der christlichen Geistesgeschichte immer wieder durchbrochen, mochten deren erste Repräsentanten auch Ketzer gewesen sein."

Nicht unerwähnt bleiben darf: Im Gegensatz zu den meisten Gnostikern verhielten sich die Sekten der Karpokratianer und Phibioniten. Statt mönchischer Enthaltsamkeit predigten und lebten sie bei ihren Andachtsfeiern eine exzessive Form der Sexualmagie. Über die dabei ausgeübten Praktiken kann keine verlässliche Aussage mehr getroffen werden. Gnostische Texte gibt es kaum mehr. Wir sind hauptsächlich auf Texte von vehementen Gegnern der Gnostiker angewiesen, die alles andere als verlässlich sind.

Im christlichen Gnostizismus wird Christus als Erlöser angesehen. Nicht alle gnostischen Schulen stimmten darin überein, dass Jesus auch wirklich der Erlöser war. Der eigentliche Heilsbringer war für die Mandäer, eine bedeutende gnostische Sekte, Johannes der Täufer. Zudem herrschte Streit über die Frage, ob denn Jesus Gott oder Mensch war. Drei Schulen gab es:

- Der von Maria geborene leibliche Sohn Josephs war ein wirklicher Mensch. Auf ihm ruhte von oben her der göttliche Christus, der sich bei der Kreuzigung wieder von ihm trennte.
- Jesu Leib stammt aus einer Zwischenwelt, aus dem Reich der Aeonen. In diesen Mittelwesen entfaltet sich die Gottheit.
- Der himmlisch-göttliche Christus war nicht Teil der materiellen Welt. Er tauchte lediglich mit einem Scheinleib in sie ein. Er starb auch nicht wirklich am Kreuz, denn als göttliches Wesen ist er unsterblich.

Einigkeit besteht in der weitgehenden Ablehnung des Alten Testaments. Was auch immer Jesus war, nach gnostischer Auffassung lehrte er einen bis dahin unbekannten Gott. Nicht alle Menschen haben Zugang zur esoterischen Erkenntnis. Karl Heussi fasst in seinem „Kompendium der Kirchengeschichte" zusammen: „Es gibt drei verschiedene Klassen der Menschen: Pneumatiker (in denen Funken des Göttlichen leben), Psychiker (die bloß ‚Gläubigen', denen die Gnosis verschlossen bleibt) und ‚Hyliker' (die grob materiell Gesinnten). Nur die Pneumatiker, die mit der Gnosis schon das Leben haben, gehen in die volle Seligkeit ein, während die Hyliker, ebenso unvermeidlich, dem Untergang verfallen und die Psychiker durch ihr eigenes werktätiges Handeln eine niedere Form der Seligkeit erlangen oder das Schicksal der Hyliker teilen."

Uneinig sind sich die Gnostiker freilich schon, wenn es darum geht, wie das heilige Urwissen weitergereicht wurde. Eine wichtige Schule meint: Es wurde von Jesus selbst den Aposteln anvertraut und dann ausschließlich in esoterischen Kreisen weitergereicht. Mehrere gnostische Sekten widersprechen. Ihrer Ansicht nach erfolgte die Offenbarung des christlichen Geheimnisses durch die „Apostelin der Apostel", Maria Magdalena. Sie beten eine zweigeschlechtliche Gottheit an, ein Wesen, das zugleich Vater und Mutter ist. Dieses Wesen wurde mit Jesus und Maria gleichgesetzt.

Zahlreiche Interpretationen biblischer Gestalten, die von den Christen mit Abscheu betrachtet wurden, genossen die besondere Bewunderung der Gnostiker:

- Kain galt den Christen als bösartiger, hinterhältiger Brudermörder. Die Gnostiker empfanden Sympathie für ihn. Sie sahen in ihm einen Verfolgten, dem ebenso nachgestellt wurde wie Jesus.
- So wie aus Kain wurden auch aus allen anderen Verfolgten der Bibel für die Gnostiker positiv bewertete Menschen: Esau, die Rotte Korah, die Bewohner von Sodom und Gomorrha.
- Judas Ischariot, von den frühen Christen mit Abscheu als Verräter Jesu als der vielleicht übelste Zeitgenosse des Erlösers angesehen, war für die Gnostiker ein Werkzeug Gottes. Jesus konnte als Christus der Menschheit nur dadurch Erlösung bringen, dass er am Kreuz starb. Ohne den „Verrat" wäre dieser von Gott gewollte Akt nicht möglich gewesen. Judas wirkte nach Ansicht der Gnostiker

als Handlanger Gottes. Ihrer Ansicht nach wäre es blasphemisch gewesen, ihn deswegen zu verurteilen.

- Die Schlange war in den Augen auch schon der frühen Christen die Anstifterin zum Sündenfall, als sie die Menschen dazu verleitete, von den verbotenen Früchten zu essen. Die Gnostiker waren anderer Ansicht: die Schlange verhalf den Menschen dazu, ihre Umwelt so zu sehen, wie sie war. Sie wirkte so der Lüge entgegen und trat für die Wahrheit ein, die Adam und Eva nach dem Verzehr des Apfels offenbar wurde. Bei der gnostischen Sekte der Ophiten wurde deshalb die Schlange als göttliches Wesen verehrt, die eine Hüterin esoterischen Wissens war und den Menschen den Weg zur Erkenntnis wies. (Hinweis: Auch bei den Indern, die wie die Gnostiker Askese und Enthaltsamkeit als idealen Lebensweg ansahen, wurde die Schlange als Hüterin der Weisheit verehrt).
- Die Christen hassten Satanas als Widersacher Gottes, sahen in ihm den Antichrist, den Teufel. Satan war für die gnostische Sekte der Eboniten ein Geschöpf Gottes: die Wiederverkörperung Adams.

Während Esoterikerinnen und Esoteriker unserer Tage bislang vergeblich die Zulassung der Frau für das kirchliche Lehramt fordern, war eine solche Gleichberechtigung für die Gnostiker vor annähernd zwei Jahrtausenden bereits selbstverständlich. Welcher Mann oder welche Frau einfacher Priester oder Bischof wurde, wem das Prophetenamt zustand, das bestimmte allein das Los.

Weltgeist und Gaja-Hypothese

War die Position der Frau in der gnostischen Kirche auch stark, so störte dies schon die frühen Kirchenväter. Empörung lösten gnostische Christen aus, die eine Vereinigung mit der Göttin der Stille, Sige, anstrebten. Sie muss als eine Art Urgöttin angesehen werden, die schon am Anfang aller Dinge existierte. Nach gnostischer Mythologie gebar sie Sophia, die gleichzeitig Braut und Mutter Gottes war. Für manche Gnostiker war sie der weibliche Heilige Geist, für andere der universale Verstand. Für Origines war Sophia von geradezu kosmischer Bedeutung. Sein Wort hatte lange Zeit großes Gewicht – bei den Gnostikern und in der christlichen Kirche.

Origines (ca. 185–254 n. Chr.) war ein früher Theologe. Er schrieb Kommentare zu allen Büchern der Bibel. Zunächst wurde er in der

„Amtskirche“ geradezu als Heiliger verehrt, dann als bösartiger Ketzer verdammt. Drei Jahrhunderte nach seinem Tod erklärte ihn die Kirche zum Häretiker, weil sein umfangreiches Werk gnostisches Gedankengut enthielt. Er wurde posthum exkommuniziert.

Mit seinem Begriff von Sophia nahm Origines eine esoterische These vorweg, mit der Ende des 20. Jahrhunderts der englische Kybernetiker und Klimaforscher James Lovelock Aufsehen erregte.

Für Lovelock ist die Erde ein vollkommenes, intelligentes und sich selbst organisierendes System, das alle Umweltbedingungen selbst reguliert. Verpestet der Mensch den Lebensraum von Gaja, so kann die Erde entsprechend strafend mit gewaltigen Katastrophen reagieren.

Origines ging einen gewaltigen Schritt weiter, indem er postulierte: „So wie unser Körper aus vielen menschlichen Gliedern besteht, doch von einer Seele zusammengehalten wird, so muss das Universum als ein riesengroßes Lebewesen gedacht werden, das eine Seele zusammenhält.“

Gnosis und Esoterik

Ziel des Christen ist primär die Gemeinschaft mit Gott. Die Gnosis sucht Erkenntnis, ganz wie auch der Esoteriker zu Beginn des dritten nachchristlichen Jahrtausends nach Erkenntnis sucht. Der Gnostiker hofft auf Erleuchtung und setzt dabei darauf, dass es ihm möglich ist, das Unbegreifliche zu entschleiern. Er verhält sich damit ganz ähnlich wie der Esoteriker unserer Tage, der davon ausgeht, dass über die Jahrhunderte ein Wissensschatz weitergereicht wurde, der lange Zeit nur wenigen Eingeweihten zugänglich war. Er will der verborgenen Mysterien teilhaftig werden – der Gnostiker wie der Esoteriker. So wie der Esoteriker meditiert, so horcht der Gnostiker in sich hinein. Er will sich seines eigenen Wesens bewusst werden.

Den frühen Christen waren Gnostiker suspekt, die sich in künstliche Ekstase versetzten und der angestrebten Wahrheit näher wähnten. Der heutige Esoteriker beschäftigt sich mit Astrologie oder mit den magischen Wirkungsweisen von Edelsteinen. Gleiches tat der Gnostiker, wie der Fachautor Arturo Castiglioni feststellt: „Das gnostische Schrifttum … enthält astrologische Hinweise und zahlreiche Bezüge zu ägyptischen Überlieferungen. In ihm bekundet sich der Glaube an Astrologie, an die magischen Eigenschaften der Edelsteine und an Zaubermittel.“

Gnosis im 20. Jahrhundert

Kirchengeschichtler geben zu bedenken: Die unterschiedlichen Strömungen der Gnostik machten der jungen Christenkirche in den ersten Jahrhunderten ihrer Frühgeschichte arg zu schaffen. Als die esoterischen Erkenntnislehren zur Ketzerei erklärt und teilweise brutal geahndet wurden, versanken die einst bedeutungsvollen Sekten rasch aus dem Blickfeld öffentlichen Interesses.

Theodor Reuss (1855–1923) gründete um 1918 die „Gnostisch-Katholische Kirche", auch „Ecclesia Gnostica Catholica" genannt. Basierend auf einem Messbuch, verfasst von Aleister Crowley (1875–1949), sollten die alten gnostischen Glaubenslehren wieder belebt werden. Ein Schwerpunkt war die Sexualmagie. Der Sexualakt im Zentrum des Gottesdienstes erschien den meisten Zeitgenossen Reussens freilich als unvereinbar mit Religiosität. Die kleine Gruppierung versank rasch wieder in der Bedeutungslosigkeit.

In der Theologie des umstrittenen französischen Jesuiten Teilhard de Chardin (verstorben 1955) lassen sich ansatzweise gnostische Gedanken nachweisen. Am 30. Juni 1962 urteilte das „Heilige Officium" der katholischen Kirche: „Gewisse Werke des Paters Teilhard de Chardin" enthielten „derartige Doppeldeutigkeiten und darüber hinaus so schwere Irrtümer, dass sie die katholische Lehre verletzen." Besonders junge Menschen müssten vor den Werken Teilhard de Chardins geschützt werden. Dieses Urteil hätte einige Jahrhunderte früher den qualvollen Tod auf dem Scheiterhaufen zur Folge gehabt.

2

Esoterik – von Atlantis bis zur Aufklärung

2.1 Atlantis – ein Weltphänomen

Darwins Evolutionstheorie und der Ablauf der Geschichte
Charles Robert Darwin (1809–1882) begründete in seinen Schriften eine revolutionäre neuartige These über die Entstehung des Menschen. Im Gegensatz zu religiös orientierten Denkern sah er keinen wie auch immer geprägten Schöpfer am Werk. Vielmehr proklamierte er ein Naturprinzip: Es bilden sich immer neue, besser zum Überleben geeignete Lebensformen durch Auslese der für die jeweiligen Bedingungen geeignetsten Überlebenskünstler. Nur die am besten angepassten Lebewesen haben die besten Chancen im Konkurrenzkampf um Nahrung und in der Partnersuche. Nur sie vermehren sich, die unterlegenen Konkurrenten sterben nach und nach aus. Durch allmähliche Umbildung kommt es zu einer kontinuierlichen Weiterentwicklung.

Die darwinsche Vorstellung von der Entstehung der Arten prägt weitgehend auch das klassisch-wissenschaftliche Bild vom Werden der menschlichen Zivilisation. Es gibt also eine lineare Entwicklung von der primitiven Lebensform hin zum intelligenten Menschen, der zusammen mit seinen Artgenossen in einem immer besser organisierten Staatssystem lebt.

In der Esoterik indes ist das zyklische Weltverständnis weit verbreitet. Man beruft sich auf altüberliefertes esoterisches Wissen, wonach die Geschichte nicht als ein langsames Streben vom Primitiven zum Komplexen besteht. Vielmehr wird die Historie als ein zyklisches Geschehen erachtet. Statt eines allmählichen Aufwärts in linearer Bewegung gibt es Geschichte, die sich immer wiederholt. Im alten Indien ging man ebenso von sich immer wiederholenden, stets neu beginnenden Abläufen aus wie bei den Etruskern. In Mittelamerika lehrten die alten Esoteriker ihre Schüler die Weltzeitalter. Azteken, Yucatan-Mayas, Quiché und Tzotzil waren felsenfest davon überzeugt, dass die Geschichte der Menschheit eine Abfolge von zyklischen Zeitkreisen ist. Eine Kultur entsteht, gelangt zur Blüte und geht unter. Es kommt zu einem Neuanfang, der den Keim zum Untergang bereits in sich trägt.

Solche zyklische Kosmologien wurden nach esoterischer Überlieferung zum Beispiel in der Maya-Metropole Palenque wissbegierigen Schülern und Studenten beigebracht. Die Universität lag unweit des

Tempels der Inschriften im Zentrum der imposanten Urwaldmetropole. Ihr dreistöckiger Turm überragt noch heute den weitläufigen Komplex. White Bear, ein angesehener Esoteriker aus dem nordamerikanischen Bären- und Coyoten-Clan der Hopi-Indianer: „Im Erdgeschoss lernten junge Indios die Geschichte ihres Volkes, in der zweiten Etage wurden sie in Naturkunde, inklusive dem Aufbau der Stoffe, unterwiesen. Die Kräfte des Geistes wurden geschärft, die Sinne geweckt, das Verständnis für den Einklang allen Lebens in der Natur fundiert.

In der dritten Etage wurde Astronomie gelehrt. Alle Einzelheiten unseres Planetensystems wurden unterrichtet. Sie wussten, dass die Erde rund ist, dass auf dem Mars feiner Sand liegt, dass es kein Leben auf der Venus, dem Mars oder dem Jupiter gibt.“

Auch die esoterischen Lehrmeister, die in Palenque Studenten um sich scharten, gingen von einer zyklischen Weltgeschichte aus. Völker entstehen, Reiche formieren sich und gehen in apokalyptischen Kataklysmen zugrunde. Dieses Schicksal wurde auch, glaubt man dem griechischen Philosophen Platon (427–347 v. Chr.), Atlantis zuteil.

Atlantis, Fiktion oder Fakt?

Platon berichtet in seinen Dialogen Kritias und Timaios vom sagenhaften Reich. Ein ägyptischer Priester soll dem Solon erzählt haben, Atlantis sei größer als Asien und Libyen zusammen gewesen. Die Hauptinsel des im Atlantik gelegenen Imperiums sei Basieleia gewesen. An einem einzigen Tag wurde der geheimnisvolle Kontinent zerstört. Er versank in den Fluten – vor etwa 9000 Jahren.

Seit Jahrhunderten wird die Frage heftig diskutiert, ob es denn Atlantis tatsächlich gegeben hat. Das angesehene „Lexikon Alte Kulturen“ schreibt zu diesem Disput: „Die Frage, ob es sich um eine Fiktion handelt oder ob eine Lokalisierungsmöglichkeit besteht, ist von jeher umstritten. Man vermutete Atlantis unter anderem an der südspanischen und an der nordafrikanischen Küste, in der Gegend um die Kanarischen Inseln, sogar bei Helgoland, in Amerika, in der Karibik. Andere suchen Atlantis in der Ägäis und identifizieren es mit Thera. Die jüngste Veröffentlichung zu diesem Thema sucht Atlantis südlich der Azoren und stützt sich dabei auf Theorien der Kontinentalverschiebung und Unterwasserfunde.“

Hat es nun Atlantis gegeben oder nicht? In der Esoterik – speziell in Europa und Nordamerika – sieht man Atlantis als Reich, das real existiert hat. In Atlantis sollen von einem weit fortgeschrittenen Volk sowohl Technik als auch geistige Wissenschaften zu einer kaum vorstellbaren Blüte gebracht worden sein. Demnach war Atlantis geradezu die Wiege auch der Esoterik. Während dem linearen Geschichtsbild verschriebene Wissenschaftler Atlantis gern als Fantasiegebilde ansehen, gehen Esoteriker davon aus, dass Atlantis wirklich war. Sie sehen es als einen deutlichen Beleg dafür an, dass Weltreiche kommen und gehen (zyklische Betrachtungsweise!). Esoteriker setzen gern auf esoterische Methoden, wenn es um das Erlangen von Informationen über Atlantis geht.

Cayce über Atlantis

Edgar Cayce (1877–1945), das berühmte amerikanische Trancemedium, äußerte wiederholt, es handele sich bei Bimini um Reste des vor Jahrtausenden versunkenen Riesenreichs Atlantis. Und in jenem Reich habe einst eine wundersame Quelle gesprudelt. Verschiedene Details der übersinnlichen Aussagen Cayces haben sich inzwischen bestätigt. So führten 1975 Wissenschaftler der Columbia-Universität Bohrungen an einer seichten Stelle nahe Bimini durch. Das geförderte Material wurde datiert. Es ist etwa 4370 Jahre alt. Die Wissenschaftler: „Dieser Umstand lässt vermuten, dass Materialien, die sich in einer Tiefe von zwölf oder fünfzehn Fuß befinden, einige Jahrtausende älter sein dürften. Sie könnten durchaus 1000 Jahre alt sein oder etwas mehr." Edgar Cayce hatte vorhergesagt, die künftigen Funde würden sich als 12 000 Jahre alt erweisen.

1970 wurde vor der Insel Bimini, nur 50 Meilen von der Metropole Miami entfernt, auf dem Meeresboden eine wahrhaft titanische Mauer gefunden. Vorsichtigen Schätzungen von Archäologen zufolge entstand sie 5 000 vor Christus, zu einer Zeit, als der Wasserspiegel des Atlantik mindestens sechs Meter unter dem heutigen Niveau lag.

Die Meldung über den Fund schlug in der wissenschaftlichen Welt wie eine Bombe ein. Und bestätigte genau, was Edgar Cayce gesehen hatte. Der Seher hatte präzise die Lokalisation vorherbeschrieben ... anno 1926 waren seine Aussagen protokolliert worden.

„Jene Bewohner von Atlantis hatten das Geheimnis entdeckt, wie man die Sonnenenergie einfangen konnte. Sie konzentrierten sie in einem Stein mit magnetischen Eigenschaften, der mehr Energie abgab als er erhielt." Und in der Region westlich der Bimini-Insel, so Cayce, soll es unter dem Schlamm des Ozeans noch „Reste von Tempeln geben". „Dies war die erste Hochkultur. Sie wird in dem westlich und südlich an die Inseln angrenzenden Gebiet entdeckt werden. Man wird Tempel finden. Es gibt in den unterseeischen Bergen auch Gold, Spat und Ammonium." Und dann würden, so Cayce, wieder Quellen sprudeln, die angeblich vor Jahrtausenden versiegten und Quellwasser werde dann zutage treten … ein moderner Jungbrunnen. Das Wasserreservoir werde „knapp unter dem Meeresspiegel angebohrt werden". Wird es je dazu kommen?

Ein Atlantis der Südsee

Platons Atlantis ist freilich nicht einzigartig auf der Welt. Einen ähnlichen Kontinent soll es auch im Westen Südamerikas gegeben haben. Auch jene ferne Welt soll in grauer Vorzeit untergegangen sein.

Weit westlich der Osterinsel versank Maori Nui Nui, ein riesiges Reich, ein Atlantis der Südsee, in den Fluten. König Arei übergab die Regierungsgewalt in jener katastrophalen Lage seinem Sohn Hotu Matua. Der schickte die besten Seemänner aus, die eine neue Heimat suchen sollten. Doch vergeblich. Als die Menschen sich schon damit abgefunden zu haben schienen, dass alle bald in den Fluten jämmerlich ertrinken würden, kam die unerwartete Rettung.

Priester Hau Maka berichtete eines Morgens aufgeregt von einem wahrhaft abenteuerlichen „Traum". Demnach war ihm der fliegende Gott Make Make erschienen und hatte ihn durch die Lüfte zu einem fernen, unbewohnten Eiland gebracht. Kurz habe man sich auf der Insel aufgehalten, habe sie sich angesehen, um rasch wieder zur von den Fluten bedrohten Heimat zurückzukehren. Wieder durch die Lüfte, versteht sich.

König Hotu Matua war begeistert. Der Priester musste den genauen Weg zu jener Insel beschreiben, dann wurden die sieben besten Seefahrer losgeschickt. Nach 30 Tagen fanden sie die exakt beschriebene Insel, nach weiteren 40 Tagen waren sie wieder zu Hause. Sofort begann man mit der überstürzten Evakuierung des gesamten Volkes. Und nach 120 Tagen, so lange soll der Exodus gedauert haben, war die Trauminsel erreicht – die neue Heimat, die später Osterinsel genannt werden sollte.

Wie ist nun die rettende Traumreise des Osterinsel-Priesters Hau Maka zu verstehen? Absolvierte der Priester so etwas wie eine Astralreise? Darunter versteht man die Abtrennung des menschlichen Geistes vom physischen Körper. Während der Leib zurückbleibt, begibt sich der Geist auf „Wanderschaft", kann dabei in kürzester Zeit große Strecken zurücklegen. Meistens bleibt der Geist-Körper dabei unsichtbar, in der Esoterik kennt man aber auch Fälle, in denen er sich Menschen zeigte.

Bei den tungusischen Schamanen, aber auch bei zahlreichen zentralasiatischen Völkern gab es die Vorstellung, dass besonders gottgefällige Menschen das Geheimnis der Seelenreise beherrschen. Losgelöst vom eigenen Körper wanderte die Seele des Priesters an ferne Orte, um von dort Informationen einzuholen, und kehrte dann wieder in den Leib des Priesters zurück. Oftmals gehörte es zu den fast alltäglichen „Serviceleistungen" solcher Schamanen, im Auftrag von Gemeindemitgliedern per Astralreise Erkundigungen etwa über entfernt lebende Verwandte einzuholen.

Sollte Hau Maka ebenfalls solch eine Reise unternommen haben? Blieb sein Leib zu Hause auf Maori Nui Nui zurück, während sein Geist in Windeseile, riesige Entfernungen überbrückend, eine neue Heimat für sein Volk suchte? (Siehe hierzu auch: Fliegen mit Gedankenkraft)

Fakt ist: Auf der Osterinsel besinnt man sich seit einigen Jahrzehnten wieder der mythologischen Vergangenheit. Esoterik hat einen hohen Stellenwert in den Bemühungen, die Vergangenheit der Insel, die Geschichte der Vorfahren zu eruieren. Speziell für Esoteriker – aber keineswegs nur für sie – ist heute wieder die legendäre Geschichte vom Atlantis der Südsee geschichtliche Tatsache und keine Fiktion.

Das Atlantis-Phänomen – weltweit vorhanden!

Der Esoteriker versucht, Wahrheiten hinter der Maske des vordergründig Realen auszumachen. Und er wird dabei manchmal in einer Weise fündig, die selbst knochenharte Realisten überzeugt, denen alles Unwissenschaftliche ein Gräuel ist. Denken wir nur an das erstaunlich korrekte moderne Bild vom Planet Erde, das sich hinter Texten des Alten Testaments verbirgt.

Man mag über Details von Platons Atlantis-Bericht streiten. Man mag über Maori Nui Nui disputieren. Unbezweifelbar ist aber: Die in solchen Berichten zum Ausdruck kommende esoterische Erkenntnis von im Meer versunkenen alten Kulturen hat einen höchst realen Hintergrund. Der Meeresspiegel muss weltweit in den vergangenen Jahrtausenden angestiegen sein. Archäologisch unbestreitbar ist nämlich, dass weltweit erstaunliche Baudenkmäler aus uralten Zeiten in den Fluten verschwanden.

Nan Madol in Mikronesien

Nan Madol aber liegt von Europa aus gesehen wirklich „am anderen Ende der Welt". Wer einmal nach Nan Madol gereist ist, der weiß, wie groß unser Erdball wirklich ist: Hannover – Frankfurt – Newark/New York – Honolulu/Hawaii – Johnston Island – Majuro – Kwajalein – Kosrae – Pohnpei. Für den „einfachen Weg" müssen – und das bei günstigen Flugverbindungen! – drei oder vier Tage einkalkuliert werden. Aber die rund 22 000 Kilometer lohnen sich.

Pohnpei ist die größte der Karolinen-Inseln, die zu Mikronesien gehören. Bei Pohnpei, auf den Karten des Südseeraums allenfalls als kleiner Klecks verzeichnet, handelt es sich genau betrachtet wiederum um eine eigene Inselgruppe. Vom Flugzeug aus gesehen sticht zunächst das gebirgige, grüne Zentrum von Pohnpei ins Auge. Beim Landeanflug fallen weitere Details auf. Schützend umgeben ein schmales steiniges, trostloses Riff und winzig wirkende, oft kaum die schaumigen Meereswogen überragende Felsbrocken das Hauptеiland. Die „Felsbrocken" erweisen sich wiederum als einzelne kleine Inseln oder Ansammlungen kleiner Eilande, gegen die mächtige Wellenberge anstürmen.

Den Namen Pohnpei, so haben Sprachforscher herausgefunden, kann man übersetzen mit: „auf einem steinernen Altar". In Erinnerung an die alten Götter, die man hier einst verehrt hatte, wurden 1984 diverse Schreibweisen wie Ponape und Ponape To offiziell abgeschafft. In der neuen Verfassung wurde offiziell Pohnpei als amtlicher Name festgeschrieben. Welchen Göttern zu Ehren wurde da ein Inselkomplex als „steinerner Altar" bezeichnet? Welchen Göttern wurde hier gehuldigt?

Anno 1828, so steht es in den Geschichtsbüchern, entdeckte der russische Kapitän Fedor Lütke die Inselwelt. Viele Einheimische hören das nicht so gern. „Was heißt hier, unsere Heimat wurde 1828 von einem Russen entdeckt? Das ist doch Unsinn! Entdeckt wurde unsere Heimat von unseren Vorvätern vor Jahrtausenden."

Recht unscheinbar wirkt zunächst, allerdings nur aus der Luft betrachtet, Temwen (frühere Schreibweise: Temuen). Örtliche Forscher freilich haben herausgefunden, dass Temuen kein Produkt von „Mutter Natur" ist. Temuen besteht nämlich aus einem dichten Komplex von 82 künstlich geschaffenen Inseln. Geniale Konstrukteure haben zunächst ein Fundament aus tonnenschweren Steinbalken gelegt – unter Wasser! Das wird wohl bei Ebbe geschehen sein. Dann ist das Meer an manchen Stellen extrem seicht. Trotzdem kann man ob der enormen bautechnischen Leistung nur staunen.

Die 82 Inseln sind tatsächlich künstlich, von Menschenhand angelegt: Hatte man erst einmal eine Grundmauer errichtet, so wurde sie hauptsächlich mit Steinmaterial, Korallenstaub und Erde aufgefüllt. Auf dieser Basis wiederum wurden riesige Gebäude im Blockhüttenstil aufgetürmt, wobei bis zu neun Meter lange sechs- und achteckige Säulen verwendet wurden. Die künstlichen Inseln, die seit unzähligen Jahrhunderten den Gewalten des tosenden Meeres trotzen, stellen zusammen mit den steinernen Riesenbauten das achte Weltwunder dar: Nan Madol. Nan Madol war einst so etwas wie das steinzeitliche Venedig der Südsee. Zwischen hunderten mächtigen Bauten auf künstlichen Inseln gab es kanalartige Seewege statt Straßen. Die Bewohner von Nan Madol besuchten sich gegenseitig mit dem Boot. Es nimmt nicht wunder, dass sie ihre in den Weiten der Südsee verlorene Heimat Nan Madol nannten, was sich mit „Ort der Zwischenräume" übersetzen lässt.

Schon dem flüchtigen Beobachter drängen sich Fragen auf, sobald er sich per Boot dem geheimnisvollen Ziel nähert. Sie konnten bislang nicht zufrieden stellend beantwortet werden. Warum wurde im Meer vor der südöstlichen Küste von Temuen ein steinzeitliches „Disneyland" geschaffen? Warum geschah dies nicht statt dessen auf der Hauptinsel von Pohnpei, also auf Temuen selbst? Etwa im Norden, im Distrikt Sokehs. Hier wachsen vieleckige Steinsäulen wie monströse Haare aus dem Boden: erstarrte Lava. Diese natürlichen Riesenbalken wurden abgeschlagen, wie auch immer über weite Distanzen transportiert und zu gewaltigen Bauten nach dem „Blockhütten-Prinzip" aufgetürmt.

Der Oxford-Professor John Macmillan Brown, unermüdlicher Forschungsweltreisender und einer der großen Gelehrten Neuseelands, Gründer der „University of Canterbury" von Christchurch, anno 1924 in „The Riddle of the Pacific": „Beim südöstlichen Riff von Ponape gibt es eine zyklopische Ruine; da sind große Gebäude mit einer Grundfläche von insgesamt elf Quadratmeilen errichtet worden, auf quadratischen oder rechteckigen, künstlich geschaffenen Inselchen. Das Verschiffen über das Riff bei Flut und das Hochzerren dieser gewaltigen Blöcke, wovon viele bis zu fünfundzwanzig Tonnen wiegen, bis in eine Höhe von zwanzig Metern, muss den Einsatz von Zehntausenden von gut organisierten Arbeitern bedeutet haben. Und die müssten alle gekleidet und ernährt worden sein."

Das aber, so der Gelehrte, war eigentlich unmöglich: Für zehntausende Arbeiter war kein Platz. Zehntausende konnten nicht hinreichend ernährt werden. So viel Nahrungsmittel konnten auf dem kleinen Eiland gar nicht produziert werden. Und selbst wenn die Arbeitssklaven kärglichst verköstigt wurden, so hätten sie doch unübersehbare Spuren hinterlassen müssen. Selbst wenn sie in armseligsten Behausungen vegetiert hätten, derlei große Ansiedlungen verschwinden nicht spurlos.

Im Nordwesten der Hauptinsel indes wären die Voraussetzungen geradezu ideal gewesen. Feindliche Flotten hätten nicht direkt attackieren können. Sie hätten vielmehr das Eiland erst einmal umschiffen müssen. Dabei wäre die Gefahr, wegen der häufig auftretenden Untiefen auf Grund zu laufen, beachtlich gewesen. Auf alle Fälle wären aber die so anrückenden Feinde rechtzeitig entdeckt worden. Auch als Schutz vor der Bedrohung durch die Natur wäre dieser Standort voller Vorteile gewesen. Eine Schutzmauer gegen die anstürmenden Meeresfluten wäre nicht nötig gewesen. Denn der Platz wäre ja auf der dem Meer abgewandten Seite der Insel gelegen. Die Insel Temuen selbst hätte einen natürlichen Schutzwall gebildet, ein künstlicher hätte nicht mehr mühsam aufgebaut werden müssen.

Schließlich wären dann Transportprobleme erst gar nicht entstanden. Denn dann wäre der Weg von den Steinbrüchen zu den Baustellen der künstlichen Inseln der denkbar kürzeste gewesen.

Anstatt die einfachste Variante zu wählen, entschied man sich für die aufwändigste. Das fällt dem Forscher in der Studierstube fern vom Ort des Geschehens in der Südsee allerdings gar nicht auf. Auf der Landkarte ist Temuen nur ein Inselchen, für die Arbeiter vor Ort aber, die tonnenschwere Steinlasten zu befördern haben, ist es ein unüberbrückbares Hindernis.

Das Eiland ist nämlich alles andere als eben. Da türmen sich auf engstem Raum bis zu 800 Meter hohe Berge, erloschene Vulkane. Temuen ist zerklüftet, für den gut konditionierten Kletterer eine Herausforderung, für Trupps mit gigantischen Steinriesen im Gepäck ein unüberwindbares Hindernis. Dazu kommt noch, dass seit Menschengedenken fast täglich sintflutartige Regenfälle auf die Insel herniederprasseln und den Boden in eine Schlammwüste verwandeln. Wären findige Arbeitertrupps auf gewaltigen Umwegen den Bergen ausgewichen, sie wären mit ihren Lasten im Schlamm stecken geblieben.

Einheimische Esoteriker vor Ort bringen Magie ins Spiel, wenn das Geheimnis von Nan Madol erklärt werden soll. Zauberer ließen die gewaltigen Säulen vom Steinbruch an ihre Bestimmungsorte fliegen.

Wie Atlantis im Meer versunken

Bis heute stellen die künstlichen Inseln mit ihren gigantischen steinernen Bauwerken viele Fragen, die noch nicht mit Sicherheit beantwortet werden können. Das eigentliche Rätsel Nan Madols liegt auf dem Meeresgrund.

Der Weltreisende David Hatcher Childress suchte zusammen mit einigen Freunden tauchend nach der verschwundenen Welt. In einer Tiefe zwischen zwanzig und fünfunddreißig Metern unter dem Meeresspiegel stießen sie immer wieder auf senkrecht stehende Monolithen. Sie traten häufig paarweise auf und waren fast immer stark mit Korallen überwuchert. „Einige dieser Steine tragen Gravuren, zum Beispiel Kreuze, Quadrate, Rechtecke und auf einer Seite offene Vierecke. Ähnliches habe ich in den fantastischen Ruinen in den Bergen Boliviens, einige Meilen von Tiahuanaco entfernt, gesehen, bei Puma Punku. Gab es eine Verbindung?“ Childress und seine Kollegen stellten fest: Unweit der stehenden Säule fiel der Meeresboden noch weiter ab, vermutlich auf fünfzig bis sechzig Meter. In jene tieferen Regionen wagten sie nicht hinabzutauchen.

Bereits 1980 hat Dr. Arthur Saxe die unterseeische Nachbarschaft von Nan Madol tauchend erkundet. Das geschah im Auftrag der

Behörde „The Trust Territory of the Pacific". Dr. Saxe veröffentlichte in einer wissenschaftlichen Broschüre seine unter Wasser gewonnenen Erkenntnisse. So berichtet er von senkrecht stehenden Säulen, die in einer schnurgeraden Linie verlaufen, die sich wiederum in den Tiefen des Meeres verliert. Sie haben einen Durchmesser, so der Gelehrte, zwischen 70 cm und zwei Metern. Ihre Länge war nicht festzustellen, da nicht eruiert werden konnte, wie tief sie im Boden des Meeresgrundes stecken. Besonders imposant: Majestätisch ruht da eine fast sieben Meter hohe Säule auf einer flachen Plattform, die an einem unterseeischen Abhang eingearbeitet ist.

Einheimische Esoteriker sprechen von Magie. Zauberei sei im Spiel gewesen, als das Reich von Nan Madol entstand. Darüber mag man schmunzeln. Fakt ist aber: Ein erheblicher Teil der steinernen Anlagen liegt heute unter Wasser. Sie wurden einst überflutet. Es muss Überschwemmungen gewaltigen Ausmaßes – das Atlantisphänomen – gegeben haben. Die esoterische Aussage über den Untergang von Atlantis hat offenbar einen höchst realen historischen Hintergrund. Einige Beispiele mögen das belegen:

- Östlich von Marseille entdeckte der Taucher Henri Cosquer am Kap Morgiou 35 Meter unter dem Meeresspiegel den Eingang zu einem Höhlensystem. Nach Durchtauchen eines 40 Meter langen Korridors kam er in einen unterirdischen See. Von dort aus erkundete er weitere, jetzt über dem Meeresspiegel gelegene Höhlen. In grauer Vorzeit entstand hier eine Gemäldegalerie (Bisons, Pinguine, Katzen, Antilopen und andere Tiere). Wissenschaftlichen Datierungen zufolge sind die Kunstwerke mindestens 18 440 Jahre alt. Damals muss sich der heute unter dem Meeresspiegel gelegene Höhleneingang über dem Meer befunden haben. Wann kamen die Überschwemmungen?
- Malta ist weltweit für seine gigantischen Tempelanlagen bekannt. Dr. h.c. Hubert Zeittlmair entdeckte unlängst einen weiteren zyklopisch anmutenden Tempelbau – auf einem Unterwasserplateau vor Malta gelegen. Er schreibt in „Magazin 2000": „Die höchste Erhebung des Plateaus liegt neunzehn Meter unterhalb des Meeresspiegels und hat einen Durchmesser von circa 250 Metern. Das Plateau fällt von Nordwest nach Ostsüdost zu einer Tiefe von mehr als 125 m ab. Der Tempel ist bereits acht Meter unterhalb der Was-

seroberfläche zu finden. Die Ruinen des Bauwerks zeigen dieselbe Charakteristik wie die restaurierten Tempel an Land. Gigantische Steinblöcke, nierenförmige Räume, die zum Teil noch sichtbar sind und auf eine astronomische Zweckbestimmung hindeuten (möglicherweise auch ein Kalender und eine Uhr in Stein). Der große Unterschied zu den Tempeln an Land ist jedoch der: Dieser Tempel liegt unter Wasser."

- Kreuz und quer durchziehen Maltas Kalksteinboden unzählige gleisähnliche Rillen. Welchem Zweck sie dienten, ist letztlich bis heute unbekannt. An zwei Stellen der Mittelmeerinsel führen die seltsamen Gleise vom Land mitten ins Meer, verschwinden in den Tiefen des Mittelmeeres. Wann kamen die Überflutungen, die Tempel und Gleise überschwemmten?
- Carnac, an der französischen Atlantikküste gelegen. Tausende tonnenschwere Menhire, gewaltige Steinkolosse, wurden vor Jahrtausenden zu imposanten Kolonnen aneinander gereiht. Eine dieser „Linien" beginnt am Golf von Morbian – an Land, setzt sich auf dem Meeresgrund fort. Ein ganzer Steinkreis liegt vor dem Inselchen Er'Lanic auf dem Meeresgrund. Die Steinkolosse müssen errichtet worden sein, bevor sie nach gewaltigen Überschwemmungen überflutet wurden.
- An der Südküste der japanischen Insel Okinawa stießen Taucher in 32 Metern Tiefe auf gewaltige, künstliche Steinstrukturen. Vor der Küste der Insel Yonaguni südwestlich von Okinawa sowie auf dem Meeresgrund um die Inseln Kerama und Aguni finden sich von Menschenhand angelegte Strukturen. Da führen steinerne Treppen unter Wasser in die Tiefe zu gepflasterten Plätzen auf dem Meeresgrund. Da schwimmen Fische zwischen künstlich behauenen Monolithen über einen an einen Altar erinnernden Klotz, vorbei an einem Türmchen. Professor Masaaki Kimura von der Universität der Riukiu-Inseln ist überzeugt: Vor Jahrtausenden kam es zu gewaltigen Überschwemmungen, uralte menschliche Bauwerke verschwanden unter dem Meeresspiegel.
- Uralten heiligen esoterischen Schriften Indiens zufolge gründete Sri Krishna einst die legendäre Stadt Dvaraka. Westliche Indienexperten schenkten derlei Überlieferungen selten Glauben, weil die vorgeschichtliche Metropole im altindischen Mahabharata auch als Austragungsort von sciencefictionartigen Schlachten (bei

denen Furcht einflößende Flugvehikel zum Einsatz kamen) zwischen himmlischen Göttern und Menschen erwähnt wird. Dr. Shikaripur Ranganatha Rao hat in Jahrzehnten intensiver archäologischer Arbeit schon mehrere mythologische Stätten Indiens als einst real existierend nachgewiesen. Der angesehene Wissenschaftler, langjähriger leitender Mitarbeiter an diversen wissenschaftlichen Instituten Indiens („Indian National Science Academy", „Department of Science and Technology", „Council of Scientific and Industrial Research", „National Institute of Oceanography") fand nun auch Dvaraka: an der Westküste Indiens ... auf dem Meeresgrund. Nördlich von Porbandar an der Mündung des Golfs von Kachchh kamen kürzlich umfangreiche unterwasserarchäologische Untersuchungen zu einem vorläufigen Abschluss. Über Jahrzehnte hinweg war immer wieder intensiv getaucht worden. Unzählige Artefakte wurden vom Meeresboden geborgen. Sie stammen mindestens aus dem zweiten Jahrtausend vor Christus. Wann Dvaraka überflutet wurde, konnte bislang nicht definitiv bestimmt werden.

2.2 Ägypten und das Geheimnis der Pyramiden

Philosophen und Esoterik

Was wir über Atlantis wissen, stammt aus der Feder des Philosophen Platon (427–347 v. Chr.). Der berühmte griechische Gründer der Akademie in Athen war, so der französische Esoterik-Experte Jacques Bergier, eingeweihter Esoteriker: „Er wurde in Ägypten von Priestern in esoterische Geheimnisse eingeweiht und in einen geheimen Orden aufgenommen. Damit war der Auftrag verbunden, die ägyptischen Lehren auch in Griechenland zu verbreiten – freilich ausschließlich in esoterischen Kreisen."

Auch der Grieche Pythagoras (ca. 582–500 v. Chr.) sei, so Bergier, esoterischer Philosoph gewesen, der in Ägypten eingeweiht wurde. Pythagoras reiste bekanntlich in die damals bekannte Welt. Seine Studienreisen führten ihn nach Ägypten und Indien. In seiner Heimat gründete er in Crotona eine Geheimschule. Er lehrte eine moderne Vorstellung vom Weltall und vertrat Thesen über den Kosmos, wie sie auch versteckt in altjüdischen Texten (siehe Altes Testament) festgehalten wurden. Aus Indien brachte er die Lehre von der Wiedergeburt mit, die auch heute noch fester Bestandteil der modernen Esoterik ist (siehe auch Reinkarnation).

Pyramiden und ein esoterischer Text

Esoteriker zweifeln häufig die herkömmliche Geschichtsschreibung an. Im esoterischen Weltbild gibt es uralte Schulen, die schon zu sehr frühen Zeiten bestanden haben sollen, als es nach klassischer Geschichtsschreibung noch gar keine Zivilisationen oder Kulturen gab. Esoteriker berufen sich gern auf den arabischen Geschichtsschreiber und Chronist Al-Makrizi. Der schrieb um 1360 n. Chr. in seinem Werk „Hitat“: „Die Leute sind sich über die Zeit ihrer Erbauung nicht einig und haben die verschiedensten Meinungen geäußert, die verkehrt sind.“ Schließlich bezieht er sich aber auf das Geschichtswerk „Nachrichten von Ägypten und seinen Wundern“ und lässt die Katze aus dem Sack. Demnach erbaute ein gewisser Saurid die Pyramiden.

Al-Makrizi weiter: „Die Ursache der Erbauung der Pyramiden war, dass 300 Jahre vor der Sintflut Saurid folgenden Traum hatte: Die Erde kehrte sich mit ihren Bewohnern um, die Menschen flüchteten in blinder Hast, und die Sterne fielen herab.“ Um das Wissen seiner Zeit über die Katastrophe hinweg retten zu können, ließ Saurid Pyramiden bauen. In versteckten Kammern wurden Schätze aller Art deponiert. Al-Makrizi: „Daraufhin ließ er in der westlichen Pyramide dreißig Schatzkammern anlegen. Die wurden angefüllt mit reichen Schätzen, mit Geräten und Bildsäulen aus kostbaren Edelsteinen, mit Geräten aus vortrefflichem Eisen, wie Waffen, die nicht rosten, mit Glas, das sich zusammenfalten lässt, ohne zu zerbrechen, mit seltsamen Talismanen, mit den verschiedenen Arten der einfachen und der zusammengesetzten Heilmittel und mit tödlichen Giften. In der östlichen Pyramide ließ er die verschiedenen Himmelsgewölbe und die Planeten darstellen sowie an Bildern anfertigen, was seine Vorfahren hatten schaffen lassen. Dazu kam Weihrauch, den man den Sternen opferte und Bücher über diese.“

Die meisten Ägyptologen pflegen über diese Ausführungen des Geschichtsschreibers milde zu lächeln. Weitere Kammern in der „Cheopspyramide“? Erbauung der großen Pyramiden vor der „Sintflut“ … das sei doch einfach lächerlich. Wirklich?

Es scheint ein fester Glaubensgrundsatz der Ägyptologie zu sein, dass eine Pyramide nur drei Kammern zu haben hat. Im Falle der Cheopspyramide sind das die „unvollendete Grabkammer" unter dem Fundament des Weltwunders, die „Kammer der Königin" und die „Kammer des Königs". Weitere Kammern darf und kann es daher nach Ansicht der Wissenschaftler nicht geben. Es ist nicht zu verstehen: Am 22. März 1993 machte der deutsche Ingenieur Rudolf Gantenbrink, 1950 in Menden geboren, eine sensationelle Entdeckung. Er hatte seinen sechs Kilogramm leichten Miniatur-Roboter „UPUAUT" in das Innere des steinernen Monumentalwerks fahren lassen. Von der „Kammer der Königin" führen zwei „Schächte" (Querschnitt: 20 mal 20 cm) ins Ungewisse. Gantenbrink ließ seinen Miniroboter in den südlichen Schacht wandern – auf Raupen, die das kleine Vehikel einem Panzerfahrzeug ähnlich machen. Per Videokamera zeichnete „UPUAUT" fantastische Bilder auf. Dann war plötzlich „Schluss". Nach sechzig Metern beendete so etwas wie eine Schiebetür den Gang. An der Tür sind zwei metallene „Griffe" angebracht. Nun wäre es ein Leichtes, so Gantenbrink, diese Tür per Roboter zu öffnen. Doch das lassen die Behörden nicht zu. Soll die Tür nicht geöffnet werden, weil sich dahinter eine Kammer befinden könnte?

Zurück zum Geschichtsschreiber Al-Makrizi. Die „Große Pyramide" soll älter als die Sintflut sein – sagt der Historiker. So absurd, wie das zunächst klingen mag, ist diese Behauptung keineswegs. Der Geologe und Ägyptenexperte Dr. Mark Lehner weist darauf hin, dass der weltberühmte amerikanische Seher Edgar Cayce in einer Vision gesehen haben will, wie die Große Pyramide erbaut wurde – anno 10 500 v. Chr., vor der Sintflut. Professor Dr. Robert Schoch, Universität von Boston, hat nachgewiesen, dass die „Große Sphinx" am Fuße der Pyramide erhebliche Schäden aufzuweisen hat, die eindeutig auf große Wassermassen zurückgehen. Wassermassen in der Wüste? Geologen wissen, dass Ägypten tatsächlich von sintflutartigen Überschwemmungen heimgesucht wurde – und zwar zwischen 15 000 und 10 000 v. Chr. Stand damals schon die „Cheopspyramide"? Wurde sie schon damals von jenem mystischen Fabelwesen bewacht, das uns als steinerner Zeuge auch heute noch zum Nachdenken über die Rätsel der Vergangenheit anregt?

Gab es also in Ägypten auch eine „große Flut“? Esoteriker in Europa und in den USA sind davon überzeugt. Sie gehen davon aus, dass es weltweit eine Sintflut gab, die Eingang gefunden hat in das esoterische Wissen zahlreicher Völker.

Von einer Sintflut waren nicht nur die alten Israeliten überzeugt, sondern auch die Kurnai (Australien), die Lolo (China), die Vogul (Russland), die Maori (Neuseeland), die Huichol (Mexiko), die Bahnar (Vietnam), die Dwyfand-Leute (Wales), die See-Dajak (Borneo), die Cree-Indianer (Kanada), die Massai (Ostafrika), die Andamen (Indien), die Raiatea (Französisch-Polynesien) und viele andere Völker mehr.

Handfeste Esoterik

Esoterik hat für manchen Zeitgenossen, der sich mit der umfangreichen Thematik noch nie auseinander gesetzt hat, einen negativen Beigeschmack. Esoteriker gelten leicht als weltfremde Menschen, die keinen Bezug zur praktischen Seite des Lebens haben. Wie handfest Esoterik freilich sein kann, das beweisen ein alter ägyptischer Text und seine moderne Deutung.

Wenn die „Cheopspyramide“ bereits vor der Sintflut als Tresor für Reichtümer des Wissens und des materiellen Besitzes entstand, aus welchem Material wurde sie dann gefertigt? Bereits vor mehr als einhundert Jahren wurde auf der Nil-Insel Sehel im Norden von Assuan eine steinerne Stele entdeckt, die ein Geheimnis offenbarte. Sie beschreibt bis ins Detail die Herstellung von Kunststein.

Entdeckt wurde das wertvolle Objekt 1889 von dem Archäologen C. E. Wilbour. Sie trägt 2500 Zeichen. Die Archäologen Brugsh, Pleyte und Morgan fertigten eine erste Übersetzung an. 1953 nahm sich der Archäologe Barquet den Text nochmals vor. Er stellte fest: 650 der 2500 Zeichen sind so etwas wie ein äußerst präzises Rezept zur Herstellung von künstlichem Stein, von Beton. Neunundzwanzig Substanzen werden genannt, die miteinander vermischt werden sollen. Es wird aber auch der Mörtel beschrieben, der am besten geeignet ist, um die Kunststeine zusammenzufügen. Und es werden genau die Stellen angegeben, wo die erforderlichen Substanzen gefunden werden können.

Wurde also vor vielen Jahrtausenden in Ägypten Kunststein hergestellt? Und wenn dieses erstaunliche, völlig unzeitgemäße Wissen vorhanden war, wurde es dann auch praktisch benutzt? Etwa beim Bau der „Cheopspyramide“?

Davon ist Professor Dr. Joseph Davidovits, der in Frankreich am „Geopolymer-Institut“ nördlich von Paris arbeitet, überzeugt. Der Wissenschaftler, er ist auch Professor an der Universität von Toronto, Kanada, und Direktor des „Instituts für angewandte Archäologische Wissenschaften“ der Barry-University, Florida: Bereits 1974 hat man die „Große Pyramide“ in Kairo mit hochfrequenten Wellen durchstrahlt. Ziel des aufwändigen Spektakels: Man wollte weitere Hohlräume finden. Die verantwortlichen Wissenschaftler des Stanford-Research-Institutes, Kalifornien, und der Ain-shams-Universität, Kairo, wurden enttäuscht. Die hochfrequenten Wellen wurden von den Steinen der Pyramide förmlich verschluckt, ja aufgesaugt. Warum? Die Pyramide enthält für natürlichen Stein zu viel Wasser. Sie muss aus künstlichem, sprich gegossenem Stein bestehen.

Würde sich diese kühne These belegen lassen? Professor Dr. Joseph Davidovits besorgte sich Gesteinsproben von der „Großen Pyramide“ und untersuchte sie mit pedantischer Sorgfalt unter dem Mikroskop. Er wurde fündig. So fand er im Stein mehrere Haare. Sie müssen beim Gussvorgang in den Beton gefallen und einzementiert worden sein.

Sorgsam analysiert hat auch der Direktor eines wissenschaftlichen Instituts, das zur Universität von Kansas, USA, gehört, weitere Gesteinsproben aus der „Cheopspyramide“. Sein wichtigstes Ergebnis: Im Stein sind unzählige, winzige Luftbläschen eingeschlossen, so wie das sonst bei Beton der Fall ist.

Woher stammt das Wissen für den Beton – vor Jahrtausenden? Die Tafel von der Nilinsel Sehel nennt als Urheber der genialen Erfindung einen Gott namens Chnum. Der habe den Menschen das Rezept für die Herstellung des Kunststeins im Traum übermittelt. Cheops, der noch heute als Erbauer der Pyramide angegeben wird, heißt im Ägyptischen Chufuichnum. Dieses für Europäer kaum aussprechbare Wortungetüm ist nicht nur ein Name, sondern auch ein kurzer Satz. Zu Deutsch lautet er: „Er, der Gott Chnum, beschützt mich.“

Kann man das wirklich als „Zufall“ abtun: Gott Chnum ist der „Erfinder“ des altägyptischen Betons. Der Erbauer der Großen Pyramide behauptet von sich, dass eben dieser Gott Chnum ihn beschütze. Davon war er so überzeugt, dass er diesen Sachverhalt zu seinem Namen machte: „Er, der Gott Chnum, beschützt mich", Chufuichnum. Der Name wurde ins Griechische übertragen, mit „Cheops" übersetzt. Entstand so die Legende, eben dieser Cheops sei der Erbauer des Weltwunders?

Wie dem auch sei: Professor Dr. Joseph Davidovits hat sich keineswegs mit der Theorie begnügt. Er probierte als einer der führenden Betonexperten der Welt das altägyptische „Zementrezept" aus und stellte fest, dass es Beton ergibt, der qualitativ wesentlich besser ist als der unsrige im zwanzigsten Jahrhundert nach Christus. Während unser heutiger Beton in der Regel bereits nach Jahrzehnten zerbröselt und zerfällt, überdauerte der ägyptische bereits Jahrtausende.

„Esoterische" Archäologen und ihre verheimlichten Erkenntnisse

Wenn es ein Kennzeichen für Esoteriker ist, Erkenntnisse zu verschlüsseln und der breiten Öffentlichkeit vorzuenthalten, dann verhalten sich heutige Ägyptologen in Sachen Cheopspyramide sehr esoterisch. Es drängt sich der Eindruck auf, dass im Bereich der Cheopspyramide Entdeckungen getätigt wurden, über die so gut wie nichts bekanntgegeben wird. Nur spärlich dringen Fetzen von Informationen an die Öffentlichkeit. Die aber haben es in sich.

- Schon Kaiser Napoleon ließ im Verlauf seiner Ägyptenfeldzüge (1799–1802) die Cheopspyramide ausgiebig erkunden. Seine Wissenschaftler brachten umfangreiche Aufzeichnungen aus dem Reich der Pharaonen nach Frankreich. Dazu sollen auch Pläne gehört haben, die H. Spencer Lewis erstmals 1936 veröffentlichte. Vor wenigen Jahren wurden sie in französischer Sprache neu aufgelegt. Der „Grand Imperiator" des Rosenkreuzer-Ordens weist auf mehrere unterirdische Gänge und Anlagen hin. Vor den Pranken der Großen Sphinx soll es einen Einstig in die Unterwelt gegeben haben. Unterirdische Gänge führen nach den Plänen zu den Pyramiden von Cheops, Chefren und Mykerinos. Unter der Großen Sphinx: Von einer von wuchtigen Säulen geprägten Eingangshalle gelangt man in den „Runden Tempel" und weiter – immer noch unterirdisch – in die Cheopspyramide.
- Die französischen Pyramidenforscher Gilles Dormion und Jean-Patrice Goidin halten das Dreikammersystem in der Cheopspyra-

mide für ein Täuschungsmanöver der Erbauer, das Grabräuber auf falsche Fährten locken soll. Sie vermuten ein weiteres Gang- und Kammersystem in der Pyramide. Bloße Spekulation ohne realistischen Hintergrund? Mit amtlicher Genehmigung bohrten sie im September drei kleine Löcher durch die Westwand der Königin-Kammer. Ergebnis: Direkt hinter der Wand liegt eine „größere Kammer", gefüllt mit Sand.

- Japanische Archäologen vom „Ägyptischen Kultur-Zentrum" der Waseda-Universität führten vom 22. Januar bis 9. Februar 1987 und vom 12. bis 23. September Untersuchungen vor Ort durch. Sie bestätigten die Entdeckung von Dormion und Goidin.
- Die Japaner analysierten den Sand aus der Kammer. Das Ergebnis ihrer Untersuchung: Es handelt sich um relativ grobkörnigen Sand, wie er freilich in der Umgebung der Pyramide gar nicht vorkommt. Er stammt aus El Tur, im südlichen Sinai gelegen. Warm machten sich die Erbauer der Pyramide die Mühe, Tonnen von Sand hunderte Kilometer weit zu transportieren? Wenn es nur darum gegangen wäre, einen Hohlraum mit Sand aufzufüllen, um Steinquader zu sparen, hätte man gewiss keine so weiten Transportwege auf sich genommen.
- Drei Meter hinter der Nordwand der Königin-Kammer machten die Japaner einen Gang ausfindig. Die Ausmaße : Er ist 1,5 m hoch und 1 m breit. Nach Sondierungen der Archäologen verläuft er parallel zum bekannten Gang zur Königin-Kammer. Im offiziellen Bericht der Waseda-Universität heißt es: „Die neu entdeckte Passage beginnt nur eine Blockbreite entfernt von der Nordwand der Königin-Kammer. Nachweisbar ist sie bis zu einem Punkt 30 Meter nördlich von der Königin-Kammer. Es wird daher angenommen, dass sie dort endet oder rechtwinkelig nach Westen abknickt."
- Die Weseda-Archäologen sondierten auch unter dem schmalen Boden der horizontalen Passage zur Königin-Kammer. Ergebnis: In 1,5 Meter Tiefe befindet sich ein drei Meter tiefer sandgefüllter Raum.

Esoteriker sind schon seit Jahrhunderten von den Geheimnissen der Pyramiden Ägyptens fasziniert. Wenn es um die Veröffentlichung von neuen Erkenntnissen über neu entdeckte Gänge und Kammern geht, dann scheinen sich Archäologen mindestens so geheimniskrämerisch zu verhalten, wie das gewöhnlich Esoterikern nachgesagt wird …

2.3 Antikes Griechenland: Wunderheilungen und Orakel

Hans-Dieter Leuenberger kommt in seinem fundamentalen Werk „Die sieben Säulen der Esoterik" zur Überzeugung, dass das esoterische Erbe der Ägypter von den Griechen angetreten wurde. Poetisch formuliert er: „Während am Südufer des Mittelmeeres das ägyptische Reich langsam ins Dunkel der Geschichte sank, erstrahlte an seinem nördlichen Ufer Griechenland zu seiner höchsten Blüte. Das griechische Volk war dann auch dazu auserwählt, aus den Händen des ermatteten Ägypten die Mysterien entgegenzunehmen, um sie für die kommende Epoche zu hüten und zu bewahren." Zweifelsohne reisten große Geister Griechenlands auch durch Ägypten. Pythagoras und Platon mögen auch, wovon viele Esoteriker überzeugt sind, in Ägypten eingeweiht worden sein. Freilich kamen Esoteriker aus unterschiedlichen geographischen Breiten und Zeiten oft zu ganz ähnlichen esoterischen Erkenntnissen.

Die Kabbalisten nutzten die Zahlen zu mehr als alltäglich-praktischen Dingen des Haushalts. Nach ihrer Esoterik gaben Zahlen die fundamentalen Geheimnisse des Universums wieder. Auch für Pythagoras (ca. 582–500 v. Chr.) hatten Zahlen eine tiefere, esoterisch-magische Bedeutung. Er sah die Schöpfung als einen Ausfluss göttlichen Wirkens an (vielleicht ähnlich wie die Gnostiker). Den Kosmos empfand er als eine harmonische Gesamtheit. In Zahlenmystik spiegelte sich die Schönheit des Kosmos wider, Zahlen bestimmten auch die Harmonie der Himmelskörper.

Platon (427–347 v. Chr.) vertrat die esoterische Meinung, dass es etwas Höheres, Vorrangigeres gibt als die materielle Welt, die wir mit unseren groben Sinnen erfassen können. Die Ideen sind es, die als geistige Wesenheiten Vorrang vor der physischen Welt haben.

Wunderheilungen an heiligem Ort

Griechenland hatte große esoterische Lehrmeister. Esoterik war freilich nicht nur einem kleinen elitären Kreis vorbehalten. Esoterik wurde im Alten Griechenland auch vom Volk praktiziert. Und das jahrtausendelang.

Vor vier Jahrtausenden versammelten sich unweit der Küste des Ägäischen Meeres Menschen, um dem Gott Maleatas zu huldigen. Kranke setzten ihre ganze Hoffnung in den Himmlischen, der den Mühseligen und Beladenen beistand. Ihm zu Ehren wurden gewaltige Tempel aus riesigen Steinquadern errichtet. Vor rund 2700 Jahren kamen immer noch Kranke in die hügelige Waldlandschaft. Sie beteten freilich nicht mehr zu Maleatas, sondern zu einem neuen Gott: zu Asklepios. Sein Heiligtum in Epidauros war so etwas wie eine esoterische Klinik.

Wie einst Maleatas soll Asklepios tausende Menschen geheilt haben. Der Himmlische sorgte für Wunder, Menschen organisierten die irdische Seite des Heilbetriebs. Da gab es unzählige Privatpensionen, in denen Kranke untergebracht wurden, ähnlich wie in heutigen Kurorten vor der Gesundheitsreform. Da stand eine kasernenhafte Herberge mit 150 Zimmern zur Verfügung. Dass sehr viele Menschen von Asklepios angezogen worden sein müssen, verrät das imposante Theater. 20 000 Menschen fanden darin Platz.

Nach Ankunft am Heilort meldete sich jeder Patient bei der Priesterschaft. Opfergaben wurden gespendet. Die Kranken nahmen an genau vorgeschriebenen Zeremonien teil. Dann stand der Heilschlaf auf dem Programm. Kranke fielen in tiefen Schlummer, Gesunde erwachten. Wir können heute nicht mehr mit Bestimmtheit sagen, warum Wunder geschahen. Lag es daran, dass Epidauros ein ganz besonderer Kraftort ist, an dem rätselhafte, heilende Energien zu Tage treten? Geschah es, weil die Menschen, fern von jeglicher Ablenkung, die Kräfte des Unterbewusstseins auf den Heilungsprozess einstellten? Wurden einzelne Kranke durch die Präsenz so vieler Hoffender in Massenhypnose versetzt und die Selbstheilungskräfte so verstärkt?

Erich von Däniken versucht sich einfühlsam dem Phänomen zu nähern. Was geschah in Epidauros? Was passiert auch heute noch an wunderträchtigen Orten wie Lourdes? Erich von Däniken schreibt: „Das Denken wird auf einen eingeengten Punkt konzentriert, und das Bewusstsein nimmt die Umwelt und die Alltagssorgen nicht mehr wahr. Man nennt das auch autogenes Training oder spricht von Meditation, obwohl diese Bündelung der Gedankenwelt sehr alt ist und in vielen Religionen praktiziert wird. An jedem Erscheinungsort …

fokussieren die Blicke der Massen einen Punkt – den Altar oder eine Madonnenstatue. Die allgemeine Bewusstseinslage senkt sich, und die Menschen geraten in eine Art ‚hypnotischer Absenz'. Die Sehnsucht nach dem Mirakel löst unter wildfremden Menschen Wechselbeziehungen aus, die jede Scheu, auch die vor dem Jammern und Weinen, auslöscht."

Der Wissenschaftler will erkunden, warum etwas geschieht. Wenn er vernimmt, dass es an einem bestimmten Ort zu Heilungen kommt, dann möchte er eine messbare Ursache dafür ergründen. Wenn ihm dies nicht möglich ist, hält er es für unwissenschaftlich, sich mit dem Phänomen weiter auseinander zu setzen. Wissenschaftlich akzeptabel ist für ihn nur das, was sich unter bestimmten Bedingungen zu jeder Zeit beliebig oft wiederholen lässt. Für Wunderheilungen etwa in Epidauros, im oberfränkischen Vierzehnheiligen bei Staffelstein oder in Lourdes oder vielen ähnlichen anderen Orten überall auf der Welt gilt: Wunder geschehen nicht auf Kommando eines Statistikers. Sie sind nicht vorhersehbar und schon gar nicht auf Kommando abrufbar. Sie ereignen sich spontan. Sie entziehen sich dem Wunsch des berechnenden Zeitgenossen, alles bewusst lenken und steuern zu können. Sie stehen im absoluten Gegensatz zur heutigen Apparatemedizin, die leider nur zu oft den kranken Menschen zum Teil einer ausgeklügelten Maschine macht. Leider erweist sich dann der Mensch immer wieder als „schwächstes Glied" in der Kette.

Der Esoteriker anerkennt, dass es heilige Orte gibt, an denen Wunder geschehen mögen. Er begibt sich in die Obhut eines solchen Ortes und lässt ihn auf sich wirken. Ein Kenner religiöser Wunderorte, der Schriftsteller Francois Mauriac, fasst diese ehrerbietige Haltung an mysteriösesten Stätten unserer Welt – im Angesicht von Lourdes – so zusammen: „Es muss Stätten geben, wo jeder Mensch, wer auch immer es sei, das Übernatürliche in dem Maße, wie Gott es will, mit Händen greifen kann. Es wird aber nie so deutlich geschehen, dass wir nicht mehr frei wären, es zu leugnen."

Nicht geleugnet werden kann, dass in Epidauros Heilungen geschahen – so wie das auch heute noch in Lourdes geschieht. Wie in Lourdes weisen auch in Griechenland Täfelchen Geheilte als dankbare Menschen aus. Sie wurden bei archäologischen Grabungen in den Jahren 1882 bis 1928 im Allerheiligsten des griechischen Wunderorts gefunden. Kurz und bündig wird bestätigt, dass Wundersames geschah – immer wieder. „Ambrosia von Athen, einäugig, kam als Bittfleherin zu dem Gott. Als sie im Heiligtum umherging, lachte sie und hielt es für unmöglich, dass Lahme und Blinde gesund werden. Nachdem sie im Heilraum geschlafen hatte, kam sie mit zwei gesunden Augen heraus."

Auf einem anderen Täfelchen steht: „Hermodikos von Lampsakos, am Körper gelähmt. Diesen heilte Asklepios, als er im Heilraum schlief. Er befahl ihm, wenn er herauskomme, den größten Stein, welchen er finde, zum Heiligtum zu bringen. Da brachte er den, der jetzt vor dem Heiligtum liegt."

Die meisten Heilungen widerfuhren Menschen, die selbst die heilige Stätte aufgesucht hatten. Es werden aber auch Fernheilungen vermeldet. Ein Beispiel: „Arate von Lakonien, Wassersucht. Für diese schlief ihre Mutter, während sie selbst in Lakedaimon war, und sah einen Traum. Als sie nach Lakedaimon zurückkehrte, war ihre Tochter gesund. Sie hatte denselben Traum gesehen."

Bei aller Andacht ging es in Epidauros auch humorvoll zu, was folgendes Täfelchen beweist: „Euphanes, ein Kind aus Epidauros, litt an einem Stein. Während es schlief, fragte der Gott im Traum: ‚Was gibst du mir, wenn ich dich heile?' Das Kind antwortete: ‚Zehn Murmeln.' Der Gott lachte und versprach, es zu heilen. Am nächsten Tag war Euphanes gesund."

Auch zu Beginn des 21. Jahrhunderts gibt es noch Menschen, die an „Wunderheilungen" an heiligen Orten glauben. Andere vertrauen nur der kalten Vernunft und hoffen ausschließlich auf Ärzte und Apotheker. Sie vergessen eines: Das Symbol des Asklepios, den die Römer unter dem Namen Äskulap verehrten, war eine Schlange, die sich um einen Stab kringelte. Dieses Zeichen wurde von Apothekern und Ärzten übernommen: der Äskulapstab. Vielleicht sollte eben dieses Zeichen die Menschen von der medizinischen Zunft daran erinnern, dass es neben der vordergründig rationalen Welt auch den Bereich des Esoterischen gibt.

Orakel

Esoterik gehörte im Alten Griechenland zum Alltag. Kranke hofften auf Asklepios. Problembeladene Menschen, die sich Sorgen um die Zukunft machten, wandten sich an heilige Orakel. Wie rege das esoterische Leben war, belegen unter anderem auch die Schriften des

Pausanias, der vor rund 1800 Jahren Griechenland bereiste. Er besuchte Epidauros, aber auch Orakelstätten.

Heute sind Orakel für jedermann leicht erreichbar. In Zeitungen mit Millionenauflage werden regelmäßig Horoskope publiziert. Wahrsagerinnen und Wahrsager bieten ihre Dienste nicht nur in Zeitungsanzeigen an. Sie nutzen das moderne Medium Internet. Prophezeiungen von Wahrsagern sind, typisch für unser Fastfoodzeitalter, eine schnell konsumierbare Ware geworden.

Wer fragt, antwortet schließlich selbst

Im Alten Griechenland war das ganz anders. Wer vom Orakel die Zukunft erfragen wollte, der musste sich meist einer zeitaufwendigen, manchmal körperlich anstrengenden Vorbereitung unterziehen. Wie wir den Schriften des Pausanias entnehmen können, wurden Orakelbesucher zunächst rituellen Waschungen unterworfen. Sie wurden mit geheimnisvollen Tinkturen und Ölen eingerieben. Dann schloss sich manchmal eine Fastenzeit an, in der ausschließlich Wasser aus ganz besonderen Quellen getrunken werden durfte. Wurde ihm so heimlich ein Gemisch von Drogen verabreicht, wie die Esoterik-Experten Robert Temple und Jacques Bergier vermuten?

Bergier: „Wenn schließlich der Weg ins Orakel selbst frei war, dann war der Gang dorthin oft mit Torturen und Angst verbunden. Man musste sich durch niedrige Höhlenschlünde quetschen, auf allen vieren durch stockdunkle Gänge kriechen, vorbei an Schlangen oder anderen Furcht einflößenden Reptilien. In manchen Fällen gab es enge Röhren, durch die der Befrager des Orakels steil in unteridische Räume glitt."

Zwei Arten von Orakeln macht Bergier im Alten Griechenland aus. In den einen wurde der Ratsuchende selbst einem komplizierten System unterworfen, dessen Zweck ausschließlich darin bestand, den Menschen aus seinem Alltagsleben und Denken herauszulösen. Waren erst einmal ablenkende Gedanken verdrängt, kam das Unterbewusste zum Zug. Oder verborgene und seherische Fähigkeiten des einzelnen Menschen standen im Vordergrund. Der Ratsuchende sah schließlich seine eigene Zukunft. Er beantwortete, von Priestern und Orakeldienern lediglich unterstützt, seine Fragen selbst.

Das Orakel von Delphi … am Nabel der Welt

Delphi galt bei den Alten Griechen als der Mittelpunkt der Welt. Zeus selbst habe das, so weiß es ein uralter Mythos, einst ermittelt. Er ließ der Überlieferung zufolge einst zwei mächtige Adler aufsteigen, die die Erde vermessen sollten. Nach ihrem Rundflug trafen sich die stolzen Vögel am Mittelpunkt der Welt. Der Punkt wurde mit einem wertvollen Stein, dem Omphalos, markiert.

Omphalos (zu Deutsch: Nabel der Welt) birgt eine esoterische Botschaft: Linien, deren Schnittpunkte beim Originalstein mit Diamanten versehen waren, verdeutlichen ein uraltes Weltbild. Alle heiligen Orte unserer Welt stehen miteinander in Verbindung, sind alle Teil eines riesigen, weltumspannenden Netzes. Nach esoterischem Verständnis gilt dies für das gesamte Universum: Nichts existiert für sich allein, alles steht mit allem in Verbindung. Diese esoterische Weltsicht lässt sich letztlich mehr oder minder deutlich in allen esoterischen Schulen nachweisen.

Das Zeus'sche Orakel am Fuße des Panassus-Berges dürfte das angesehenste des Landes gewesen sein. Zwölf griechische Staaten hatten sich zusammengeschlossen, um gemeinsam den Orakelkult zu bewahren und zu schützen. Das Allerheiligste der mysteriösen Stätte war nur den Priestern selbst zugänglich. Über einer Erdspalte saß auf einem goldenen Dreifuß die Priesterin Pythia und beantwortete die Fragen der Menschen, die von Geistlichen vorgetragen wurden und die auch die Antworten notierten.

Der Name Pythia verrät, dass sich das Orakel an einem uralten heiligen Ort befindet, der die Menschen wohl schon lange vor der Zeit der Griechen faszinierte. Verweist er doch auf einen vorgeschichtlichen Drachen, ein Monster, das in den unterirdischen Höhlen von Delphi gehaust haben soll. Apollon tötete das Untier, ließ seinen Kadaver verwesen – pythein zu Griechisch. Daraus wurde Pythia, die Orakelpriesterin. Doch nicht genug der anrüchigen Momente. Saß doch Pythia mit ihrem Dreifuß über einer Felsspalte, aus der übel riechende Dämpfe entwichen.

Asklepios von Epidauros war der Sohn des Obergottes Zeus. Der Mächtigste im Götterhimmel Griechenlands hatte einen weiteren wichtigen Sohn: Apollon, Gott des Lichts, der Heilkunde und der Wahrsagerei. Ihm war der Haupttempel im Zentrum von Delphi geweiht, ein noch heute imposantes Bauwerk von zeitloser Schönheit.

Das Orakel von Delphi faszinierte die Griechen. Berichte über exakt eingetroffene Prognosen machten die Runde. Durfte man den Erfolgsstories glauben? Oder handelte es sich um erfundene Propagandalügen, von den Betreibern des Orakels in Umlauf gebracht, um noch mehr zahlende Kunden nach Delphi zu locken? Der legendäre König der Lyder, Krösus (etwa 595–547 v. Chr.), hatte seine Zweifel und beschloss, die seherischen Fähigkeiten verschiedener Orakel zu testen. So sandte er Boten aus, die den verschiedenen Seherinnen und Sehern die Frage vorlegen mussten: „Was mache ich, König Krösus, gerade jetzt?" Die Antwort aus Delphi lautete: „In die Sinne dringt mir der Geruch der gepanzerten Kröte, wie man sie kocht zusammen mit Lammfleisch in eherner Pfanne. Erz umschließt sie von unten, wie auch Erz darrübergezogen." Die Antwort von Delphi stimmte. Krösus hatte zum vereinbarten Zeitpunkt eine Schildkröte zerschnitten, dann ein Lamm geschlachtet und beide zusammen in einem eisernen Kessel gekocht. Auf dem Gefäß lag ein ebenfalls eiserner Deckel.

König Krösus war begeistert und ließ in Delphi eine wahre Opferorgie feiern. 3000 Stück Vieh sollen auf seine Rechnung geopfert worden sein. Außerdem stiftete er dem Orakel Gold im Überfluss: 117 gewaltige Goldbarren, dazu eine Löwenstatue aus Gold und einen wuchtigen Krug aus dem gleichen Edelmetall.

Wie aber kam Pythia zu ihrer Hellsichtigkeit? Wenn sich esoterische Wirklichkeit nicht leugnen lässt, dann versucht der „wissenschaftliche Geist" eine möglichst seriös klingende Antwort. Der „Spiegel" verkündete vor einigen Jahren, das Rätsel von Delphi sei gelöst. Befinden sich doch unterirdisch im Bereich des Orakeltempels geologische Bruchzonen. Darunter wiederum entstehen in kohlenwasserstoffhaltigen Schichten „Gase wie Äthylen, Methan oder Schwefelwasserstoff". Jene übel riechenden Gase hätten Pythia „in eine Art Rausch versetzt und zu ihren Visionen stimuliert".

Sehr überzeugend ist diese Antwort freilich nicht. Es fehlt nämlich der entscheidende Nachweis, dass das Einatmen besagter Gase tatsächlich hellseherische Gedanken hervorruft.

Stellt sich die Frage: Woher bezog Pythia ihr Wissen? Wie kamen andere Orakel zu ihren oft verblüffend genau eintreffenden Zukunftsschauen? Die Esoterik ist nicht um eine Antwort verlegen. Der esoterische Gnostiker Origines (ca. 185–254 n. Chr.) ging davon aus, dass das gesamte Universum in seiner Gesamtheit von Sophia beseelt sei. Demnach gibt es keine Unterteilung in „weit“ und „nah“, die von Bedeutung wäre, weder örtlich noch zeitlich. Alles steht miteinander in Verbindung: alle Orte, alle Zeiten. Alles ist letztlich Teil von Sophia: das räumlich nah wie das fern Gelegene, das Jetzt, das Vorgestern und das Übermorgen. Ist nun jemand dazu in der Lage, diese Sophia „anzuzapfen“, dann sind Prophezeiungen genauso einfach wie das Zeitunglesen.

Dr. Rudolf Steiner (1861–1925) formulierte konkreter (siehe hierzu auch Anthroposophie). Der Gründer der Anthroposophischen Gesellschaft ging von der Existenz eines Weltgedächtnisses aus. In verschlüsselter Form sei davon im Neuen Testament die Rede (Lukas, Kapitel 10, Vers 20): „Freuet euch nicht, dass euch die Geister untertan sind; freuet euch aber, dass euere Namen im Himmel geschrieben sind.“ Dieses Abspeicherung von Vergangenheit, Gegenwart und Zukunft kann, so Steiner, von wirklichen Medien konsultiert werden. Nach dieser esoterischen Erklärung ist Hellseherei genauso natürlich wie das Holen von Informationen aus frühester Vergangenheit. In der Sprache des Internet: Aus esoterischer Sicht gibt es eine unendlich große Ansammlung von Dateien, die alle nur denkbaren Informationen enthält – über alle Zeiten. Nur: Wie gelangt man in diese Datenflut? Weiß die Esoterik eine Antwort? Und verrät sie die auch? Anscheinend gibt es eine ganz einfache Möglichkeit, sich Zugang zu diesem Wissensspeicher zu verschaffen. Oder anders ausgedrückt: Die Esoterik weiß, wie man ganz gezielt an die gewünschte Datei herankommt.

Exkurs: Das Pendel-Orakel

Zu den bewährtesten Medikamenten schlechthin gehört Aspirin. Je intensiver sich Wissenschaftler mit dem einfachen Wirkstoff auseinander setzen, desto mehr positive Wirkungen werden bekannt. Aspirin vertreibt Kopfschmerz, ist gut gegen Erkältungskrankheiten im Anfangsstadium, beugt Herzinfarkt und Gehirnschlag vor. So wenig man an der Wirksamkeit dieser – wie vieler anderer – Arzneimittel zweifeln kann, so wenig ist über die genauen chemischen Abläufe im Organismus bekannt, die für die erfreulichen Resultate verantwortlich sind. Genauso verhält es sich beim Pendeln.

Der römische Historiker Marcellinus erwähnte anno 375 n. Chr. das Pendeln im Zusammenhang mit Orakelbefragungen. Man kann aber davon ausgehen, dass die so einfach zu praktizierende Kunst wesentlich älter ist. Das erforderliche „Werkzeug" lässt sich schnell und einfach herstellen. Man nehme einen kleinen, relativ schweren Gegenstand wie einen Ring oder ein Metallkügelchen, befestige ihn an eine kurze Schnur. Dann kann es auch schon losgehen. Der Pendler setzt sich in Ruhe und in bequemer Haltung an einen Tisch. Er stützt den rechten Ellbogen (Linkshänder den linken) auf, wobei der Unterarm leicht geneigt ist. Zwischen zwei Fingern hält er die Schnur. Das Pendel hängt.

Am Anfang legt man eine „Sprache" fest. Auch wenn es lächerlich erscheinen mag: Es funktioniert. Man fragt beispielsweise das Pendel: „Was soll Ja bedeuten? Kreisen rechtsherum oder linksherum? Bitte gib mir die Antwort für ja!" Mit an Sicherheit grenzender Wahrscheinlichkeit wird das Pendel antworten und nach wenigen Augenblicken eine kreisende, sich rasch verstärkende Bewegung ausführen. Es empfiehlt sich, sich zunächst auf lediglich zwei Antwortmöglichkeiten zu beschränken, zum Beispiel: Rechtsdrehender Kreis bedeutet ja, linksdrehender Kreis nein. Später kann man, so man schon eine gewisse Übung hat, ein ganzes System von bedeutungsvollen Pendelbewegungen festlegen: sehr weit ausladender Kreis, sehr eng gezogener Kreis, ellipsenförmige Bewegung des Pendels und so weiter.

Sobald man sich auf einen Verständigungscode geeinigt hat, kann man mit dem Pendeln anfangen. Der Esoterik-Kenner Viktor Farkas: „Nun hat man also die Gesprächsbasis hergestellt; die Antenne ist sozusagen einjustiert. Jetzt könnte man eigentlich darangehen, den Sender zu suchen, von dem man etwas hören will. In der Welt des Funkverkehrs dreht man in einem solchen Fall die Antenne. Der Pendler hat es sogar noch leichter, er braucht sich lediglich auf eine bestimmte Frage zu konzentrieren."

Am einfachsten ist es, wenn man sich auf eine klare, mit ja oder nein zu beantwortende Frage konzentriert. Beispiel: „Ist mein verschwundener Regenschirm im Haus?" Nehmen wir an, das Pendel antwortet nun mit „ja". Jetzt kann man weiter fragen: „Befindet er sich im Erdgeschoss?" Nach und nach kreist man sozusagen den Aufenthaltsort des gesuchten Objekts ein.

Wie das Pendeln funktioniert, darüber herrscht auch unter Esoterikern keine Übereinstimmung. Relativ weit verbreitet ist die Ansicht, dass es von einem alles durchströmenden Fluidum bewegt wird. Oder ist es eine Strahlung? Ein Kraftfeld? Skeptiker hingegen sind sicher, längst schon das Geheimnis des Pendels als Humbug enttarnt zu haben. Keine unsichtbaren Kräfte seien es, die das Pendel kreisen lassen, das werde vielmehr durch winzige, kaum oder gar nicht bemerkbare Handbewegungen des Pendlers selbst verursacht. Das mag in betrügerischer Absicht geschehen oder ohne dass sich der Pendler dessen bewusst ist.

Für Skeptiker ist damit das Pendeln als erledigt abgehakt. Für den Esoteriker nicht. Der fragt weiter: Wenn die Bewegungen des Pendels sich durch wie auch immer geartete Handbewegungen oder Muskelkontraktionen erklären lassen, wieso antwortet das Pendel auch korrekt auf Antworten, die der Pendler nicht kennen kann? Für nicht wenige Esoteriker ist die skeptische Erklärung für das Funktionieren des Pendels richtig, aber keine „Widerlegung" des Phänomens. In vielen griechischen Orakelstätten musste sich der Fragende zunächst unterschiedlichen Zeremonien unterziehen, die ihm helfen sollten, sich losgelöst von allen störenden Gedanken auf sein Unterbewusstes zu konzentrieren. Ihr Geist öffnete sich und vernahm die Antwort, die nach esoterischer Überzeugung im Geist des Universums schon vorliegt.

Genau so kann das Pendeln funktionieren. Viktor Farkas: „Man fragt sein Unbewusstes – und es antwortet." Erfahrene Pendler bestätigen: Durch diese so einfach zu praktizierende Form des Orakelbefragens zapft man ein Reservoir von gespeichertem Wissen an, das Vergangenheit, Gegenwart und Zukunft umfasst. Die Existenz solch eines Gedächtnisses gehört zu den Überzeugungen von Esoterikern in aller Welt, und das vermutlich seit Jahrtausenden. Der Pendler schirmt seinen Geist gegenüber jeglicher Störung ab, konzentriert sich auf seine Frage, sein Geist zapft das Weltgedächtnis (oder wie man es nennen möchte) an, und der Geist veranlasst den Körper zu Bewegungen, die dann das Pendel in Schwingung bringen und einem vereinbarten Code entsprechend antworten lassen.

In diesem Sinne kann das Gehen mit der so genannten Wünschelrute erklärt werden. Der Suchende marschiert mit einem gabelförmigen Ast oder einem Draht über eine Weide, fragt „Fließt hier eine unterirdische Wasserader?“, sein Geist schnappt die Antwort auf und führt zu Muskelbewegungen, die nun die Wünschelrute zum Ausschlag bringen.

2.4 Imperium Romanum – ein Reich zerfällt

Alexander der Große (356–323 v. Chr.) kann als erster abendländischer „Weltherrscher“ angesehen werden. In der von ihm 332 v. Chr. in Ägypten gegründeten Metropole Alexandria begegneten sich zwei Welten, Abendland und Morgenland. Da gab es zweifelsohne auch Kontakte zwischen den verschiedenen esoterischen Schulen. Hier lehrte Ptolemäus sein geozentrisches Weltsystem, aber auch esoterische Lehren wie Astrologie.

Während Griechenland noch eine Hochburg auch esoterischer Wissenschaften war, vollzog sich schon langsam der Wandel. Um 500 v. Chr. entwickelte sich Rom immer mehr zur Weltmacht. Rom trat nach und nach das Erbe Griechenlands an. Das Imperium Romanum wuchs. Das römische Volk aber spürte einen Mangel auf religiösem Gebiet. Die Staatsreligion war zu einem nüchternen Ritual erstarrt, religiös-emotionale Bedürfnisse blieben unbefriedigt. So entwickelte sich magisches Brauchtum. Astrologen hatten Hochkonjunktur. Zweifelhafte Zauberer boten magische Riten. Die römische Obrigkeit verbot einerseits den praktizierten Aberglauben. Andererseits waren es gerade römische Herrscher und Vertreter des Hochadels, die sich mit Hilfe von Magie an der Macht halten wollten.

Die staatstragenden Machtpolitiker Roms waren allem Anschein nach zu keinem Zeitpunkt besonders religiös geprägt. Religion diente eher dem Machterhalt. So hätte man gewiss auch den Gott der Christen akzeptiert, wenn sich die Anhänger der neuen Religion brav als Staatsbürger untergeordnet hätten.

Militärs der Römer schlugen 50 v. Chr. auch die aufständischen Kelten nieder – nicht etwa, weil ihnen die blutige Religion des gallischen Stamms zuwider war, sondern weil sie ihre wüsten Truppen für eine ernste Gefahr für das Reich hielten, die schon im Keim unschädlich gemacht werden musste.

Esoterik der Kelten

Ursprünglich stammten die Kelten aus dem Osten, wanderten in das Gebiet des heutigen südwestlichen Deutschlands und der deutschsprachigen Schweiz ein. Vermutlich dürften die Kelten zunächst matriarchal geprägt gewesen sein. Weibliche Gottheiten spielen in ihrem dicht besiedelten Götterhimmel eine wesentliche Rolle. Eine dreifaltige Muttergöttin führte die Schar der Himmlischen an. Ihr unterstand unmittelbar Cernunos, der stets gehörnt oder gar mit Hirschgeweih dargestellt wurde. Er symbolisierte die männliche Fruchtbarkeit.

Alljährlich zur Sommersonnenwende wurden grausame Opferrituale zelebriert. Ein „König" wurde in einen Kreis geleitet, der aus zwölf mächtigen Steinen gebildet wurde. Im Zentrum stand eine Art Kreuz. Unsägliches musste das Opfer über sich ergehen lassen. Nachdem man den Mann mit einem Zaubertrunk, der Alkohol und sonstige Drogen enthalten haben mag, berauscht hatte, metzelte man ihn rituell hin. Er wurde gefesselt, ausgepeitscht, geblendet, kastriert, schließlich gepfählt und in Stücke gehackt. Die Leichenteile wurden auf einen Altarstein gelegt. Sein Blut, das dabei vergossen wurde, galt als heilig. Es wurde über das der grausamen Zeremonie beiwohnende Volk vergossen. Schließlich kam es auch noch zu Kannibalismus. Alle Teilnehmer an der Zeremonie verzehrten ein Stück des geopferten Königs.

Professor Hans Schindler, ein Wiener Archäologe, der sich jahrzehntelang auch mit Esoterik beschäftigte, sieht in der Tötung des Königs im blutigen Ritual esoterische Inhalte: „Das mutterrechtlich geprägte Keltentum sah sich einer feindlichen Umwelt gegenüber, die von männlichen Gottheiten und Mächtigen bestimmt war. Die kriegerische Auseinandersetzung gegen das Patriarchat war hoffnungslos. So wurde versucht, die Männervorherrschaft symbolisch zu besiegen, indem ein männlicher „König" wahrhaftig bestialisch getötet wurde."

Unklar bleibt, wie die magische Handlung tatsächlich realisiert wurde. Originalquellen von keltischer Seite liegen nicht vor. Zudem scheint in die Beschreibung christliches Gedankengut, vor allem von der Leidensgeschichte Jesu, eingeflossen zu sein. 50 v. Chr. besiegten römische Soldaten die Kelten, obwohl ihr esoterischer Kult noch lange danach in abgelegenen Gefilden des römischen Reiches weiterpraktiziert wurde. Auf den britischen Inseln, in Wales und in Irland gab es noch im fünften nachchristlichen Jahrhundert Kelten, die in uralten Steinkreisen ihre Riten zelebriert haben mögen. Heute, zu Beginn des dritten nachchristlichen Jahrtausends, gibt es relativ starke Tendenzen in der esoterischen Bewegung, die eine Wiederbelebung des esoterischen Keltentums zum Ziel hat. Wieder werden Zeremonien in steinzeitlichen Steinkreisen, zum Beispiel in Stonehenge, abgehalten, dabei aber verkannt, dass jene mysteriösen Baudenkmäler Jahrtausende älter sind als das erste Keltentum.

Problematisch ist, dass über die Esoterik der Kelten so gut wie nichts mehr bekannt ist. Eine Wiederbelebung echter „Kelten-Esoterik“ ist daher eigentlich gar nicht mehr möglich. Kaum jemand dürfte auch die Opferrituale der Kelten wiederbeleben wollen. Freilich kann das Bestreben heutiger Neu-Kelten, ein esoterisch fundiertes Zurückkehren zu naturverbundenem Leben ohne Umweltverschmutzung, nur als positives Ideal gewertet werden.

Ein Glauben, kein Reich, keine Esoterik

Nach der Zeitwende wuchs langsam das Christentum heran. Die Römer begegneten dem neuen Glauben zunächst mit Toleranz. Weil aber die Christen die gesamte römische Götterwelt ablehnten und nur noch den eigenen Gott verehrten, andere Religionen jedoch als heidnisch ablehnten und sich strikt gegen den römischen Kaiserkult wandten, kam es schließlich im 3. Jahrhundert zur Bekämpfung des Christentums.

Je stärkeren Angriffen von außen sich das Römische Reich ausgesetzt sah, desto mehr änderte sich die Haltung gegenüber dem Christentum. Was einmal als eine Gefahr galt (Nichtanerkennung des Kaiserkults), wurde bald zur Hoffnung. Konnte man den Feinden von außen vielleicht besser trotzen, wenn man die Kräfte zu Hause einigte? Kaiser Konstantin I. (285–337) erließ 313 das Toleranzedikt. Seine Motivation: Er wollte zu Hause Frieden schließen, um auswärts freie Hand zu haben. Schließlich brauchte er alle Kräfte im Kampf gegen Feinde von auswärts. Krieg gegen eine immer stärker werdende Religion – und damit gegen die eigenen Leute führen? Denn Zweifrontenkrieg, fürchtete der Stratege, konnte er auf Dauer nicht durchhalten.

Theodosius I. ging einen deutlichen Schritt weiter. Unter seiner Herrschaft wurde 391 das Christentum zur Staatsreligion. Der einheitliche Glaube konnte freilich das Römische Reich auf Dauer nicht einen. 395 erfolgte die Teilung in das weströmische und das oströmische Reich von Byzanz. Der Untergang Roms war besiegelt. Schon 476 zerstörte Odoaker das weströmische Reich. Das byzantinische Reich hielt sich noch bis ins 15. Jahrhundert.

Das Christentum war aus einer als staatsfeindlich angesehenen Sekte zum Staatsglauben geworden. Das Reich konnte allerdings trotzdem nicht gerettet werden. Die Staatsreligion bekämpfte freilich vehement alle anderen religiösen Strömungen. Um 500 n. Chr. waren so gut wie alle außerchristlichen Kulte im ehemals römischen Staatsgebiet von der Bildfläche verschwunden. Dazu gehörten auch esoterische Sekten und Gruppierungen. 529 verbot Kaiser Justitian I. den Neuplatonismus, die letzte offen wirkende esoterische Glaubensgemeinschaft. Diese esoterisch geprägte Schule hatte sich lange gehalten.

Der Neuplatonismus sah als den Ursprung alles Seienden das Göttliche an. Die Seele stammt auch aus dem „Ur-Einen“ (Gott), von dem sie sich abgetrennt hat, um zur Materie abzusteigen. Dort wird sie nun von der als schlecht bewerteten Welt der Materie förmlich umklammert und versucht, wieder mit dem Ursprung alles Seienden eins zu werden. Das geht nur, wenn sich die Seele von allem Irdischen lossagt und mit Hilfe positiver Geistwesen wieder zum göttlichen Ursprung zurückkehrt. Plotin (203–269) war der wohl wichtigste Vertreter des Neuplatonismus. An die Stelle einer theoretischen Definition von Gott setzte er das ekstatische Erlebnis, die persönliche Begegnung mit dem Göttlichen.

Der Neuplatonismus wurde zwar vor rund 1500 Jahren verboten, übt aber noch heute Wirkung auf die Esoterik aus. Im Tantrismus (Tantra) unter anderem wird auch die Ekstase gesucht, etwa durch sexualmagische Praktiken. Der gut geschulte Anhänger meint, im Augenblick der höchsten Glückseligkeit eins zu werden mit dem Urschöpfer. Plotin selbst freilich war mehr als skeptisch, was die Chancen anbelangte, schon auf Erden Gott zu erkennen. Nur wenigen würde dieses Glück zuteil – und dann auch nur für Augenblicke.

Der Esoterik-Kenner Professor Hans Schindler schreibt: „Das Römische Reich sollte durch den christlichen Glauben geeint und einig gehalten werden. Es zerfiel dennoch. Der christliche Glaube aber setzte sich durch, und seine Vertreter bekämpften nachhaltig abweichende Glaubensrichtungen. Eine wesentliche Folge davon war, dass für viele Jahrhunderte auch die Esoterik weitestgehend in den Untergrund gedrängt wurde."

2.5 Auch im Mittelalter gab es Esoterik

Im ausgehenden römischen Reich wurden esoterische Weisheitslehren und entsprechende Schulen unterdrückt. Magische Kulte, Zauberrituale und Beschwörungsformeln waren bis weit ins Mittelalter (etwa 500–1450) hinein tabu. Esoteriker mag es gegeben haben, sie arbeiteten aber im Geheimen. Erst im 12. Jahrhundert wagten sich Esoteriker wieder als Gruppen an die Öffentlichkeit: die Katharer (siehe Katharer) und die Templer (siehe Templer).

Während besonders im frühen Mittelalter starke esoterische Gruppierungen bekämpft wurden, durften im späten Mittelalter wieder kirchenintern esoterische Studien betrieben werden. Die manchmal spitzfindigen Theologen legten großen Wert auf eine feine, aber wichtige Grenze. Theologen war es nicht gestattet, zum Beispiel selbst magische Praktiken auszuüben. Sie durften aber sehr wohl entsprechende Texte Wort für Wort durcharbeiten, etwa um als unchristlich angesehene Praktiken besser be- und verurteilen zu können.

Albert, der Große oder Albert, der Magier?

Ohne Zweifel wurde diese Grenze immer wieder überschritten. Albert von Bollstädt, bekannt unter seinem Pseudonym Albertus Magnus (1193–1280), bekam ein zweites Pseudonym verpasst: Albertus Magus, also Albert der Magier. Tatsächlich propagierte der mittelalterliche Gelehrte die „natürliche Magie", worunter er beispielsweise den Einsatz von Steinen und Edelsteinen in der Heilkunde verstand.

Der Esoterik-Kenner Professor Dr. Alfred Lehmann: „Albertus Magnus beschäftigte sich sehr wahrscheinlich zuerst mit den in jener Zeit allgemein gepflegten Wissenschaften Grammatik, Dialektik, Rhetorik und Logik. Zugleich aber erwarb er sich die mathematischen und naturwissenschaftlichen Kenntnisse, die ihm später den Namen eines „Meisters in der schwarzen Kunst" verschafften. In Padua trat Albert in den kurz zuvor errichteten Dominikanerorden ein, und von diesem Augenblick an wurde sein Leben mehr oder weniger ein unausgesetztes Wandern nach Orten, wo seine Ordenspflichten ihn hinriefen. Zuerst studierte er eine Zeit lang Theologie in Bologna, und dann zog er in verschiedenen deutschen Städten als Lehrer an neu errichteten Dominikanerschulen umher. 1230 treffen wir ihn in Paris als Professor an der dortigen Universität, wo die Dominikaner zwei Plätze zu besetzen hatten. Hier soll er schon einen solchen Ruf als Gelehrter gehabt haben, dass kein Saal in der Stadt seine zahlreichen Zuhörer zu fassen vermochte, so dass er seine Vorlesungen unter freiem Himmel halten musste."

Von Bollstädts Leben war stets eine riskante Gratwanderung zwischen wissenschaftlicher Arbeit und dem, was seine Gegner als „magische Teufelei" bezeichneten. Sicher, alles was er tat, war für ihn die logische Anwendung wissenschaftlicher Gesetze. Es war ihm aber klar, dass Ideen, die seiner Zeit weit voraus waren, lebensgefährlich sein konnten. Immer musste er befürchten, dass ihm Neider einen Prozess als Zauberer und Hexer einbrockten. Einmal angeklagt, gab es so gut wie kein Entrinnen mehr. Die Todesstrafe war dann beinahe unausweichlich.

Zu den gefährlichen Forschungsarbeiten gehörten seine Überlegungen zur Erschaffung von künstlichen Lebewesen, von Robotern. In seinem offiziellen Lebenswerk von 21 Foliobänden, das erst 1651 erscheinen durfte, finden wir konkrete Beschreibungen von „Automaten und ähnlichen Einrichtungen". Kein Geringerer als Thomas von Aquin (1225–1274) besuchte von Bollstädt einst in einer seiner geheimen Werkstätten. Dort traf er auf eine „schöne weibliche Gestalt", die ihn mit menschlicher Stimme willkommen hieß. Um sich gegen die vermeintlich teuflische Versuchung zu erwehren, schlug Thomas von Aquin mit einem Stock auf sie ein, „worauf die Figur unter Rasseln und eigentümlichen Lauten zusammenfiel".

Was hatte der fromme Thomas, der später heilig gesprochen werden sollte, angerichtet? Er hatte einen Roboter des Mittelalters zerschlagen! Unbekannt ist nach wie vor, ob von Bollstädt die Maschine selbst erfunden hat oder ob er sie nach altjüdischen Texten, die in geheimen wissenschaftlichen Bibliotheken aufbewahrt wurden, baute. Ebenso unbekannt ist, was aus seinen Apparaten und Geheimtexten wurde. Wanderten diese Kostbarkeiten in den Besitz des Vatikans? Immerhin soll Gerbert von Aurillac (etwa 940 bis 1003), bekannt als Papst Sylvester II., einen „sprechenden Kopf" gehabt haben. Ob derlei Roboter auch heute noch in geheimen Schatzkammern des Vatikans verwahrt werden?

Vielleicht ist die ganze Geschichte auch nur sinnbildhaft zu verstehen. Sollte zum Ausdruck gebracht werden, dass Albertus Magnus ein in die tiefsten Geheimnisse der kabbalistischen Künste eingeweihter Wissender war? Sah man in ihm einen Mann, dem die letzten Geheimnisse des Lebens vertraut waren? Der die Formeln wusste, mit deren Hilfe tote Materie in Leben verwandelt werden kann konnte? Und auch das wiederum kann esoterisch gemeint sein. Traute man dem Wissenschaftler zu, das verborgene Geheimnis des Lebens entschlüsselt zu haben?

Thomas von Aquin, Astrologie und Teufelspakt

Wie widersprüchlich die offizielle, sehr stark von der Kirche geprägte Haltung gegenüber der Esoterik im Mittelalter war, verdeutlicht Thomas von Aquin (1225–1274), Schüler des großen Albertus. Thomas war davon überzeugt, dass Alchimie alles andere als abergläubischer Humbug war. Er hielt es für möglich, unedle Metalle wie Blei in edle wie Gold zu verwandeln. (Siehe auch: Rosenkreuzer)

Durchaus modern war seine Einstellung, wenn es um die Einheit von Körper und Seele geht. Thomas von Aquin betonte die Beziehung zwischen Psyche und Physis, zwischen seelischem und körperlichem Wohl. Der Astrologie stand der Kirchenphilosoph zumindest wohlwollend gegenüber. Was den Einfluss der Sterne auf das Schicksal des Menschen angeht, so vertrat er freilich eine moderne Meinung. Während auch in Kreisen heutiger Esoterik nicht wenige Anhänger der Astrologie sich geradezu als Marionetten der alles bestimmenden Sterne fühlen, schwächte von Aquin ab: „Die Sterne zwingen nicht, sie machen nur geneigt."

Einerseits beschäftigte sich Thomas von Aquin auch mit der Welt der Esoterik. Andererseits grenzte er sich scharf gegen den Verdacht ab, etwa heidnischem Brauchtum zu huldigen. In seiner umfangreichen Schrift „Summa Theologiae" konstatierte er, dass seiner Ansicht nach jede abergläubische Handlung eine Abkehr vom wahren Glauben darstellt, da sie doch einen Pakt mit dem Teufel einschließe. Er ging vom „pactum implicitum" aus, wonach jeder, der etwa einen abergläubischen Ritus vollzieht, zumindest stillschweigend ein Bündnis mit dem Teufel eingegangen ist.

Roger Bacon

Wie Thomas von Aquin glaubte auch Roger Bacon (etwa 1214–1292) an die Alchimie und die Verwandlung der Stoffe. Der Mathematiker und Theologe suchte nach dem Stein der Weisen und dem mythischen Lebenselixier. Er betrieb intensiv Astrologie. Zweifelsohne war er einer der ersten Chemiker nach heutigem wissenschaftlichen Verständnis. So stellte er als Erster in Europa chemische Basen dar, dürfte das „Schießpulver“ "erfunden“ haben und war ein exzellenter Feinmechaniker. Er soll einen bronzenen Kopf angefertigt haben, der Orakelsprüche formulierte.

Rasch formierte sich eine starke Gegnerschaft. In England attackierte ihn Bonaventura, immerhin das Oberhaupt des Franziskanerordens, heftig, bezichtigte ihn der Schwarzen Magie. Der mächtige Mann verbot es dem Gelehrten, Vorlesungen an der Universität von Oxford zu halten, und unterstellte ihn in Paris der Aufsicht des Ordens. Ein Förderer Bacons war Papst Klemens IV. Der Papst war es, der Bacon im Jahre 1268 „Opus maius („Das ältere Werk“), „Opus minus“ („Das jüngere Werk“) und „Opus tertium“ („Das dritte Werk“) schreiben ließ. Nach dem Tod des Papstes (1278) wurden die wissenschaftlichen Sammlungen freilich wieder verboten, Bacon wurde in den Kerker geworfen. Die letzten vierzehn Jahre seines Lebens verbrachte er in Haft.

Wer auch immer sich mit Esoterik beschäftigte, der lebte im Mittelalter gefährlich.

Mystik und Esoterik

Meister Eckhart (1260–1328) zum Beispiel kann als echter Esoteriker angesehen werden. Der Dominikaner, er stammte vermutlich aus Straßburg, war Mystiker durch und durch. Mystik (griechisch: Geheimlehre) ist mehr ein angestrebter Lebensweg als abstrakte Glaubenslehre. Der Mystiker reinigt sich, wird geläutert, erfährt Erleuchtung und erreicht schließlich im Idealfall als Höhepunkt seiner Existenz die Vereinigung mit dem Göttlichen.

Der suchende Mystiker meditierte häufig, ja exzessiv. Er versenkte sich gedanklich in religiöse Vorstellungen und hoffte in der Meditation Erkenntnisse zu gewinnen, die ihm weiterhelfen würden, sein Ziel, das Einswerden mit dem Göttlichen, zu erreichen.

Meister Eckhart wurde ketzerischer Abkehr vom wahren Glauben verdächtigt, von Theologen verfolgt und wäre wohl vom Papst verdammt worden. Sein Tod 1328 ersparte ihm Prozess und Verurteilung. Hildegard von Bingen (1098–1179) galt schon zu Lebzeiten als die „prophetissa teutonica", die „deutsche Prophetin". Unbestreitbar war ihre bedingungslose Anerkennung der Kirche und ihrer Autoritäten. So predigte sie, selbst dem esoterischen Lager zuzurechnen, heftig gegen die esoterischen Katharer (siehe Katharer!). Es wurde ihr die ausdrückliche kirchliche Anerkennung zuteil, ausgesprochen von Papst Eugen III. anno 1148 auf der Synode zu Trier.

Als „Wunder des Jahrhunderts", als „Tischgenossin Gottes" verehrt, wurde sie Gesprächspartnerin von hochrangigen Geistlichen wie weltlichen Gelehrten. Unbestreitbar sind ihre erstaunlichen Kenntnisse etwa auf medizinischem Gebiet, die ihr nach eigenem Bekunden in lichtvollen Visionen übermittelt wurden. Jacques Bergier: „Aus esoterischer Sicht hatte Hildegard von Bingen Zugang zu der Informationsquelle, die Steiner als ‚Weltgedächtnis' bezeichnet." (Siehe: Anthroposophie)

2.6 Von der Renaissance zur Aufklärung

Auch im Mittelater gab es Esoterik

Im frühen Mittelalter wirkte die radikale Unterdrückung der Esoterik fort, die schon in der Spätantike begonnen hatte. Die christliche Kirche war von einer einst unbedeutenden Sekte zur Staatsreligion geworden. Ihre Vertreter erinnerten sich an die Gefahren, denen ihre Religionsgemeinschaft ausgesetzt war und bekämpften vehement alles, was die immer noch relativ junge Kirche hätte gefährden können, auch die Esoterik. Im späten Mittelalter fasste die Esoterik wieder etwas Fuß. Selbst Theologen betrieben Esoterik, obwohl sie sich damit freilich auf gefährliches Terrain begaben. Die christliche Mystik kam auf, deren Vertreter in der heutigen Esoterik noch hohes Ansehen genießen. Mystiker waren es auch, die in der Renaissance (etwa 1450–1600) die wichtigsten Esoteriker waren.

Renaissance
Die Renaissance, mit der die so genannte Neuzeit beginnt, wird gern als das Zeitalter der aufblühenden Wissenschaften gesehen. Tatsächlich gab es auch in dieser turbulenten Zeit eine Besinnung auf wissenschaftliche Methoden. Das geschah nicht freiwillig. Ausgelöst wurde dieser Prozess freilich durch die Eroberung des oströmischen Reiches anno 1453 durch die muslimischen Türken. Das führte unter anderem zu einer Flucht vieler Gelehrter nach Westeuropa. Mit im Gepäck hatten diese Männer wertvolle Texte, etwa jene der griechischen Philosophen. Der Geist der Antike wurde wiederbelebt. Man beschäftigte sich intensiv mit dem klassischen Altertum und dem Geist der großen europäischen Kulturen.

Gleichzeitig gab es einen Wandel bei den Werten. Der einzelne Mensch rückte mehr in den Vordergrund. Der Bürger wehrte sich immer mehr gegen Bevormundung. Wie er die Welt sah und verstand, das wollte er sich nicht mehr von mächtigen Autoritäten vorschreiben lassen. Er wollte selbst denken.

Die Theologen verloren zusehends an Einfluss und Macht. Man begegnete ihnen immer mehr mit fundierter Kritik. Hatten sie nicht ein falsches Weltbild gelehrt, wie Kopernikus (1473–1543) zeigte? Drehte sich nicht die Erde um die Sonne und nicht umgekehrt? Kepler (1571–1640) offenbarte die Bewegungen der Planeten auf ihren Bahnen. Galilei (1564–1642) postulierte die Fallgesetze. Kirchliche Autoritäten sahen eine neue Gefahr aufkommen. Jetzt waren es nicht mehr in erster Linie Anhänger anderer Glaubenslinien, die Konkurrenz machten, sondern Wissenschaftler. So gesehen waren die ersten Wissenschaftler der Neuzeit die neuen Ketzer: Sie säten Zweifel. Wenn schon das wissenschaftliche Bild von der Welt, so wie es die Kleriker lehrten, nicht stimmte, wie sah es dann mit ihren Glaubenssätzen aus? Waren die dann ebenfalls falsch? Übersehen wurde dabei, dass das Weltbild der Theologen gar nicht wirklich biblisch war. Die Fehler der Geistlichen, ihre Fehlinterpretation biblischer Texte, wurde häufig dem Glauben schlechthin angelastet.

Der Esoterik-Experte Ben-Alexander Bohnke hält völlig zutreffend fest: „Die neuen Methoden – Beobachtung und Experiment statt Berufung auf (theologische) Autoritäten – und noch mehr die Ergebnisse dieser Erfahrungswissenschaft missfielen der Kirche sehr. Der Naturforscher Giordano Bruno wurde 1600 in Rom verbrannt. Galilei, der das heliozentrische Weltmodell des Kopernikus vertrat („und sie bewegt sich doch"), konnte sich nur durch Widerruf vor dem Scheiterhaufen retten."

Wissenschaft und Esoterik

Die Denker, die Wissenschaftler ließen sich durch nichts aufhalten: Forschend suchten sie nach neuen Erkenntnissen. Die Renaissance war also eine Hochzeit der Wissenschaft. Dabei wird freilich übersehen, dass für die Gelehrten jener Zeit Esoterik und Wissenschaft keineswegs im Widerspruch zueinander standen. Beide Felder wurden von so mancher Geistesgröße jener Zeit gleichzeitig und vorbehaltlos „beackert".

- Giordano Bruno lehrte den unendlichen Kosmos, in dem unendlich viele Welten existierten. Gleichzeitig war er Esoteriker durch und durch. Er war Anhänger des Pantheismus, Gott und Natur wurden miteinander gleich gesetzt. Gott ist kein persönliches Wesen mehr, sondern ein Prinzip, das in allen Dingen lebt.
- Kepler war esoterischer Naturphilosoph, erging sich in mystischen Gedankenspielen.
- Kopernikus sah korrekt die Sonne im Zentrum unseres Systems. Für den Esoteriker war aber die Lehre von der Astrologie nicht weniger wissenschaftlich. Die Sterne üben demnach einen nachhaltigen Einfluss auf Leben und Handeln der Menschen aus.
- Galilei war ebenfalls Astrologe und damit auch Esoteriker.
- In Zeiten der wissenschaftlichen Beobachtung erlebte die christliche Mystik neue Glanzzeiten. Therese von Avila (1512–1582), Johannes vom Kreuz (1542–1591) standen im Mittelpunkt des Interesses.
- Paracelsus (1493–1541), eigentlich Theophrastus Bombastus von Hohenheim, war als Arzt und Naturheilkundler Wissenschaftler auch nach heutigem Verständnis. Gleichzeitig war er aber auch Esoteriker und betrieb intensiv Alchimie.
- Agrippa von Nettesheim (1486–1535) galt schon zu Lebzeiten mit Recht als Universalgenie. Er wanderte durch Europa, wo er alle großen Universitäten besuchte und zahlreiche Vorlesungen hielt. Heutige Esoteriker wissen, dass der Wissenschaftler der Renaissance auch waschechter Esoteriker war. Er kann als „Vater der mo-

dernen Geheimwissenschaft" angesehen werden. Kabbala (siehe Kabbala) war für ihn kein ketzerisches Teufelswerk, sondern „Ausstrahlung der göttlichen Willensmacht". Im esoterischen Volksglauben Frankreichs lebt von Nettesheim dank des Lebenselixiers noch heute.

Protestantischer Mystizismus: Jakob Böhme

So nah sich Wissenschaft und Esoterik in der beginnenden Neuzeit auch standen, dem Volk waren die „Studierten" mit ihren wissenschaftlichen Traktaten zu kalt, zu emotionslos. So wundert es nicht, dass gerade in der Neuzeit der Mystizismus wieder fruchtbaren Boden vorfand.

Die Renaissance brachte nicht nur den Okkult-Esoteriker Nostradamus (1503–1566) hervor, dessen meist schwer verständliche Prophezeiungen bis in die Gegenwart eine ungeheure Faszination ausüben. Kind dieser Epoche war auch der Reformator Martin Luther (1483–1546). 1517 erregte er mit seinen Thesen Aufsehen. Freilich trauerten nicht wenige Protestanten dem katholischen Mystizismus nach. So verwundert es nicht, dass einige Jahrzehnte später ein protestantischer Mystizismus Gemüt und Herzen der Menschen eroberte … freilich nicht mit amtlicher Zustimmung. Jakob Böhme (1575–1624) wirkte sozusagen im Untergrund, stets von den Behörden bespitzelt und verfolgt.

Starke Kräfte im Protestantismus bekämpften den Mystizismus. Sie sahen darin eine Rückwärtsbesinnung, eine Rückkehr zum Katholizismus. Vielleicht befürchtete mancher Theologe gar, dass die lutherische Reformation wieder rückgängig gemacht werden könnte? Auch der protestantische Mystizismus war sehr stark esoterisch geprägt.

Jakob Böhme (1575–1624) war zunächst Handwerker, wurde Kaufmann und studierte mit großem Eifer als Autodidakt Philosophie. Böhme war ohne Zweifel hellseherisch veranlagt. Intuitiv kam er zu Erkenntnissen, die er in mehreren Werken niederlegte. Schon zu Lebzeiten erhielt er den ehrenvollen Titel „Philosophus teutonicus". Seine Werke fanden eine erstaunliche Verbreitung, und das, obwohl sie nur handschriftlich verbreitet werden durften. Aufsehen erregte schon 1612 sein Erstlingswerk „Morgenröte im Anfang" (späterer Titel „Aurora"). Es folgte eine Vielzahl von weiteren Schriften, die bald in zahlreiche Sprachen (Englisch, Holländisch, Französisch, Lateinisch) übertragen wurden. Wichtige Werke: „Von sechs theosophischen Punkten", „Von sechs mystischen Punkten".

Böhmes Erkenntnisse, hellsichtig gewonnen, erinnern in verblüffender Weise an Aussagen heutiger Naturwissenschaften. Wenn nach Einstein der unendliche Weltraum eine in sich selbst gekrümmte grenzenlose Ausdehnung ist, so entspricht das einem Postulat Böhmes. Demnach ist der unendliche, grenzenlose Gott das sich selbst gebärende Unendliche.

Als in besonderem Maße ketzerisch wurde etwa Böhmes Lehre empfunden, dass Gott zwei Willen hat, den einen zum Guten, den anderen zum Bösen. Gutes und Böses sind in Gott eins, so wie in der chinesischen Philosophie Yin und Yang als Teile des Ganzen, des Einheitlichen, einander gleichwertig ergänzen. Gutes und Böses entströmen aus Gott. Nach Böhme herrscht ein Gesetz des Werdens. Dieses Gesetz lässt die Dinge werden und sein. Auch Gott unterliegt ihm.

Böhme predigte nicht nur seine esoterisch-mystische Weltsicht. Er versuchte auch den Menschen beizubringen, wie sie selbst zu Erkenntnis kommen können. Voraussetzung dafür ist nach Böhme das Sich-selbst-lassen. Wenn der Mensch sein eigenes Wollen zum Schweigen bringen kann, wenn er meditierend sich im Urgrund Gottes verliert, dann erst vermag er in Freiheit Gott zu erkennen.

Die von Böhme empfohlene Praxis der Gelassenheit wird im Joga wie im Tantrismus (Tantra) in ähnlicher oder abgewandelter Form praktiziert. Etwa durch Aussprechen von Mantras (z. B.: Om) löst sich der einzelne Mensch von seiner eingrenzenden Individualität und versenkt sich in Gelassenheit. Er findet Freiheit und Erkenntnis.

Barock: Hexenwahn und Kampf gegen Esoterik

Zu den großen populären Irrtümern unserer Zeit gehört die Annahme, dass im dunklen Mittelalter der blutige Irrsinn des Hexenwahns besonders viele Opfer gefordert habe. Tatsächlich wurden bereits in der römischen Spätantike und im Frühmittelalter Prozesse wegen angeblichen Schadenszaubers geführt und der Hexerei beschuldigte Männer und Frauen auch zum Tode verurteilt und hingerichtet. Das Mittelalter war freilich keineswegs die finstere Epoche von Folter und Scheiterhaufen. Prof. Dr. Walter Krämer und Professor Dr. Götz Trenkler: „Die Wahrscheinlichkeit, als Hexe oder Hexer auf dem

Scheiterhaufen zu enden, war zu Zeiten Luthers, Galileis oder Gutenbergs weit größer als zuvor. Zwar konnte man im Mittelalter zwar durch das Feuer sterben, vor allem wegen Ketzerei und Insubordination gegen die allgegenwärtige Kirche, aber Hexenprozesse, wie wir sie aus dem modernen Kino kennen, mit ihren absurden Anklagen wegen Beschwören des Wetters, Beischlaf mit dem Satan, Verzaubern ungeliebter Nachbarskinder oder Orgien auf Besenstielen, so wie sie später routinemäßig fast gegen jeden und jede erhoben und beglaubigt wurden, der oder die sich zu sehr von seinem oder ihrem Nachbarn unterschied, solchen kollektiven Wahnsinn gab es damals nicht."

Den Höhepunkt der Hexenverfolgung gab es im Barock (etwa 1600–1700). Wie absurd und abstrus es oft dabei zuging, das soll folgendes Detail verdeutlichen: 1692 sagten bei dem Prozess gegen die „Hexen von Moira", Schweden, mehrere Frauen aus, Lucifer führe gern Streiche aus. So nehme er manchmal verdutzten Hexen ihren Besen, mit dem sie durch die Lüfte fliegen, weg und verabreiche ihnen damit einen Schlag auf die Schultern.

Bis heute ist die Geschichte der Hexenprozesse nicht hinreichend aufgearbeitet worden. So gibt es auch in Kreisen der Historiker keine übereinstimmende Aussage über die Zahl der Opfer, die der Hexenwahn forderte. Unterschiedliche Schätzungen kommen zu weit voneinander abweichenden Zahlen – von „einigen Hunderttausend" bis „etwa neun Millionen".

Nicht befriedigend geklärt ist auch die Frage, wieso es im Barock, das der Neuzeit zugerechnet wird, zu unbeschreiblichen Exzessen kommen konnte. Absurdeste Behauptungen, in Form anonymer Denunziation vorgebracht, genügten schon, um einen Menschen in die unerbittliche Maschinerie der tödlichen Inquisition zu bringen. Hexerei galt als „außergewöhnliches Verbrechen", also durften die Angeklagten gefoltert werden, und zwar so lange, bis sie endlich ein Geständnis ablegten. Protestanten sehen gern in Martin Luther (1483–1546) den Besieger des Mittelalters, der die Periode dumpfen Aberglaubens beendete. Die Wahrheit sieht anders aus: Der Reformator billigte die Hexenverfolgung nicht nur, er forderte nachdrücklich, man müsse jene Kreaturen töten, dürfe keine Nachsicht walten lassen. Ein weiterer Reformator, der Schweizer Johann Calvin (1509–1564), wie Martin Luther wird er heute gern als hehre Lichtgestalt gesehen, war in Wirklichkeit ein widerlicher Wüterich. Bevor er aktiv wurde, kamen „Hexen“ in seiner Heimatstadt Genf mit glimpflichen Strafen davon, allenfalls wurden sie verbannt. Das änderte Calvin. Er löste grausamste Verfolgungen aus, rigoros ließ er foltern und verbrennen … 1495 bis 1531, in der angeblich so humanen Neuzeit, nicht im „bösen“ Mittelalter.

Warum aber erreichte der absurde Hexenwahn im Barock seinen Höhepunkt? In jener Zeit gab es verschärfte kirchlich-politische Auseinandersetzungen. So folgte auf die Reformation die erbitterte Gegenreformation. Dieser Zwist kann aber doch nicht Ursache der Hexenprozesse sein, wenn beide Seiten die Scheiterhaufen auflodern ließen. Einen Hinweis gibt eines der übelsten Bücher der Weltgeschichte, der „Hexenhammer“, erstmals 1487 erschienen. Die Autoren, die Inquisitoren Insitoris und Spengler, ergehen sich darin in sadistischen Schilderungen der Folter von Hexen. Im 1. Band wird ausführlich von der „siebenfachen Hexerei der Hebammen“ gesprochen.

Es wird deutlich, dass der Hexenwahn auch Konsequenz eines mit allen Mitteln ausgefochtenen Kampfes gegen esoterisches Wissen war. Seit uralten Zeiten wurde in Europa geheimes Wissen von Frau zu Frau weitergereicht. Es waren die Weisen Frauen, Nachfolgerinnen der Priesterinnen aus den Zeiten des Matriarchats, die über weit reichende esoterische Kenntnisse verfügten. Sie waren Spezialistinnen auf dem Gebiet der Pflanzen, lehrten Kräuterheilkunde. Auf dem Lande waren es in erster Linie diese Frauen, die Kranke pflegten und Hebammendienste versahen. Sie waren auch mit den Methoden der Geburtenkontrolle vertraut. Ziel der Hexenprozesse war es, diese Frauen systematisch auszurotten.

Wissenschaftsgeschichtlich wird jene traurige Zeit als das Zeitalter des Rationalismus bezeichnet. In Gelehrtenkreisen experimentierte man wieder weniger. Nicht wissenschaftliche Versuchsreihen, sondern logisches Durchdenken von Problemen standen im Vordergrund.

Wirklich? Gewiss, die Zeit des Barock brachte große Geister wie den Philosophen René Descartes (1596–1650) und den Physiker Isaak Newton (1643–1727) hervor. Aber jene Denker waren es auch, deren neues Weltbild die Esoterik noch stärker bedrohte als der planmäßige Mord an den Weisen Frauen. Mochte auch noch so brutal nach Wissenden gesucht werden, es fanden sich immer noch Frauen und Männer, die trotz aller Verfolgung das esoterische Denken weitergaben. Descartes und Newton aber vertraten eine rein mechanische

Weltsicht. Newton entwickelte die Mechanik, die Lehre von der Bewegung physikalischer Körper durch äußere Kräfte.

Konsequenterweise führte dies auch zu einem rein mechanischen Verständnis vom Menschen, der letztlich auch nur als eine biologische Maschine angesehen wurde. Spiritualität, Religiosität, ganzheitlich-esoterische Sicht gehen bei diesem mechanischen Weltbild leider verloren. Dieses spirituell-esoterische Defizit in einer Zeit, die mehr als ungünstig für Esoterik war, förderte die Gründung einer Geheimgesellschaft, die rasch großen Zulauf fand. In den Jahren 1614, 1615 und 1616 erschienen Publikationen über den geheimen Orden der Rosenkreuzer (siehe Rosenkreuzer!).

Für den Esoteriker, Physiker und Philosophen Professor Dr. Fritjof Capra (geboren 1939) wurde in der Zeit des Barock die vielleicht größte Weltkrise der Geschichte eingeleitet. 1982 erschien das weltweit zu Bestsellerehren gekommene Buch Prof. Capras, „Wendezeit". Darin prangert er an, dass die Menschheit eine epochale Krise durchläuft, die von den Pragmatikern in Ost und West nicht mehr in den Griff zu kriegen sei. „Weiterleben kann die Menschheit nur, wenn sie von Grund auf anders denken lernt … in Werten statt in Quantitäten". Nur ganzheitliches Denken, also ein Besinnen auf esoterische Weltschau, biete die einzige Chance zum Überleben.

Aufklärung und Moderne

Der wissenschaftliche Geist von Descartes und Newton setzte in der Zeit der Aufklärung und der Moderne (ab etwa 1700) seinen Siegeszug fort. Im Zeitalter der Vernunft wandten sich viele Menschen von der Kirche ab. Der Mensch galt nun nicht mehr als per definitionem sündig. Ein neuer Humanismus blühte auf. Optimismus machte sich breit. Der Mensch wurde wieder als Individuum gesehen, der Menschheit insgesamt eine stetige Aufwärtsentwicklung zum Guten hin zugetraut. Die Französische Revolution (1789) predigte „Freiheit, Gleichheit und Brüderlichkeit", forderte die Abwendung vom Glauben zum auf logischem Denken basierenden Wissen. Den Materialisten war jegliche Esoterik suspekt. Freilich ließ gerade der strenge Wissenschaftsdogmatismus die Sehnsucht nach Esoterik wieder wachsen. Mehr Menschen denn je widmeten sich privat den okkulten Wissenschaften. Esoterik zeigte sich, mal mehr, mal weniger deutlich, in unterschiedlichsten Variationen.

- Emmanuel Swedenborg (1688–1772) war von seiner vielfältigen Ausbildung her alles andere als ein abergläubischer Mensch. Der Ingenieur und Theologe hatte 1744 eindrucksvolle Visionen und Träume, in denen eine Verbindung zwischen Diesseits und Jenseits aufgenommen wurde. Der Geist eines Verstorbenen erteilte Swedenborg am 7. April 1744 den Befehl, von nun an ausschließlich für die Kontakte mit der Welt der Verstorbenen zu leben. Swedenborg sah Gott als Urbild aller Geistwesen an. Für viele Esoteriker zählt zu Beginn des 21. Jahrhunderts der Kontakt mit Verstorbenen zu den wichtigsten Gebieten esoterischer Betätigung. (Siehe auch: Was kommt nach dem Tod!)
- Samuel Hahnemann (1755–1843) „erfand" die Homöopathie, die von heutigen Esoterikern gern auch zu den esoterischen Wissenschaften gerechnet wird. Ein wesentlicher Hauptgedanke der Heilmethode: Das Mittel, das eine Krankheit hervorruft, kann eben diese Krankheit auch überwinden. Genau dieser Gedanke liegt auch der weithin anerkannten Schutzimpfung zugrunde. Wichtigste Entdeckung Hahnemanns: Die Wirkung einer Substanz steht im umgekehrten Verhältnis zur Dosis. Oder anders formuliert: Je stärker die Verdünnung eines Stoffs ist, desto größer ist seine Wirksamkeit.
- Die heutige Homöopathie lehrt die so genannte Tiefpotenz. Demnach aktivieren schwache Reize die Lebenstätigkeit, mittlere fördern, starke hemmen sie, und die allerstärksten heben die Lebenstätigkeit gar auf. Kritiker halten den Homöopathen vor, dass die von ihnen als Medizin eingesetzten Mittel so derart verdünnt seien, dass besonders bei den extrem verdünnten Substanzen der angeblich wirksame Heilstoff gar nicht mehr nachweisbar sei. Sie führen die unbezweifelbar vorhandene Wirkung der Homöopathie gern auf die Einbildungskraft des Patienten zurück. Homöopathen verweisen dann darauf, dass ihre Heilmittel auch in der Tiermedizin mit Erfolg eingesetzt werden. Mag ein Placebo-Effekt bei Menschen möglich sein, beim Tier jedoch kann er keine Wirkung zeigen. (Siehe auch: Esoterische Medizin!)
- In der Zeit der Aufklärung machte ein Mann Furore, über den noch heute auch unter Esoterikern die Meinungen weit auseinander gehen. Die einen halten ihn für einen geschickten Gauner, der die Dummheit der Menschen der Barockzeit schamlos ausnutzte. Die

anderen sehen in ihm ein universales Genie, einen der größten Eingeweihten.

Der Graf von Saint Germain, er war vermutlich portugiesischer Herkunft, tauchte um 1740 an verschiedenen Königshöfen Europas auf. Niemand weiß so recht, wann er geboren wurde und ob er vielleicht noch lebt. Zahlreichen Zeugen gegenüber behauptete er jedenfalls, mit Hilfe eines Elixiers das ewige Leben erlangt zu haben. Oft wurde er nach dem Rezept für seine geheime Tinktur gefragt, verweigerte aber stets jede Auskunft. Rasch gewann er das Vertrauen König Ludwigs XV. (1710–1774) und seiner Geliebten Jeanne Antoinette Poisson, Marquise de Pompadour (1721–1764). Die nicht uneitle Dame soll sich in besonderem Maße für jenes Elixier interessiert haben – und für seinen Reichtum. Tatsächlich besaß er herrlichste Edelsteine in großen Mengen, die er häufig – so wie später Elvis Presley Straßenkreuzer – verschenkte, als seien sie nichts wert. Voltaire (1694–1774), der große Philosoph und Dichter, äußerte sich begeistert. Germain sei der Mann, „der niemals stirbt und alles weiß".

1710 will ihn die Gräfin de Gegy in Venedig kennen gelernt haben. Als sie ihn 50 Jahre später wieder traf, hatte er sich äußerlich überhaupt nicht verändert. 1710 war Saint Germain nach dem Zeitzeugen Jean Philippe Rameau, einem französischen Adeligen, etwa 45, eher 50 Jahre alt. Dann müsste er 1760 fast einhundert Jahre alt gewesen sein, sah aber allenfalls nur halb so alt aus, wie auch eine englische Zeitung, der seriöse Londoner „Chronicle", bestätigte: Der Mann muss über das Geheimnis der ewigen Jugend verfügen. Im gleichen Jahr setzte er sich mit Erfolg für Friedensverhandlungen zwischen Preußen und Österreich ein. Ein Vertrag kam zustande. 1762 warnte er Vertreter des französischen Hochadels vor der nahenden Revolution. Er habe eine schlimme, alptraumartige Vision von Erniedrigung und Tod der Vornehmen gehabt. Seine teilweise grausamen Schilderungen wurden nicht ernst genommen. Man lachte vergnügt, beklatschte die aufregenden Beschreibungen.

Von 1766 bis 1769 war Saint Germain Augenzeugen zufolge wiederum in Indien. Seltsam: 1768 und 1769 soll er in Deutschland auch noch mehrere Fabriken eröffnet haben. 1770 traf er in Moskau mit dem Fürsten Orlow zusammen ... um nach Deutschland zurückzueilen und Franz Anton Mesmer in die Geheimwissenschaften einzuweihen. 1780 veröffentlichte der Tausendsassa in London seine Werke für Violine – mit etwa 120?

Anno 1784 wurde der Tod des Grafen bekanntgegeben – durch seinen Gönner, den Prinzen Karl von Hessen-Kassel. „Er war vielleicht einer der größten Weisen, die jemals lebten", schrieb er. Freilich tauchte der Graf ein Jahr später quicklebendig auf. Er nahm am 15. Februar 1785 am „Internationalen Kongress der Freimaurer" in Paris teil. Das belegen zahlreiche Zeugenaussagen und beglaubigte Protokolle. 1789 ernannte König Gustav von Schweden den Grafen zu seinem persönlichen Leibarzt. Madame d'Adhemar schätzte ihn „auf etwa 45 Jahre", dabei muss er damals bereits etwa 150 Jahre alt gewesen sein. 1793 war er wieder in Frankreich, spendete Marie-Antoinette letzten Trost vor der Enthauptung. Im Jahr 1836 wurde er auf der Beerdigung von Karl von Essen gesichtet. Da müsste er selbst fast 180 gewesen sein. 1820 soll er sich dem Herzog von Berry gezeigt haben … Stunden vor seiner Erschießung. 1867 nahm er aktiv in Wien am Treffen der „Großen Loge" teil, als ein in rätselhafte Geheimnisse Eingeweihter. Als 207-Jähriger?

1972 machte der Graf nochmals Schlagzeilen: Ein gewisser Richard Chanfay behauptete im französischen Fernsehen, er sei Saint Germain, und führte geheimnisvolle Experimente vor.

Sollte also Saint Germain gefunden haben, was Gilgamesch und Alexander der Große suchten – das Geheimnis vom ewigen Leben?

- Alexander Graf Cagliostro (1743–1795) verdeutlicht, wie schwierig es ist, heute die oftmals recht schillernden esoterischen Persönlichkeiten der Aufklärung zu beurteilen. Cagliostro, der eigentlich Josef Balsamo hieß, war zu Lebzeiten einer der angesehensten Esoteriker Europas. Zusammen mit seiner Frau Lorenza Feliciani gründete er zahlreiche esoterische Geheimlogen. Zweifelsohne wurde er wiederholt als Betrüger und Schwindler überführt. Trotzdem kann nicht bestritten werden, dass er Kontakt mit echten Eingeweihten gehabt haben muss, die ihm geheimes Wissen vermittelten. Mit großer Wahrscheinlichkeit war er in wirkliche magische Künste eingeweiht und verfügte tatsächlich über übersinnliche Fähigkeiten. Cagliostro starb 1795 im Gefängnis der Inquisition. Goethe setzte Cagliostro ein Denkmal, verewigte ihn als „Großkophta".

- Johann Wolfgang von Goethe war auch ein Zeitgenosse der Aufklärung und Esoteriker. In seiner Jugend wurde er von Fräulein von Klettenberg in die Geheimnisse der Kabbala eingeweiht. Esoterische Themen kommen immer wieder im Werk Goethes vor. Faust beschäftigt sich mit den Geheimnissen der Magie. Fast alle Balladen verraten des Dichters Neigung zum Okkult-Übersinnlichen. „Erlkönig“, „Der Fischer“, „Hochzeitslied“ u. a. setzen sich mit der Welt der Elementargeister auseinander. Magie ist zentrales Thema in „Schatzgräber“ und „Der Zauberlehrling“. Goethe hatte keinen Zweifel an der Existenz der Welt des Übersinnlichen. Er selbst soll über telepathische Fähigkeiten verfügt und auch gelegentlich mit Erfolg zur Wünschelrute gegriffen haben.

Moderne: Industrielle Revolution und Esoterik
Mit der industriellen Revolution des 19. Jahrhunderts brach zugleich eine Epoche der Ausbeutung des Planeten Erde an. Wissenschaften wie Technik erlebten einen im gleichen Ausmaße nie zuvor gekannten Aufschwung. Geprägt war jene Zeit von knallhartem Alltagsrealismus. Die einen huldigten einem „Goldenen Kalb“ der Neuzeit, dem Kapitalismus. Mehrung von Gewinnen hatte oberste Priorität. Die anderen versuchten, basierend etwa auf den Gedanken von Karl Marx (1818–1883), der Ausbeutung der Unterprivilegierten ein Ende zu setzen. Der dialektische Materialismus ist freilich eine rein atheistische Philosophie, die sich selbst gern als Wissenschaft sieht. Für Religiosität oder Esoterik ist in dieser Welt kein Platz. Und doch erlebt die Esoterik mit dem 19. Jahrhundert eine erstaunliche Neubelebung, einen Aufschwung, der – beginnend in England – nicht nur kleine Zirkel von Eingeweihten, sondern die sprichwörtlichen Massen einbezieht. Spritismus wird zur Modeerscheinung, der Kontakt mit dem Jenseits wird für viele fast zur Ersatzreligion. Medien wurden Berühmtheiten, und Prominente (wie Sir Arthur Conan Doyle und Thomas Mann) beschäftigten sich intensiv mit der Welt der Esoterik.

Genauer denn je wurde Esoterisches Ende des 19. und zu Beginn des 20. Jahrhunderts wissenschaftlich überprüft. Endgültige Urteile konnten nicht gefällt werden. Exemplarisch sei Leben und Wirken eines der prominentesten Medien der Moderne beschrieben …

Eusapia Paladino, eine Frau mit rätselhaften Fähigkeiten

Eusapia Paladino (1854–1918), in Minervino Murge bei Bari in Apulien geboren, wuchs in bitterer Armut auf, die für das ausgehende 19. Jahrhundert für Millionen von Menschen in Europa typisch war. Schon in ihrer Kindheit traten erstaunliche Phänomene auf, die das einstige Armenkind zum weltberühmten Star machen sollten: geheimnisvolle Klopf- und Poltergeräusche, die von nirgendwo zu kommen schienen und doch von erschreckender Deutlichkeit und Lautstärke waren. Bald kamen noch andere Phänomene hinzu: Menschen in ihrer Umgebung wurden von unsichtbaren „Händen" berührt, alle möglichen Gegenstände begannen zu schweben, als wären sie plötzlich ohne jedes Gewicht. 1874 kam Eusapia Paladino als Dienstmädchen einer spiritistisch interessierten Familie nach Neapel. Zunächst wurden die seltsamen Phänomene, die sich auf unerklärliche Weise in ihrer Umgebung abspielten, nur in kleinen Zirkeln vorgeführt.

Bald wurden sie publik, und immer mehr Menschen wollten das wundersame Mädchen selbst erleben. Wissenschaftler erfuhren davon, doch erst 1891 erklärte sich Italiens angesehenster Psychiater Dr. Cesare Lombroso dazu bereit, mit Eusapia Paladino zu arbeiten. Strengste Vorsichtsmaßnahmen wurde getroffen, die jeden Betrug, jede Manipulation unmöglich machten. Und doch geschahen Dinge, die den bekannten Gesetzen der Physik widersprachen, bei denen ganz offensichtlich die Schwerkraft, wie auch immer, aufgehoben wurde. Kleinere Gegenstände, etwa eine Glocke, schwebten durch den Raum, Möbelstücke bekamen Eigenleben und „wanderten", ein Tisch „setzte sich in Bewegung". Dr. Cesare Lombroso war überwältigt. Er musste zugeben, dass er zunächst alles für Schwindel und Betrug gehalten habe, jetzt aber nach seinen sorgsamen Experimenten mit dem Medium zu einem ganz anderen Urteil kommen müsse: „Ich bin verwirrt, völlig perplex und bedaure es, dass ich so hartnäckig die Möglichkeit solcher Tatsachen geleugnet habe."

1894 wurden wissenschaftliche Experimente auf der Insel Roubaud bei Richet durchgeführt. Sir Oliver Lodge (1851–1940), Physiker, notierte im Protokoll: „Ich sah zweimal einen schweren Tisch (22 kg) einen Fuß hoch völlig über dem Boden erhoben. Alle standen um den Tisch, Hände und Füße Eusapias gehalten, ihre Hände auf der Tischplatte, nicht in der Nähe des Randes, die Finger der einen Hand berührten die Platte kaum, die der anderen drückten sie leicht. Es war für Eusapia, selbst wenn sie frei gewesen wäre, normalerweise unmöglich, den Tisch zu heben.“ Der Zeuge Howard Thurston, Trickexperte und berühmter Entlarver von betrügerischen Medien, schreibt: „Ich habe mit meinem Assistenten Eusapis Tischlevitationen beobachtet und bin überzeugt, dass die von mir gesehenen Phänomene nicht betrügerisch hervorgebracht wurden.“ Trotzdem hielten sich Gerüchte, dass Eusapia Paladino mit Tricks arbeite. Und genau das wollten Everard Fielding, W. W. Bagally und Hereward Carrington, anerkannte Trickexperten, die schon so manches Medium des Betrugs überführt hatten, beweisen.

Sie reisten nach Neapel, bauten ein Hotelzimmer zu einer Art Versuchslabor um, sorgten für strikte Sicherheitsvorkehrungen. Man band Eusapia Paladinos Füße an Stühle, auf die sich die Herren Kontrolleure setzten, ihre Hände wurden ständig beobachtet. Und was geschah? Nach Hereward Carrington und Everard Fielding hätte nichts Ungewöhnliches mehr passieren dürfen, hatte man dem vermeintlich betrügerischen Medium doch nach menschlichem Ermessen jede Manipulation unmöglich gemacht. Trotzdem bewegte sich wie von Geisterhand Mobiliar. Tische wurden von unsichtbaren Kräften geschoben. Stühle und Sessel ruckten hin und her, als hingen sie an (allerdings nicht vorhandenen) Drähten von (ebenso wenig vorhandenen) Marionettenspielern. Ein schwerer Tisch schwebte empor.

Je mehr Unerklärliches geschah, umso verärgerter wurden die Kontrolleure, desto heftiger forderten sie weitere Experimente. In immerhin elf Sitzungen wurden fast 500 „unerklärliche Phänomene“ beobachtet. Es kam wiederholt zu Levitationen. Massive Möbelstücke schwebten den Gesetzen der Schwerkraft trotzend frei in der Luft.

Schließlich gaben die Trickexperten auf. Eusapia sei, so erklärten sie mürrisch, nicht ein einziges Mal beim versuchten Betrug oder gar beim Tricksen erwischt worden. Ihr Resümee: „Wir sind der Ansicht, dass diese Erscheinungen irgendeiner außergewöhnlichen Kraft zuzuschreiben sind, die in Eusapias Organismus ruht.“

3
Geheime Schulen und Gesellschaften

Die Geschichte ist immer ein Ablauf von Kämpfen. Sie wird von Mächtigen bestimmt, die sich die Ohnmächtigen unterwerfen. In der Welt des Wissens spielten zumindest ähnliche, wenn nicht gleiche Prinzipien eine zentrale Rolle. Auf der einen Seite gab es stets die etablierte Wissenschaft, die die gültige Lehre vertrat. Nicht selten war – und das gilt nicht nur für das Christentum – wissenschaftliches Denken von religiösen Autoritäten bestimmt. Die Esoterik war immer verborgenes, verstecktes Wissen. Sehr häufig hatte Esoterik etwas Subversives an sich. So nimmt es nicht wunder, dass Esoteriker, allein schon um aus Selbsterhaltungstrieb den häufig extrem massiven Anfeindungen zu trotzen, esoterische Schulen formierten, in denen ihr Wissen im Verborgenen weitergereicht und gelehrt wurde. Geheime Schulen und Gesellschaften entstanden. Sie wurden aber auch gegründet, um das esoterische Wissen nur Auserwählten zugänglich machen zu können. Es sollte einer elitären Minderheit vorbehalten sein und bleiben.

Der Templerorden ist eine typische Gemeinschaft, die von Esoterikern gegründet wurde. Den wissensdurstigen Männern ging es freilich nicht vordergründig um wissenschaftliche Studien, nicht um Erlangung von Weisheit. Sie studierten geheime Texte, weil sie im Heiligen Land einen esoterischen Schatz suchen wollten. Vermutlich fanden sie ihn. Wo aber ist er geblieben?

3.1 Der Templerorden – die Suche nach einem esoterischen Schatz

Ordensgründung und Rituale

Hugo von Payens gründete 1119 in Jerusalem, zunächst diskret, eine Ordensgemeinschaft. Da der Wohnsitz der anfänglich völlig unbedeutenden Gruppe an den Salomonischen Palast grenzte, nannte sie sich auch „Arme Ritterschaft vom Salomonischen Tempel". Die offizielle Gründung erfolgte 1128. Erklärte offizielle Aufgabe der Ordensbrüder, so ließ von Payens verlautbaren, war der Schutz der frommen Europäer, die zu den Wirkungsstätten Jesu im Heiligen Land pilgern wollten. Papst Honorius II. bestätigte 1127 offiziell den Orden. 1128 gilt nach verschiedenen Chroniken auch als das eigentliche Gründungsjahr des Tempelherrenordens als religiöse Gemeinschaft.

Die Väter der Geheimgesellschaft sind der Benediktiner Bernhard von Clairvaux, Hugo von Payens und Johannes Michaelensis. Bernhard von Clairvaux (1091–1153), der eigentliche Begründer des Zisterzienserordens, wird in der katholischen Kirche als „Patron der Todesstunde" verehrt. Ihm werden zahlreiche Heilungen nachgesagt. 1174 wurde er heilig gesprochen. Hugo von Payens wurde der erste Großmeister des Ordens. Johannes Michaelensis legte die Statuten der Gesellschaft schriftlich fest.

Einmal dem Papst unterstellt, galt der Orden als endgültig anerkannt. Die „arme Ritterschaft" wurde rasch wohlhabend. Erbschaften und Schenkungen ließen schnell ein ordentliches Finanzpolster anwachsen. Geschickter Umgang mit den anvertrauten Mitteln, eifrig betriebene Finanzgeschäfte ließen den Orden in erstaunlichem Tempo anwachsen. Er gewann besonders in West- und Südwesteuropa an Bedeutung.

Das Emblem der Templer war ein Pferd, auf dem zwei Ritter, behelmt, mit Schild und Speer versehen, sitzen. Das Symbol sollte Brüderlichkeit und Armut versinnbildlichen, die Haupttugenden des Ordens. Arm war die Gemeinschaft ja schon längst nicht mehr. Aber auch das dicke Finanzpolster änderte nichts an dem brüderlichen Einvernehmen der Templer. Es wurde sehr darauf geachtet, dass der Orden immer eine verschworene Gemeinschaft blieb, deren Treffen streng geheim waren. Für Fremde absolut tabu waren besonders die feierlichen Einweihungszeremonien. Sie fanden in bewachten Stiftshäusern statt.

Zu Beginn der Feierlichkeiten stellte ein Großprior der gesamten versammelten Ritterschaft die Frage, ob der Neue aufgenommen werden sollte. Regte sich Widerspruch? Falls kein Einspruch erfolgte, musste der Novize, der aufgenommen werden wollte, seine finanzielle Situation offenbaren. Hatte er Schulden? Gab es finanzielle Verpflichtungen der Familie gegenüber? Hatte er einem anderen Herrn die Treue geschworen? Konnte er diese Fragen verneinen, waren die Grundvoraussetzungen für die Ordensaufnahme gegeben. Erst dann durfte er niederknien und darum bitten, als „Diener und Sklave" des Tempels aufgenommen zu werden. Er legte das Gelübde ab und bekam den weißen Mantel mit rotem Kreuz auf dem Schulterteil umgehängt. Er unterstand von da an keiner weltlichen Justiz mehr. Nur noch dem Ordenschef musste er Rechenschaft ablegen – und Gott.

Über das Aufnahmeritual selbst wird viel spekuliert. In einschlägiger Literatur wird immer wieder behauptet, der Aufnahmeritus sei eine Verunglimpfung des christlichen Glaubens gewesen. Angeblich musste jeder Novize zu Beginn des Rituals das Kreuz verhöhnen, den Gekreuzigten bespucken und gegen das Kreuz treten. Er musste, so heißt es weiter, Christus verleugnen und schließlich den Zeremonienleiter sowie alle anderen Ordensmitglieder küssen – nach dem „Lexikon der Esoterik" … „auf Stellen, die man sonst schamhaft zu verhüllen pflegt". Schließlich sei den Neumitgliedern die ausdrückliche Genehmigung erteilt worden, widernatürliche Unzucht zu treiben.

Es muss in starkem Maße bezweifelt werden, dass die aufgeführten Behauptungen über das Aufnahmeritual in den Templerorden auch den Tatsachen entsprechen. Die Templer selbst haben keine offiziellen Statuten hinterlassen. Einige Ordensmitglieder machten bei den Prozessen gegen die Gemeinschaft Aussagen, auch über die Riten. Diese Aussagen wurden allerdings nicht freiwillig gemacht, sie erfolgten vielmehr unter den Torturen der Folter. Vermutlich sagten die Gemarterten nur, was ihre Peiniger hören wollten. Eine Verurteilung und Zerschlagung des Ordens musste durch die Aussagen legitimiert werden.

Ritter und Kreuzzüge

1070 eroberten die türkischen Seldschuken Jerusalem. Aus Sicht der Kirche geriet damit die Heilige Stadt in den Besitz von Ungläubigen. Papst Urban II. rief daraufhin 1095 auf der Synode zu Clermont-Ferrand zum „christlichen Krieg gegen die Heiden" auf. Begeisterte Massen, die freilich alles andere als militärisch ausgebildete oder gar erfahrene Truppen waren, zogen daraufhin gen Jerusalem und wurden vernichtend geschlagen. Nord- und südfranzösische, lothringische, flämische und normannische Ritter hatten hingegen Erfolg. Unter Gottfried von Bouillon als Anführer eroberten sie 1096 bis 1099 im 1. Kreuzzug Jerusalem zurück.

Die offizielle Aufgabenstellung für die Templer lautete: Sicherung der Pilgerwege ins Heilige Land. Ein solcher Schutz war auch dringend nötig. Erreichten doch viele Pilger, die Jerusalem besuchen wollten, die Heilige Stadt gar nicht. Manche (die „glücklicheren" unter ihnen?) fanden einen raschen Tod bei Überfällen durch Sarazenen aus dem nordwestarabischen Raum. Ein schlimmes Schicksal wurde jenen zuteil, die gefangen genommen wurden. Sie kamen als Sklaven in den Handel und wurden verschleppt, sahen die Heimat nie wieder.

1129 bestand die Gemeinschaft der Templer aus 300 Mitgliedern. Idealisten wie Glücksritter, die auf eine glanzvolle Karriere hofften, vornehmlich aus Adelskreisen, strebten höhere Posten an. Männer aus dem einfachen Volk taten eifrig ihren Dienst als Waffenknechte. Nicht wenige von ihnen mögen dabei zunächst tatsächlich ideelle Zwecke verfolgt haben. Auch wenn die Heiligen Stätten wieder in christlicher Hand waren, so griffen die „Ungläubigen“ doch ständig an, mussten abgewehrt werden. Dazu sollten Krieger anrücken. Die aber brauchten Geleitschutz, um überhaupt nach Jerusalem zu kommen.

Der Papst hatte gehofft, dass sich weit mehr Krieger aus Europa an der „heiligen Sache“ beteiligen würden. Doch der Kreuzfahrergedanke stieß im christlichen Europa alles andere als auf helle Begeisterung. So fehlte den Truppen vor Ort die nötige Unterstützung, die christlichen Kämpfer mussten immer wieder herbe Niederlagen einstecken. 1146 verbuchten die „heidnischen Gegner“ große militärische Erfolge. Im gleichen Jahr gelang es Bernhard von Clairvaux, einem der Gründerväter der Ordensritter, auch die Deutschen zu begeistern. Sie schlossen sich einem Kreuzzug unter König Ludwig VII. an und wurden vernichtend geschlagen.

Inzwischen wuchs der Orden der Tempelritter, die in gleichem Maße nicht nur die Wege nach Jerusalem sicherten. Sie griffen vielmehr immer häufiger mit eigenen Truppen unmittelbar in das Kampfgeschehen ein. Zweifelsohne waren sie öfter maßgeblich an militärischen Erfolgen in Jerusalem beteiligt.

1187 eroberte Sultan Saladin allerdings Jerusalem zurück. Kaiser Friedrich I., Richard Löwenherz und König Philipp II. von Frankreich versuchten vergeblich in einem weiteren Kreuzzug (1189–1192), den Europäern wieder zum Sieg zu verhelfen. Gewiss, sie konnten einige Teilsiege erringen, Jerusalem aber nicht aus Feindeshand befreien. Wieder wurden Truppen in die Schlacht geworfen – 1202–1204, vergeblich.

Den militärischen Irrsinn, aber auch den Missbrauch religiöser Begeisterung verdeutlicht der so genannte Kinderkreuzzug. 1212 marschierten französische und deutsche Kinder los. Sie kamen, von eigentlich nur als verrückt zu bezeichnenden religiösen Fanatikern gehetzt, zu Tausenden bis nach Genua und Mailand. Wie viele von ihnen schon während des Gewaltmarsches elendig umkamen, darüber gibt es keine Aufzeichnungen. Am Meer angekommen, erlebten die religiös Verblendeten eine herbe Enttäuschung. Gott stand ihnen nicht bei. Es wiederholte sich nicht das biblische Wunder der Teilung des Meeres. Sie konnten nicht trockenen Fußes nach Jerusalem gehen. Zwielichtige Gesellen mit eindeutig kriminellen Interessen boten rasche Hilfe an und organisierten Schiffe. Vermutlich sprachen sie sich gleich mit Sklavenhändlern ab. Denn kein Kind erreichte je Jerusalem. Die Verblendeten wurden als Sklaven verkauft.

Was blutiges Gemetzel nicht erreichen konnte, das gelang Friedrich II. anno 1229. Nach teilweise zähen Verhandlungen mit Sultan al-Kamil ging Jerusalem in christlichen Besitz über: immerhin bis 1244. Dann obsiegten wieder die „Heiden".

Machtpolitik

Im 12. Jahrhundert sahen sich kirchliche Autoritäten in zunehmendem Maße wachsender Kritik ausgesetzt. Die Bevölkerung beobachtete teils mit Argwohn, teils mit Abscheu, dass nicht wenige Kleriker in Reichtum schwelgten und sich einem Luxusleben hingaben, das zum oftmals ärmlichen Leben der sonstigen Bevölkerung in krassem Widerspruch stand. Die Kleriker, dieser Eindruck entstand, predigten ihren Schäflein Wasser und tranken selbst Wein.

Der Ritterstand hatte einen mehr als schlechten Ruf. Die weltliche wie die kirchliche Obrigkeit wussten beide nicht so recht, welche Gesinnung die kampferprobten Männer hatten. Waren sie überhaupt einem bestimmten Lager zuzuordnen? Konnte sich die Obrigkeit auf sie verlassen? Bernhard von Clairvaux hatte da erhebliche Zweifel. 1095 äußerte er sich abfällig, bezeichnete die Ritter als „ungläubige Schurken, blasphemische Plünderer, Mörder, Eidbrüchige und Ehebrecher". Zweifelsohne gab es da ein gefährliches, unkalkulierbares Gewaltpotenzial. Die Mächtigen des 11. und 12. Jahrhunderts spielten verschiedene Szenarien durch.

Was würde geschehen, wenn es zu einem Aufstand kommen sollte? Wenn sich die Bevölkerung gegen Klerus und Staat erheben würde? Und wenn dann gar die Ritter aus kaltem Gewinnstreben den Aufstand unterstützen würden?

Es gab nur eine praktikable Lösung: Die Ritter mussten eine Aufgabe erhalten, die geeignet war, ihre Kräfte zu binden. Dazu eigneten sich die Kreuzzüge in idealer Weise. Die gefürchteten Haudegen sollten zusätzlich noch so organisiert werden, dass sie auch gut kontrolliert werden konnten. Da bot sich ein Orden an. Freilich musste eine Ausnahmeregelung geschaffen werden: Während sonst Ordensbruderschaften ein striktes Verbot, Waffen zu tragen, auferlegt wurden, sollte es Hauptmerkmal der Tempelritter sein, dass sie bewehrt waren. Damit nicht genug: Obwohl Mitglieder eines christlichen Ordens, bekamen die Templer die Lizenz zum Töten. Sie erhielten den zweifelhaften Ehrentitel „Scharfrichter Christi“ und waren als solche von der Sünde des Tötens freigesprochen.

Papst Innozenz II. (Pontifikat 1130–1143) plante gezielt die finanzielle Ausstattung des Ordens. Er sorgte dafür, dass er großzügige finanzielle Zuwendungen erhielt. Eugen III. (1145–1153) führte eine Art steuerliche Abschreibungsmöglichkeit ein. Er ordnete an: Wer den Templern etwas spendete, dem wurde die „Kirchenbuße“, eine Vorform der Kirchensteuer, um ein Siebtel gesenkt. Papst Hadrian IV. (1154–1159) befreite die Tempelritter von der „Abgabe des Zehnten“ und von Zöllen. Alexander III. (1159–1181) schließlich verkündete, alle Güter des Ordens stünden von nun an bis in alle Ewigkeit unter dem Schutz des Vatikan. Innozenz III. (1198–1216) verlieh ihnen Immunität: Kein Angehöriger des Ordens durfte mehr exkommuniziert werden. Innozenz IV. (1243–1254) befreite sie von der Pflicht, sich gegenüber Bischöfen zu rechtfertigen. Templer unterstanden nur noch dem Ordensgroßmeister. Und der konnte nur vom Papst selbst zur Rechenschaft gezogen werden.

Die Templer organisierten ihre Gemeinschaft perfekt. Stets hatten sie dabei im Sinn, wie möglichst geschickt Macht und Reichtum des Ordens wuchsen. Es wurde viel Geld verdient. Und das auf eine Weise, die mit einer kirchlichen Ordensgemeinschaft herzlich wenig zu tun hatte. Die Templer verfügten bald über üppige Ländereien, die untereinander durch gute Straßen verbunden waren. Auf diesen Wegen gewährten die Templer reisenden Händlern und Kaufleuten Schutz: gegen Bezahlung, natürlich.

Die Templer erwiesen sich zudem als gewiefte Finanzexperten. Bisher brachten Handelsgeschäfte, die von Händlern aus weit voneinander gelegenen Gebieten getätigt wurden, erhebliche Risiken mit sich. Kaufleute mussten oft mit erheblichen Mengen Bargelds unterwegs sein. Wenn der Handelsmann aus dem Gebirge direkt von einem Handelsschiff im Hafen Ware kaufen wollte, dann musste er bar bezahlen. Das wussten natürlich auch die straff organisierten Räuberbanden, die reisende Händler gern überfielen und ihnen die mitgeführten Säcke voller Münzgeld abnahmen. Die Templer führten den bargeldlosen Verkehr ein. Jetzt konnte der Handelsmann im Gebirge gegen Bargeld bei den Templern einen Wechselbrief kaufen. In der Hafenstadt wiederum löste er den Brief wieder gegen Bargeld ein und konnte so die Ware, die er benötigte, bar bezahlen.

Bald genossen die Templer einen ausgezeichneten Ruf als erfahrene Geldexperten. Lag es da nicht nahe, ihnen Geld anzuvertrauen, damit es sich mehrte? Templer wurden also Banker. Und zwar mit exzellentem Ruf. Selbst das französische Königshaus baute auf das Geschick des Ordens und vertraute ihm seinen Goldschatz an. Der Orden arbeitete mit dem Geld. Er betrieb Kreditgeschäfte, kassierte Zinsen. Immer mehr Geld sammelte sich an. Es floss zurück in neue Geschäfte, wurde aber auch in Immobilien angelegt. Riesige Ländereien wurden gekauft.

Im 12. Jahrhundert wurde der Templerorden gegründet: als das Resultat klug durchdachter Machtpolitik. Die Kirche konnte zufrieden sein. Ein gefährliches Potenzial eines militanten Gegners war gebannt. Die Tempelritter dachten nun bestimmt nicht mehr daran, sich auf die Seite von Aufwieglern zu schlagen und gegen die Kirche zu kämpfen. Die Templer akzeptierten, was man ihnen an Unterstützung bot und bauten eine mächtige Organisation auf, die so etwas wie ein eigener Staat im Staate wurde. Übersehen wird bei dieser historisch korrekten Erklärung des Templer-Phänomens freilich die verborgene, die esoterische Seite.

Esoterische Schatzsuche

Hugo de Payens, der Gründer des Templerordens, nahm als Sechzehnjähriger am ersten Kreuzzug unter Gottfried de Bouillon teil. Hugo de Payens war mit dabei, als Jerusalem am 14. Juli 1099 von den Christen zurückerobert wurde. Frater ML., der einer auch noch zu Beginn des dritten Jahrtausends weithin im Verborgen arbeitenden esoterischen Bruderschaft angehört, enthüllte dem Verfasser signifikante Dokumente. Angeblich wurden sie Ende des 18. Jahrhunderts im Archiv des „Ordens der strikten Observanz“ entdeckt. Sie sollen bis dahin nur dem „Unbekannten Oberen“ des Ordens zugänglich gewesen sein. Bekanntlich behauptete Ende des 18. Jahrhunderts der Großgrundbesitzer Karl Gotthelf von Hund (1722–1776), in der Nachfolge der Templer zu stehen.

Aus den Dokumenten geht hervor, dass Hugo de Payens als Sechzehnjähriger in Jerusalem eine ungeheuerliche Entdeckung machte. Was er auch gefunden haben mag, von nun an war de Payens von Jerusalem fasziniert. Obwohl dies stets nur unter Lebensgefahr möglich war, kehrte er immer wieder ins Heilige Land zurück. So wurde er in jungen Jahren Offizier im Dienst des Grafen Hugo de Champagne. Auch mit diesem seinem Vorgesetzten reiste er nach Jerusalem. Nach den Dokumenten von Frater ML. kamen sie zur Überzeugung, dass der „Schatz der Erkenntnis“ nicht so ohne weiteres geborgen werden könne. Hastig begaben sich beide wieder nach Frankreich. Hugo de Champagne kontaktierte Abt Etienne Harding, einen führenden Esoteriker jener Zeit. Vor allem verstand es Etienne Harding perfekt, alte verschlüsselte hebräische Texte zu lesen. Es galt dabei freilich nicht in erster Linie, ihre vordergründig vermittelten Botschaften zu studieren. Das Interesse der wissbegierigen Forscher galt dem esoterischen Inhalt, der sich hinter den Worten versteckte.

Etienne Harding studierte intensiv kabbalistisch-esoterische Geheimtexte, die offenbar von Hugo de Payens aus Jerusalem mitgebracht worden waren. Das Material muss sehr umfangreich gewesen sein. So zog Etienne Harding bald Experten aus dem Zisterzienserorden hinzu. Offenbar traten unüberwindbar scheinende Schwierigkeiten auf. Anscheinend sahen sich die Experten nicht dazu in der Lage, die Probleme zu lösen. Sie wagten einen für ihre Zeit höchst ungewöhnlichen Schritt und wandten sich an die Kabbalaschule des Rabbiners Rashi in Troyes. Es ergab sich wohl eine intensive Zusammenarbeit. Hugo de Champagne suchte jedenfalls wiederholt den Rabbi auf. Stets führte er dabei geheime verschlüsselte esoterische Texte mit sich. Die ungewöhnliche Zusammenarbeit muss konkrete Resultate erbracht haben. 1114 eilte Hugo de Champagne wieder nach Jerusalem. Nach den Dokumenten von Frater ML. hatten Übersetzungen verschlüsselter Texte Hinweise auf die Verstecke weiterer geheimer Texte ergeben, die de Champagne auch tatsächlich in Jerusalem gefunden haben soll. Nach seiner Rückkehr folgten wieder

Expertenzusammenkünfte, wurden wieder kabbalistisch-esoterische Texte entschlüsselt.

Offenbar stand eine wichtige Entdeckung bevor. 1119 machte sich eine Delegation nach Jerusalem auf: Hugo de Payens, Gottfried von St. Omer, André von Montbard, Payens von Montdidier, Archenbald von St. Amand, Gottfried Bisol und die Zisterziensermönche Gundemar und Konrak. In Jerusalem sprachen sie beim Patriarchen vor. Das zusammengewürfelte Häuflein von esoterischen Schriftexperten, so heißt es, soll damals beschlossen haben, eine Laienbruderschaft zu bilden: den Templerorden, der bald darauf offiziell gegründet wurde. Zweifelsohne konnten die Herren dem Patriarchen Interessantes mitteilen, denn schon wenige Stunden später erhielten sie Audienz beim König von Jerusalem, bei Balduin II., der den Männern umgehend Wohnraum zur Verfügung stellte. Die Männer zogen auch sofort ein und belegten den Großteil des königlichen Palastes mit Beschlag. Nie zuvor waren sie ihrem Ziel so nahe, logierten sie doch direkt über den Ruinen des ehemaligen salomonischen Tempels.

Acht Jahre lang betrieben die Männer intensive Studien in Jerusalem. Esoterischen Überlieferungen zufolge folgten umfangreichen Textstudien archäologische Ausgrabungen. Unterirdische Gänge wurden entdeckt – und mehr? 1125 tauchte Hugo von Champagne ebenfalls in Jerusalem auf. Acht Jahre, in denen blutiger Krieg im Heiligen Land ausgefochten wurde, betrieben die Templer Forschungsarbeit. Sie beteiligten sich an keinem einzigen Kampf. Sie vernachlässigten ihre „eigentliche Aufgabe" vollkommen und sie suchten ausschließlich nach einem esoterischen Schatz von unvorstellbarem Wert.

Wo sie genau gruben? Das kann heute nur noch zum Teil rekonstruiert werden. Wir wissen, dass sie die alten Pferdeställe im Tempelkomplex mühevoll ausgegraben haben. Ebenso, dass sie vom Tempel aus per Pferd einen weiteren heiligen Ort aufsuchten. Wo der lag, das ist so unbekannt wie das, was sie dort suchten.

Triumph und Tod

1127 kehrte André von Montbared zusammen mit Gundemar zurück nach Frankreich. In Clairvaux suchten sie Bernhard von Clairvaux auf. Und der schrieb sofort an den König von Frankreich, an den Papst und an die Ritter im Heiligen Land. Die kehrten alle bis auf einen, kaum dass sie den Brief erhalten hatten, nach Frankreich zurück. In Troyes wurde eilig ein Konzil einberufen, der Orden der Tempelherrn nun auch offiziell gegründet. Kurios mutet ein Satz in der Präambel zur Ordensregel an. Da heißt es: „Mit Gottes und mit unserer und mit unseres Retters Jesu Christi Hilfe ist das Werk vollendet worden."

Welches Werk ist da gemeint? Die Entdeckung des esoterischen Schatzes im Heiligen Land?

Louis Charpentier, ein französicher Schriftsteller, bejaht diese Vermutung. „Es gibt nur eine Erklärung für dieses Verhalten: Die neun Ritter sind nicht nur gekommen, um die Pilger zu schützen, sondern auch um etwas besonders Wichtiges zu finden, zu schützen und mitzunehmen, etwas besonders Heiliges, das sich im Tempel Salomons befindet: die Bundeslade."

Die Dokumente von Frater ML., angeblich Ende des 18. Jahrhunderts im Archiv des „Ordens der strikten Observanz" entdeckt, besagen: Der Templerorden wurde ausschließlich zum Zweck der Suche nach dem „esoterischen Schatz" gegründet. Geschickt nutzten einige Esoteriker damals die machtpolitische Situation für ihre esoterisch motivierte Suche aus. Sie gründeten einen Orden, weil sie auf sich allein gestellt niemals dazu in der Lage gewesen wären, den Schatz im Heiligen Land zu finden, ganz zu schweigen davon, ihn zu bergen und nach Europa zu schaffen. Ist ihnen das gelungen? Die Dokumente von Frater ML. legen den Schluss nahe, dass das angestrebte Ergebnis auch tatsächlich erreicht wurde.

Worin bestand der esoterische Schatz?

Die mächtige Führungsspitze der Templer mag den lang ersehnten Triumph genossen haben. Doch begann damit gleichzeitig auch der unaufhaltsame Absturz in Tod und Verderben. Am 7. Mai 1274 sollte auf dem Konzil zu Lyon eine allmähliche Entmachtung der Templer entschieden werden. König Jakob von Aragon freilich widersetzte sich diesem Plan. Am 16. Juni 1291 verkündete Papst Nikolaus IV., nur eine Vereinigung der Orden der Templer und der Johanniter könne dem Heiligen Land Schutz gewähren vor der drohenden Gefahr durch muselmanische Armeen. Jacques de Molay, Templergroßmeister, lehnte eine solche Zusammenarbeit ab. Papst Clemens V., Nachfolger Nikolaus IV., versuchte weiter, den gefürchteten Orden in seiner Machtfülle zu beschneiden. Hoffte er so die totale Vernichtung abwenden zu können?

Noch gab es mächtige Freunde der Templer, die sich für einen Erhalt des Ordens einsetzten. Die Gegner der Gemeinschaft sammelten heimlich belastendes Material. „Zeugen" wurden gehört. Dabei handelte es sich um Männer, die aus dem Orden verstoßen worden waren. Gern bestätigten sie, was man von ihnen hören wollte: dass Templern unchristliches und unsittliches Treiben vorgeworfen werden müsse. Am 24. August 1307 teilte der König von Frankreich, Philipp der Schöne, dem Papst mit, er habe eine „Untersuchung" eingeleitet. Ihm ging es freilich dabei allenfalls nur vordergründig um Gerüchte, nach denen die Templer sich gotteslästerlich verhielten. Der enorme Reichtum faszinierte den Regenten. Er wollte sich ihren Schatz aneignen. Auch das esoterische Geheimnis?

Das Ende der Templer wurde in der Nacht vom 12. auf den 13. Oktober 1307 eingeleitet. Sämtliche Angehörige des Ordens wurden in Frankreich verhaftet. Offensichtlich verfuhr man dabei nach einem sorgsam vorbereiteten Plan. Erste „Geständnisse" wurden abgelegt, Gotteslästerungen zugegeben. Wenige Tage später, am 16. Oktober, forderte Philipp alle Königs- und Fürstenhäuser Europas auf, ebenfalls alle bekannten Templer hinter Schloss und Riegel zu bringen. Papst Clemens V. setzte sich zunächst, allerdings eher zögerlich, für den Orden ein. Philipp solle doch die Gefangenen ausliefern und die beschlagnahmten Vermögen herausrücken. Der reagierte überhaupt nicht auf diesen Vorschlag. Offenbar sah das Kirchenoberhaupt keine Möglichkeit, den Templern zu helfen. Er schloss sich als Realpolitiker Philipp an. In einer Bulle, die er am 22. November 1307 erließ, ordnete er an, sämtliche Fürsten Europas sollten Philipps Beispiel folgen.

Das Schicksal der Templer war besiegelt. Auch Jacques de Molay wurde gefoltert. Vergeblich berief er sich auf die Zusage von Papst Innozenz IV, Templer schuldeten nur dem Papst selbst Rechtfertigung. Kurz wurden die Folterungen unterbrochen, bald aber fortgesetzt. Am 26. Mai 1311 wurden die Verhöre und Verhandlungen für abgeschlossen erklärt. Am 22. März 1312 wurde der Templerorden aufgelöst. Am 11. März 1314 wurden Jacques de Molay und Gottfried von Charney vor dem Eingang von Notre Dame in Paris zu lebenslanger Haft „begnadigt". Mutig widerriefen sie ihre durch Folter abgepressten Geständnisse. Umgehend wurden sie zum Tode verurteilt und noch am Abend bei lebendigem Leibe verbrannt.

Die Geschichte der Templer endet mit Folter und Tod. Protokolle belegen, mit welch sadistischer Grausamkeit unzählige Templer zu Tode gepeinigt wurden. Nicht einer aber verriet, wo sich jener geheimnisvolle Schatz der Templer befand.

Im Jahr 1809 förderten französische Esoteriker, die Napoleons Truppen begleitet hatten, nach der Eroberung von Rom Akten über den Prozess gegen die Templer zutage. Nach Aussage des Templers Jean de Chalons aus Nemours in der Diözese Troyes, die protokolliert worden ist, gelang es den Templern, ihren Schatz rechtzeitig in Sicherheit zu bringen: „Ich habe am Abend vor der Razzia, am Donnerstag, den 12. Oktober 1307, selbst drei mit Stroh beladene Wagen gesehen, die kurz nach Einbruch der Nacht den Tempel von Paris verließen, und Gérard de Villers und Hugo de Chalons, die dazu fünfzig Pferde führten. Auf den Wagen waren Truhen verborgen, die den gesamten Schatz des Generalvisitators Hugo de Pairaud enthielten. Sie nahmen Richtung auf die Küste, wo sie an Bord von achtzehn Schiffen des Ordens ins Ausland gebracht werden sollten."

Wohin? Darüber kann man heute nur noch spekulieren. Eine heiße Spur führt nach Mexiko.

Flohen Templer mit dem Schatz des Ordens nach Mexiko?

Zu Beginn des 17. Jahrhunderts verfasste ein indianischer Chronist mit dem komplizierten Namen Francisco de San Antón Munon Chimpalpàhin Chuauhtlehuanitzin ein umfangreiches Werk, betitelt „Nonohualca Teolixca Tlacochcacla". Es handelte sich dabei um eine Geschichte des mexikanischen Volkes und der indianischen Vorfahren. Darin kommt ein geheimnisvoller Stamm vor: die Tlapallán Nonohualco. Der für unsere Ohren mehr als kompliziert klingende Name des Stamms lässt sich übersetzen: „Soldaten, die von jenseits des östlichen Meeres kamen, von Gott gesandt". Ein weiterer Name des geheimnisvollen Volksstamms – Tecplantlaca – lässt sich ebenfalls übertragen. Er bedeutet soviel wie „Leute vom Haus des Herrn" oder „Leute vom Tempel".

Gelang es also einigen Templern tatsächlich, ihren Schatz vor ihren gierigen Feinden in Sicherheit zu bringen? Nach Mexiko? Folgt man den Aufzeichnungen des Chronisten Francisco de San Antón

Munon Chimpalpàhin Chuauhtlehuanitzin, dann verliert sich die Spur der „Leute vom Tempel“ bei Yucatan.

3.2 Katharer – noch ein esoterischer Schatz

Vorläufer

Bereits im dritten Jahrhundert nach Christus erfreute sich die Sekte der Manichäer großer Beliebtheit. Mani (215–276 n. Chr.), Sohn eines vornehmen Persers, lehrte eine dualistische Wirklichkeit. Dem guten Lichtreich auf der einen Seite steht seiner Ansicht nach das böse Reich der Finsternis gegenüber. Materie ist böse, gut ist die Lichtseele des Menschen. Gott und Teufel sind bei Mani gleichwertig, sie stehen auf der gleichen Stufe. Gott ist von lichtvollen Geistern, der Teufel von bösen Dämonenscharen umgeben. Der Geist des Menschen ist gut. Der Teufel hat sie in eine materielle, also böse Hülle eingesperrt. Im Kerker Mensch haust aber auch noch eine böse, dunkle Leibseele. Beide streben Erlösung an. Nach Mani, wegen seiner ketzerischen Lehre 276 hingerichtet, ist dies nur möglich, wenn es dem Menschen gelingt, die materielle Welt zu überwinden.

Um rein zu werden, lehrte Mani, galt es sich des Irdischen zu enthalten: Auf Fleisch- und Alkoholgenuss müsse ebenso verzichtet werden wie auf körperliche Arbeit und Sexualität. Wer dies im irdischen Leben schafft, dessen Seele gelangt dann nach dem Tod ins Lichtreich, der Körper hingegen stürzt in die Hölle.

Mani unterschied zwischen drei Klassen:

- Die Manichäer, die vollkommenen Gerechten, sind die Auserwählten, deren Seele ins Licht gelangt. Jegliches Licht wird von Sonne und Mond aus dem toten Leib gesogen, dann stürzt die leere Hülle in die Finsternis.
- Die Zuhörer vernehmen von den Manichäern zwar die wahre Lehre, haben aber nicht die Kraft, um sich von der Materie zu lösen. Ihre Aufgabe ist es, die Manichäer zu Lebzeiten mit materiellen Gütern zu versorgen. Sie selbst sollen stets versuchen, in der irdischen Welt, von der sie nie ganz lassen können, so wenig wie möglich heimisch zu werden. Nach dem leiblichen Tod müssen ihre

Seelen voller Angst ziellos umherirren. Dann werden sie in einem Reinigungsprozess geläutert.

- Am schlechtesten ergeht es den Nicht-Manichäern. Nach dem Tod werden sie von satanischen Mächten gehetzt, bevor sie schließlich für immer in den Höllenschlund eingehen, wo ewige Qualen auf sie warten.

Manis „Wiedergeburt“

296 wurde der Manichäismus von Kaiser Diokletian im römischen Reich verboten. Manis Glaubensgut wurde aber noch weiter überliefert. In Mittel- und Ostasien soll es bis ins 14. Jahrhundert manichäische Gruppen gegeben haben. Im 11. Jahrhundert erlebte Mani eine „Wiedergeburt“. Die Katharer verbreiteten ganz ähnliches Gedankengut wie Mani. Das verdeutlicht schon der Name der esoterischen Gemeinschaft: Der Terminus Katharer stammt aus dem Griechischen und lässt sich mit „Reine“ übersetzen.

Historisch gesehen gehen die Katharer auf die Bogumilen zurück, die im 11. Jahrhundert Bosnien, Dalmatien, Oberitalien, Deutschland, England, Spanien, Holland und Frankreich missionierten. Schon 1119 verurteilte die Kirche das Gedankengut der Katharer auf dem Konzil von Toulouse als ketzerisch. Offensichtlich erfreute sich die stark esoterisch orientierte Gesellschaft großer Sympathien in breiten Schichten der Bevölkerung. So setzte die Kirche zunächst auf einen massiven Einsatz der besten Theologen, die predigend speziell durch jene Regionen zogen, in denen die Katharer besonders starken Zulauf verbuchen konnten. Später aber gab es regelrecht Krieg gegen die „Reinen“. Und statt auf feurige Predigten setzte dann die Kirche auf brennende Scheiterhaufen.

Wie die Anhänger Manis unterschieden die Katharer zwischen den „Vollkommenen“ und den „Gläubigen“. Erstere lebten vegetarisch, besaßen nichts und verzichteten auf Sex. Die Gläubigen lebten mehr in der Welt und sorgten für die materielle Seite im Leben der Reinen. Die freilich glaubten besonders riskant zu leben. Den „Gläubigen“ wurde die Möglichkeit eingeräumt, noch kurz vor dem Tod wahrer Manichäer zu werden und so Erlösung zu finden. Wer länger fern der Materie lebte, der musste sich unbedingt davor hüten, sich „zu beschmutzen“. Einmaliger Verzehr von Fleisch etwa genügte, auch ein intimer „Ausrutscher“. Schon waren alle Chancen vertan. Nach dem

Tod folgte die Wiedergeburt als primitives Tier, ohne die geringste Möglichkeit, sich wieder vom bösen Irdischen abzuwenden und rein zu werden. Das Tier freilich kann sich nach Überzeugung der Katharer nur im Schmutz suhlen und wird zwangsläufig immer wieder als Tier geboren. Dabei kehrt es in widerlicheren, schrecklicheren Formen auf diese unsere Erde zurück.

Fast kurios mutet die so genannte „Endura“ an: So mancher aus der Gruppe der „Gläubigen“ fühlte sich dem strengen Leben der Reinen nicht gewachsen. So wartete er möglichst lange, führte ein ganz normales Leben und bat erst dann um Aufnahme in die Gemeinschaft, wenn sich des Lebens Ende abzuzeichnen schien. Einmal Katharer, hungerten sich nicht wenige der Spätbekenner zu Tode, um nicht mehr rückfällig zu werden, also um nicht wieder der bösen Materie anheimzufallen. Die Endura mag auch zwangsweise verordnet worden sein. Ein Gläubiger mag krank geworden sein, wähnte sich schon auf dem Sterbelager. Er wurde in den Kreis der Reinen aufgenommen. Darin genas der Arme aber wieder. Wenn er seine Erlösung nicht aufs Spiel setzen wollte, gab es nur einen Ausweg: Er musste sterben. Der Hungertod wurde als idealer Abgang betrachtet, weil er doch unmittelbare Folge des Sich-Loslösens von der Materie war.

Einer der Hauptgründe, warum die Katharer von der Kirche attackiert wurden, war ihre Lehre von den zwei Christuswesen. Da war der eine, der einst im Heiligen Land lebte und gekreuzigt wurde. Dieser irdische Christus wurde keineswegs nur positiv gesehen. Nach Katharer-Überzeugung war er sündig geworden, weil er mit Maria Magdalena in wilder Ehe lebte und mehrere Kinder zeugte. Somit war er der bösen Materie verfallen. Weil er so Schuld auf sich geladen hatte, sei er auch zu Recht gekreuzigt worden. Gekreuzigt wurde auch der zweite, der positive Christus. Man muss sich ihn nach Katharerlehre als unsichtbares Geistwesen vorstellen, das keinerlei irdische Bedürfnisse hat. Auch dieser zweite Christus wurde gekreuzigt. Unklar bleibt, wie dies geschehen sein soll. Vermutlich gab es unterschiedliche Sekten bei den Katharern, die in einigen Glaubenslehren voneinander abwichen. So war es auch Katharer-Glaubensgut, dass nur der irdische Christus auf Erden, der geistige aber im Himmel gekreuzigt wurde. Oder Christus und Satan wurden als Pendants angesehen. Im 11. Jahrhundert muss das als blasphemisch gewertet worden sein. Christus war der abgefallene, verunreinigte Gottessohn, der schmachvoll am Kreuz verendete. Satan hingegen war der „bessere", „positivere", dessen ätherischer Leib in himmlischen Sphären gekreuzigt wurde.

Der Schatz der Katharer

Der Esoterikexperte Frater ML., Angehöriger eines selbst Kennern der Esoterikszene kaum bekannten geheimen Ordens, stellte dem Verfasser ein Traktat zur Verfügung, das sich mit dem „Schatz der Katharer" auseinandersetzt. Mit seiner Genehmigung darf ich daraus zitieren: „Es gab auch bei den Katharern, wie bei den Anhängern Manis rund tausend Jahre zuvor, drei Gruppen: die Reinen, die Gläubigen und die Verdammten. Bei den Reinen muss man wiederum unterscheiden: zwischen den Ritualisierern und den Wahrhaft Wissenden. Die Ritualisierer kasteiten den Leib, verzichteten auf alles, was für andere Menschen das Leben erst lebenswert machte. Sie erstarrten in der konsequenten Befolgung von Ordensvorschriften, mochten sie auch noch so lebenszerstörerisch sein. Die Wahrhaft Wissenden freilich schulten den Geist durch Verzicht auf ablenkende Genüsse. Sie gelangten so in höhere Bewusstseinsebenen, die der Normalsterbliche sich nicht einmal ansatzweise vorstellen kann. Sie glichen einem Bergsteiger, der unter enormen Anstrengungen den höchsten Gipfel eines riesigen Gebirges erklommen hat. Er hat den Dunstkreis aller übrigen Menschen verlassen, die tief unter ihm zurückgeblieben sind. Die Menschen in den Niederungen mögen allenfalls erahnen, dass es hoch über ihnen Sterne gibt. Der Wahrhaft Wissende aber sieht sie in der Kälte der Nacht auf dem eisigen Gipfel des Berges in ihrer wahren, leuchtenden Pracht."

Frater ML. ist zur Überzeugung gekommen, dass einige wenige Wahrhaft Wissende, die geistige Elite der Katharer, das Geheimnis des Lebens erkannt haben. Dieses Mysterium sei verschlüsselt als der Heilige Gral bezeichnet worden. Frater ML. in seinem Traktat: „Es geht bei dem Schatz der Katharer um das Ewige Leben."

Esoterisch-mystischer Überlieferung zufolge handelt es sich beim Heiligen Gral um jenen Becher, aus dem Jesus beim letzten Abendmahl trank. Josef von Arimathea soll darin das Blut des Gekreuzigten aufgefangen haben. Frater ML. sieht in derlei Erklärungen „esoterische Umschreibungen". Er behauptet in seinem Traktat: „Es geht um das Geheimnis des Ewigen Lebens, um den Übergang des Erdgebundenen in höhere Sphären. Es geht um die Umwandlung von zeitlich begrenzt existierender Materie in unendlich fortwährende Energie. Jesus verwandelte sich vom Leiblichen in Energie, als er auferstand. Wenn vom Heiligen Gral die Rede ist, dann ist damit das Geheimnis der Umwandlung, der wahren Transformation gemeint."

Anfang der dreißiger Jahre des 20. Jahrhunderts nach Christus versuchte Otto Rahn das Geheimnis des Grals zu lüften. Er recherchierte intensiv – in alten Historienbüchern, aber auch vor Ort. Und er kam zur Überzeugung, jenen Ort gefunden zu haben, an dem die Katharer das Geheimnis der Geheimnisse bewahrt hatten. Wo soll die mysteriöse Stätte gewesen sein? In der Region des Languedoc im Süden Frankreichs nahe bei den Pyrenäen. Hier trotzt eine alte Burgruine auch heute noch dem oft stürmisch-schlechten Wetter. Sie thront auf einem wahrhaft imposanten Felsblock, wirkt eher wie ein zu Stein gewordenes Adlernest als ein von Menschenhand errichtetes Bauwerk. Der Zahn der Zeit hat im Verlauf der Jahrhunderte an dem mysteriösen Bau genagt, und doch versteht man auch heute noch, warum er Montségur genannt wurde.

Der Begriff leitet sich von „Mont Sur" ab: sicherer Berg. Und sicher fühlten sich in ihrer Festung die Katharer. Hier meinten sie unerreichbar für die Inquisition zu sein. Hier hielten sie die wichtigen Rituale ihres Geheimordens ab, die niemals Uneingeweihten anvertraut wurden. Sie sind uns daher unbekannt geblieben. Hier soll einst ihr Geheimnis versteckt gewesen sein. Was für ein Geheimnis? Ein Hirte erzählte Otto Rahn eine Geschichte, die damals in der einheimischen Bevölkerung in den Dörfern um den Katharerberg für wahr gehalten wurde. Kann man ihr glauben? Darin hieß es: „Als Montségurs Mauern noch standen, hüteten in ihnen die Reinen den Heiligen Gral. Die Burg war in Gefahr. Luzifers Heerscharen lagen vor ihren Mauern. Den Gral wollten sie haben."

Mit „Luzifers Heerscharen" waren höchst irdische Mächte gemeint: Soldaten aus Fleisch und Blut, die anno 1244 den Berg von Montségur belagerten. Die auf reiche Beute hoffenden Söldner wurden von ihren Offizieren, päpstlichen Vasallen, zu höchster Eile angespornt. Sie befürchteten, dass der deutsche Kaiser Friedrich II. vielleicht schon mit einem Heer unterwegs war, um den belagerten Katharern zur Seite zu stehen. Mit einem gut ausgerüsteten Heer würde man es nicht aufnehmen können. Also musste die Katharerburg vorher fallen. Da dies mit normalen militärischen Mitteln nicht möglich zu sein schien, suchte man einen Verräter, der sich auch fand und den Belagerern einen Geheimweg zeigte. Am 1. März 1244 standen die „Heerscharen Luzifers" unmittelbar vor ihrem Ziel … dicht vor der Burg. Heimtückisch wurde die Wache ermordet. Trotzdem war der Weg in die massiv verteidigte Anlage nicht möglich. Ein Angebot wurde den Katharern unterbreitet: Wer innerhalb von zwei Wochen freiwillig die Festung verließ und reumütig dem Katharerglauben abschwor, der durfte frei abziehen. Wer aber halsstarrig das großzügige Angebot ablehnte, der würde mit dem Tode bestraft und bei lebendigem Leibe auf dem Scheiterhaufen verbrannt.

Vorsorglich hatte man schon gewaltige Berge von trockenem Holz angehäuft. Würde man wirklich die reumütigen Feinde ziehen lassen, wenn sie sich ergaben und ihren „ketzerischen Glauben" aufgaben? Daran muss gezweifelt werden. Freilich lotete niemand das hoch und heilig gegebene Versprechen aus.

Tod und Sieg

Niemand nahm das Angebot der päpstlichen Truppen an. Alle Katharer wollten lieber sterben, als dass sie ihrem Glauben abgeschworen hätten. Wie aber war mit dem Geheimnis der Geheimnisse zu verfahren? In die Hände der Feinde durfte es nicht fallen. Sollte man es da nicht lieber vernichten? Aber wenn man es zerstörte, dann ging es für immer verloren. Es sollte aber auch in Zukunft wahrhaft Würdigen zugänglich sein.

In der Nacht vom 15. März auf den 16. März 1244, nur wenige Stunden vor Ablauf des Ultimatums, war es vier Reinen gelungen, die Burg trotz der Belagerung zu verlassen. Zur Tarnung hatten sich die Männer in dunkle Wolltücher gehüllt. Wie auch immer sie das anstellten: Sie durchbrachen den Kessel der Belagerer. Einer alten Überlieferung zufolge retteten sie nicht nur ihr Leben. Frater ML. in seiner Abhandlung: „Keiner der Katharer scheute den Tod. Es galt aber, das Geheimnis der Geheimnisse zu retten: den Heiligen Gral, das Wissen um das Ewige Leben."

Für die Katharer war das irdische Leben ein Gefängnis für die göttliche Seele, die nur darauf wartete, sich von der sterblichen Hülle zu lösen und ins Licht emporsteigen zu können. Kaum waren die vier Reinen mit dem Geheimnis entkommen, da verließen die übrigen

Katharer ihre Burg. Was für die wartenden Kriegsknechte als Niederlage für die Feinde gedacht war, die Katharer zelebrierten den Tod als Sieg. Lachend und singend seien sie in die Flammen gesprungen. Sie selbst hätten die Scheiterhaufen erklommen, so als ob sie nicht früh genug unsere irdische Ebene verlassen konnten.

Frater ML.: „Der Sieg der Katharer war nach ihrer Überzeugung ein doppelter. Zuvorderst: Der Schatz der Katharer konnte gerettet werden. Zum Zweiten: Nach Rettung des Schatzes starben die Belagerten den Feuertod. Ihre leibliche Hülle verbrannte, die ewige Seele wurde erlöst."

Wenn dem so sein sollte: Was geschah mit dem Schatz der Katharer? Wohin wurde er gebracht? Woraus bestand er? Und wie soll das Geheimnis der Geheimnisse ausgesehen haben? Es gibt keinen glaubhaften Hinweis, der ein Weiterbestehen der Katharer als Gemeinschaft auch nur nahelegt. Wurde ihr Geheimnis irgendwann irgendwo versteckt? Wie soll man sich das „Geheimnis vom Ewigen Leben" vorstellen? Folgt man Frater ML., dann retteten die fliehenden Katharer Manuskripte aus der umlagerten Burg. Was beschrieben die Texte? Es könnte sich um die Beschreibung eines alchimistischen Prozesses gehandelt haben. Durch Ausübung bestimmter Experimente vollzieht sich im Mensch ein Wandel, der bei optimalem Erfolg die Umwandlung des irdischen in unsterbliches Leben zur Folge hätte.

Solange aber der Schatz der Katharer nicht geborgen wird, sind letztlich alle Spekulationen darüber müßig.

3.3 Die Rosenkreuzer und kosmische Magie

Thomas von Aquin (1225–1274) war der wohl berühmteste Schüler des großen Albertus Magnus. Thomas war davon überzeugt, dass Alchimie alles andere als abergläubischer Humbug war. Er hielt es für möglich, unedle Metalle wie Blei in edle wie Gold zu verwandeln. Dieses Mysterium spielt auch eine wichtige Rolle in der esoterischen Gesellschaft der Rosenkreuzer.

Leben und Wirken von Christianus Rosencreutz

Die Rosenkreuzer geben als Ordensgründer den legendären Christianus Rosencreutz an, der 1378–1484 gelebt haben soll. Heute allerdings ist seine historische Existenz umstrittener denn je. Selbst manche Rosenkreuzer sehen im angeblichen Ordensgründer eine fiktive, vermutlich symbolisch zu verstehende Gestalt. Dabei verfügen wir über umfangreiche Daten aus seiner Biografie. Sie wurde angeblich von Johann Valentin Andreae (1586–1654) zusammen mit weiteren, ungenannten Autoren verfasst. Enthalten ist sie in der mysteriösen Schrift „Fama Fraternitatis" („Geschichte der Bruderschaft"). In gedruckter Form erschien sie 1614 in Kassel, nachdem das Werk bereits mehrere Jahre als Handschrift zirkulierte.

Aber kann man das Werk als glaubwürdig bezeichnen? Beschreibt es einen realen Lebenslauf oder nur einen fiktiven? Vielleicht sollte nur verdeutlicht werden, dass das esoterische Wissen der Gemeinschaft aus verschiedenen uralten Quellen stammt: aus dem Nahen Osten, dem Heiligen Land, der Türkei, Arabien und Marokko. Der Überlieferung zufolge bereiste Rosencreutz diese Länder und wurde in die jeweiligen Geheimschulen eingeweiht. Sein Wissen legte er dann in lateinischer Sprache als Buch „M" nieder. Im nordafrikanischen Fez studierte er dann angeblich weiter. Kern der Geheimlehren, die ihm als erstem Europäer enthüllt wurden: die Übereinstimmung und Harmonie zwischen dem Kleinen und dem Großen, zwischen dem Individuum Mensch und dem Gesamtkosmos.

So groß die Freude Rosencreutzens ob der Offenheit, mit der fremde Esoterikschulen im fernen Ausland ihn aufnahmen, auch war, so enttäuschend war für ihn der Empfang im christlichen Europa. Offenbar interessierte sich niemand für die mitgebrachten Lehren. Die Zeit schien also noch nicht reif zu sein. Auf keinen Fall aber sollten die zusammengetragenen Kenntnisse wieder verloren gehen. Rosencreutz suchte sich drei Schüler, Männer, die er aus früheren Klostertagen sehr gut kannte. Ihnen vertraute er. Mit ihnen zusammen legte er sein auf Reisen zusammengetragenes Wissen schriftlich nieder. Eine gewaltige Arbeit musste bewerkstelligt werden. Umfangreiche Folianten entstanden, eine Geheimbibliothek esoterischen Wissens. Dabei ging es freilich auch um eine sehr konkrete Anwendung, etwa um Medizin.

Rosencreutz diktierte mehrere Bände „esoterische Medizin" und wandte sein Wissen gleichzeitig auch an. Zunächst half er nebenher dem einen oder dem anderen Kranken. Durch Mundpropaganda genoss er bald schon einen legendären Ruf als Wunderheiler. Arztberuf und Schriftstellerei überforderten Rosencreutz und seine drei Getreuen. Nach und nach wurden weitere Mönche eingeweiht, die alle sorgsam geordnet Rosencreutzens Wissen in Form einer Geheimbibliothek festhielten. Im Zentrum ihres Wirkens stand aber stets die hilfreiche Anwendung der Medizin. So war der Ur-Orden der Rosenkreuzer zunächst ein medizinischer, der sich freilich nicht als Gemeinschaft zu erkennen gab.

- Kein Mitglied der Ordensgemeinschaft durfte einem Broterwerb nachgehen. Jeder Bruder war Arzt, hatte aber alle Patienten kostenlos zu behandeln.
- Die Ordensbrüder bereisten die Welt, gaben sich jedoch niemals als Mitglieder einer Bruderschaft zu erkennen. Das Mönchsgewand durfte nicht getragen werden. Unauffälligkeit war geboten. In der Fremde galt es, sich den jeweiligen Landessitten anzupassen.
- Wie weit die einzelnen Mitglieder auch reisten, am „Tag C" traf man sich wieder im Ordenstempel.
- Neben dem Heilen hatten die Brüder eine weitere zentrale Aufgabe. Die Ordensgemeinschaft sollte auf alle Fälle weiterbestehen. Also musste jedes Mitglied einen Nachfolger bestimmen und in das geheime Wissen einweihen.
- Strengste Geheimhaltung wurde verlangt. Weder das Signet der Bruderschaft (C für Rosae Crucis) noch die Existenz der Gemeinschaft durften der Öffentlichkeit bekannt gemacht werden.
- Die Gemeinschaft musste in Ehren gehalten werden.

Anno 1484 soll Christianus Rosencreutz in Narbonne im Alter von 106 Jahren gestorben sein. Von seinen engsten Vertrauen wurde er an einem geheimen Ort beigesetzt. 120 Jahre später, die Bruderschaft hatte bis dahin im Verborgenen den vom Ordensgründer hinterlassenen Vorschriften gemäß das schwere Erbe bewahrt, wurde zufällig seine letzte Ruhestätte in Deutschland entdeckt. Am steinernen Portal des Mausoleums stand: „Nach 120 Jahren werde ich wieder erscheinen." So soll sich eine konkrete Prophezeiung Rosencreutzens exakt bewahrheitet haben.

Im Zentrum der unterirdischen Anlage stand ein Altar. Eine geheimnisvolle Lichtquelle erleuchtete den Raum. Der Leichnam des

Ordensgründers, so heißt es, sei „schön und ruhmwürdig“ gewesen. Keinerlei Verfall war festzustellen. In seinen Händen hielt Christianus Rosencreutz seinen wertvollsten Besitz: das Buch „T“. Nur Schrifttum barg man aus der Krypta, geheimnisvolle Statuen und Symbolzeichen beließ man in der Gruft, die wieder mit Erdreich zugedeckt, versteckt wurde.

Die Rosenkreuzer gehen an die Öffentlichkeit

Die Rosenkreuzer überlegten nun: Sollten sie an die Öffentlichkeit treten? Ihr Ordensgründer hatte doch vorhergesagt, ein Zeichen werde einmal den Rosenkreuzern deutlich zu erkennen geben, dass nun die Zeit gekommen sei, um an die Öffentlichkeit zu treten. War das Auffinden der Gruft das lang ersehnte Zeichen? Darüber herrschte Uneinigkeit unter den Brüdern. Doch dann entdeckte 1604 der Astronom Johannes Kepler bis dahin unbekannte Sterne in den Sternbildern Schwan und Schlange. Da waren sich die Brüder einig. Die Zeit des Wirkens im Geheimen war vorüber.

Die Rosenkreuzer gingen an die Öffentlichkeit. Anno 1614 erschien anonym die „Allgemeine und Generalreformation der ganzen weiten Welt, die Fama Fraternitatis“. Das Werk sollte sich hauptsächlich an „alle Gelehrte und Häupter Europas“ wenden und ein und für allemal den „Hochlöblichen Orden des Rosencreutz“ offenbaren. Das Leben des Ordensgründers, ausführlich und idealisiert dargestellt, sollte als Anreiz wirken, sich selbst dem Orden anzuschließen. Zu diesem Schritt ruft der Verfasser die geneigte Leserschaft auch auf.

Heutige Esoteriker gehen davon aus, dass die vielbeachtete, anonym publizierte Schrift aus der Feder von Johann Valentin Andreae (1586–1654) stammt. Der evangelische Pfarrer war ein glühender Anhänger esoterischen Schrifttums und widmete sich von Jugend an geheimen Wissenschaften wie der Alchimie. In mehreren Fremdsprachen „zu Hause“, bereiste er das europäische Ausland, um an geheimen Schulen zu studieren. Andreae, so wird vermutet, hat in die Biografie Rosencreutzens eigene Erlebnisse eingeflochten. Zwei weitere Bücher Andreaes belebten das Interesse an den Rosenkreuzern: „Confessio Fraternitatis oder Bekenntnis der löblichen Bruderschaft des hochgehrten Rosenkreuzes an die Gelehrten Europas geschrieben“ (Frankfurt 1615) und die „Chymische Hochzeit Christiani Rosenkreuz“ (Straßburg 1616).

Andreae war einen konsequenten Weg gegangen: auf seine Biografie von Rosencreutz folgte der esoterische Weg des nach Wissen suchenden Menschen.

Andreaes Werke wurden Bestseller, auch und gerade von der Geistlichkeit intensiv gelesen. Mag sein, dass das esoterische Schrifttum den Argwohn der kirchlichen Autoritäten erweckte. Entstand da vielleicht eine neue, vielleicht gar unchristliche Gemeinschaft?

Bekenntnisse zum Christentum

Bei den Rosenkreuzern wollte man solchen Gedanken entgegentreten und veröffentlichte 1621 die „Statuten der Gesellschaft zum Studium der göttlichen Weisheit". Kein Zweifel wird da an der christlichen Grundausrichtung der Ordensgemeinschaft gelassen. Die Versammlungen der Gemeinschaft werden geradezu als Befolgung eines Gebots Jesu verstanden. „Jesus hat gesagt, wenn zwei in seinem Namen versammelt sind, um zum Vater zu beten, dann wird ihr Gebet erhört werden, da er unter ihnen weilt. Christliche Forderungen waren es, die man jedem zu erfüllen gebot, der Rosenkreuzer werden wollte:

- Jeder Jünger soll seine Mitgesellen sehr lieben,
- soll seinen Mitgesellen sich afterreden noch ihn verachten,
- soll seinen Mitgesellen treu sein,
- soll gegen seinen Mitgesellen wahrhaftig sein,
- soll sich gegen seinen Mitgesellen demütig und sittsam erzeigen,
- soll nicht spöttisch auf dieses hohe Studium sein,
- soll verschwiegen halten, was er in diesem hohen Studium gelernt,
- soll von seinem Vermögen seinen Mitgesellen mildiglich und williglich mitteilen.

Rosenkreuzertum und Christsein – manch Pfarrer mag das als Gegensätze gepredigt haben, aus Angst, Gemeindeglieder an die fremde Gemeinschaft zu verlieren. Die Rosenkreuzer setzten gezielt Informationen dagegen und hoben hervor, dass der vermeintliche Gegensatz in keiner Weise bestehe. Nur ein guter Christ, so beteuerten sie, könne auch ein Rosenkreuzer sein. Und wer Rosenkreuzer wurde, der blieb – das wurde in Richtung Geistlichkeit als Beruhigung betont – auch Christ. Man ging sogar noch einen Schritt weiter und postulierte: „Das höchste Mitglied dieser Gesellschaft ist der Herr, Jesus Christus, Gottes Sohn. Die Gesellschaft steht unter seinem Schutz, durch sein Wort ist er gegenwärtig. Daher unterliegen alle Mitglieder der strengen Pflicht, für ihn die Regeln der Gesellschaft zu achten.“ Die christlichen Regeln und Gebote wurden so formuliert:

- Der Schüler soll Gott fürchten, denn Gottesfurcht ist der Anfang, die Wurzel und die Krone der Weisheit.
- Er soll sich der Ordnung unterwerfen.
- Er darf nur wenig Umgang mit der Welt pflegen, denn nach dem Wort des Apostels Jakobus bedeutet Liebe zur Welt Abneigung gegen Gott.
- Er soll fromm, rein, frei von Sünden sein.
- Er soll vorsichtig und überlegt handeln.
- Er soll keusch sein.
- Er soll demütig sein.
- Er soll das Geld verachten.
- Er soll Weisheit und ängstliche Vorsorge der Menschen gering achten.
- Er soll von dem brennenden Wunsch nach göttlicher Weisheit beseelt sein.
- Er soll gehorsam sein.
- Er soll arbeitsam sein.
- Er soll die hohen Studien verehren.
- Er soll seinem Lehrer gegenüber dankbar, zuvorkommend und edelmütig sein.
- Er soll bereitwillig Almosen geben.

Der Weg ins Licht

Was trotz aller Betonung der christlichen Orientierung der Rosenkreuzer den fundamental denkenden Theologen ein Gräuel war, das war die Vorstellung der Ordensbrüder, der Mensch könne aus eigener Kraft selig werden, sprich den Weg ins Licht mit Erfolg zurücklegen, wenn er nur bestimmte Vorschriften einhielt. Die protestantischen Theologen hielten es zwar für löblich, nach gottgefälligen Regeln zu leben, doch der Segen oder die Gnade konnte nur von Gott selbst ausgehen.

Der „Weg ins Licht“ wird in der „chymischen Hochzeit“ verschlüsselt dargestellt. Der Text mutet mysteriös und geheimnisvoll an. Da wird der greise Christian Rosenkreutz zu einer Hochzeit eingeladen. Um an den Feierlichkeiten teilnehmen zu können, muss er sich vorbereiten, sich verschiedenen Prüfungen unterziehen und merkwürdige Rituale zelebrieren. Nachdem alle Bedingungen erfüllt sind, wird er bei den Hochzeitsfeierlichkeiten als Ehrengast huldvollst empfangen. Ihm wird ein hoher Orden, der „Goldene Stein“, verliehen. Historisches Vorbild für die Hochzeit soll die Eheschließung zwischen Friedrich V., der später König von Böhmen wurde, und Elisabeth von England gewesen sein. 1620 wurde Friedrich V. gestürzt.

Dr. Walter R. Drake, ein englischer Forscher, der sich intensiv mit den verschiedenen Geheimbünden der Welt auseinander gesetzt hat, interpretiert den „esoterischen Roman“ so: „Die alten Alchimisten sahen das irdische Geschehen zwei Einflüssen ausgesetzt. Da war einmal die Materie, aus der der Mensch mit seinen irdischen Bedürfnissen entstanden war. Auf der anderen Seite war das Himmlische, das Göttliche. Der Mensch sollte nun zu Höherem streben, sich von der Gier nach Besitz lösen. Indem er das himmlische Wissen in sich aufnahm, machte er den entscheidenden Sprung in der Entwicklung nach vorn – zum perfekten Menschen. Um diesen entscheidenden Schritt tun zu können, musste er spirituell wachsen, auf spiritueller Ebene vorankommen. In der „chymischen Hochzeit“ muss sich Rosenkreutz zunächst vorbereiten. Er erfüllt erst Bedingungen, damit er spirituell vorankommen kann. Die Hochzeit schließlich ist das Symbol für die Vereinigung von Irdischem mit Göttlichem. Der Orden vom „Goldenen Stein“ schließlich erinnert an den Stein der Weisen, den Alchimisten niederer Rangordnung zum Goldmachen benutzten. Für die Rosenkreuzer freilich war Alchimie Umwandlung, Veredelung des Geistes, nicht plumpe Materie. Der Weg führt nach der Umwandlung ins Licht.“

Ganz ähnlich urteilten Jacques Bergier und Louis Pauwels: „Die Rosenkreuzer betonen immer wieder, das Ziel der Wissenschaften der Transmutation (der Umwandlung, der Autor) sei die Transmutation des Geistes selber. Dabei handelt es sich nicht um Magie oder um eine göttliche Belohnung der Mühen, sondern um eine Entdeckung realer Tatsachen, die den Geist des Forschers zwingen, sich anders zu verhalten." Nach Bergier ist das Symbol von „Mann und Frau", etwa in der „chymischen Hochzeit", Sinnbild für Vereinigung von scheinbaren Gegensätzen, von Logik und Intuition, von Nehmen und Geben.

Mikrokosmos – Makrokosmos – Magie
Für den englischen Arzt und Naturforscher Robert Fludd (1574–1637) hatte das Rosenkreuzertum Erkenntnisse von kosmischem Ausmaß entdeckt. Der Gelehrte, der sich niemals dazu äußerte, ob er denn selbst dem Orden angehörte, erklärte die Beziehung zwischen Mikrokosmos und Makrokosmos so: Der Mensch ist gewissermaßen eine kleine Welt. Der Kosmos seinerseits ist gleichzeitig wie ein großer Mensch. Mensch und Welt sind Spiegelbilder voneinander. Mikrokosmos und Makrokosmos stehen in direkter Beziehung zueinander. Wenn sich der Mensch – geheimen esoterischen Ritualen folgend – bewusst und gezielt verändert, so hat dies Auswirkungen auf den Kosmos. Der Mensch kann also den Kosmos bewusst verändern.

Konkreter ausgedrückt: Magische Rituale können so stark sein, dass sie Veränderungen kosmischen Ausmaßes bewirken.

Magie hat für den esoterisch eingeweihten Menschen nichts mit der Zauberei aus dem Märchenbuch zu tun. Sie ist nach esoterischem Verständnis auch nicht übernatürlich. Vielmehr setzt Magie ein tieferes Naturverständnis voraus. Nach esoterischem Weltbild kommt alles Existierende aus einer Ur-Energie. Das Kleine steht mit dem Großen in wechselseitiger Beziehung. Wer es wirklich versteht, den Mikrokosmos (etwa sich selbst) zu verändern, der kann damit auch den Kosmos verändern. Der mächtige Magier muss erst die Veränderung im Mikrokosmos beherrschen. Er muss sich – nach esoterischem Denken – erst auf das Kleine konzentrieren, wenn er das Große beeinflussen möchte.

3.4 Die Freimaurer – Sehnsucht nach dem Menschheitsbund

Vorurteile und Lügen
Das Thema „Geheime Schulen und Gesellschaften" wird seit Generationen immer wieder diskutiert. Leider gehören häufig jene, die sich

besonders laut zu Wort melden, nicht unbedingt zu den Sachkundigen. Über kaum ein Thema kursieren so viele unfundierte Gerüchte und bewusste Falschmeldungen wie über Templer, Katharer, Rosenkreuzer und Freimaurer. Der Verfasser nahm als Student der evangelischen Theologie mehrfach an einem kleinen, privaten Vorlesungszirkel teil, den Professor Dr. S. in seiner Wohnung abhielt. Er wollte uns künftige Pfarrer gezielt auf das „Unwesen der geheimen Schulen und Gesellschaften" aufmerksam machen. Mag sein, dass der gelehrte Mann wirklich an seine Gräuelgeschichten glaubte. Er überschüttete uns Studenten mit Anti-Propaganda, wie sie zum Beispiel schon nach dem Ersten Weltkrieg und im Dritten Reich gezielt etwa gegen Freimaurer verbreitet wurde. Da behauptete der studierte Theologe ohne Beweise, „früher" seien bei freimaurerischen Zusammenkünften regelmäßig Jungfrauen „rituell geopfert worden". Als „erwiesene Tatsache" stellte er es hin, dass „kein höherer Freimaurer eines natürlichen Todes sterbe". Es werde immer erst ein „hoher Freimaurer aus der Führungsetage ermordet", bevor ein jüngerer Bruder nachrücken könne.

Im Frühjahr 1997 machten Englands große Tageszeitungen immer wieder Schlagzeilen mit ein und derselben Meldung: „Englands Polizei ist von Freimaurern durchsetzt!". Ins Gespräch gebracht wurde zum Beispiel die „Freimaurerloge Nr. 9179", auch bekannt als „Manor of St. James". Gegründet worden war sie am 27. Januar 1986. Als Mitglieder wurden ausschließlich Scotland-Yard-Offiziere aufgenommen. Noch im Frühjahr 1985 hatte Commissioner Kenneth Newman den „dringenden Rat" erteilt, Polizeibeamte sollten sich unbedingt „fern von Freimaurern und Logen überhaupt" halten. Daran hielten sich die Beamten nicht. Offensichtlich gehören Angehörige der englischen Polizei vom einfachen „Bobby" bis hin zum hochrangigen Chef Freimaurerlogen an.

Martin Short, ein englischer Journalist und Fachautor, legte unlängst die umfassendste Studie zum Thema vor. Ergebnis: Jeder fünfte Londoner Polizeibeamte gehört einer Loge der Freimaurer an. Mit solchen Zahlen wird versucht, Misstrauen zu säen, ja Panik zu erzeugen. Selbst in seriösen Tageszeitung wird suggeriert, dass Polizeibeamte, die zugleich Freimaurer sind, für Korruption anfällig sein können. Sie kommen über ihren Orden in Kontakt mit zwielichtigen Gestalten. Wem fühlen sie sich dann mehr verpflichtet? Den Gaunern in der Loge, ihren Mitbrüdern? Oder den Bürgern, für deren Sicherheit sie sorgen sollen?

In England wächst die Skepsis. Da nützt es wenig, dass Freimaurer darauf hinweisen, dass sie als Mitglieder einer Ordensbruderschaft durch Eid dazu verpflichtet sind, „unserem Gott, unserem Vaterland und unseren Gesetzen" zu dienen. Schon wird lautstark gefordert, dass jeder Polizist öffentlich klarlegen muss, ob er einer Freimaurerloge angehört.

Statt Angstgefühle durch Hinweise auf vermeintliche Gefahren zu schüren, die von Freimaurern ausgehen, sollte klar informiert werden. Sind also Freimaurer – als Polizisten in England – eine Gefahr? Und wie sieht das bei uns in Deutschland aus? Der Verfasser meint: Gefährlich ist keine der klassischen geheimen Schulen und Gesellschaften. Gefährlich sein können aber Demagogen, die Hasslügen über diese Gruppen verbreiten. Wer Angst schürt, und sei es nur, um die Auflage von Büchern in die Höhe zu treiben, handelt verantwortungslos.

So fing es an

Der Name „Freimaurer" gibt einen deutlichen Hinweis auf die Ursprünge dieser Geheimbünde. Im 12. Jahrhundert waren es Steinmetze, die in England den „Grundstein" zum Freimaurertum legten. Die Bauexperten waren im ganzen Land begehrt. Sie reisten von Stadt zu Stadt, bauten hier eine Kathedrale, dort ein imposantes Gerichtsgebäude oder einen Palast. War ein Werk vollendet, zogen sie weiter. Ihre Mahlzeiten nahmen sie unweit von den Baustellen in einem Verschlag ein. Die meist recht einfache Hütte diente auch als Unterkunft für die Nacht. Sie wurde als Loge bezeichnet. Der Ausdruck wurde schließlich auf einzelne Gruppen von Steinmetzen übertragen.

Die Konkurrenz zwischen einzelnen Logen war groß. Man entwickelte besondere Arbeitstechniken, die streng geheim gehalten wurden. Gegenüber Fremden war man misstrauisch. Schließlich gab es Spione von anderen Logen, die sich einzuschleichen versuchten. So gab es in jeder Loge spezielle Losungsworte, die Fremden niemals anvertraut wurden.

Steinmetzlogen tauchen erstmals anno 1375 in England unter der Bezeichnung „freemasons" auf. Jahrhundertelang achtete man strikt darauf, dass auch wirklich nur Berufskollegen aufgenommen wurden.

Man öffnete sich im frühen 17. Jahrhundert. Verdiente Handwerker erhielten das Recht, Freunde auch aus ganz anderen Berufssparten als Logenmitglieder vorzuschlagen. War zunächst die Zahl der „Freimaurer“ klein, denn es genügte ja eine relativ überschaubare Zahl von Steinmetzen, so wuchsen die Mitgliederzahlen sprunghaft an. Immer neue Logen wurden gegründet. 1717 schließlich wurden die zahlreichen Gruppen einer „Großloge“ unterstellt.

Was als eine Handwerkerorganisation der Steinmetze begonnen hatte, stand nun längst allen Berufsgruppen offen. Wer freilich in eine Loge aufgenommen wurde, musste sich zuvor einer sorgsamen Prüfung unterziehen lassen. Beibehalten wurden aber die alten Symbole Winkel, Zirkel und Senkblei. Während in der englischen Gesellschaft Standesunterschiede noch eine ganz entscheidende Rolle spielten, gab es bei den Freimaurern nur Brüder. Während man überall in England damit rechnen musste, von Geheimdienstlern bespitzelt zu werden, wurde in den Logen Redefreiheit gepflegt.

Wenn irgendwo freimütig Kritik am Ständestaat, an Bevormundung des Bürgers geäußert werden konnte, dann hier. So trafen sich häufig aufwieglerische Bürgerliche und demokratisch gesonnene Adelige.

Suche nach den Wurzeln

Kaum war die Großloge gegründet, begann auch schon bei den Freimaurern eine Art Ahnenforschung. Wer war wohl der erste Bruder? Bald einigte man sich darauf, dass es wohl schon Freimaurer gegeben habe, als es diesen Namen noch gar nicht gab. Dr. James Anderson legte 1723 eine Chronik des Freimaurertums vor. Darin bezeichnete er Menschen aus der Bibel schon als Freimaurer. Zweifelsohne war der Wunsch, eine imposante Vorgeschichte aufweisen zu können, der Vater des Gedankens, der Dr. Anderson überall Freimaurer erkennen ließ.

- Adam unterrichtete seine Söhne in Geometrie, der freimaurerischen Wissenschaft schlechthin. Dank dieser speziellen Schulung konnte Kain die Stadt Enoch bauen. Schlussfolgerung Dr. Andersons: Adam und seine Söhne waren Freimaurer.

- Seth, dritter Sprössling aus der allerersten biblischen Familie, soll ein Experte in Geometrie und Astronomie gewesen sein. Nach Dr. Anderson kennzeichnet ihn das als Freimaurer.
- Die von Gott als Strafe über die Menschheit gebrachte Sintflut hätte alle Menschen vom Angesicht der Erde getilgt, hätte nicht Noah seine Arche gebaut. Nach Andersons Chronik war Noah Freimaurer. Er rettete das uralte Wissen über die Weltkatastrophe und unterrichtete, als die Wasser wieder zurückgewichen waren, seine drei Söhne.
- Eine weitere Katastrophe verbreitete schließlich das freimaurerische Denken über die Welt. Gott zerstörte den Turm zu Babel, die Bauleute flohen in alle Welt und unterwiesen weltweit ihre Schüler – so Anderson – in Freimaurerei.
- Mizraim, ein Sohn des Ham (1. Buch Mose, Kapitel 10, Vers 6), gilt als Stammvater der ägyptischen Stämme. Er wird ebenso als Freimaurer bezeichnet wie Kanaan, der den Kanaanitern die Kunst des Städtebaus beigebracht haben soll.
- Freimaurer, aus der Heimat Israel verschleppt, leisteten demnach auch als Sklaven im Land der Pharaonen schwere Arbeit.
- Salomo, als Erbauer des großen Tempels (etwa 1004 v. Chr.), wurde ebenso der Freimaurerzunft zugerechnet wie die namentlich nicht mehr bekannten Architekten, die 536 v. Chr. den zerstörten Tempel wieder neu erstehen ließen.
- Als Freimaurer wurden auch Mausolos (352 v. Chr.: prächtige Mausoleen) und Archimedes (212 v. Chr. in Syrakus erschlagen), Baumeister und Mathematiker, vereinnahmt.

Einweihung

In allen großen esoterischen Geheimgesellschaften gab es vermutlich schon seit Urzeiten, seit sich Menschen zu magischen Bünden zusammenschlossen, geheime Einweihungszeremonien. Horst Miers fasst in seinem Standardwerk „Lexikon des Geheimwissens“ zusammen: „Einweihung (lateinisch Initiation = Einführung, Hineinführung) – die unter symbolischen Handlungen stattfindende feierliche Aufnahme in eine Einweihungsgesellschaft (zum Beispiel Mysterienbund oder Freimaurer) oder auch die feierliche Erklärung über die Bestimmung einer Sache. Im Altertum waren die Einweihungen im Mittelpunkt der Geheimkulte oder Mysterien stehende

Zeremonien, die den Kandidaten in übersinnliche Welten einführten. Sie wurden in einem Trancezustand erlebt. Der Geist wurde von Priestern, die magische Kräfte in sich entwickelt hatten, vom Leibe gelöst und aus der grobstofflichen Welt durch höhere Regionen in die geistige Welt geleitet. Der Eingeweihte gewann die Überzeugung vom Fortleben nach dem Tode; dieser wurde für ihn dann der Übergang zu einer anderen Daseinsstufe, war also nicht mehr das Ende, sondern der Anfang. Der Einweihungsakt ist eine innere magische Autorealisation (Selbsterkenntnis, der Verfasser) oder Selbstverwirklichung. Es ist eine Umwandlung in einen ganz anderen Bewusstseinszustand, der das Bewusstsein aus seinem individuellen Zustand in eine überindividuelle Haltung erhebt."

Auch der Eintritt in den Orden der Freimaurer erfolgt nach einem streng reglementierten Ritus. Zusammen mit seinem Führer steht der Einzuweihende vor der Tür der Loge. Der Führer klopft an und bittet im Namen des Neulings um Einlass. Wenn sich die Tür auftun wird, muss der Novize allen irdischen Besitz symbolhaft abgelegt haben. Um seinen Hals trägt er eine lose geknüpfte Schlinge. Was soll sie bedeuten?

In allen Geheimgesellschaften, speziell in jenen von esoterischer Ausprägung, haben Symbole eine ganz besondere Bedeutung. Meist sind sie noch geheimer als die Zeremonien selbst. Denn dem Uneingeweihten mag eine Prozedur vorgeführt werden, wenn er die Bedeutung von Symbolen und symbolhaften Handlungen nicht kennt, muss ihm die Darbietung sinnlos erscheinen. Sie mag ihm, dem Unwissenden, sogar lächerlich erscheinen. Im Gegensatz zu anderen geheimen Schulen und Gesellschaften sind einige Zeremonien der Freimaurer bekannt, was ihren Ablauf angeht. Über die Bedeutung der Symbole kann oft nur spekuliert werden.

Für die Freimaurer, die eine weltweit wirkende Vereinigung anstreben, sind Symbole und Zeichen ein verbindendes Medium, das die Trennung durch unterschiedliche Sprachen und kulturellen Hintergrund überwinden hilft. Interessanterweise ist bei den Freimaurern nicht in Übereinkunft definiert, was Symbole und Zeichen bis ins letzte Detail zu bedeuten haben. Es ist vielmehr dem einzelnen Freimaurer selbst überlassen, die Zeichen und Symbole persönlich zu interpretieren. So wie es bei freimaurerischen Zusammenkünften strikt untersagt ist, über religiöse Anschauungen zu diskutieren oder gar zu streiten, so ist es jedem Individuum freigestellt, Zeichen und Symbolen eine bestimmte Bedeutung beizumessen.

Der Neuling betritt also fast nackt die Loge, mit einer Schlinge um den Hals. So besitzlos wie er auf die Welt gekommen ist, wird er nun auch in der Loge geboren. Der Strick erinnert ihn an die Sterblichkeit. Die Geburt ist der Eingang in das Leben, an dessen Ende der Tod steht. Der Strick symbolisiert auch die Verbindung aller Freimaurer untereinander. Noch sieht der Neue nichts, trägt er doch eine Augenbinde. Blind verlässt er sich auf seinen Führer, der ihn in die Loge geleitet.

Der Neuling spricht: „Ein armer Kandidat im Stande der Finsternis bittet demütig, zu den Mysterien und Privilegien der Freimaurerei zugelassen zu werden.“ Als Antwort bekam er zu hören: „Licht und Dunkel sind nur scheinbar unerbittliche Gegensätze. Dem Eingeweihten werden sie als Teile eines größeren Ganzen erkennbar.“ Erkennen lässt diese Antwort, dass es sich bei den Freimaurern um eine esoterische Gesellschaft handelt, die ein dualistisches Weltbild vertritt. (Siehe hierzu auch: Gnosis)

Nach dem Eintritt wird symbolisch die Bereitschaft des Neulings geprüft. Ist er dazu bereit, unbekannte Gefahren auf sich zu nehmen? Ein Degen wird ihm auf die Brust gesetzt. Ohne Mut, ohne Bereitschaft, Gefahren auf sich zu nehmen, soll dem Aufzunehmenden gezeigt werden, kann er nicht zu neuen Erkenntnissen gelangen.

Symbolischen Wert hat auch der Pantoffel am rechten Fuß des Ankommenden. Angeblich steht er für die Bereitschaft, in der Gemeinschaft Verantwortung zu übernehmen. Aber diese Deutung ist umstritten. Wieder einmal wird klar: Nur Eingeweihte wissen, was zum Ausdruck gebracht werden soll.

Endlich wird dem Orientierungslosen die Augenbinde abgenommen. Er blickt unsicher um sich und erkennt, dass er sich in einem schwarzen Raum befindet. Symbolisch ist er in die „Tiefen der Erde“ vorgedrungen. Nach und nach gewöhnt er sich an die Finsternis. Im schwachen Licht einer flackernden Kerze nimmt er einen Tisch wahr, einen Schemel, einen Totenschädel und Gebeine. Auf dem Tisch befinden sich ein Krug Wasser, Schwefel, Salz und Brot. An den Wänden sieht man Bilder und einzelne Worte. Ein Hahn steht wohl für Wachsamkeit, Wachsamkeit ist auch an der Wand zu lesen, außerdem „Beharrlichkeit“ und „Vitriol“.

Vitriol ist die Abkürzung für die Aufforderung in lateinischer Sprache „Visita Interiora Terrae, Rectificandoque Invenies Occultum Lapidem!“ Dieser Satz umfasst die freimaurerische Hoffnung auf Erkenntnis: „Erforsche das Innere der Erde, und indem du dich läuterst, wirst du den verborgenen Stein (gemeint: Stein der Weisen, der Autor) finden!“ Auch dieser Satz weist auf den zutiefst esoterischen Charakter des Freimaurertums hin. Der Grundsatz entspricht dem esoterischen Alchimisten, der sich seelisch reinigt und so Macht auch über die Materie erhält.

In der dunklen Kammer lässt man den Kandidaten einige Zeit allein. Es soll ihm so nochmals die Gelegenheit eingeräumt werden, über seinen Entschluss, Freimaurer zu werden, nachzudenken. Er kann, so er will, die „stille Kammer“ verlassen und ins normale Leben zurückkehren, ohne Freimaurerei sein Leben fortsetzen.

Sobald der Neuling bekundet, seinen eingeschlagenen Weg beizubehalten, wird ihm in einem stark symbolisch befrachteten Szenario klargemacht, dass er Geheimnisse, die ihm offenbart werden, unter keinen Umständen ausplaudern darf.

„Sterben“ wie Hiram Abif

Hiram Abif war nach der Freimaurer-Historie ein aufrechter Märtyrer. Der frühe Freimaurer soll einst von geld- und machtgierigen Feinden gefangen genommen worden sein. Trotz grauenhafter Folterungen blieb Hiram Abif aber seinem Orden treu und hielt den Schwur der Geheimhaltung. Kein Wort über die Mysterien der Freimaurer kam über seine Lippen. Diese Verschwiegenheit bezahlte Hiram Abif mit dem Leben. Er wurde ermordet.

Der Neu-Freimaurer befindet sich nun im Mittelpunkt einer kleinen Aufführung. Rituell wird der Tod Hirams nachgespielt. Gestenreich mimt man die Tortur, befiehlt in barschem Ton: „Verrate endlich die Geheimnisse!“ Dann wird der Neue auf ein weißes Tuch gelegt. Seine Peiniger beratschlagen, was mit ihm zu geschehen habe. Schließlich einigen sie sich darauf, ihn zu töten. Sie tragen ihn mit dem Tuch ein paar Schritte weiter. Dann erklingen zwölf Glockenschläge. Hiram Abifs letzte Stunde hat geschlagen.

Die Freimaurertradition hält so auch die Erinnerungen an einen biblischen Baumeister am Leben, die von vielen Bibelübersetzern gelöscht worden sind. Hiram Abif war es, der König Salomo beim

Bau des Tempels half. In den meisten heutigen Ausgaben der Bibel wird man den Namen vergeblich suchen. Da heißt es im zweiten Buch der Chronik (Kapitel 2, Vers 12): „So sende ich nun einen tüchtigen Mann, Hiram, meinen Berater." Wo ist der „Nachname" Abif geblieben? Martin Luther übersetzte zunächst den zitierten Vers richtig: „So sende ich euch nun einen tüchtigen Mann, Hiram Abif." Tatsächlich ist diese Übersetzung auch korrekt. Von einem Berater ist im Original nichts zu finden. Warum übersetzt man diesen Vers ganz offensichtlich falsch? Warum lässt man Abif verschwinden und setzt „meinen Berater" oder „meinen Vater" dafür ein?

Frater ML., dessen Abhandlungen dem Verfasser ungewöhnliche Einblicke in die geheime Welt der Esoterik gestatteten, äußerte sich in seiner Abhandlung über die Katharer (siehe auch: Katharer) zu Hiram Abif: „Das Freimaurertum verfügt über immense Informationen, die geheim gehalten und nur den obersten Eingeweihten zugänglich gemacht werden. Dazu gehören auch ausführliche Abhandlungen über geheimes, im biblischen Schrifttum verstecktes Wissen. Keine Außenstehenden, auch nicht die meisten Freimaurer, erfahren die versteckten Botschaften der Bibel. Indem zu Beginn der Einweihung an Hiram Abif erinnert wird, kommt zweierlei zum Ausdruck: Wie Hiram Abif soll der Eingeweihte auch schweigen, wenn es um Geheimnisse geht. Und: Durch diesen betonten Hinweis auf Hiram Abif wird zum Ausdruck gebracht, dass der Freimaurer schon zu Beginn seiner Einweihung weiß, dass es verborgenes Wissen in der Bibel gibt, das zum Beispiel durch falsche Übersetzungen unkenntlich gemacht wird."

Bleibt eine Frage unbeantwortet: Warum tilgt die Theologie weithin den Namen Abif? In Luthers Urübersetzung gab es 1534 den Namen noch. In zahlreichen Übersetzungen ins Englische blieb Hiram Abif zunächst auch noch erhalten. Hiram Abif finden wir in der Coverdale-Bibel (1535), in der Matthews-Bibel (1537) und in der Taverner-Bibel (1539). Doch Heinrich VIII. und Königin Mary sorgten dafür, dass alle diese Bibelausgaben eingezogen und vernichtet wurden. Heute sind nur noch ganz wenige Einzelstücke erhalten. In den späteren englischen Bibel-Ausgaben von 1551 an war Abif verschwunden und durch „meinen Vater" (Hiram, meinen Vater) ersetzt worden. Warum?

Frater ML. stellt in seiner Abhandlung über die Katharer eine gewagte Behauptung auf: „Aus den Freimaurern, die aus nachvollziehbarem wirtschaftlichem Interesse Berufsgeheimnisse (Steinmetze!) geheim hielten, war eine Gesellschaft geworden, die im Geheimen esoterische Studien betrieb. Auch unter den Theologen gab es nicht nur gutmütige Schafe, sondern auch Denker mit scharfem Intellekt. Auch sie stießen auf Geheimnisse, die nur den obersten Freimaurern bekannt werden sollten. Hiram Abif hat mit diesem Mysterium zu tun. Die esoterisch informierten Theologen wollten jede Spur, jede Erinnerung an Hiram Abif löschen und sorgten dafür, dass er aus dem Text des Alten Testaments verschwand."

Symbole, Symbole …
Das Freimaurerleben ist von immer neuerlichen Einweihungen in immer höhere Stufen geprägt. 33 Grade gibt es insgesamt. Drei Grundrituale führen zu drei Hauptgraden: Lehrling, Geselle und Meister. Je weiter der Freimaurer auf dem Weg der Erkenntnis ist, desto mehr Zeremonien hat er zu durchlaufen. Auch heute, im Zeitalter der angeblich optimalen Informationsvermittlung per Internet, ist wenig über die entsprechenden Rituale bekannt. Angeblich unterscheiden sie sich von Gruppe zu Gruppe teilweise stark. Und selbst wenn da und dort mal ein Handlungsablauf enthüllt wird, so bleiben dem Laien die Bedeutungen der Symbole unverständlich. Wieder gilt: Der wahre Freimaurer überlässt es dem Bruder, sich ein eigenes Bild von der Bedeutung der Symbole zu machen.

Je höher der Grad ist, den ein Freimaurer erreichen will, desto komplizierter werden oft die vollzogenen Weihezeremonien. Als Beispiel sei die Erhebung in den sehr hohen 30. Grad beschrieben. Bei der Zeremonie werden nacheinander vier Räume betreten und durchschritten. Der erste Raum wirkt deprimierend, ja düster. Er ist von der Farbe Schwarz bestimmt. Er stellt ein Grab dar. Eine dreieckige Lampe lässt schwach eine Falltür erkennen, die in den Keller führt. Im Keller selbst ist eine Gruft, darin befindet sich ein Grab. Darauf ruhen drei Totenschädel nebeneinander. Der rechte trägt eine Königskrone, der mittlere einen Lorbeerkranz, der linke die Papsttiara.

Der zweite Raum ist sozusagen spiegelbildlich das Gegenteil des ersten. So ist er vollkommen weiß ausgestattet. Im Osten dieses

Raums stehen zwei viereckige Altäre. Auf einem brennt Weihrauch in einer Schale, auf dem anderen, in einer zweiten Schale, Weingeist. Weitere Lichtquellen gibt es nicht. Im Schein der Schalen ist ein schwarzweißer Doppeladler mit weit ausgebreiteten Flügeln zu erkennen.

Blau ist die Farbe des dritten Raumes. An der Decke wölbt sich der Sternenhimmel. Im Osten des Raums führt eine Treppe mit sieben Stufen zu einem Podest, auf dem sieben Sessel stehen. Auf dem mittleren thront der Vorsteher. Über dem Sessel des Obersten ist ein purpurroter Baldachin aufgespannt, hängt die schwarzweiße Fahne der Kadosch-Ritter. Auf einem Tisch vor dem Sessel steht eine Waage, liegen zwei gekreuzte Dolche und das Buch des Ordens. Drei Kandelaber mit je einer Wachskerze sind mit schwarzem Krepp umwickelt.

Der vierte und letzte Raum gilt als der „Senat“. Im Osten des Raums befindet sich eine mit schwarzem Velour bespannte Wand. In den Stoff eingestickt sind Totenköpfe zu erkennen, von Dolchen durchbohrt. Im Osten des Raumes steht ein Thron, über dem ein schwarz-weißer Doppeladler hängt. Seine Schwingen sind ausgebreitet. In den Klauen hält er einen Dolch. Darauf befinden sich die Worte „Siegen oder sterben“. Um seinen Hals hängt ein Balkenkreuz mit schwarzem Band. Auf der Brust trägt er ein Amulett mit den Worten „Nec preditor, nec proditur innocens feret“, deren tiefere Bedeutung nur dem Eingeweihten bekannt sein darf. An den Schwingen des imposanten Adlers hängt ein schwarz-weißes Tuch. Darauf sind rote Kreuze zu erkennen. Hinter dem Thron stehen zwei Fahnen über Kreuz.

Neun gelbe Kerzen erleuchten den Raum. Zwei davon stehen im Westen, sieben im Osten. In jeder der vier Ecken befindet sich je eine Zeremonialschale mit brennendem Weingeist. Im Westen stellt ein Pyramidenstumpf aus imitiertem schwarzem Marmor ein Mausoleum dar. Darauf steht eine in schwarzes Krepp gehüllte Urne mit einem Lorbeerkranz. Zwischen dem Pyramidenstumpf und der Westwand, genau in der Mitte, befindet sich eine symbolhafte „Himmelsleiter“. Sie erinnert daran, wohin der Weg eines jeden wahrhaftig Suchenden führt.

Ziel der Freimaurerei
Zu Beginn des 3. Jahrtausends nach Christus gibt es in mehr als 130 Ländern unserer Erde Freimaurer, die sich in weit mehr als 40 000 Logen organisiert haben. Insgesamt gehören ihnen etwa sechs Millionen Menschen an. Die in England erhobenen Vorwürfe, dass von ihnen eine Gefahr für unsere Gesellschaft ausgehen könnte, sind in keiner Weise begründet. Freimaurer sind keine bösartigen Menschen, die stets irgendwelche Verschwörungen aushecken. Vielmehr sind es liberal denkende Menschen, die von einer besseren Welt träumen. Toleranz ist ihre wahrscheinlich wichtigste Maxime. Ihrer Überzeugung nach sind Menschen, die die geheimen Zusammenhänge der Wirklichkeit erkennen, potenziell bessere Menschen.

Heutzutage erscheint manchem Zeitgenossen eine altehrwürdige Organisation, die keine Frauen in den anerkannten Logen zulässt, als anachronistisch. Im deutschsprachigen Raum gibt es – deshalb? – nur noch bescheidenes Interesse unter jungen Leuten am Freimaurertum. Wird es eine Anpassung an die neue Zeit geben? Sind die Ideale des Freimaurertums überhaupt noch zeitgemäß? Welche Ziele verfolgen denn die Freimaurer in unserer Zeit? Dazu schreibt Franjo Terhart, Kulturbeauftragter der Stadt Neukirchen-Vluyn, in seinem Werk „Einweihungslehren“: „Von allen Geheimbünden, die die bürgerliche westliche Welt hervorgebracht hat, stellt die Freimaurerei den vollkommensten Typus dar. Sie ist keine Religion, keine Sekte, sondern ein reiner Männerbund mit diesseitiger Ausrichtung. Von einer besseren Welt im Jenseits ist bei den Freimaurern nicht die Rede. Nicht Meditation und Gebet gehören zu ihrem Programm, sondern ‚Arbeit‘, wozu allerdings das tief erlebte Ritual gehört.“

Diesseitige Ausrichtung? Ist also Freimaurertum ein Verein mit rein irdisch-materialistischen Zielen? Das „Allgemeine Handbuch der Freimaurerei“ stellt hierzu fest: „Freimaurerei ist die Tätigkeit engverbundener Männer, die unter Anwendung sinnbildlicher, größtenteils dem Maurerhandwerk und der Baukunst entlehnter Formen für das Wohl der Menschen wirken, indem sie sich und andere sittlich zu veredeln suchen, um dadurch einen allgemeinen Menschheitsbund herbeizuführen, den sie unter sich im Kleinen bereits darstellen wollen.“

3.5 Theosophie – ein esoterisches Bild vom Universum

Im letzten Viertel des 19. Jahrhunderts erfreute sich die Esoterik weltweit großer Beliebtheit. Verborgenes Wissen reizte Laien wie Wissenschaftler. Sollte es tatsächlich greifbare Erkenntnisse über ein mögliches Leben nach dem Tod geben? Waren wissenschaftliche Methoden überhaupt geeignet, um Geistererscheinungen zu überprüfen? Derlei Themen waren auch damals heiß umstritten. Seriöse, nüchterne Menschen wurden als Kontrolleure bemüht, wenn es darum ging, esoterisch-übersinnliche Phänomene zu ergründen.

Anfänge

Die Gebrüder Horatio und William Eddy aus Chittenden im US-Staat Vermont, genossen ein gewisses Renommee. Angeblich nutzten die Geister von Verstorbenen die beiden Jungfarmer als „Sprachrohr". Der Rechtsanwalt und Journalist Henry S. Olcott (1832–1907) reiste an, um die Darbietungen der angeblichen Medien zu begutachten. Was ihm geboten wurde, enttäuschte ihn sehr. Doch lernte er zufällig Helena Petrowa Blavatsky (1831–1891) kennen.

Madame Blavatsky, als Gräfin Hahn-Rottenstern in Jekaterinoslaw geboren, heiratete 1848 General Blavatsky. Nach dreijähriger Ehe: Scheidung. Dann: sieben Jahre Studienreisen, hauptsächlich durch Indien, mit dem Ziel, esoterisches Wissen zu erlangen. Henry S. Olcott war von der Dame, die einige Zeit als Medium gearbeitet hatte, fasziniert. Es entstand eine tiefe Freundschaft. Trotzdem reiste Henry S. Olcott wieder nach New York zurück. Dort bekam er seltsam anmutende Post: vom „Großmeister der Bruderschaft von Luxor". Dem Rechtsanwalt wurde enthüllt, er sei auserwählt worden, von „Schwester Helen" zum „Goldenen Tor der Weisheit" geleitet zu werden.

Olcotts Leben änderte sich schlagartig radikal. Seine gesamten finanziellen Mittel ließ er Madame Blavatsky zukommen. Um die eigene Ehefrau kümmerte er sich überhaupt nicht mehr. Anfangs zahlte er der Madame nur die Miete, dann den Lebensunterhalt, um schließlich zu ihr in eine ärmliche Wohnung in Manhattan zu ziehen. Dort gab es regelmäßige Treffen von unterschiedlichsten Charakteren, die alle etwas gemeinsam hatten: das brennende Interesse am Esoterisch-Übersinnlichen. Und sie alle waren davon überzeugt, in Madame Blavatsky eine Wissende gefunden zu haben, die angeblich von tibetanischen Meistern in die wichtigsten Geheimwissenschaften eingeweiht worden war.

Gründung und Wirkung
Helena Blavatsky gründete zusammen mit Henry S. Olcott und dem Anwalt William Q. Judge zunächst den „Miracle Club", der am 17. 11. 1875 in die „Theosophical Society" umbenannt wurde. Klar umrissen wurden die Ziele der Gesellschaft:

- Bildung einer wahren Bruderschaft der Menschen ohne jegliche Diskriminierung etwa wegen Geschlecht, Rasse, Farbe, Religion oder der sozialen Stellung.
- Gemeinsames Studium der alten Weltreligionen, um durch wissenschaftlichen Vergleich eine Ethik von universaler Gültigkeit erarbeiten zu können.
- Studium der jedem Menschen innewohnenden göttlichen Kräfte, die dann geschult und weiterentwickelt werden sollen.

1878 brach Madame Blavatsky zu weiteren Reisen auf. Erneut studierte sie esoterisches Wissen an indischen Geheimschulen, wurde wiederum von angeblichen Meistern in geheime Wissenschaften eingewiesen. 1882 wurde der Sitz der Theosophischen Gesellschaft von New York nach Madras, Indien, verlegt. Geradezu schlagartig expandierte die Theosophische Gesellschaft. Es wurden in aller Welt Zweigstellen gegründet. Schon in den Anfangsjahren kam es zu Streitigkeiten, die noch zunahmen, als die Gesellschaft weltweit auf reges Interesse stieß und sich immer mehr Menschen anschlossen. Das führte zu organisatorischen Problemen, auch zu Streitigkeiten bei der Besetzung von Ämtern. So splitterten sektenartig immer wieder einzelne Gruppen ab, die sich wiederum zu eigenenständigen theosophischen Gesellschaften erklärten. Jede dieser Gruppen behauptete freilich, allein und im Gegensatz zu den übrigen Zusammenschlüssen wahrhaft theosophisches Gedankengut zu vertreten.

Persönliche Streitigkeiten und Animositäten führten zu herben Auseinandersetzungen. Man bestritt sich gegenseitig die Autorität. Rückblickend muss wohl konstatiert werden, dass die 1882 von Madras aus wirkende theosophische Gesellschaft als *die authentische* angesehen werden kann. Sie wird gewöhnlich nach einem Vorort von

Madras als Adyar-Theosophische-Gesellschaft bezeichnet. Diese zentrale Gruppe war im Verlauf ihrer Geschichte zahlreichen Wandlungen unterworfen, die zentrales Glaubensgut betrafen. Zunächst hatte man sich fast ausschließlich dem Studium von Geister- und Spukphänomenen gewidmet. Dann rückte der Buddhismus ins theosophische Glaubensgebäude ein. 1894 bis 1912 wandte man sich dem Hinduismus zu, um ab 1913 einen am Christentum orientierten Glauben zu propagieren, der freilich auf Gott und Christus verzichtete.

Die Adyar-Theosophische Gesellschaft war insgesamt relativ straff organisiert. Sie sah sich als eine weltumfassende Über-Gruppierung, die aus verschiedenen Föderationen (z. B.: eine amerikanische und eine europäische) bestand. In den Föderationen wiederum schlossen sich die jeweiligen Ländergesellschaften zusammen, die ihrerseits aus einzelnen Ortsgruppen, Logen genannt, bestanden.

An der Spitze stand ein Präsident, der zusammen mit einigen wenigen Mitgliedern vom geheimen Inneren Kreis die jeweils gültige Lehrmeinung festlegte. Zweifelsohne war es Helena Petrowa Blavatsky selbst, die diese geradezu als oberstes Gesetz angesehenen Richtlinien dominant bestimmte. Das wurde ersichtlich, als sie am 8. Mai 1891 starb. Als Nachfolgerin hatte sie Annie Besant (1847–1933) vorgesehen, die auch tatsächlich Vorsitzende wurde. William Q. Judge scheint damit nicht so recht einverstanden gewesen zu sein. An eine Absetzung von Annie Besant war zunächst nicht zu denken, schließlich hatte Madame Blavatsky sie selbst als Nachfolgerin auserkoren. Es kam aber zu einer Beschneidung ihrer Macht. Judge übernahm die Leitung der Gesellschaft in Amerika, Besant „regierte“ in England. William Q. Judge war das freilich nicht genug. Schließlich unterstellte er, dass die streitbare Frau „dunklen Mächten“ anheim gefallen sei und abgesetzt werden müsse. Henry S. Olcott unterstützte Annie Besant, William Q. Judge gab auf und trennte sich von den Theosophen. Er gründete eine eigene esoterische Geheimgesellschaft.

Annie Besant wandte sich als Präsidentin der Gesellschaft verstärkt auch politischen Zielen zu. In Indien gründete sie den „Theosophical Order of Service“.

Ziel aller ihrer Bemühungen war es, den Menschen, deren Vorfahren Meister des esoterischen Wissens waren, wieder zu Nationalstolz zu verhelfen. In Indien gründete sie das „Central Hindu College“. Sie setzte sich für ein Bildungssystem in Indien ein, das für alle Bevölkerungsschichten von Nutzen sein sollte. Sie kämpfte vehement für die Unabhängigkeit Indiens. In ihrer eigenen Zeitung kritisierte sie immer schärfer die Vorherrschaft Englands über Indien. Das Empire nahm sie sehr ernst, ließ sie sogar verhaften und unter Arrest stellen. Annie Besant aber gab nicht auf. 1917 wurde sie, damals siebzigjährig, Präsidentin des „Indian National Congress".

Die Aktionen der streitbaren Theosophin blieben nicht ohne Erfolg. Zweifelsohne muss man sie als eine der Mütter von Indiens Unabhängigkeit bezeichnen. Männer wie Mahatma Gandhi und Jawaharal Nehru hatten ihre Schule besucht.

Theosophie

Schon in den Monaten vor der Gründung der Theosophischen Gesellschaft berichtete Madame Blavatsky von ihren Studienreisen. Sie zitierte aus einem angeblich von tibetanischen Wissenden übermittelten Heiligen Buch, aus dem „Dzyan". Sein Original freilich sei älter als die Erde gewesen. Jenes in geheimnisvollen Buchstaben, die aus uralten Zeiten stammten, abgefasste Buch soll das Fundament für Madame Blavatskys Lebenswerk gewesen sein: „Isis Unveiled" (1877) und „The Secret Doctrine" (1883), in Deutsch: „Die Geheimlehre" (1888).

Die Geheimlehre ist ein äußerst schwer verständliches, überaus kompliziertes Werk, dessen Umfang auch den interessierten Laien davon abhalten kann, sich mit der Theosophie auseinander zu setzen. Versucht man das von Helena Blavatsky auf tausenden Seiten dargelegte komplexe Weltbild im Überblick zusammenzufassen, so sind dabei vergröberte Darstellungen der subtilen Inhalte unvermeidbar.

- Die theosophische Geheimlehre ist Esoterik, das Urwissen aller Zeiten. Dieses Wissen aller Zeiten ist systematisch geordnet in der Theosophie. Das esoterische Wissen umfasst somit Vergangenheit, Gegenwart und Zukunft. Der irdische Esoteriker kennt somit auch die Vergangenheit und die Zukunft von Erde und Menschheit.
- Alles Sein ist eins. Zwischen dem Göttlichen und dem Menschlichen gibt es keine Wesensunterschiede. Vielmehr sind es Äußerungen ein und desselben Prinzips. Dementsprechend sind Positiv und Negativ zwei Aspekte des Gesamten. Das Bewusstsein (oder

der Geist) ist positiv, Substanz ist negativ. Materie ist Träger des Lebens. Da alles in der Natur aus Materie besteht, ist alles auch belebt.

- Gott im Sinne von Religionen gibt es nicht. Vielmehr ist Gott gar nicht vom Menschen erfassbar. Am Anfang war die Urenergie, genannt „Logos". Logis ist der Leiter, vernunftlose Kräfte verwirklichen den Plan des Logos.
- Es gibt also nicht den Unterschied zwischen „toter" und „lebender Materie". Vielmehr ist der gesamte Kosmos lebendig. Alles im Kosmos hat Bewusstsein. Das kosmische Bewusstsein lenkt die Energie, die Kraft, die alles Äußerliche bewirkt.
- Mikrokosmos und Makrokosmos sind Spiegelbilder voneinander. Der Mensch selbst ist ein Mikrokosmos, ein Abbild des Gesamtkosmos. Alles, was es im Gesamtkosmos gibt, das ist auch in seinem kleinen Spiegelbild, also im Menschen, enthalten.
- Die absolute Wirklichkeit ist sowohl Sein als auch Nichtsein.
- Der ewige Kosmos ist eine Aufeinanderfolge von zyklischen, sich wiederholenden Abläufen. Das Gesetz des Universums heißt Kommen und Gehen. So wie Ebbe und Flut einander abwechseln, so wie Tag und Nacht aufeinander folgen, so kommen und gehen ganze Universen.
- Jede Seele im Kosmos ist ein Individuum und doch wiederum auch Teil der Überseele. Jede einzelne Seele birgt ein leuchtendes Stück der Überseele in sich.
- Das Äußerliche, das Sichtbare in jedem Kosmos, ist ein Trugbild und vergänglich, was seine Form angeht. Alles ist steter Veränderung unterworfen. Auch „Gut" und „Böse" sind vergänglich. Alles Seiende hat dabei Bewusstsein. Göttliches und Menschliches sind nicht prinzipiell unterschiedlich, sondern Ausformungen desselben Prinzips auf verschiedenen Ebenen. So hat auch alles im Kosmos eine ganz eigene, der jeweiligen Ebene entsprechende Wahrnehmungsebene.
- Der Gesamtkosmos ist kein Zufallsprodukt, sondern nach einem Plan erzeugt worden, den es schon seit Anbeginn der Zeit gab. Der Plan war schon immer im Unbewussten des absoluten Geistes enthalten.
- Der Mensch der Gegenwart gehört der fünften von sieben Weltrassen an. Die erste stammte vom Mond, lebte auf einem Kontinent

namens „Unvergängliches Heiliges Land“. Die zweite Rasse („Hyperboräer“) hauste vor 18 Millionen Jahren auf einem gewaltigen Kontinent in der Nähe des Nordpols. Sie war ohne Intelligenz. Die dritte Rasse war ein Riesenvolk, das im Indischen Ozean auf einer Insel hauste. Sie versank im Meer, und ein neuer Kontinent stieg aus den Wogen: im Atlantischen Ozean: Atlantis. Atlantis war die Heimat der vierten Rasse. Der Jetztmensch gehört der 5. Rasse an, deren Ursprung in Nordasien lag. Auch sie wird untergehen, wie alle Rassen vor ihr, und der sechsten Rasse Platz machen. Mit dem Erlöschen der siebten Rasse endet ein Zyklus. Weitere Zyklen werden folgen, freilich nicht auf der Erde. Künftige Menschheiten werden die Erde verlassen und in den Tiefen des Alls neue Welten entdecken, besiedeln und dort wieder untergehen, gefolgt von immer neuen Menschheiten.

- Die Menschenseele ist unsterblich. Der Mensch erlebt zahllose Wiedergeburten, dabei durchläuft er seinen Weg der Erkenntnis. Am Ende steht das Einswerden mit der Weltseele. Der Mensch als Ganzes besteht aus mehreren „Körpern“: aus dem grobstofflichen Leib, aus dem Energieleib (Träger der Lebenskraft), aus dem Astralleib (Sitz des konkreten Denkens) und dem Kausalleib (Träger der Vernunft, Sitz der Individualität des Menschen). (Siehe auch: Reinkarnation)

3.6 Golden Dawn – mit esoterischem Wissen zur Unsterblichkeit?

Vorläufer

Um 1800 erschien in England das Buch „The Magus or Celestial Intelligence; being a Complete System of Occult Philosophy“ („Der Magier oder Himmlische Intelligenz; ein vollständiges System der Okkulten Philosophie“) von Francis Barret. Darin offenbart der Autor erstmals unzählige Einzelheiten über die praktische Magie des 18. Jahrhunderts. Das Werk löste in England Begeisterung aus. Gab es doch endlich konkrete Anweisungen aus esoterischen Quellen, wie angeblich Magie mit Erfolg ausgeübt werden könne. Magische Zirkel schossen zeitweise wie Pilze aus regennassem Boden. Teils im Geheimen, teils öffentlich wurden esoterische Texte studiert. Eine der populärsten Gruppen war die „Societas Rosicruciana in Anglia", der prominente Engländer angehörten. Mitglied bei dieser Rosenkreuzer-Gruppierung war zum Beispiel Edward Bulwer-Lytton (1803–1873), Verfasser des Romans „Die letzten Tage von Pompeji". Aus dem übrigen esoterisch-magischen Werk des berühmten Briten geht eindeutig hervor, dass er Zugang zu geheimen esoterischen Quellen gehabt haben muss. Bis heute konnte nicht geklärt werden, woher er sein erstaunliches Wissen bezog.

Zweifelsohne hatte Francis Barret so etwas wie eine Initialzündung ausgelöst. Immer mehr Wissenschaftler verschrieben sich der Esoterik. Sie waren in erster Linie an konkreter Magie interessiert. Wenn Riten abgehalten wurden, dann wollte man möglichst rasch ein konkretes Ergebnis sehen. Intensive Studien wurden in der Societas Rosicruciana betrieben. Sehr groß war in den esoterischen Zirkeln das Interesse an möglichst alten Manuskripten. Esoteriker suchten gezielt nach derlei geheimen Texten.

Cypher Manuskript

Um 1880 wurde der esoterisch äußerst interessierte Theologe Woodford fündig. In einem Antiquariat stieß er auf einen mysteriösen, umfangreichen, in Geheimschrift verfassten Text, das so genannte „Cypher Manuskript". Trotz intensivster Bemühungen gelang es ihm nicht, den Text zu entziffern. Er reichte ihn an den Arzt und Leichenbeschauer William Westcott (1828–1925) weiter, einen Kenner der Esoterik. Der war Rosenkreuzer, aber auch Mitglied bei den Theosophen und kannte Madame Helena Blavatsky persönlich. Zusammen mit seinem Arztkollegen William Robert Woodmann (1828–1891) gelang die Übersetzung.

Wer war wohl der Autor? Der Text trug die Initialen A.L.C. War das der Name des Verfassers? Eingeweihte Esoteriker schlossen auf Alphonse Louis Constant (1810–1875), der unter dem Pseudonym Eliphas Levi europaweit als kundiger Esoteriker zu Ruhm gekommen war. Hatte Levi selbst den Text zu Papier gebracht – in verschlüsselter Form? Oder deuteten die Initialen lediglich an, dass sich das esoterische Werk in seinem Besitz befunden hatte? Die Frage konnte bis heute nicht geklärt werden.

Der mysteriöse Text, über dessen Echtheit noch immer gestritten wird, führte schließlich zur Gründung eines neuen Ordens, genannt

„Golden Dawn“ oder „Hermetischer Orden der Goldenen Dämmerung“. Oder wurde lediglich ein alter Orden neu ins Leben gerufen? Existierte er schon länger, von der Öffentlichkeit unbemerkt? Die Namen der Gründungsmitglieder sind überliefert: William Westcott (1828–1925), Samuel Liddle Mac Gregor Mathers (1854–1918) und William Robert Woodmann (1828–1891). Golden Dawn wurde vermutlich die englische Sektion einer geheimen deutschen Gruppe, die zu den Rosenkreuzern gerechnet werden muss.

Wenn eine Bruderschaft die Bezeichnung „geheim“ verdient hat, dann war es der „Golden Dawn“. Es war mehr als schwierig, ja fast unmöglich, Mitglied zu werden. Die „Eingeweihten“ traten auf „geeignete Kandidaten“ zu. So kam es, dass nie mehr als dreihundert Mitglieder der exklusiven Gemeinschaft angehörten. Aufgenommen wurde zum Beispiel William Butler Yeats (1865–1939), der 1923 den Nobelpreis für Literatur erhielt.

Ein Insider packt aus

1903 zerbrach der Orden. Vermutlich hätte die breite Öffentlichkeit nie von seiner Existenz erfahren, wenn es nicht einen „Verräter“ gegeben hätte. 1937 legte Israel Regardie (1907–1985) gleich vier voluminöse Bände vor, in denen er die magischen Praktiken des „Golden Dawn“ offenlegte. So wissen wir heute, dass jeder „Kandidat“ eine komplizierte Aufnahmezeremonie mitmachen musste. Vermutlich wurden dem Novizen dabei Drogen verabreicht, die zu Halluzinationen führten. Ziel war eine „geistige Wiedergeburt“. Um die zu erreichen, mussten Tod und Auferstehung so physisch wie nur möglich erlebt werden. Der geistig Wiedergeborene sollte durch Magie wiederum „neu geschaffen“ werden, und zwar nicht als „normaler Mensch“, sondern als mächtiges Wesen, das im Zentrum eines ganz persönlichen Universums stand.

Sind die Enthüllungen von Israel Regardie aber verlässlich? Berichtete er unvoreingenommen über den Geheimbund, dessen Mitglieder ihn verachteten? Sind manche Beschreibungen vielleicht übertrieben, um die Enthüllungen für das breite Publikum interessanter zu gestalten? Allerdings gibt es keine einzige andere Quelle, aus der wir Informationen über den Golden Dawn schöpfen könnten. Da ist die Rede von ekelhaften Riten, die angeblich im Zentrum der Gemeinschaft, im „Isis-Urania-Tempel“, gefeiert wurden. Da sollen grässliche „Zaubertränke“ angerührt worden sein, zu deren Ingredienzen zum Beispiel eine speziell zubereitete Schlange gehörte.

Der Esoterik-Experte Jacques Bergier meinte im Gespräch mit dem Verfasser: „Der Mensch galt als ein müder Abglanz Gottes. Er war sterblich, Gott hingegen lebte ewig. Der Golden-Dawnler beklagte, wie begrenzt seine Kräfte seien. Er sehnte sich danach, auf magischem Wege allmächtig wie Gott zu werden. Bekannt sind heute einst streng geheime Riten, die nur ganz wenigen Eingeweihten verraten wurden. Wir kennen eine der wichtigsten Zeremonien:

„Berühre die Stirn und sprich ‚Ateh‘ (Dein ist), die Brust und sprich ‚Malkuth‘ (das Reich), die linke Schulter und sprich ‚ve-Gedulah‘ (und die Herrlichkeit). Lege die Hände über der Brust zusammen und sprich ‚le Olam‘ (in Ewigkeit, Amen). Ziehe danach ein Pentagramm (einen fünfzackigen Stern) nach Osten, deute kraftvoll in seine Mitte und rufe den Gottesnamen ‚JHVH‘ (Jahwe), ziehe danach ein Pentagramm nach Süden und rufe den Gottesnamen ‚Adonaio‘, ziehe dann ein Pentagramm nach Westen und rufe den Gottesnamen ‚Eheie‘, ziehe dann ein Pentagramm nach Norden und rufe den Gottesnamen Aglao. Vollende den Kreis im Osten.

Stelle dich mit ausgebreiteten Armen in Kreuzform hin und sprich: Vor mir Rafael, hinter mir Gabriel, zu meiner Rechten Michael, zu meiner Linken Uriel. Dabei stelle dir die riesigen Gestalten der Erzengel vor, die dich schützen und dir Kraft geben. Sprich dann: Um mich flammende Pentagramme und über mir leuchtet der sechsstrahlige Stern. Schlage dann wie zu Anfang das kabbalistische Kreuz.“

Als dieses geheime Ritual zu Zeiten des „Golden Dawn“ praktiziert wurde, galt es als streng gehütetes Geheimnis, das keinem Uneingeweihten anvertraut werden durfte. Heute sind die genauen Abläufe der mystischen Übung bekannt. Wichtige Details aber werden wir wohl nie erfahren: Die magischen Worte mussten in einer exakt festgelegten Weise ausgesprochen werden. Dabei musste eine geheime Atemtechnik angewandt werden.

Esoterik und ewiges Leben

Esoterik war für die „Golden Dawn“-Angehörigen keine Spinnerei. Es galt nicht, Naturgesetze aufzuheben. Das geheime Wissen der Esoterik wurde vielmehr als optimaler Umgang mit den Naturgesetzen angesehen, die der Wissende zu seinem eigenen Vorteil nutzte. Die

Vorstellung, man könne durch das Aussprechen von irgendwelchen Zauberworten Wünsche wahr werden lassen, wurde mit Sicherheit im „Golden Dawn“ als absurder Humbug angesehen. Freilich glaubte man gleichzeitig, dass mit Hilfe von Esoterik Wünsche verwirklicht werden können. Und zwar dadurch, dass die Willenskraft des Menschen auf ein ganz konkretes Ziel gelenkt wird.

Der Esoteriker sah in allem eine Realität, in der sich auch das Göttliche spiegelte. Nach dem Buch Sohar, das im Mittelalter in Kreisen der Eingeweihten kursierte, strömte zu Anbeginn der Zeiten ein enormer Energiestrahl aus Gott, teilte sich in neun Lichter. Diese zehn Kräfte waren durch zweiundzwanzig Wege miteinander verbunden.

Die Seele des Menschen ging von Gott aus und sank zur Erde nieder. Ihr stetes Trachten galt der Rückkehr zum Ursprung, zu Gott. Der Esoteriker glaubte an ein Universum, das aus zehn ineinander liegenden Kugeln bestand, die als Sphären bezeichnet wurden. In diesem System war Gott die äußerste Sphäre. Auf der nächst niedrigen befanden sich die Fixsterne, dann kamen die sieben bekannten Planeten. Zur tiefsten Sphäre gehörten Mond und Erde.

Der Mensch, geboren in unsere Welt, war ein Nachkomme von Adam und Eva, die von Gott aus dem Paradies vertrieben worden waren. Sie waren sterblich geworden und sehnten sich sehr nach ewigem Leben. Mit dem Geburtsvorgang war der Mensch aus der Sphäre des Lichts in tiefste Regionen gefallen – auf die Erde. Aus einem Lichtwesen wurde dabei ein körperliches Wesen. Beim Abstieg nach unten wurden immer tiefere Sphären durcheilt, und dabei bekam der Mensch die entsprechenden Eigenschaften mit, die man diesen Sphären zuschrieb. Von Venus erhielt der Mensch die Fähigkeit zur Liebe, von Merkur die zu denken. Seine irdische Erscheinungsform wurde dem Menschen erst auf der Erde zugeteilt.

Die Menschwerdung war für die Seele alles andere als ersprießlich. Man war nicht mehr Geist allein, sondern Fleisch und Blut. Und man war sterblich, von Krankheit und Tod geplagt. Gab es einen Ausweg? Konnte Unsterblichkeit wiedererlangt werden? Durch esoterisches Wissen. Der Mensch war ja aus höchster Sphäre zur tiefsten hinabgestiegen. So galt das Streben des Esoterikers dem Rückweg ins Licht: im Hier und Jetzt, nicht am „Sankt Nimmerleinstag“. Er war aus Kether, der Krone, gekommen. Dorthin wollte er zurück. Der Magier wollte zu Lebzeiten erreichen, was eigentlich für die Zeit nach dem Tod vorgesehen war. Er wollte wieder unsterblich sein. Und das im Hier und Jetzt, nicht erst im Jenseits.

Nach Jacques Bergier verfügten die Insider vom Golden Dawn über die entsprechenden Formeln, die den Rückweg ins ewige Leben ermöglichten. Sie wurden bis heute nicht publik gemacht.

Zunächst galt es, die neunte Sphäre zu durchdringen. Sie wurde als Ursprung aller Schöpfungskraft angesehen. Neun war ihre magische Zahl. Auf dem Mond hauste Yesod, der Magier. Sphäre acht wurde als weibliche Kraft angesehen. Sie war für die Intuition zuständig. Die Astrologen setzten sie mit dem Planeten Merkur gleich. Er beeinflusste die Gabe des logischen Denkens. Sphäre sieben, Netsah, steuerte die männliche Potenz in der Pflanzen-, Tier- und Menschenwelt. Astrologen setzten sie mit dem Planeten Venus gleich, der Liebe und Triebe bestimmte. Netsah und Hod konkurrierten miteinander. Yesod, der Magier auf dem Mond, wusste die Spannung zwischen beiden Polen zu nutzen. Er schöpfte daraus Kraft für seine Zauberei.

Sphäre sechs, Fifereth, war in der astrologischen Sprache die Sonne. Verschiedene Symbole versinnbildlichten diese Welt der Schönheit – zum Beispiel das Bild des „geopferten Kindes". Wohl auch deshalb wurde Fifereth mit Jesus identifiziert, der nach der christlichen Erlösertheologie als Sohn Gottes für die Sünden der Menschen starb. Der Ursprung dieser Gleichsetzung geht aber mit Sicherheit in Zeiten lange vor der christlichen Ära zurück, als hohen Göttern – und gewiss auch der Sonne – noch Menschenopfer dargeboten wurden. Auf Erden hatte Fifereth ein magisches Tier. Es war der Löwe.

Sphäre fünf, Din, war im astrologischen Weltbild mit Mars identisch. Sie galt als Ursprung alles Bösen. Wollte man eine bildliche Darstellung dieser Welt erstellen, dann wählte man einen Furcht einflößenden Soldaten in einem brausenden Streitwagen. Er war als Vernichter ausgebildet, als instinktgetriebener Berufsmörder. Hauptgegner von Din war Hesed, die vierte Sphäre. Sie war die Liebe, eine positive Kraft. Sie ordnete alles, war also das Gegenstück zum zerstörerischen Din. Fifereth war stets darum bemüht, die beiden gegensätzlichen Welten wenn doch nicht zu versöhnen, so doch einander in Harmonie näherzubringen. Hesed galt als typisch feminine Kraft. Ihr wurden magische Fähigkeiten zugesprochen. Der Zauberstab war ihr Zeichen, aber auch der Bischofsstab. Eines ihrer weiteren irdischen Sinnbilder war die Pyramide.

Binah, die dritte Sphäre, galt als die Mutter des Universums. Ihre Symbole: Schlüssel, Kreis, Oval und Diamant. Ihre magische Zahl war natürlich die drei. Lange bevor das Christentum seinen weltweiten Siegeszug antrat, herrschten Frauen über die irdischen Geschicke der Menschen. An jene Epoche des Matriarchats erinnert die Figur „Binah“, die in Abbildungen als reife Frau gezeigt wird.

Hokhmach war die einzige Sphäre, auf die direkt der Glanz Gottes fiel. Deshalb galt sie als besonders begünstigt. Nicht zuletzt wegen dieser Gottesnähe war sie die personifizierte Weisheit. Der Turm war neben dem Phallus ihr Symbol. Eingeweihte Esoteriker waren deshalb überzeugt: Die Beschreibung des Turmbaus zu Babel ist eine symbolhafte Darstellung des ständigen Versuches der Menschen, zur höchsten, zur ersten Sphäre, zu Gott vorzudringen – und zwar zu Lebzeiten. Gott Jahwe ließ dies nicht zu und zerstörte den Turm, wie wir aus der Beschreibung des Alten Testaments hinlänglich wissen. Erst nach dem irdischen Tod war es der menschlichen Seele überhaupt gestattet, den Versuch zu unternehmen, zu Gott zurückzukehren.

Die zweite Sphäre war der letzte Vorposten vor der höchsten. Hier wachen nach Überzeugung alter Esoteriker vier Engel. Hokhmachs Darstellungen in der Kunst kommen uns seltsam vertraut vor. Er wurde häufig als greisenhafter Mann mit wallendem Rauschebart gezeigt. Genau so wurde ja der „liebe Gott“ in Bibelillustrationen personifiziert.

Die höchste Sphäre, die jede Seele nach dem Tod „ihres“ Menschen zu erreichen strebte, war Kether, die Krone. Sie war das Licht, aus dem sich jede Seele einst gelöst hatte. Von dieser Welt war alles, was das menschliche Leben wirklich ausmacht, hinabgestiegen, hatte die Sphären nach und nach durchschritten. Hierhin wollte jede Seele zurückkehren – ins heilige Licht, zurück zu Gott. In den in den ersten Jahrhunderten nach Christus entstandenen gnostischen Ablegern des ursprünglichen alleinigen, einzigen christlichen Glaubens galt bereits das beschriebene Prinzip „Rückkehr der Seele nach dem Tode des Menschen zu Gott“.

In einem der ältesten gnostischen Texte heißt es entsprechend: „Er (Gott, Ergänzung des Verfassers) erinnert die Seinen an ihre himmlische Heimat und belehrt sie über den Rückweg. Er überliefert ihnen vor allem die heiligen Formeln, die sie kennen müssen, um beim Aufstieg die sieben verschiedenen Planetensphären, die kosmischen Mächte, zu passieren."

Das beschriebene Weltbild mit den zehn Sphären für die Anhänger der Kabbala und der Gnosis ist eine Wegbeschreibung für verstorbene Seelen zurück zu Gott. Für den Anhänger des Ordens vom „Golden Dawn" freilich standen weit praktischere Überlegungen im Vordergrund. Ziel war die magische Verwirklichung des vielleicht ältesten irdischen Traums. Die Mitglieder wollten ewig jung und unsterblich bleiben.

Resümee

Die Vorstellungen der Gemeinschaft sind uralt. Sie wurden bereits im frühen Mittelalter von den so genannten Kabbalisten vertreten. Jacques Bergier schreibt: „Die Golden-Dawn-Magie war Kabbala-Magie. Durch spezielle Übungen wurde die Willenskraft auf ein konkretes Ziel gelenkt." Willenskraft wurde als Energie angesehen. Und man war davon überzeugt, durch bestimmte Rituale diese Energie ausnutzen zu können – zur Verwirklichung von konkreten Wünschen. Völlig zutreffend schreibt der Esoterik-Experte Franjo Terhart zu dieser Vorstellung: „Ein wirklicher Magier ist Lenker und Herr seiner selbst, denn er weiß sich als Zentrum des Ausdrucks des ursprünglichen Willens Gottes, der auf ewig das Universum erschafft und erhält. Somit zieht er all seine Kraft aus dem unerschöpflichen Reichtum der grenzenlos göttlichen Substanz."

Mehr als nur Magie

Für den Anhänger von Golden Dawn gab es keinen Zweifel daran, dass der Mensch unsterblich sein konnte. War der Mensch, bevor er aus dem Paradies vertrieben wurde, nicht unsterblich? Dann benötigte er nur die richtigen esoterischen Kenntnisse, um wieder unsterblich zu werden. Und wer mit Magie unsterblich werden konnte, dem sollten doch alle magischen Möglichkeiten offen stehen! Dazu gehörte auch der freie Zugang zu esoterischem Geheimwissen.

Der geheime Orden von der Goldenen Dämmerung bestand keineswegs nur aus Okkult-Esoterikern. Es waren Menschen, die nach verborgenem Wissen suchten und ihre Erkenntnisse entsprechend den strikten Ordensregeln auch geheim hielten. Mancher Ordensbruder mag Magie betrieben haben, was andere strikt ablehnten. Magie wurde aber allenfalls als ein Teilaspekt des verborgenen Wissens angesehen, nicht als das zentrale Element.

3.7 Aleister Crowley – Unhold oder Esoteriker?

Versuch einer biographischen Annäherung

Aleister Crowley, eigentlich Edward Alexander Crowley (1875–1947), wuchs in einer gut situierten, ja wohlhabenden Familie auf. Seine Kindheit war von christlichem Sektierertum geprägt. Crowleys Familie gehörte zum inneren Kreis der „Plymouth Bruderschaft". Sein Vater zog als Prediger für die Gemeinschaft durchs Land. Die Bruderschaft stand in heftiger Opposition zur christlichen Staatskirche und anerkannte keine kirchlichen Autoritäten. Nur die Bibel, die von den Mitgliedern zu allen passenden und unpassenden Gelegenheiten zitiert wurde, galt als Richtschnur. Die Bibel wurde als geradezu magisches Werk angesehen und zweifelsohne auch bei Zeremonien benutzt, die Mitglieder der Staatskirche mit Entsetzen erfüllt hätten.

Entsetzt soll Aleister Crowleys Mutter ob der Widerspenstigkeit ihres Sprösslings gewesen sein. Angeblich titulierte sie den Buben gelegentlich als „das Biest", in Anspielung auf die Offenbarung des Johannes, auch Apokalypse genannt (Kapitel 13, Verse 11–18). In christlicher Tradition wird jenes Biest als satanische Kreatur, ja als Teufel selbst, angesehen. Schon in jungen Jahren soll Crowley diese Titulierung akzeptiert haben und davon ausgegangen sein, dass er tatsächlich das Tier der Apokalypse sei. Später benutzte er zahlreiche Pseudonyme, unter anderem auch „To Mega Therion": „das große Tier".

1895 studierte Crowley am Trinity College in Cambridge. Schon während des Studiums bereiste er die Welt. In Mexiko und im Himalaja erklomm er auf der Suche nach spiritueller Wahrheit höchste Berge. In Japan, Indien, China und Ceylon suchte er geheimes Wissen. Am 31. 12. 1896 will er eine Offenbarung erlebt haben. Ihm sei klar geworden, dass ein Teil seines Wesens magischer Natur sei. 1899 begegnete ihm in der Schweiz der Esoteriker Cecil Jones, der den jungen Mann in den Orden von der Goldenen Dämmerung einführte. 1904 will er in Kairo von Aiwaz, dem Abgesandten des ägyptischen

Gottes Ra-Hoor-Khuit, in die geheimsten Geheimnisse eingeweiht worden sein. Zeit seines Lebens war Crowley auf der Suche nach Erkenntnis. Er gründete mehrere magisch-esoterische Geheimorden. Alle sollten dem Ziel dienen, Eingeweihten die verborgenen Mächte, die unser Leben seiner Ansicht nach massiv beeinflussen, zu offenbaren. Es gab für Crowley keinen Zweifel daran, dass herkömmliche Wissenschaften nur einen Teil der Wirklichkeit umschreiben können. Sein Lebensziel war das ständige Erforschen esoterischen Wissens.

Wissen, Werk und Wirken

„Jeder Mann und jede Frau ist ein Stern!“ postulierte Crowley und stieß damit bei jenen seiner Zeitgenossen auf Unverständnis, die keine Ahnung von Esoterik hatten. Crowley meinte damit, dass – gemäß uralter esoterischer Tradition – in jedem Menschen ein Funken Göttlichkeit wohnt. Aleister Crowley war davon überzeugt, dass der Mensch sich nur dann dieser ihm innewohnenden Kraft bewusst werden kann, wenn er in seinem Handeln seinem innersten Wesen entspricht. Sobald der Mensch seinen inneren, wahren Willen gefunden hat, wird er sich großer Kräfte, die bis dahin wirkungslos schlummerten, bewusst. Deshalb forderte Crowley „Tu was du willst!“ Was als Aufforderung gemeint war, das eigene authentische Ich ausfindig zu machen, wurde von seinen Kritikern – bewusst oder unbewusst – falsch verstanden: als Aufforderung zu rücksichtslosem Egoismus.

Crowley verfügte über ein immenses esoterisches Wissen. Er stieß aber seine Zeitgenossen so vor den Kopf, dass sich die meisten mit Abscheu abwendeten. Wohlwollende Kritiker freilich verstehen den möglichst totalen Bruch Crowleys mit den Konventionen als esoterische Verhaltensweise. Nur wenn der Mensch sich bewusst wird, dass er in seinem alltäglichen Leben die ihm innewohnenden Kräfte nicht einmal wahrnehmen kann, hat er eine Chance. Indem er gegen jegliche Konventionen verstößt und aufhört, seinem innersten Wesen entgegen zu handeln und zu leben, erweckt er die in ihm noch schlummernde Kraft. Er aktiviert diese innere Energie und kommt – so die Crowley-Interpreten – zu ungeahnten Erkenntnissen und Möglichkeiten.

Dann kann der Mensch auch Geister herbeizitieren und für sich arbeiten lassen. Nicht eindeutig ist Crowleys Auffassung von der Wirksamkeit von Zaubersprüchen und Formeln. Sind sie tatsächlich geistige Schlüssel, die Tore in andere Wirklichkeiten öffnen? Oder verändern sie so das Bewusstsein des Esoterikers, dass er weite Bereiche der Wirklichkeit erkennt, die er zuvor nicht wahrnehmen konnte?

Geradezu legendär ist Crowleys Ausübung des Rituals Abramelin nach einem Zauberbuch aus dem Jahr 1458. Um einen geeigneten Ort für die Zeremonie zu haben, kaufte sich Crowley 1900 am Loch Ness den alten schottischen Landsitz Boleskine. In der Einsamkeit versuchte er nach dem alten Ritus des Abramelin seinen Schutzgeist zu beschwören. Angeblich hatte er auch Erfolg. Naturgewalten sollen urplötzlich entfesselt worden sein; und das in einem so furchterregenden Ausmaß, dass Crowley entsetzt das Experiment abbrach und Europa verließ.

Heutige Esoteriker halten es für durchaus möglich, ja wahrscheinlich, dass Crowley ein wirksames Ritual zelebrierte. Er konnte aber ihrem Verständnis nach keinen positiven Erfolg damit haben, nennt der alte Text doch eindeutig eine Vorbedingung für segensreiches Gelingen. Da heißt es: „Willst du, dass dir Gott helfe, so musst du an seiner Gnade nicht zweifeln, sondern ihm gänzlich vertrauen. Du musst ihn fürchten und was er gebietet gehorsam tun.“ (Vom Verfasser in heutigen Sprachgebrauch übertragen.) Crowley aber verkündete seinen Anhängern: „Es gibt überhaupt keinen Gott und Gott seid ihr selbst!“ Diese atheistische Gesinnung sei es gewesen, die das Experiment habe scheitern lassen müssen.

Es ist ungeheuer schwierig, auch nur zu versuchen, Crowleys Werk und Wirken gerecht zu werden. Crowley, der eine geradezu magische Wirkung auf Mitmenschen ausgeübt haben muss, lebte exzessiv, konsumierte intensiv Drogen und manipulierte seine Anhänger schamlos. Auch scheint er seine exzessive Sexualität ausgelebt zu haben, häufig auf Kosten seiner Gespielinnen, die er zumeist rasch wieder verstieß. Nicht wenige hätten Selbstmord verübt oder seien wahnsinnig geworden.

Wer Crowleys Wirken und Werk einschätzend beurteilen will, der tut sich schwer. Man neigt leicht dazu, voreilig zu sein, und lehnt den begnadeten Esoteriker Crowley ab, weil man den egozentrischen, sexbesessenen Verführer ablehnt. Der Verfasser will versuchen, sich auf das esoterische Werk und Wirken Crowleys zu konzentrieren und einen kurzen Überblick zu geben.

- 1907 gründete Crowley den AA-Orden: „Astrum Argenteum“ oder „Silberner Stern“. Der Esoteriker arbeitet an sich, bildet seinen Geist durch Exerzitien aus. Er benötigt keine Meister oder Priester. Ihm gelingt die Selbsteinweihung. Sexualmagie wurde ausgeübt. Was in den Augen von Kritikern als sittenloses, unmoralisches Treiben gilt, das soll aus esoterischer Sicht zu einer Umwandlung der Kraft führen – von der sexuellen zur geistigen Kraft zum Beispiel.
- 1909 lernte Crowley den Ordo Templis Orientis kennen. O.T.O., von Dr. Karl Kellner gegründet, sah sich als legitimer Erbe des Templerordens. Auch hier wurde eine Art Sexualmagie betrieben. Das Verständnis war ein anderes: Im sexuellen Höhepunkt sollte Erleuchtung gewonnen, Gott erkannt werden. Liebe musste rituell praktiziert werden, dadurch erweitertes Bewusstsein sollte im Menschen magische Kräfte freisetzen. Und die galt es zu nutzen – im Diesseits wie auch noch nach dem Tode im Jenseits. Crowley war der Ansicht, dass der Mensch in der diesseitigen wie in der jenseitigen Welt von bösartigen Dämonen attackiert wird. Er bedarf geheimer Kräfte, wenn er sich erfolgreich gegen derlei Angriff wehren können will.
- Um 1920 wirkte Crowley auf Sizilien. In seinem Orden „Abtei von Thelema“ lebten Männer und Frauen zusammen. Ziel der gemeinsamen Anstrengungen war die Entwicklung eines besseren, höheren Selbst. Es galt, den wirklichen, im normalen Leben verschütteten wahren inneren Willen des einzelnen Menschen zu erkennen und ihm zu seinem Recht zu verhelfen. Crowley war davon überzeugt, dass äußerlich hässliche, ja verunstaltete Menschen auch äußerlich wunderschön werden, wenn sie auf dem Weg der Esoterik ihr unsichtbares Inneres vervollkommnen. Mussolini verbot den Orden, nicht etwa weil er gegen die Ausübung von Esoterik war, sondern weil er in der Gemeinschaft Freimaurer vermutete.
- 1944 widmete sich Crowley dem Tarot-Spiel. Er schuf zusammen mit der Künstlerin Frieda Harris einen neuen Kartensatz. Darin ist die Null die höchste Karte. So soll die Überzeugung zum Ausdruck gebracht werden, dass jegliche Eingrenzung auch die Möglichkeiten des Menschen einengt. Die Chancen liegen nach Crowley dort, wo nichts festliegt.

Im Mai 1923 musste Aleister Crowley Sizilien verlassen. Es sieht rückblickend so aus, als hätte er diese Niederlage nie so recht überwunden. 1934 prozessierte er gegen eine Künstlerin, die öffentlich behauptet hatte, Crowley übe Schwarze Magie aus. Er verlor diesen Prozess vor Gericht. Außerdem kostete ihn das spektakuläre Verfahren sein gesamtes Vermögen. Von nun an war er mittellos und auf die Unterstützung seiner Anhängerschaft angewiesen, die freilich auf ein kleines Häuflein Getreuer zusammengeschrumpft war. Drogensüchtig, alkoholabhängig, geschlechtskrank soll er 1947 geistig umnachtet gestorben sein. Angeblich lauteten seine letzten Worte: „Ich bin überrascht!" Vermutlich hätte Aleister Crowley seine allerletzte Erkenntnis über das Sein nach dem Tod seinen letzten Getreuen mitgeteilt. Dazu war er aber nicht mehr in der Lage.

Der Verfasser nahm als Student der evangelischen Theologie mehrfach an einem kleinen, privaten Vorlesungszirkel teil, den Professor Dr. S. in seiner Wohnung abhielt. Er wollte uns künftige Pfarrer gezielt auf das „Unwesen der geheimen Schulen und Gesellschaften" aufmerksam machen. Warnend erhob der Professor seinen Zeigefinger, als er mit gedämpfter Stimme über Aleister Crowley sprach. Er hob die angeblichen sexuellen Perversionen Crowleys hervor, erging sich dabei in recht plastischen Schilderungen. Geradezu genüsslich berichtete der Theologe über den jämmerlichen Tod Crowleys. Doch Crowley ist auch Jahrzehnte nach seinem Tod aus der esoterischen Szene nicht mehr wegzudenken. Bedauernd stellt der Theologe Joseph Schumacher fest: „Auch die zünftigen Esoteriker distanzieren sich nicht von ihm (gemeint: Aleister Crowley, der Verfasser). Sie verstehen seine Aktivitäten als Mystik und bezeichnen ihn als einen zutiefst religiösen und spirituellen Menschen. Trotz seiner Lasterhaftigkeit, seiner Abartigkeit und seines kriminellen Treibens wird Crowley in der Esoterik im allgemeinen als eine große Gestalt betrachtet, findet er in esoterischen Kreisen durchweg viele Sympathien, wird er als genial veranlagter Mensch bezeichnet und als bedeutender Lehrer esoterischen Wissens verehrt."

Unbeantwortet blieb bis heute die Frage: Was war Aleister Crowley? Unhold oder Esoteriker? Er selbst hätte die Bezeichnung esoterischer Unhold vielleicht als Kompliment aufgefasst.

3.8 Georg Iwanowitsch Gurdjieff und der Kampf gegen den Schlaf

1923 zwang Mussolini Aleister Crowley, Sizilien zu verlassen. Crowley zog sich zunächst nach Tunis zurück, erschien aber bald wieder in Europa. In Fontainebleau nahe bei Paris wollte er seine Drogenabhängigkeit kurieren. Er suchte einen Esoteriker auf, dem nachgesagt wurde, er könne die Menschen von noch so tief sitzenden Süchten befreien. Lange hielt es Crowley freilich in Fontainebleau nicht aus. Er konnte den Meister, der eine esoterische Schule leitete, nicht ausstehen: Georg Iwanowitsch Gurdjieff (1865–1949).

Leben, Wirken und Sterben

Über das Leben Gurdjieffs ist nur sehr wenig bekannt. Nach Pauwels und Bergier soll er sich in seiner Jugend in Tibet aufgehalten und von Eingeweihten in esoterische Wissenschaften eingeführt worden sein. Die so gewonnenen Erkenntnisse setzte er in seinem „Institut zur harmonischen Entwicklung des Menschen" ein. Das Institut leitete er zusammen mit Peter Demianowitsch Ouspensky (1877–1947). Beide gingen davon aus, dass es für den Menschen einmal eine höhere Wirklichkeit gegeben hat, die er damals bewusst wahrnehmen konnte. In dieser Zeitepoche sollen dem Menschen Erkenntnisse, die ihm heute verschlossen bleiben, leichter zugänglich gewesen sein. Zu eben diesen geheimen Quellen will Gurdjieff Zugang gehabt haben. Informationen aus geheimen, den meisten Menschen unzugänglichen Quellen, übertragen in eine auch dem Laien verständliche Sprache, ergänzt durch eigene Gedanken – das habe seine eigene Esoterik ergeben. „Mein Weg ist der Weg der im Menschen verborgenen Möglichkeiten. Es ist ein Weg, der gegen die Natur und gegen Gott verläuft."

In seinem Institut wirkte Gurdjieff auch als Heiler, wodurch er bald sehr bekannt wurde. Nach Zeugenaussagen gelang es ihm vor allem, Menschen von Erschöpfungszuständen vor allem psychischer Art zu befreien, indem er ihnen von seiner eigenen Kraft abgab. Gurdjieff selbst reagierte auf derlei Behauptungen verärgert. Seiner Meinung nach kann der entkräftete Mensch die ihm fehlende Energie nicht von außen zugefügt bekommen. Vielmehr muss er sie in sich selbst suchen und finden.

Als Gurdjieff am 29. Oktober 1949 in Paris gestorben war, geschah Mysteriöses. So soll seine Stirn Stunden nach seinem Ableben noch warm gewesen sein, wie bei einem Lebenden. Und als Tage später eine Autopsie die näheren Umstände des Todes aufhellen sollte, standen die Ärzte vor einem Rätsel. Seine inneren Organe waren bereits in einem solch extremen Zustand des Verfalls, dass Gurdjieff eigentlich schon seit Jahren hätte tot sein müssen.

Die Lehre – Versuch einer Annäherung
Kritiker wenden freilich heute ein, dass Gurdjieff seinen kranken Anhängern drakonische, manchmal unsinnig wirkende Maßnahmen befahl, die angeblich eine Heilung herbeiführen sollten. Studiert man freilich Gurdjieffs Werk, so drängt sich ein Gedanke auf: Gurdjieff wollte gar nicht der Heiler sein, als den ihn nicht wenige Zeitgenossen sehen wollten. Sein Ziel war es vielmehr, „Sinn und Zweck des menschlichen Daseins auf der Erde" zu erkennen und dieses Wissen so vielen Menschen wie nur möglich zu offenbaren.

Nach Gurdjieff ist der Mensch so lange ein mechanisch funktionierender Roboter, wie sein eigentliches innerstes Ich noch schläft. Der Mensch muss aufhören, eine „schlafende Marionette" zu sein. Solange alle Menschen schlafen, wird es nach Gurdjieff auch Kriege geben, in denen menschliche Automaten andere menschliche Automaten zu töten versuchen.

Wie aber kann der Mensch erwachen?
Er muss sich seines Zustands bewusst werden und erkennen, dass er bisher nicht wach war, sondern schlief. Harte Arbeit, speziell wenn sie Abscheu und Ekel auslöste, sollte den Menschen wachrütteln, ihn aus dem stumpf-dumpfen Unbewusstsein der Alltagsroutine herausreißen. Gleichzeitig soll er lernen, bewusster mit Energie umzugehen. Wobei Gurdjieffs Energiebegriff ein sehr weiter war.

Zunächst muss der Mensch seine Haltung gegenüber der Natur grundlegend ändern. Er muss aufhören mit dem Versuch, sie sich untertan zu machen. Er muss die Schöpfung mit Liebe sehen. Ideale Liebe aber ist – so Gurdjieff – frei von aller bewusstseinstrübender Emotionalität.

Dann muss der Mensch sich selbst gegenüber ehrlich werden und jegliche Heuchelei, Selbstsucht und Habgier aufgeben. Er muss auf Illusionen verzichten, die ihm das Leben angenehm gestalten mögen.

Eine Harmonisierung zwischen Gefühl, Intellekt und instinktiver Körperlichkeit muss erreicht werden. Als probates Mittel sah Gurdjieff die „heiligen Tänze“ an, die er an seiner Schule unterrichten ließ. Gefühl, Intellekt und Instinkt sind nach Gurdjieff die drei Energiezentren des Menschen. Der Mensch muss versuchen, diese drei Zentren miteinander in harmonischen Gleichklang zu bringen. Wenn ihm das gelingt, verfügt er sofort über ein insgesamt einheitliches gewaltiges Energiepotenzial. Gleichzeitig erlangt der Mensch einen höheren Bewusstseinszustand und ist dann zu Wahrnehmungen fähig, die er niemals zuvor für möglich gehalten hätte.

Wie aber ist diese Harmonisierung zu erreichen? Wie gelingt es dem Menschen, den so erstrebenswerten Zustand herbeizuführen? Nach Gurdjieff ist dazu „nur“ erforderlich, dass ein Mensch irgendeine Tätigkeit, irgendeine Aktion, wie banal auch immer, mit höchstem Bewusstsein ausführt.

Aufwachen heißt dann – so Gurdjieff – Wachwerden des göttlichen Ichs. Gott ist dabei die sich selbst organisierende Schöpfung. Gott ist kein allmächtiges Wesen, das Schöpfung bewirkt, notfalls auch gegen den Menschen und seine Interessen. Gott ist vielmehr auf die Mitwirkung jedes einzelnen Menschen angewiesen. Denn Gott ist die sich selbst lenkende Schöpfung, sozusagen eine riesige Maschine, die nur dann funktionieren kann, wenn die einzelnen Teile des Apparates mitwirken. Freilich fügt sich dann das einzelne Rädchen Mensch nicht willenlos in die Gesamtmaschinerie ein. Es lenkt und leitet bewusst den Ablauf des Geschehens.

Materialistische Esoterik

Das Universum selbst ist, entsprechend dem Satz von der Entropie, in seiner Existenz als geordnetes Etwas gefährdet. Nach der Entropie wird ein Zustand der gleichmäßigen Verteilung etwa aller Moleküle angestrebt und auch nach und nach erreicht. Das Universum, so wie wir es kennen, ist aber ganz im Gegenteil ein ungeordnetes Chaos: Da gibt es eine Konzentration von Molekülen, etwa in Form eines Sterns, dort herrscht die Leere des Weltraums. Und an anderer Stelle sitzt ein Mensch, auch wiederum eine konzentrierte Ansammlung von Molekülen, angeordnet nach bestimmten Mustern und keine gleichmäßige Verteilung von Molekülen. Lässt man der Entropie freien Lauf, so steht am Ende der Entwicklung die Auflösung von Materie und Energie – und damit der Tod des Universums. Damit aber Materie und Energie erhalten bleiben, muss es einen Prozess geben, der der Entropie entgegenwirkt.

Wie soll das vonstatten gehen? Indem der Mensch an der Schöpfung mitwirkt und bewusst arbeitet, sprich eine Harmonisierung zwischen Gefühl, Intellekt und Instinkt herbeiführt.

Gurdjieff war ohne Zweifel ein Esoteriker, der über Zugang zu verborgenem Wissen verfügte. Er stellt im Kreise der Esoteriker eine Ausnahme dar. Die meisten Esoteriker suchen nach der Möglichkeit, etwa durch rituelle, ans Magische erinnernde Übungen den Geist (wieder) dem Göttlichen näherzubringen. Gurdjieff hingegen ließ körperliche Übungen praktizieren, um zunächst ein höheres Bewusstsein zu erlangen. Das wiederum sah er aber als Voraussetzung für den Erhalt des materiellen Universums, der Schöpfung in ihrer Gesamtheit, an. Seine Einstellung war also insofern zutiefst materialistisch, als durch geistige Übungen die materielle Welt des Universums vor der Auflösung bewahrt und erhalten werden sollte.

3.9 Anthroposophie – Esoterik und Pater Ernettis Erfindung

Von der Theosophie zur Anthroposophie

Weltweit strebten die Theosophen nach esoterischer Erkenntnis. Sie wollten Gottes Weisheit (griechisch: Theosophie) erkennen und danach leben. Freilich konnten sie sich nicht auf einen gemeinsamen Weg einigen. Immer wieder kam es zu Abspaltungen und zur Neubildung esoterischer Gruppen und Sekten. Als der Theosoph Charles Webster Leadbeater (1847–1934) beispielsweise behauptete, der 14-jährige Jiddu Krishnamurti (1895–1986) sei als wiedergeborener Messias der Weisheitslehrer des 20. Jahrhunderts, kam es zur Spaltung der Theosophen. Annie Besant (1847–1933), Nachfolgerin der Gründerin Helena Petrowa Blavatsky (1831–1891), förderte den „neuen Messias“. Rudolf Steiner aber (1861–1925), Leiter der deutschen Abteilung der „Theosophischen Gesellschaft“, verließ die Gemeinschaft zusammen mit 90 Prozent der deutschen Mitglieder und gründete die „Anthroposophische Gesellschaft“. 1929 sollte Krishnamurtis Messiastum der breiten Öffentlichkeit kundgetan werden. Vor einer Schar von 3000 Menschen distanzierte sich Krishnamurti aber von seinem Förderer. Er sei weder der neue Messias noch dessen Sprachrohr auf Erden.

Rudolf Steiner definierte den Begriff Anthroposophie (griechisch: Menschenweisheit) so: „Sie ist die Erkenntnis, die vom höheren Selbst des Menschen hervorgebracht wird.“ Annie Besant hatte Theosophie so erklärt: „Es ist die göttliche Selbsterkenntnis im Menschen selbst.“ In beiden Fällen ist es der Mensch, der zum Wissen findet. In beiden Fällen ist das Wissen von übergeordneter Natur. Tatsächlich sind die Lehren beider Schulen fast identisch. Der Mensch entwickelt geistige Kräfte und kann dann Verbindung aufnehmen mit übergeordneten Geistwesen und zu Erkenntnissen gelangen. Sein Ziel ist es, selbst in diese höheren Sphären einzugehen. Das Potenzial zu diesem Schritt steckt in jedem Menschen, er muss es nur erkennen und durch geistige Schulung fördern. Durch Harmonisierung seiner ihm innewohnenden Kräfte – siehe Gurdjieff – macht sich der Mensch auf den Weg in die höchsten Sphären. Nach dem Gesetz der Reinkarnation wird er so oft auf Erden wiedergeboren, bis er alles Fehlverhalten abgelegt hat und reif für den Ätherleib ist.

Übersinnliches

Das Streben des Theosophen wie des Anthroposophen gilt dem Erreichen der höchsten geistigen Ebene, dem Einswerden mit dem Licht. Auf dem Weg dorthin wird ihm viel Verborgenes offenbar. Er erkundet die Kräfte des Übersinnlichen und kann selbst immer mehr über übersinnliche Kräfte verfügen. So wird es ihm möglich, Kontakt mit dem Jenseits aufzunehmen und sich mit den Geistern Verstorbener zu unterhalten. Selbst kritische Zeitgenossen konnten nicht umhin zuzugeben, dass Rudolf Steiner mediale Fähigkeiten besaß, über hellseherische Kräfte verfügte und Visionen von Verstorbenen hatte.

Zweifelsohne sind die Lehren der Theosophie das wesentliche Fundament, auf dem die steinersche Anthroposophie aufbaut. Rudolf Steiner schöpfte jedoch auch noch aus einer weiteren Quelle. Von etwa 1905 bis 1914 war Steiner Mitglied des Ordo Templis Orientis. (siehe auch Crowley) Hier kam Steiner in Kontakt mit schwarzmagischen Praktiken, hier lernte er die Sexualmagie Crowleys kennen.

Rudolf Steiner war also kein reiner Neugründer oder gar Erfinder, er stand fest in altehrwürdigen esoterischen Traditionen.

Dabei ging er allerdings selbstkritisch mit Modeerscheinungen der spirituellen Art um. Ende des 19. und zu Beginn des 20. Jahrhunderts grassierte geradezu ein populärer Spiritualismus. Gespräche mit dem Jenseits wurden häufig als angenehm prickelnde Freizeitgestaltung betrieben. Während sich die Theosophen sehr intensiv mit Geisterbeschwörungen oder Tischrücken beschäftigten, distanzierte sich Rudolf Steiner von solchem in seinen Augen vulgären Treiben.

Geistwesen, die Akasha-Chronik und Pater Ernettis Erfindung

Gleichzeitig ließ er aber keinen Zweifel daran aufkommen, dass seiner Ansicht nach das Universum von Geistwesen beseelt ist. Doch nicht nur diese überirdischen Wesen sah er als höchst real an, sondern auch ein allumfassendes Weltgedächtnis, das er Akasha-Chronik nannte. Er geht dabei vermutlich auf eine uralte, buddhistisch-hinduistische Überzeugung zurück. Demnach gibt es vier Ätherformen, von denen eine (Tattwa) alles Geschehene akustisch speichert. So entsteht ein Weltgedächtnis, das für alle Zeiten besteht – und das nach der Überzeugung Steiners vom kundigen Esoteriker angezapft und als Informationsquelle benutzt werden kann.

Hermann Hesse (1877–1962) scheint an diese Chronik gedacht zu haben, als er in seinem Roman „Der Steppenwolf", 1927 erschienen, von der Möglichkeit sprach, „dass alles je Geschehene ganz ebenso registriert und vorhanden sei und wir wohl eines Tages mit oder ohne Draht, mit oder ohne störende Nebengeräusche den König Salomo und den Walther von der Vogelweide werden sprechen hören." Folgt man dem österreichischen Schriftsteller Peter Krassa (geboren 1938), dann ist es dem italienischen Benediktiner Alfredo Pellegrino Ernetti (1926–1994) gelungen, eine Maschine zu bauen, die eben jenes Weltgedächtnis beliebig abhören und Informationen aus jeder Zeit beziehen kann.

Wenn tatsächlich so ein Apparat gebaut wurde, wo befindet er sich heute? Ging er nach dem Tod Pater Ernettis in den Besitz des Vatikans über? Darüber kann man nur spekulieren. Die Möglichkeit der Existenz der ernettischen Maschine ist freilich weniger lächerlich, als es den Anschein haben mag. Es sei daran erinnert, dass kein Geringerer als Thomas Alva Edison (1847–1931) jahrzehntelang versuchte, eine elektronische Vorrichtung zu konzipieren, mit deren Hilfe es möglich sein sollte, in Kontakt mit dem Jenseits zu treten. Ganz ähnliche Versuche unternahm auch der geniale Erfinder Guglielmo Marconi (1874–1937). Ist Ernetti geglückt, was Edison und Marconi vergeblich zu erreichen versuchten?

Zurück zu Steiner!

In einem weiteren Punkt distanzierte sich Steiner von den Anthroposophen. Im Gegensatz zu den Anhängern von Madame Blavatsky hielt er es nicht für möglich, eine bis ins letzte Detail ausformulierte Lehre zu entwickeln, die für alle Kulturkreise gleich aussah. So ist seine Anthroposophie doch mehr auf das vom Christentum geprägte Abendland hin ausgerichtet. Dies wurde besonders deutlich, als Rudolf Steiner zusammen mit dem evangelischen Pfarrer Friedrich Rittelmeyer (1872–1938) 1922 die „Christengemeinschaft". Ziel war es, die Lehren der Anthroposophie und die des Christentums zu vereinen. Auf der Basis dieser im Christentum verwurzelten Gemeinschaft sollte der einzelne Mensch höchste geistige Sphären anstreben. Vier Pfade führen nach anthroposophischem Credo zum ersten Ziel:

- Konzentration
- Meditation
- Pflege des Traumlebens
- Lektüre wertvoller Bücher

Die vier Wege sollen jedoch nicht nacheinander, sondern gleichzeitig beschritten werden. Hat der Anthroposoph das erste Ziel erreicht, geht es so weiter:

- Stufe der Vorbereitung
- Stufe der Erleuchtung
- Stufe der Einweihung und Verkehr mit höheren Geistwesen

Steiners vielleicht wichtigste Bemühung zielte auf eine Erweiterung des Begriffs von den Wissenschaften. Er stellte sich gegen die Gelehrten seiner Zeit, die nur als existent gelten lassen wollten, was mit den fünf Sinnen des Menschen erfasst und nachgewiesen werden konnte. Er ging von weiteren Teilen der Wirklichkeit aus, die sich unseren fünf Sinnen entziehen, und nahm so die Erkenntnisse der heutigen Mathematik vorweg, die höhere Dimensionen als wahrscheinlich existent annimmt.

1922 fiel das tempelartige Goetheaneum, das Zentrum der Anthropologie in Dornach bei Basel, einer Feuersbrunst zum Opfer. Vermutlich lag Brandstiftung vor. Im selben Jahr wurde ein Mordanschlag auf Rudolf Steiner verübt. Als der Gemeinschaftsgründer am 1. Januar 1924 schwer erkrankte, glaubten viele seiner Anhänger wiederum an ein Verbrechen. Tatsächlich erlag Steiner am 30. März 1925 einer Vergiftung, die Folge eines Attentats gewesen sein kann.

Als Nachfolger wurde im Januar 1929 auf einem anthroposophischen Kongress in Nürnberg Dr. Karl Unger (1878–1929) gewählt. Vielleicht hätte der „neue Mann“ die esoterische Gemeinschaft ins 20. Jahrhundert führen können. Eine Fortführung steinerschen Gedankenguts wäre erforderlich gewesen. Doch Dr. Unger wurde von einem langjährigen Mitglied der Gemeinschaft ermordet. Der Täter meinte von einer fremden Wesenheit getrieben worden zu sein. Er beging Selbstmord.

Eine Weiterentwicklung der Anthroposophie unterblieb. Man besann sich wieder ausschließlich auf den Gründer, dessen in zahlreichen Schriften und Büchern niedergelegten Auffassungen von seinen Anhängern wie ein unübertreffliches Evangelium angesehen, unverändert übernommen und niemals in Frage gestellt wurden.

4
Magische Welten

4.1 Magie und Esoterik

Eine Annäherung an Begriffe

Der Heilige Thomas von Aquin (1225–1274) sah keinen Gegensatz zwischen den Naturgesetzen und Wundern. Vielmehr seien unsere Kenntnisse von den Naturgesetzen noch zu mangelhaft, um das Wunderbare richtig einordnen zu können. Der naturwissenschaftlich geschulte Mensch könnte diesen Standpunkt akzeptieren und so verstehen: Wenn Wunder scheinbar gegen Naturgesetze verstoßen, dann liegt das nur daran, dass unsere Formulierung von den Regeln, an die sich die Natur hält, nur mangelhaft gelungen ist. Je mehr wir die gesamte Wirklichkeit in ihrer Komplexität verstehen, desto mehr Wunder werden dann eine natürliche Erklärung finden. Wird damit dem „lieben Gott" ins Handwerk gepfuscht? Keineswegs! Warum sollte sich Gott – nach religiöser Überzeugung Schöpfer alles Existierenden – nicht an die Gesetze der Natur halten und in ihrem Rahmen handeln?

Wenn es um Magie geht, gibt es Überschneidungen mit dem Begriff des Wunderbaren. Häufig werden Zauber und Magie miteinander gleichgesetzt. Wenn Magie als die Kunst, widernatürliche Ergebnisse zu erzielen, verstanden wird, dann liegt eine Verwechslung mit Zauberei vor. Magier, speziell solche mit esoterischem Verständnis, sehen ihre Kunst als praktische Anwendung von genauen Kenntnissen der Natur, ihrer Abläufe und Gesetzmäßigkeiten. Dabei nutzten sie dem Esoteriker bekannte Naturgesetze und Kräfte, auf die der Uneingeweihte schon deshalb keinen Einfluss ausüben kann, weil er sie gar nicht kennt. Der esoterische Magier erforscht und beeinflusst sie für seine Zwecke.

Der Zauberer ist am besten mit einem Schwarzmagier zu vergleichen. Er versucht Menschen gegen ihren Willen zu manipulieren, etwa einen Mitmenschen zu Handlungen zu veranlassen, die dieser gar nicht ausführen möchte. Der Zauberer (nicht zu verwechseln mit dem Trickkünstler von Zirkus oder Varietee) wendet manchmal auch magische Kniffe an, ohne freilich ihren Hintergrund zu kennen. Schwarze und Weiße Magie unterscheiden sich in erster Linie in ihren Zielen, die verfolgt werden, aber nicht grundsätzlich in ihren Methoden.

Wo mag die Wiege der Magie gestanden haben? Diese Frage wird wohl nie definitiv beantwortet werden können. Der Ausdruck Magie lässt sich jedenfalls auf den indogermanischen Wortstamm „magh“ zurückführen. Magh und die verwandten Formen „mog“ und „meg“ stehen für „Weisheit“ und „Können“.

Beziehungen zwischen den Dingen

Zentraler Bestandteil ist für den esoterischen Magier der Begriff der Harmonie. Der Mensch lebt im Idealfall in Harmonie mit dem Planeten Erde. Die Erde wiederum befindet sich in harmonischer Beziehung zu den anderen Planeten und zur Sonne.

Esoteriker sind davon überzeugt, dass jeder Körper Strahlen aussendet, gleichgültig ob er klein (Sandkorn) oder groß (Stern) ist. Über diese Strahlen beeinflussen sich alle Körper gegenseitig. So besteht ein komplexes Verbindungsgeflecht zwischen allem, auch zwischen toter und lebender Materie. Den Unterschied macht der esoterische Magier nicht so wie der Naturwissenschaftler unserer Tage. Der Magier sieht in jeder Form von Materie letztlich ein organisches Etwas. Materie ist ein physikalischer Zustand, wobei es unterschiedliche Ausformungen gibt und der gute Magier ein Objekt von einer in eine andere Zustandsform überführen kann. Die Erschaffung von Leben aus toter Materie, symbolhaft im Golem dargestellt, wird so als etwas Natürliches empfunden. Esoterisches Geheimwissen belebt in der Erzählung vom Golem ein künstliches Wesen.

In der äußeren Gestaltung von Magie werden gern unpersönliche Prinzipien oder Kräfte so umschrieben, dass sie verständlich werden – als personifizierte Wesen.

Magische Praktiken wurden als geheimnisvolle esoterische Zeremonien von den Eingeweihten gewöhnlich im „stillen Kämmerlein“ und ohne neugierige, unkundige Zuschauerschaft ausgeführt. Wenn Uneingeweihte zugegen waren oder esoterisch-magische Kultbücher in die falschen Hände bekamen, dann waren grobe Missverständnisse unvermeidlich.

Da wurden in unterschiedlichen Riten die Namen von Engeln angerufen. Der Laie musste den Eindruck gewinnen, dass Geistwesen um Beistand gebeten wurden. Allerdings standen die Namen nicht nur für Geistwesen. Je nach Zusammenhang bedeuteten sie ganz Konkretes. Der esoterische Magier dachte oft um mehrere Ecken. Er verschlüsselte so sein Wissen, machte es für den Uneingeweihten unverständlich.

Wofür standen also die Namen von Geistwesen?

Ophiel	Norden	Merkur
Hagit	Osten	Mond
Phul	Süden	Mars
Phalit	Westen	Venus

Weit mehr als nur vier „Geisternamen" entsprachen den vier Himmelsrichtungen. Und immer wieder gab es auch Entsprechungen zu Planeten.

Bethaz	Osten	Jupiter
Arathon	Süden	Saturn
Och	Westen	Sonne

Auch und gerade den esoterischen Magiern war die Überzeugung vertraut, dass Gott himmlische Heerscharen schuf, die sich in seinem Glanz sonnten. An der Existenz dieser Wesen gab es für die Esoteriker keinen Zweifel. Freilich sahen sie etwa in Engeln nicht die leicht dicklichen Kinder mit Pausbacken und Flügelchen am Rücken, wie wir sie aus Weihnachtskrippen, Kirchen und als Grabsteinschmuck kennen. Engel waren für sie weit über den Menschen stehende körperlose Wesen, vielleicht am ehesten mit Energieformen zu vergleichen. Der Magier hätte es als gotteslästerliche Blasphemie verstanden, wenn jemand auch nur den Versuch unternommen hätte, diese guten Wesen herbeizurufen oder ihnen gar Befehle wie einem Diener zu geben.

Gute Engel, böse Engel und die Kraft in den Dingen

Gute wie böse Engel wirken nach esoterischer Ansicht auf das Naturgeschehen ein. Sie unterstehen ausschließlich dem Höchsten, also Gott allein. Die bösen Engel waren jedoch aus dem Lichtglanz Gottes verbannt worden, besitzen trotzdem noch große Macht. Gefährlich wird es für leichtsinnige Menschen, die im Besitz oberflächlicher Magie-Kenntnisse Engel anrufen. Die guten Engel unterwerfen sich ihnen nicht. Schwarze Engel, die sich als Lichtgestalten ausgeben, vollbringen gelegentlich Wunder, um ihre vermeintlich positive Macht zu demonstrieren. Schnell kann der leichtsinnige Mensch so dunkelsten Mächten anheim fallen, denen gegenüber er keine Chance hat.

Der esoterische Magier sah es als seine Pflicht an, die guten Engel zu verehren, und er betete inbrünstig zu ihnen. Befehlen durfte ihnen nur Gott selbst. Warum rief er dann bei magischen Praktiken die Namen von Engeln aus? Einmal waren es Chiffren zur Wahrung esoterischer Geheimnisse. Dann waren viele Magier Vertreter eines überaus komplizierten Systems von Entsprechungen, von dem wir heute kaum noch etwas wissen. Überall sah der Kundige Entsprechungen: zum Beispiel zwischen Himmelsrichtungen, Mineralien, Pflanzen, Tieren und Planeten, wobei letztere intensiv astrologisch bewertet wurden. Es sind nach dieser esoterischen Lehre die Planeten, die alles, was ihnen zugeordnet ist, kraftvoll durchströmen. Diese Dinge haben äußerlich betrachtet keine Ähnlichkeit, die ihnen innewohnenden Kräfte aber wirken gleich. Bringt man sie miteinander in Verbindung, kann das ihre positive Kraft noch erheblich verstärken.

Der Magier erforscht die Welt, die Stoffe und die ihnen innewohnenden Kräfte. Er nutzt sie, kombiniert unterschiedliche Dinge, die einander entsprechen, als Träger der gleichen Kraft. Agrippa von Nettesheim (1456–1535) setzte sich vehement für eine Magie ein, die eine Disziplin von vielen naturbeobachtenden Wissenschaften war. Die den Planeten entströmenden Kräfte sah von Nettesheim als quinta essentia an. Was für den einzelnen Menschen und seinen Körper die Seele ist, das ist für das Universum die quinta essentia, eine Art Weltseele. Sie steckt in Mineralien, Edelsteinen, Metallen, Pflanzen und Tieren. Trägt man sie als Talisman oder verzehrt man sie, dann wirkt die von ihnen gespeicherte Kraft auf den Menschen.

Der esoterische Magier fungiert nicht als Zauberer. Er ist seinem Verständnis nach Wissenschaftler und Priester zugleich. Wissenschaftler ist er, weil er gründlich beobachtet und experimentiert. Priester ist er, weil er die göttliche Schöpfung nutzt, um zum Lob Gottes Gutes zu tun. Tatsächlich wurde zu keinem Zeitpunkt der Kirchengeschichte, die oftmals unerträglich grausam war, die beschriebene esoterische Magie auch nur verurteilt oder verfolgt. Esoteriker, die „wissenschaftliche Magie" betrieben, ohne sich dem leisesten Verdacht auszusetzen, mit teuflischen Mächten im Bunde zu sein, widersprechen ja in keiner Weise dem theologischen Dogma. Damit soll keineswegs der Eindruck erweckt werden, es seien nur „böse“ Magier auf den Scheiterhaufen umgebracht worden. Der größte Teil der Opfer von Inquisition und Hexenwahn hatte mit welcher Art von Magie auch immer nicht das Geringste zu tun.

Nach Cornelius Agrippa von Nettesheim ist es dem Magier nicht gestattet, etwas anderes zu tun, als die geheimen Gesetze der Natur forschend zu erkennen und dieses Plus an Informationen zu nutzen. Er weiß von den Beziehungen der Körper und der Objekte, von der unsichtbaren Energie, die alles Existierende zueinander in Beziehung setzt:

- Es besteht eine Verwandtschaft zwischen den höchsten und den niedrigsten Dingen.
- Jedes Ding zieht alle anderen Dinge an, so wie es selbst von allen anderen Dingen angezogen wird.
- Ein energieartiges Fluidum, in das alle Dinge gebettet sind, überträgt die Kraft der Gedanken auf die Dinge.
- Die den Dingen innewohnende Kraft kann aus ihnen gezogen und auf andere Dinge übertragen werden.

Aberglaube in der esoterischen Magie
Kupfer ist nach esoterisch-magischer Überzeugung von der Kraft erfüllt, die von der Venus ausgeht. Venus beeinflusst die Liebesangelegenheiten. Die gleichen Kräfte wirken auch im Eisenkraut und in der Taube. Ist nun ein Mensch unter dem Zeichen der Venus geboren, dann kann er die in seinem Innersten wohnenden Kräfte zum Beispiel durch das Tragen eines kupfernen Amuletts verstärken.

Im abergläubischen Volksglauben ging man einen entscheidenden Schritt weiter. Man schuf symbolische Darstellungen esoterischer Kräfte. Der Esoteriker sah darin die sinnbildlich gewordene esoterische Wirklichkeit. Der abergläubische Mensch tendierte stark zur Zauberei. Wenn zum Beispiel die Venus Einfluss auf die Liebe hat, dann sprach er einem Symbol für Venus die gleichen Kräfte zu. Solchen Aberglauben lehnt jeder esoterische Magier ganz entschieden ab. Dabei darf aber nicht vergessen werden, dass eben diese Vorstellungen vermutlich schon seit den Anfängen der Menschheit existieren und bei sogenannten primitiven Völkern zum Kern der Esoterik gehörten.

- Steinzeitmenschen malten die Tiere, die sie jagen wollten, an die Wände ihrer Höhlen. Sie meinten, dass wer im magisch-esoterischen Ritus die Abbildungen der Tiere besiegt, auch Erfolg bei der Jagd auf diese Tiere haben muss. Beispiel: Felsmalereien in Lascaux, Frankreich.
- Ganz ähnliche Vorstellungen gab es noch im Europa des 16. Jahrhunderts. Man warf ein nach präzise umschriebenen Vorschriften angefertigtes Bild des Wassermanns in einen Fluss und meinte, so Fische in großen Mengen anlocken zu können.
- So wie der Bild-Magier meinte, über im Gemälde dargestellte Tiere oder Menschen Macht zu haben, so glaubt der Wort-Magier schon durch das Benennen das Benannte nach seinem Willen manipulieren zu können. Er beruft sich dabei, so er christlich orientiert ist, gern auf den Schöpfungsbericht im Alten Testament, wo Gott nicht nur die Dinge erschafft, sondern auch beim Namen nennt. Für den esoterischen Magier sind derlei Überlegungen abergläubisch und unwissenschaftlich.
- Symbole und verschleiernde Worte werden von esoterischen Magiern benutzt, weil sie in schriftlicher Form ihr Wissen festhalten wollten, ohne Uneingeweihten etwas Wichtiges zu verraten.

4.2 China: Mutter Erde, Heilige Berge, Tempel und Magie

Von Dualismus und Trinität

Der chinesische Esoteriker ist in der mythologischen Überlieferung seiner Kultur verwurzelt. Sein Weltsystem ist, so scheint es zumindest, dualistisch: Der weiblichen Erde steht der männliche Himmel gegenüber. Ernst Boerschmann, der China intensiv bereist hat und als profunder Kenner der asiatischen Geheimgesellschaften angesehen werden muss, fasst zusammen: „Die Sonne gilt als Verkörperung des Himmels und das Hauptgestirn, das durch seine Wärme Leben erweckt hat aus dem Schoße der Mutter Erde. Darum wird die Sonne als Spenderin allen Lebens verehrt.

In der Anlage aller Baulichkeiten, der Häuser, Paläste wie der Städte, kommt dies dadurch zum Ausdruck, dass deren Hauptachsen alle nach Süden, zur Sonne des Mittags, orientiert sind. Selbst dort, wo Berge, Flüsse oder Straßenzüge eine andere Anordnung erzwingen, klingt meist die nordsüdliche Achsenbeziehung hindurch in den Regierungsgebäuden und Tempeln der Städte und in den Altären der Wohnungen. Nichts kennzeichnet besser das Bedürfnis nach Rhythmus und die Macht, die einheitliche, große Gedanken in China haben, als diese Tatsache der gemeinschaftlichen Achsenführung der Bauanlagen. Auf die äußeren Lebensformen hat dieser Baugedanke einen bestimmenden Einfluss ausgeübt. Selbst im kleinsten Haushalt empfängt der Hausherr mit Würde den Gast an der Tür und geleitet ihn, der Achse des Gebäudes entlang, zu dem Ehrenplatz am Ende der Stube, nimmt neben ihm Platz, und beide blicken während der Unterhaltung nach Süden."

Yin und Yang ... Himmel, Erde, Wasser
Passend zum Dualismus: Das Leben wird von zwei einander ergänzenden Kräften bestimmt, von Yin und Yang, die einander entgegengesetzt „gepolt" sind. Jeder Mensch hat Yin und Yang in sich, weibliche und männliche Aspekte, aktive und passive Seiten, aggressive und duldsame Komponenten. Genauso widersprüchlich in sich, genauso ausgewogen aber auch in den Ergänzungen ist das gesamte Universum aufgebaut.

Zwei Seelen in der Brust jedes Menschen sind ebenso entgegengesetzt gearbeitet. Pe, die „niedere Seele", steht für die materiellen Bedürfnisse des Menschen. Hon, die „höhere Seele", regiert das geistige Leben. Speziell diese esoterische Sicht von den zwei Seelen ist fester Bestandteil der Esoterik bei den Anhängern Lao-tses (580–530 v. Chr.) so wie der vielen anderen dualistisch geprägten Systeme (siehe auch Gnosis; Katharer) der zahlreichen asiatischen Geheimgesellschaften.

Zur Dualität Erde-Himmel kommt die „Trinität" Himmel-Erde-Wasser hinzu. Himmel wird als der Luftäther angesehen. Ernst Boerschmann: „Die Dreiheit Himmel, Erde und Wasser wird in der Kunst ständig dargestellt. Für den Himmel wird alsdann nicht das Bild der Sonne gesetzt, sondern der Äther, die Luft im Bilde der Wolken, die durch die Sonne erzeugt sind. Aus den Wellen des Wassers ragen Felsen heraus, und darüber ziehen die Wolken, ein Gleichnis der fließenden Gegenwart, der festen Vergangenheit und der Zukunft in ihrem Schleier. In jenem Dreiklang bieten sich uns das äußere Bild und das innere Wesen der Natur harmonisch dar und damit ihre Schönheit selbst."

Esoterische Wissenschaft vom Glück des Menschen

Der chinesische Esoteriker empfindet sich als Wissenschaftler, der kosmische Gesetzmäßigkeiten erkundet, erkennt und im alltäglichen Leben praktisch anwendet. Es geht ihm dabei nicht vordergründig um Einhaltung bestimmter ästhetischer Vorschriften und Regeln. Vielmehr meint er, dass das Glück des Menschen nur dann möglich sein kann, wenn er zum Beispiel seine Gebäude den komplexen Vorschriften des Fengshui unterwirft.

Dieses esoterische Weltbild stieß bei den Europäern auf vollkommene Ablehnung. Pierers Konversations-Lexikon fasst diese Haltung Ende des 19. Jahrhunderts unter dem Stichwort „Fengschui" (sic) so zusammen: „In China eine Art Geomantie, die aus der zufälligen Beieinanderlage von Flüssen, Hügeln und Baumgruppen sowohl den geeignetsten Platz für Wohn- und Grabstätten als auch allerlei Schicksale enträtseln zu können vorgibt. Da nun Eisenbahnen, Telegraphen, Fernsprechleitungen etc. diese Konfigurationen unterbrechen würden, stützen sich die chinesischen Beamten besonders auf diesen Aberglauben im Kampf gegen die europäischen Neuerungen."

Für die chinesischen Esoteriker waren die Europäer Barbaren, die das Gleichgewicht der Kräfte durch rücksichtsloses Errichten von Gebäuden und Bauen von Straßen und Eisenbahnlinien erheblich störten. Im Gegensatz dazu setzt der chinesische Esoteriker auf Fengshui. Fengshui, das heißt soviel wie harmonischer Gleichklang von Hi (Atem der Natur), Li (Ordnung der Natur) und So (das Wissen um Zahlen und Proportionen). Yin ist dann eine esoterische Wissenschaft, deren Ziel es ist, Hi, Li und So zu einem harmonischen Ganzen zusammenzufügen. Es wird alles im großen Zusammenhang gesehen: Das steinerne Häuschen steht in Harmonie zum glühenden Lavakern im Erdinneren. Der vorherrschende Wind und eine Bergkette, über der die Sonne aufgeht, bestimmen, in welcher Ausrichtung ein Bürohochhaus entstehen darf, wenn die Menschen darin glücklich und erfolgreich sein wollen.

Die angestrebte Harmonie ist keineswegs von der Natur einfach vorgegeben. Sie stellt ein Ideal dar, dem es gerecht zu werden gilt. Durch Pagoden (kleine Tempel) auf bestimmten Bergspitzen werden die magischen Kräfte von Himmel und Erde harmonisiert. Dies gilt als grundlegende Voraussetzung für ein glückliches Leben von Mensch und Tier.

Fünf große Heilige Berge in China gleichen die Einflüsse von Himmel und Erde aus – im Großen und Groben. Sie finden im kleinen Maßstab ihre Entsprechung in zahlreichen Tempeln, bestehend aus dem Zentralbau und jeweils vier Ecktürmen. Das Land ist im Idealfall als ein großer Tempel zu sehen, der Himmel und Erde zu ausgeglichener Harmonie verhilft.

Die Fengshui-Architektur ahmt aber stets das von der Natur vorgegebene Ideal nach, so wie es etwa durch den Heiligen Berg Wu-táishan mit seinen fünf Kuppen zum Ausdruck kommt. Zwischen den fünf Erhebungen erstreckt sich ein weites Hochtal mit einer weißen Pagode im Zentrum, umringt von Klöstern.

Mensch und Kosmos

Der esoterische Magier glaubt an eine Entsprechung Mensch/Kosmos. Der Mensch ist ein Abbild des Kosmos. Das Kleine steht stets in Beziehung zum Großen. Es gibt ein schier unüberblickbares System von Entsprechungen. Einige wenige Beispiele:

Holz	Grün	Milz	Osten
Feuer	Rot	Lunge	Süden
Erde	Gelb	Herz	Mitte
Metall	Weiß	Leber	Westen
Wasser	Schwarz	Niere	Norden

Unzählige weitere Beispiele von Entsprechungen (Farben, Töne, Gerüche, Geschmäcke etc. etc. etc.) könnten angeführt werden, würden aber den Rahmen des vorliegenden Buches sprengen.

Bestimmte Tiere genießen große Ehrerbietung, weil sie im chinesischen System der Magie als Spiegelbilder von Erde und Kosmos angesehen werden. Eine Schildkröte zum Beispiel wurde als Verkörperung unserer Erde im All gedeutet. Der gewölbte Rücken entsprach dem Himmelszelt. Die platte Bauchseite wurde mit dem Erdenrund gleichgesetzt. 24 Hornplatten schützen das Tier rundum an der Seite. Sie fanden nach esoterisch-magischem Verständnis ihre Entsprechung in den 24 Stationen des Mondes, wurden astrologisch interpretiert. Der esoterische Magier in China war und ist davon überzeugt, dass es möglich ist, mit den Methoden der Astrologie die Gesetze von Welt und Natur zu ergründen. Astrologische Berechnungen erlauben dann auch einen Blick in die Zukunft, ähnlich wie das I-Ging, das auch heute aus der chinesischen Esoterik nicht mehr wegzudenken ist. Seine 64 Hexagramme, alle bestehen aus sechs parallelen, teilweise unterbrochenen Linien, sollen den Flecken auf der Haut des legendären Drachen entsprechen, der angeblich einst dem gelben Fluss entstieg (siehe auch Blick in die Zukunft/I-Ging).

Der chinesische Esoteriker glaubt, den gescheiterten Versuchen kommunistischer Umerzieher des Volkes zum Trotz, nach wie vor an Magie. Große Bedeutung wird dabei der magischen Wirkung von geschriebenen Worten beigemessen. Heilige Worte, auf Papier oder Pergamentstreifen notiert, werden als Amulette benutzt, die allerlei negative Kräfte abwehren. Bestimmte Zauberworte werden aufgeschrieben, der Zettel verbrannt und verschluckt, um Krankheiten zu vertreiben, ungünstige Lebensbedingungen zu verändern oder konkret erhofftes Glück herbeizuführen.

Das Erstellen eines Horoskops gilt auch heute noch für den esoterisch-magisch denkenden Chinesen keineswegs als eine Vorschau auf eine festgeschriebene, unabänderliche Zukunft mit feststehenden, konkreten einzelnen Ereignissen. Vielmehr hofft man durch das Horoskop eventuelle gefährliche Ereignisse vorherzusehen, um ihnen vorbeugend begegnen zu können. Horoskope werden daher sehr häufig schon unmittelbar nach der Geburt eines Säuglings erstellt.

Der chinesische Esoteriker erkundet also Gefahren, die ein Kind in seinem künftigen Leben beeinträchtigen könnten, und versucht ihnen vorbeugend esoterisch-magisch zu begegnen. Kurioserweise entspricht das chinesische Bild vom Leben eines Menschen dem kabbalistischen Bild von der Existenz nach dem Tod.

- Bei den Kabbalisten versucht die Seele des Verstorbenen zu Gott zurückzukehren und muss auf dem Weg dahin die Sphären durchreisen, wobei Engel versuchen, sie am Weiterkommen zu hindern.
- Für den chinesischen Esoteriker muss jeder Mensch im Verlauf seines diesseitigen Erdenlebens eine festgelegte Zahl von „Toren“ durchschreiten. An jeder Pforte lauern böse Geister, die den Men-

schen aufhalten wollen. Jede Pforte muss zu bestimmten Zeiten durchschritten werden. Bei jeder Pforte erfolgt eine Prüfung. Amulette oder Zauberworte müssen als „Schlüssel" für die Pforten mitgeführt werden.

Mit Erreichen des 16. Lebensjahrs müssen alle Pforten durchschritten sein. Hat man die letzte Tür mit Erfolg überwunden, haben die bösen Geister deutlich an Macht verloren. Sie versuchen aber auch weiterhin jeden Menschen zu peinigen, der sich wiederum mit magischen Mitteln zu schützen versucht. So spielt nach dem 16. Lebensjahr im Dasein des an die Kraft der esoterischen Mächte glaubenden Chinesen die Magie eine zentrale Rolle, etwa bei der Verlobung, bei der Heirat oder beim Einzug der Frau in das Haus des Gatten. Immer wieder soll bis ins kleinste Detail festgelegte Magie vor den Einflüssen böser Geister schützen.

Magie bestimmt auch heute wieder verstärkt die Todeszeremonien. Symbolisch wird der Wechsel von der Welt der Lebenden in die der Toten als „Überschreiten der Brücke" bezeichnet. 49 Tage nach dem Ableben eines Menschen basteln die Hinterbliebenen ein Papierhaus mit Inventar. Alles, was dem Toten einst gehörte, wird liebevoll und sorgsam dargestellt. In einer magischen Zeremonie wird alles verbrannt. So sollen all jene Dinge dem Toten im Jenseits zur Verfügung stehen, die ihm auch im Erdendasein nützlich waren und sein Leben angenehmer gestalteten. Mag sein, dass auch Angst vor den Toten mitschwang. Sie sollten es im Jenseits so angenehm haben, damit sie erst gar nicht auf den Gedanken kämen, sich wieder in der Welt der Lebenden blicken zu lassen (siehe auch Akupunktur).

4.3 Indien: Magie, Tricks und der Weg zur Erkenntnis des Überirdischen

In Chinas Esoterik bestanden Dualismus und Trinität nebeneinander: Auf der einen Seite gab es das gegensätzliche, dabei einander ergänzende Paar von Erde (weiblich) und Himmel (männlich). Dualistisch ist auch der uralte Tantrismus Indiens. Yab (Vater) und Yum (Mutter) verkörpern zwei gegensätzliche göttliche Prinzipien.

Tantra

In zahllosen künstlerischen Darstellungen sieht man sie als göttliche Wesen, die einander umschlungen halten. Was viele frühe europäische Besucher in Indien oft für unsittliche Abbildungen hielten, verstanden die esoterischen Künstler als künstlerische Umschreibung metaphysischer Offenbarungen, die dem Menschen höhere Ebenen des Bewusstseins zugänglich machen.

Zwei konträr anmutende Formen des Tantrismus standen einander gegenüber. Der rechte Tantrismus propagiert und praktiziert die asketische Lebensweise, will durch Enthaltsamkeit zur Befreiung von irdischen Fesseln kommen. Der linke Tantrismus setzt auf Sinnlichkeit und Ekstase. Im Rausch der Liebe meint der praktische Esoteriker die Vereinigung zweier Gottheiten nachzuvollziehen und dann einen Erlebniszustand zu erreichen, der mit Worten kaum oder gar nicht zu umschreiben ist. Zumindest kurzzeitig soll eine Wirklichkeit erreicht werden, die die Grenzen von Leben und Jenseits sprengt.

Ayurveda

Die für Chinas Esoterik sehr wichtige Dualität Erde (weiblich) und Himmel (männlich) findet ihre Entsprechung in Indiens Ayurveda-Esoterik. Hier besteht ein Spannungsfeld zwischen dem geistigen, aber unbeweglich-undynamischen Prinzip einerseits und dem bewusstlosen und dynamischen Materie-Prinzip andererseits. In beiden Welten gibt es aber auch Trinitäten. In China: Himmel-Erde-Wasser. In Indiens Ayurveda: Sonne-Mond-Wind. Dreigestaltig ist auch das Materieprinzip des Ayurveda:

- Sattva ist die Spiegelung des Geist-Prinzips in der materiellen Welt.
- Rajas ist die Energie selbst, die für Dynamik und Wandel durch Veränderung steht.
- Tamas ist der negative Aspekt der Materie; es ist die Schwere der Materie, die sich dem Wandel hemmend entgegenstellt.

So wie es gleich zu Beginn des Evangeliums nach Johannes im ersten Vers des ersten Kapitels heißt „Am Anfang war das Wort und das Wort war bei Gott und Gott war das Wort", so setzt die indische Esoterik den Geist an den Anbeginn. Erst durch den Geist kann sich Materie manifestieren. (siehe auch: Esoterische Medizin/Ayurveda)

Glaubenswelten, „falsche“ und „wahre“ Yogis

Magie ist nicht nur in der esoterischen Welt Indiens fest verwurzelt. Schon zu Urzeiten muss es stark ausgeprägte Ängste vor unheimlichen Mächten gegeben haben, die nur mit Magie abgewehrt werden konnten.

Im Lauf der Jahrtausende wechselten sich in Indien verschiedene Glaubenssysteme ab: Auf die vedische Urreligion folgte der Brahmanismus, der von mehr philosophisch dominierten Schulen abgelöst wurde. Es entstand der Jainismus, dann der Buddhismus. Noch einmal setzte sich der Brahmanismus durch, der schließlich zusammen mit dem Hinduismus – zwei religiöse Welten verschmolzen miteinander – eine „neue“ Religion ergab. Diese komplexe Abfolge macht es unmöglich, die Esoterik Indiens herauszukristallisieren. Es gab unterschiedliche Schulen, die teilweise gleichzeitig nebeneinander her bestanden, teilweise ineinander übergingen oder einander ablösten.

Welche Form der Esoterik mag die älteste gewesen sein? In welcher Form mögen die ersten Magier ihrer Kunst gehuldigt haben? Fragen drängen sich auf, entziehen sich aber der sicheren Beantwortung. Wir sind auf Vermutungen angewiesen. Am Anfang, in fernen Zeiten der Vergangenheit, als es noch das Matriarchat gab, mag ein Mondkult gestanden haben. Nicht mit wissenschaftlichen Methoden in heutigem Sinn wurde nach Erkenntnis gesucht, sondern durch die bewusst herbeigeführte, ja geradezu zelebrierte Ekstase. Priester wie gläubige Laien nahmen ein drogenartiges Gebräu (Soma) zu sich und erlebten geheimnisvolle Visionen. Man fühlte sich losgelöst von der schweren, niederziehenden Realität, glaubte kurzfristig einen Blick auf die überirdische Welt werfen zu können. Dabei muss man sich jene andere Welt eher als eine höhere Dimension vorstellen, die der unseren Welt überlagert ist und die wir im Alltag und mit unseren fünf normalen Sinnen gar nicht wahrnehmen können.

Auch spezielle Tänze wurden als magische Riten praktiziert. Was in manchen Ländern sorgsam ausgesprochene Zauberworte waren, das waren in Indien Tänze, deren sich ständig wiederholende Abläufe dem esoterisch nicht Eingeweihten damals wie heute unverständlich bleiben mussten.

Dem indischen Esoteriker ist eine alte Überzeugung vertraut. Ein Kranker wird nicht gesund, weil er an die Güte eines Gottes glaubt, Voraussetzungen für seine Genesung sind nach esoterischem Weltbild:

- der Glaube an die Wirksamkeit magischer Rituale
- der Glaube an die Wirksamkeit des ständigen Wiederholens von magischen Formeln
- der Glaube an die Autorität des Heilers, der nach einem uralten, komplexen System arbeitet.

Der indische Magier ist davon überzeugt, dass jeder Mensch das Zeug zum „Wundertäter" hat. Im Geist eines jeden Menschen schlummert die dafür erforderliche Kraft. Sie kann aber im Normalfall nicht wirksam werden, wenn der Mensch in seiner Diesseitsbezogenheit ausschließlich auf materiellen Gewinn aus ist und seine geistigen Kräfte vollkommen verkümmern lässt. Der Asket indes entsagt den irdischen Genüssen und gelangt so zu einer ganz anderen Geistesverfassung. Je mehr es ihm gelingt, sich ausschließlich von seinem geistigen Bewusstsein leiten zu lassen, desto größer wird seine Überlegenheit über die Welt der toten wie der lebenden Materie. Im Idealfall kann er Zeit und Raum überwinden.

Ein indischer Yogi kasteit sich freilich nicht, weil er Wunder vollbringen und dafür Verehrung oder gar „schnöden Mammon" ernten möchte. Vielmehr will er sich durch Entsagung und rituelle Konzentrationsübungen über das Körperbewusstsein erheben und mit der göttlichen Überseele eins werden. Auf dem Weg dorthin lernt er die Kunst der vollkommenen Kontrolle der wichtigsten Nervenzentren. Zur Entwicklung des Yogi trägt Joga bei. Mit Hilfe von seit fast fünf Jahrtausenden bekannten körperlichen Übungen will er Einswerden mit dem Göttlichen in seinem Inneren.

Am Ende seines schweren Wegs will er jegliche Gefühle unterdrücken, die psychische Aktivität einstellen und den direkten Kontakt zum Universum aufnehmen. Magie ist dann auch ein Erfolg auf dem Weg zur Loslösung von der Materie, aber eher im Sinne eines „Abfallprodukts", das gar nicht direkt angestrebt wurde.

Sobald der Yogi seinen Geist so unter Kontrolle hat, dass er nicht mehr von Nichtigkeiten abgelenkt wird, kann er gezielt die Gedanken anderer Menschen manipulieren und ihnen beispielsweise Bilder von Dingen vorgaukeln, die mit der Realität allenfalls am Rande zu tun haben. Yogis, auf die jedoch echte Esoteriker eher mit Verachtung herabsehen, nutzen die spezielle Fähigkeit für Jahrmarktdarbietungen. Dabei wird teils geschickt mit Bühnentricks gearbeitete, teils echte Magie raffiniert eingesetzt. Besonders eindrucksvoll und letztlich nur mit auf magischen Prinzipien beruhender Massensuggestion zu erklären ist der in zahlreichen Varianten bekannte „Seiltrick".

Ein Magier veranlasst ein Seil, sich schlangenartig gen Himmel zu recken. Der Schwerkraft entgegenwirkend bleibt es senkrecht stehen. Ein Knabe klettert am Seil empor und ist plötzlich verschwunden. Der Magier, bewaffnet mit einem gewaltigen Messer, klettert hinterher. Entsetzliche Schreie ertönen aus dem Nichts. Der Knabe fällt, Stück für Stück, offensichtlich vom Magier in wilder Raserei zerhackt, zu Boden. Es regnet Blut vom Himmel. Der Magier steigt wieder herab – am Seil. Plötzlich springt der Knabe, nun wieder lebendig und völlig intakt, munter umher.

Der Esoterik-Spezialist Arturo Castiglioni meint: „Die Massensuggestion erklärt alle diese Erscheinungen, die nur von den Zuschauern unter Einwirkung der Bezauberung wahrgenommen werden. Diese Erscheinungen sind Halluzinationen und beruhen auf magischer Suggestion." Magie muss also keineswegs unbedingt die Wirklichkeit verändern. Sie kann auch auf unser Gehirn einwirken und uns gezielt falsche Eindrücke vermitteln, die sozusagen wie ein Film auf die „Leinwand" unseres geistigen Auges projiziert werden. Und die wir dann für die Wirklichkeit halten.

Der wahre Yogi, getrieben von Wissensdurst und dem Bedürfnis nach geistiger Höherentwicklung, wird niemals solche Darbietungen zur Schau stellen. Er lernt sein Bewusstsein von den Ablenkungen der Außenwelt in sein Innerstes zu lenken und die unendliche Welt des eigenen Geistes kennen zu lernen. Er tritt die Reise in einen Kosmos an, der unendlich ist. Nach Überzeugung indischer Esoteriker entdeckt er dabei die göttliche Kraft Kundalini in sich. Sie schlummerte bislang in ihm, nun kann er sie wecken. Er leitet sie über das Rückgrat zum Gehirn und kann sich dann mit der Unendlichkeit vereinigen. Er gelangt in eine Realität jenseits des Begrifflichen.

Dieser Pfad steht, daran gibt es für den Esoteriker keinen Zweifel, letztlich jedem Menschen offen, der sich auf den beschwerlichen Weg zur Erkenntnis macht und nicht beirren lässt. Wer aber die letzten Mysterien erfährt, der kann seine Erfahrungen den übrigen, unwissenden Menschen nicht mitteilen. Es gibt nicht die Worte, die das Überirdische auch nur annähernd umschreiben können.

4.4 Amerika – Esoterik vor Kolumbus: Naht die Apokalypse?

Magische Praktiken wurden in der „Alten Welt" vermutlich jahrtausendelang ausgeübt. Esoteriker tradierten ihr geheimes Wissen weiter. Dies geschah häufig mündlich in speziellen Schulen, manchmal auch schriftlich in dann fast immer verschlüsselter Sprache. Im Lauf der Zeit wurden Änderungen vorgenommen. Unterschiedliche Schulen verschmolzen miteinander. Geheime esoterische Lehren verschwanden aber auch mit dem Tod des letzten Eingeweihten. Im vorkolumbischen Amerika gab es ein ausgeprägt magisches Esoterik-Denken, das nach gängiger Lehrmeinung bis vor etwa einem halben Jahrtausend keinerlei außeramerikanischen Einflüssen ausgesetzt war. Allerdings mehren sich seit einiger Zeit die Stimmen, die Kontakte zwischen Völkern anderer Kontinente und Amerika lange vor Kolumbus postulieren.

Im vorkolumbischen Amerika gab es den weit verbreiteten Glauben, dass eine weibliche Urgöttin den ursprünglichen „Olymp" beherrschte. Mann und Frau sind in dieser Glaubenswelt Erlebnisse göttlicher Schöpfung, doch sollen die beiden Geschlechter von unterschiedlichen Göttern kreiert worden sein. Diese Vorstellung trifft man bei verschiedensten Stämmen und Gruppen, häufig leicht variiert, an.

Unterschiedliche nordamerikanische Stämme (etwa in Kalifornien) sahen den Adler als den Beherrscher des Kosmos an. Alles Existierende, tote wie lebende Materie, soll aus riesenhaften Tierwesen entstanden sein. Dieses Wissen wurde von Priesterschamanen gelehrt, denen es von göttlichen Wesen im Traum offenbart worden sein soll. In unterschiedlichen Variationen wurden den Schamanen übersinnliche Fähigkeiten nachgesagt. Teils meditativ, teils durch Einnahme von Drogen löste sich angeblich ihr Geist vom Körper und konnte weite Reisen absolvieren. So entdeckten sie die Ursachen von

Krankheiten, die oft auf Konflikte mit anderen Menschen im privaten Leben oder auch auf Auseinandersetzungen mit Geistern zurückgeführt wurden. Allem Anschein nach war den Schamanen auch bekannt, dass psychosomatische Krankheiten am besten mit überzeugenden magischen Ritualen geheilt werden konnten. Die in unseren Tagen verstärkt propagierte Vorbeugung von Krankheiten gab es auch schon im vorkolumbischen Amerika. Sie oblag den esoterisch geschulten Schamanen, die mit Magie Krankheiten verursachende Geister fernhalten und Krankheiten erst gar nicht aufkeimen lassen sollten.

Esoterik bei den Mayas

Sowohl die Azteken als auch die Mayas waren stark esoterik-orientierte Völker. Nicht zuletzt durch die europäischen Eroberer wurde ein Großteil von entsprechenden „Büchern“ – zum Beispiel Schriftrollen, so genannte Codices – vernichtet. Sie waren in den Augen der christlichen Missionare Teufelswerk, das verbrannt werden musste.

So ging leider vermutlich ein Großteil uralten esoterischen Wissens verloren. Im Zentrum standen wohl Kalender, die auch den Umgang mit kosmisch-göttlichen Kräften regelten. Astrologische Überlegungen kennzeichneten bestimmte Tage als für bestimmte Handlungen geeignet, andere für ungeeignet. Speziell der Kalender der Mayas war von solcher Genauigkeit, dass eine ausschließliche Nutzung für landwirtschaftliche Zwecke mehr als unwahrscheinlich ist. Landwirtschaft richtet sich auch nicht nach kalendarischen Daten wie „Frühlingsanfang“. Aussaat und Ernte erfolgen nach den konkreten Wetterverhältnissen. Wenn in einem ungewöhnlich kalten Jahr der Schnee vier Wochen länger als gewöhnlich liegen bleibt, dann erfolgt die Aussaat eben etwas später. Und wenn der Frühling vier Wochen früher als sonst den Winter verdrängt, dann riskiert der Bauer eine deutlich frühere Aussaat. Der kalendarische Termin „Frühlingsanfang“ hat also für die praktische Landwirtschaft kaum oder gar keine Bedeutung.

Ohne Zweifel waren landwirtschaftliche Erfolge für das Leben von grundlegender Bedeutung. Schließlich ging es um Sein oder Nichtsein für das ganze Volk. Die astronomischen Kenntnisse dieser Wissenden Zentralamerikas sind aber so unglaublich exakt, dass sie in ihrer extremen Genauigkeit keinen praktischen Nutzwert hatten.

Wie genau die Kalenderwissenschaft der Mayas war, verdeutlicht folgender Vergleich.

Errechnete Dauer eines Jahres im

- Julianischen Kalender (galt bis 1582 n. Chr.) — 365,250 000 Tage
- Gregorianischen Kalender (gilt seit 1582) — 365,242 500 Tage
- Maya-Kalender — 365,242 129 Tage
- absolut berechneten Astronomie-Kalender — 356,242 198 Tage

Ein Kalender, der nur im Millionstel-Bereich von den absoluten Werten abweicht, ist für die praktische Alltagsanwendung etwa in der Landwirtschaft unsinnig. Keinerlei praktische Nutzanwendung gab es für die extrem genauen Venus-Daten, die den Mayas bekannt waren. Die Venusbahn war so exakt bekannt, dass die Zahlen der Mayas in 6000 Jahren nur um 24 Stunden „nachgestellt" werden mussten. Und wieso zelebrierten die Mayas eine Chronologie, die einen Zeitraum von 374 440 Jahren umfasste?

Der Maya-„Papst" John Eric Thompson und der Astronom Professor Robert Henseling setzten sich intensiv mit dem exakten Wissen der Mayas auseinander und kommen zum Ergebnis, dass die Kenntnisse der Mayas eigentlich unmöglich sind. Fakt ist: Was die Mayas wussten, hätten sie nur mit Hilfe von extrem genauen Messinstrumenten, etwa zur exakten Bestimmung von Winkelmaßen oder winzigen Zeitabschnitten, ermitteln können Derlei Apparate waren den Mayas unbekannt – und dennoch lagen die unglaublich genauen Daten vor. Die Mayas kannten sogar Gestirnkonstellationen auf den Tag genau, die Jahrtausende zurücklagen. Professor Henseling: „Solche Leistung und solcher Überlieferungswille setzen notwendig voraus, dass schon in der Vergangenheit – Jahrtausende vor Beginn der christlichen Zeitrechnung – eine Entwicklung von sehr langer Dauer stattgefunden hätte."

Fazit: Die Mayas müssen auf überliefertes Wissen größter Genauigkeit zurückgegriffen haben, das schon zu ihrer Zeit jahrtausendealt war. Dieses Wissen kann nur als esoterisch bezeichnet werden. Es wurde den Mayas uralten Überlieferungen zufolge in der einstigen

Urwaldmetropole Palenque in einer Art Universität vermittelt. Hopi-Lehrmeister, die ihrerseits von den himmlischen Katchinas in Geheimwissen eingeweiht wurden, unterrichteten ihre gelehrigen Schüler in einem turmähnlichen, dreistöckigen Gebäude. Im Erdgeschoss, so die Hopi-Überlieferung, stand die Geschichte des eigenen Volkes auf dem Lehrplan. Im ersten Stock ging es mit Naturkunde weiter. Astronomie war den fortgeschrittensten Studenten vorbehalten – in der dritten Etage.

Noch ein Kalender

War schon der irdische Kalender der Mayas unnötig genau, so erlaubten sie sich einen noch überflüssigeren Luxus mit einem zweiten Kalender, der für das angebliche „Steinzeitvolk" keinerlei praktischen Nutzwert hatte: Tzolkien, ein zweiter, göttlicher Kalender, der parallel zum irdischen lief. Das Erdenjahr dauerte bei den Mayas 365 Tage, das Tzolkien-Jahr 260 Tage. Alle 18.980 Jahre gab es einen ganz besonderen „Feiertag". Alle 52 Jahre gab es ein gemeinsames „Sylvester" – im Erden- und im Tzolkien-Kalender. Warum?

52 Jahre à 365 Tage ergeben 18.980 Tage.

73 Jahre à 260 Tage ergeben ebenfalls 18.980 Tage. Bis heute konnte nicht definitiv geklärt werden, was nach Überzeugung der Mayas alle 52 Jahre geschah. Vermutlich haben die Mayas die Signifikanz dieses sich alle 52 Jahre periodisch wiederholenden Tages in ihren esoterischen Schriften festgehalten. Doch leider vernichteten die spanischen Eroberer das gesamte schriftliche Erbe der Mayas. Allein am 12. Juli 1562 wurden vor der Kirche San Miguel in Mani 5000 „Götzenbilder", 13 Altäre, 197 Kultgefäße und 27 umfangreiche Maya-Handschriften verbrannt.

So wird die Bedeutung des 52-Jahre-Zyklus vielleicht niemals erklärt werden können.

Esoterik in Stein

In Chichen-Itza, Mexiko, einem der bedeutendsten einstigen Zentren der Maya-Esoterik, beeindruckt noch heute die Kukulcán-Pyramide Besucher aus aller Welt. Dreißig Meter ragt sie in den Himmel: ein steinernes Abbild des genialen Kalenders der Maya. Die Zahl der Treppen inklusive der obersten Plattform ergibt in Stein ausgedrückt das Jahr mit seinen 365 Tagen. Jede Pyramidenfront wird von gleichmäßigen, sauber gearbeiteten Steinplatten geschmückt: Es sind jeweils 52 an der Zahl.

Auch heute haben wir mit Sicherheit nicht alle esoterischen Botschaften entschlüsselt, die uns von den Mayas in Stein überliefert worden sind. Das eklatanteste Beispiel: Der Gott Kukulcán steigt vom Himmel zur Erde herab.

Jedes Jahr versammeln sich am 21. März, zum Frühjahrsbeginn, und am 21. September, zum Herbstbeginn, zigtausend rund um die Pyramide des Kukulcán. Schon frühmorgens treffen die ersten Gäste ein, harren oft viele Stunden in glühender Hitze aus, um ein rätselhaftes, kosmisches Schauspiel zu beobachten. Am Nachmittag, etwa eineinhalb Stunden vor dem Sonnenuntergang, beginnt das Mysterium. Erich von Däniken beschreibt zutreffend: „Etwa eineinhalb Stunden vor dem Sonnenuntergang am 21. März strahlt die Sonne auf die dem Westen zugeneigte Pyramidenfläche. Strahlen und Schattenfinger greifen schlangenhaft zur nördlichen Pyramidenfront hinüber. Je tiefer die Sonne sinkt, um so faszinierender wird das einzigartige Schauspiel. Mit der sinkenden Sonne entstehen durch die Stufen der neun Plattformen am Treppenrand zuerst gleichförmige Dreiecke aus Schatten. Sie symbolisieren die neun Körperteile des Kukulcán. Dann gehen die Dreiecke in ein Wellenband über, das – langsam wie die Sonne sinkt – am Treppenrand herabkriecht, um sich an der letzten, unteren Stufe mit einem mächtigen, steinernen Schlangenkopf des Gottes zu vereinen."

Am 21. September wiederholt sich das kosmische Spektakel, diesmal in umgekehrter Reihenfolge. Zu Beginn erscheint der mächtige Kopf der gefiederten Schlange. Es sieht so aus, als ob er lebendig würde. Und dann läuft der uralte Film rückwärts ab. Die kosmische Schlange tritt die Rückreise an. Sie kriecht von der Erde zurück in den Himmel.

Wiederum müssten den Maya-Wissenschaftlern und Architekten außergewöhnlich exakte Geräte zur Zeit- und Winkelmesseunng zur Verfügung gestanden haben, um die Pyramide millimetergenau astronomisch so auszurichten, dass sich das beschriebene Spiel aus Licht und Schatten überhaupt ereignen kann. Ein Abweichen vom Plan um nur wenige Millimeter hätte zur Folge gehabt, dass das so faszinierende Phänomen nicht stattfinden kann. Wiederum muss konstatiert werden: Die Mayas bauten nach uraltem, in Vergessenheit geratenem esoterischen Wissen. Und ihre Kukulcán-Pyramide ist so etwas wie Esoterik in Stein.

Die Frage der Fragen, die noch der Beantwortung harrt, heißt: Was will uns das Schauspiel von der Schlange, die vom Himmel kommt und wieder in den Himmel zurückkehrt, mitteilen? Aus heutiger, technologisch orientierter Sicht, bietet sich die – auch von Erich von Däniken – favorisierte Interpretation an, dass vor Jahrtausenden tatsächlich Außerirdische zur Erde kamen und von den Menschen als Götter verehrt wurden.

Wollten die Wissenden vor „Ewigkeiten" auf dieses Ereignis hinweisen? Soll die Schlange aus Licht und Schatten, die vom Himmel kommt und wieder zum Himmel zurückkehrt, uns Heutige an diese Besucher aus dem All erinnern? Sollte der Ursprung des unglaublichen Wissens der Mayas in Sachen Astronomie auf außerirdische Besucher zurückzuführen sein? Wurde es dann in esoterischen Schulen weitervermittelt? Oder soll die Überzeugung zum Ausdruck gebracht werden, dass uraltes esoterisches Wissen letztlich göttlichen Ursprungs ist? Was aber ist in diesem Zusammenhang unter „göttlich" zu verstehen? Ein universaler Geist, der alles umfasst, alles umschließt?

Die Götter der Mayas waren nach unserem Verständnis unglaublich grausam: Sie forderten Menschenblut als Opfergabe. Diese rituellen Tötungen stehen nach unserem Verständnis im krassen Gegensatz zur exakten Kalenderwissenschaft der Mayas. Unverständlich ist für uns auch das Heilige Ballspiel. Dabei wurde eine Gummikugel mit Beinen, Hüften und Armen geschlagen. Sie durfte nicht den Erdboden berühren und musste durch steinerne Ringe bugsiert werden. Ungeklärt blieb bis heute, ob die Sieger geopfert werden durften oder die Verlierer geopfert werden mussten. Vielleicht starb am Ende eines Spiels auch nur ein Mitglied einer Mannschaft, als Stellvertreter. Nur auf diese Weise, so glaubten die Mayas, war ein Fortbestehen der Menschheit gewährleistet. Nur dank der Blutopfer würde die Sonne wieder aufgehen und der Erde Lebenskraft schenken.

Esoteriker sind sich in einem Punkt sicher: Das Ballspiel hatte kosmische Bedeutung. Dargestellt wurde im Spiel das Weltall mit den himmlischen Körpern wie Sonne und Mond, die sich im Verhältnis zueinander und zu den Sternen bewegen.

Leben wir im Zeitalter der Apokalypse?
Die Mayas waren erstaunliche Rechenkünstler. Sie liebten es, mit pedantischer Genauigkeit die Äonen der Weltgeschichte in riesige Zeitepochen zu unterteilen, die sich zyklisch wiederholten.

1 Kin	=	1 Tag
1 Unial	=	20 Tage
1 Tun	=	360 Tage
1 Katun	=	7.200 Tage
1 Baktun	=	144.000 Tage
1 Piktun	=	2.880.000 Tage
1 Calabtun	=	57.600.000 Tage
1 Kinchiltun	=	1.152.000.000 Tage
1 Alautun	=	23.040.000.000 Tage

Alautun ist eine Zeitperiode von ... dreiundzwanzigmilliardenundvierzigmillionen Tagen oder vierundsechzigmillioneneinhundertundneuntausendfünfhundertneunundachtzig Jahren.

Die Mayas gingen also spielerisch mit Riesenzahlen um und rechneten mit Zeitperioden gewaltigen Ausmaßes. Einige Inschriften gehen zum Beispiel 400 000 000 Jahre zurück. Solche Rechnungen hatten keinerlei praktischen Nutzwert. Ihr Sinn bleibt uns verborgen. Er liegt im Esoterischen.

Die Esoterik der Mayas sah einen zyklischen Ablauf der Weltgeschichte vor. Insgesamt gibt es fünf Zeitalter oder Epochen:

- Wasser-Epoche: Am Anfang ergossen sich gewaltige sintflutartige Regengüsse auf die Erde, die von monströsen Riesentieren bevölkert war.
- Jaguar-Epoche: Am Ende der zweiten Ära fiel der Himmel auf die Erde. Die Sonne verschwand und tödliche Dunkelheit brach herein. Wilde Monster fielen über die Menschen her, töteten und fraßen sie.
- Feuerregen-Epoche: Am Ende der dritten Ära kam es wieder zu einer Apokalypse. Feuer fiel vom Himmel und alles Leben verbrannte.
- Sturm-Epoche: Am Ende des 4. Zeitalters wurde wiederum fast alles Leben auf der Erde ausgelöscht, diesmal durch entsetzliche

Stürme. Die wenigen Menschen, die der Katastrophe entkamen, vegetierten dahin und entwickelten sich in Affen.

- Erdbeben-Epoche: Nach den Berechnungen der Mayas leben wir heute in der fünften und letzten Zeit-Ära. Am Ende soll alles Leben in gewaltigen Erdbeben ausgelöscht werden. Nach Ansicht der Mayas leben wir also im Zeitalter der Apokalypse … Ein Rezept für das Überleben der Menschheit bieten die Mayas nicht.

4.5 Afrika: Voudou und Tiermenschen

Was heißt Voudou?

Wenn unwissende Europäer oder Amerikaner oder andere Nichteingeweihte zu einer Voudou-Zeremonie zugelassen werden, dann verstehen sie in der Regel alles gründlich falsch. Sie meinen primitive Rituale wahrzunehmen, irgendwelchen faulen Zauber. Mit Zauber im europäisch-christlichen Sinne hat freilich Voudou überhaupt nichts zu tun. Den Voudou-Anhängern geht es um ein höheres Maß an Einsicht in die verborgenen Dinge, um Esoterik. Das verrät schon der Name selbst: „Vou" lässt sich mit „Hineinsehen", „dou" mit „das Unbekannte" übersetzen. „Voudou" ist demnach „Hineinsehen in das Unbekannte". Oder „Einblick in das Esoterische".

Wenn ein Voudou-Mann so etwas wie Magie betreibt, dann ist das keine Veränderung von Naturgesetzen, sondern eine genaue Beobachtung eben dieser Gesetze und eine Anwendung auf das tägliche Leben. Für einen Voudou-Priester ist seinem Verständnis nach eine Blutuntersuchung bei einem Kranken und eine anschließende Behandlung mit modernen Arzneimitteln nichts anderes als „Voudou".

Woher – wohin?

Irgendwo in Westafrika entstand – wann vermag niemand mehr auch nur annähernd einzuschätzen – ein esoterischer Kult, der auch als Religion zelebriert wurde. Die Priester dieser Bewegung, die ihre Geheimnisse wie kaum eine zweite zu wahren versuchte, wurden als Sklaven nach Südamerika und in die Karibik verschleppt. Dort entwickelte sich eine magische Glaubenswelt weiter. Zahlreiche Sklavenhalter zwangen ihren Zwangsarbeitern den christlichen Glauben auf. So wurden uralte Überlieferungen verändert. Altafrikanische

Götter bekamen christliche Namen. Es wurden sogar christliche Bibel-Gestalten in den Kult aufgenommen. Keinen Zweifel aber kann es für heutige Esoterikforscher geben: Voudou ist eine Form der esoterischen Magie und hatte ihre Wiege in Dahomey, im heutigen Benin.

Voudou entstand in Afrika – und wurde in die Welt hinausgetragen.

Zum Beispiel nach Haiti. Hier machte sich Voudou selbstständig. Seine Anhänger vergaßen schließlich sogar seine wahre Heimat und behaupteten, Voudou sei auf Haiti entstanden. Mehr noch: Hier soll in mythologischen Zeiten das irdische Leben begonnen haben. In den Bergen Haitis, im Norden des Landes, bei Port-de-Paix gelegen, liegt „die himmlische Stadt des mächtigen Feuers". In Atlanten ist sie als „Ville Aux Camps" oder „Ville-aux-Can" verzeichnet. Hier, an einem mystischen Ort, soll in grauer Vorzeit Unheimliches geschehen sein. Sonne und Mond heirateten stellvertretend für Geist und Materie. Aus der Verbindung ging Legba hervor, Spender jeglichen Lebens. Legba war es, der der Erde das lebensspendende Wasser schenkte.

In der heutigen Terminologie der Voudou-Gläubigen ist Legba eines der mächtigsten Symbole. Es steht für die männliche Kraft. Sein Gegenpart, das Weibliche, ist Erzulie. Legba und Erzulie dürfen bei keiner Voudouzeremonie fehlen: Wasser (Legba) und Feuer (Erzulie). Beide sind mächtiger als alle anderen Kräfte, auch als alle anderen Geister.

Als Missionare die Voudou-Anhänger Haitis zum christlichen Glauben bekehren wollten, ließen sie dies geduldig zu. Ihren alten Glauben gaben sie jedoch nicht auf. Sie integrierten nur den neuen. So setzten sie Legba mit Jesus Christus gleich. Gestalten der Bibel, von denen Missionare mit Eifer erzählt hatten, wurden umgedeutet. Sie tauchten plötzlich als Voudou-Götter auf. Selbst christliche Heilige wurden in Voudou-Überlieferungen integriert. Das gilt auch für die so genannte „Dreieinigkeit". Die christlichen Missionare beteuerten, dass Gottvater, Sohn und Heiliger Geist ein Wesen seien. Das wusste man im Prinzip schon lange – von den altehrwürdigen Göttern Haitis. Die waren Menschen und Götter zugleich. Versuchten nicht die christlichen Missionare nahe zu bringen, dass Jesus der Sohn Gottes war? Gott-Sohnschaften wurden auch in Haiti verehrt, lange bevor man etwas vom Christentum gehört hatte.

Die ersten Voudou-Gläubigen kamen von Afrika nach Haiti. Und weil zahlreiche haitianische Einwohner wieder von Sklavenhändlern gefangen und in alle Welt verkauft wurden, etwa nach Nordamerika, Brasilien und Kuba, wurde Voudou unbeabsichtigt in alle Welt getragen. Voudou veränderte sich dabei, passte sich den örtlichen Glaubenswelten an. Trotzdem kann man auch heute noch von einer weltweiten, aber kleinen geheimen Voudou-Gesellschaft sprechen.

Auf Kuba wurde aus der Erzulie die Wasserjungfrau Ye-Maya. In Afrika wandelte sich der Priester Papa-loa geringfügig zu Baba-loa, auf Kuba zu Babaluwa. Doch auch auf Haiti selbst gab es Entwicklung und Veränderung. Bald wurde die Urform des Voudou nur noch in einigen Regionen im Norden des Eilands ausgeübt.

Wie geht Voudou?

Kompliziert und von Region zu Region unterschiedlich sind die Grundregeln des Voudou. Und doch gibt es konkrete Übereinstimmungen. So steht im Zentrum der Tempel, Oumphor genannt. Das Allerheiligste wird vom profaneren Bereich gewöhnlich durch einen Vorhang getrennt, den symbolische Darstellungen der wichtigsten Voudou-Gottheiten zieren. Der Sakralbereich ist dem Priester vorbehalten, Laien haben keinen Zutritt. Sie würden die sakrale Stätte entweihen.

Während der Voudou-Priester am meist steinernen Altar hantiert, warten ehrfürchtig auf der anderen Seite des Vorhangs die Bittsteller. Sie mussten sich gewöhnlich strengen Vorschriften folgend vorbereiten. So durften sie einige Zeit lang nur ganz bestimmte Kost zu sich nehmen, mussten bestimmte Speisen meiden. Nur dem Priester sind die heiligen Zeremonialgeräte zugänglich. Zum Beispiel die Ritualrassel, Asson genannt. Sie wird gewöhnlich aus einem Flaschenkürbis hergestellt und gilt als Machtsymbol des Voudou-Priesters. Im Inneren der Rassel sind, auf eine Schnur wie Perlen auf einer Kette, Wirbelknochen einer Schlange aneinander gereiht.

Das Geräusch der Rassel setzt die Magie der Ahnen in wahrnehmbare Klänge um. Und wenn die Macht der Toten durch die Rassel verdeutlicht wird, weist der Priester auf heilige Zeichnungen, etwa von Totengeistern. Die „Seelen“ der Verstorbenen lösen sich nach Voudou-Überzeugung von den Leibern, steigen empor, um zu Sternen zu werden. Verschiedene Voudou-Rituale sollen nun diese Geister zurück auf die Erde rufen. Sie können den Voudou-Priestern Kraft zur Verfügung stellen. Was daraus gemacht wird, liegt in der Hand des

Wissenden. Er kann beispielsweise kranke Menschen heilen. Er kann aber auch gesunde Menschen krank machen.

Die Voudou-Zauberei, so wie wir sie hauptsächlich aus düsteren Filmen oder Schundromanen kennen, ist nur ein Aspekt – der negative. So wie der Esoteriker von weißer, positiver und schwarzer, negativer, Magie spricht, so gibt es auch beim Voudou eine positive und eine negative Anwendung.

Zurück zur Zeremonie, wie sie von der Voudou-Gemeinschaft seit Jahrhunderten praktiziert und gelehrt wird. Der Priester deutet auf Totenbilder, lässt dazu die heilige Rassel erklingen. Durch das Geräusch ist die Macht der Toten gegenwärtig, ganz konkret dort, wo die Zeremonie abgehalten wird. Auf die Rasselklänge folgen Trommeln. Die größere Pethro-Trommel stellt den Himmel dar und den Donner, die kleinere die Erde – präziser: die Stelle, an welcher der Blitz einschlägt. Beide Trommeln kommen zum Einsatz. Sie werden heftig geschlagen. So werden Donner und Blitz theatralisch imitiert. Der Tempel wird dabei zum Ort des Gewitters – im übertragenen Sinne. Er stellt nämlich jene geheimnisvolle Grenze zwischen Diesseits und Jenseits dar, die von den Geistern der Verstorbenen als Tor in unsere Welt verwendet werden kann.

Durch die für westeuropäische Ohren alles andere als melodisch klingende Musik werden zwei Welten geöffnet: die der Toten und die unsrige. Jetzt ist es den Totengeistern möglich, ihre Welt zu verlassen und in unsere Welt überzuwechseln. Sic sind den Lebenden überlegen. Mit ihrer Kraft kann der Voudou-Priester Kranke heilen, in die Zukunft blicken, aber auch Menschen auf übersinnlichem Weg töten.

Für die Mitglieder der Voudou-Gesellschaft werden durch den magisch-rituellen Dienst Grenzen aufgehoben. Jene zwischen Diesseits und Jenseits, aber auch jene zwischen göttlicher und menschlich-irdischer Welt. Einst soll die überirdische Welt, als noch paradiesische Zeiten auf Erden herrschten, allen Menschen zugänglich gewesen sein. Die Vorstellung findet sich auch im Alten Testament: Gott spazierte einst im Paradies mit Adam und Eva. Nach dem Verlust der Unschuld wurden die ersten Menschen aus dem Paradies vertrieben. Göttliche und menschlich-irdische Welt wurden so räumlich voneinander getrennt.

In der Voudou-Vorstellung gehen diese beiden so unterschiedlichen Welten ineinander über. Sie existieren nebeneinander. Sie haben

„Schnittflächen", Berührungspunkte. Nur sieht der gewöhnliche Sterbliche nur seine höchst irdische, nicht aber die göttliche Welt. Auch der Voudou-Priester sieht im Alltagsleben nur unsere altbekannte Welt. Versetzt er sich aber in Trance, wobei er altehrwürdigen, geheimen Vorschriften folgt, dann erweitert sich seine Wahrnehmungsfähigkeit.

Dabei sieht der Priester nicht einfach das Göttliche. Vielmehr öffnet er sich, stellt seinen Körper als vorübergehende „Behausung" für einen der Voudou-Götter zur Verfügung. Der Geistliche ist nicht mehr er selbst. Er hat sein Bewusstsein aufgegeben. Er ist nun selbst das Göttliche. Welchen Gott – oder Geist – er repräsentiert, hängt von der Abfolge von Riten ab, die es dem jeweiligen Priester ermöglichen, einen ganz bestimmten Geist oder Gott herbeizuzitieren.

Ist erst einmal der Priester zum Göttlichen geworden, dann gilt es, dieses bei Laune zu halten. Es soll verhindert werden, dass es verfrüht wieder verschwindet. So werden ihm Opfergaben dargebracht, Speisen, Getränke, Tabak, manchmal auch Drogen (häufig Alkohol!).

Jetzt kann der Priester auch Wünsche von Bittstellern entgegennehmen und mit der Kraft der in seinem Leib wohnenden Gottheit auch erfüllen. Meist geht es dabei um Linderung von Schmerzen, um Heilung von Krankheiten.

Die beschriebenen Vorgänge wurden in den vergangenen Jahrhunderten von Missionaren und weltlichen Forschern aufgezeichnet. Sie wurden dabei leider verfälscht, weil die Voudou-Vorstellungswelt sich von der der „zivilisierten" Besucher grundlegend unterscheidet. Voudou-Anhänger sehen Gott nicht als eine Einzelperson, nicht als ein konkretes, klar durch seinen Körper umrissenes Wesen. Sie sind Anhänger des Pantheismus, verstehen Gott als ein Prinzip, das sich in unserer Welt in jeder Gestalt offenbaren kann. Gleichzeitig ist man aber von der Existenz von Götter-Individuen, von so genannten Loa, überzeugt. Sie zeigen sich in unserer Welt auf recht unscheinbare Weise, etwa als Steine, Pflanzen, Tiere, aber auch als Menschen.

Mächtige Loa entstanden durch einen göttlichen Schöpfungsakt auf der Insel Haiti, in der himmlischen Stadt des Feuers. Dort sind sie auch heute noch zu Hause. Voudou-Zeremonien können überall auf der Erde zelebriert werden. Stets müssen Loa herbeigerufen werden. Da die unterschiedlichen Loa unterschiedlich schnell oder langsam reisen können, bedeutet das, dass die Wartezeit entsprechend länger oder kürzer ausfallen muss. Dementsprechend können sich Voudou-Zeremonien zeitlich sehr in die Länge ziehen. Schnelle wie langsame Loa können sich aber dem Ruf eines Voudou-Priesters auf keinen Fall entziehen. Sie müssen immer kommen, so sie gerufen werden.

Zu faktisch allen Zeremonien gehört Tierblut. Es soll die Loa besänftigen. Manche Magier verwenden freilich auch Menschenblut. Sie werden von den herkömmlichen Priestern, die solche Praktiken mit Abscheu ablehnen, als Kongos bezeichnet. Kongos benutzen bei ihren Zeremonien die berühmt-berüchtigten Voudou-Puppen.

Nach alter Voudou-Überzeugung wirkt im menschlichen Körper in seiner Ganzheit die geistige Kraft der Schöpfung. Trennt man nun einen Teil vom physischen Leib des Menschen, dann wohnt diesem immer noch für einige Zeit die Lebenskraft dieses Individuums inne. Konkret: Abgeschnittene Haare oder Fingernägel sind für einen kurzen Zeitraum keine tote Materie, sie sind vielmehr von der Lebenskraft des Menschen erfüllt, zu dem sie einst gehörten. Und diese Energie bildet, wiederum für einige Zeit, immer noch eine Gesamtheit. Das heißt: Die Kraft, die in abgeschnittenen Haaren steckt, ist zunächst immer noch Teil der Gesamtkraft.

Darauf basiert der Zauber mit der Voudou-Puppe. Indem man einer Puppe etwa Haare oder Fingernägel eines bestimmten Menschen einverleibt, macht man sie zum magischen Instrument. Sie wird zu einem Ebenbild des entsprechenden Menschen. Was man ihr zufügt, das widerfährt dem Menschen, den sie darstellt. Das gilt für negative wie positive Einwirkung. Verletzt man die Puppe, bricht man ihr ein Bein, dann widerfährt eben dieses Schicksal auch „ihrem" Menschen.

Im Positiven: Schenkt man der „Voudou-Puppe" Zuneigung, dann tut das im gleichen Maße „ihrem" Menschen gut. Behütet und beschützt man sie, so widerfährt „ihrem" Menschen gleichfalls Gutes. Voudou-Magier – Mörder oder Heiler? Nach alter Voudou-Tradition ist beides möglich – heilen und töten.

Monster-Tiere ... Tiermonster?

Seit Jahrzehnten gibt es in zahlreichen Staaten Nordamerikas ein gruseliges Phänomen, das bis heute nicht ergründet werden konnte. Vieh wird auf einsamen Weiden in grauenhafter Weise verstümmelt. UFO-Forscher machen außerirdische Experimentatoren verantwortlich. Tatsächlich spricht manches für diese fantastisch anmutende Theorie.

Bereits vor über 70 Jahren machte ein Erforscher des Mysteriösen und Geheimnisvollen, Charles Hoy Fort (1874–1932), darauf aufmerksam, dass auch Menschen Opfer von geheimnisvollen Angriffen werden.

In seinem Buch „Wilde Talente“, das seit wenigen Jahren – wie nun auch das Gesamtwerk Forts – in deutscher Übersetzung vorliegt, macht der amerikanische Autor auf einen gespenstischen Fall aufmerksam.

Im Oktober 1918 berichtete das „Cornhill Magazine“ über ein Erlebnis Captain Scotts im Norden Nigerias. Nachdem ein Eingeborenendorf von einigen rasenden Hyänen überfallen worden war, machten sich mutige Jäger unter der Leitung Scotts sofort an die Verfolgung der gefährlichen Tiere. Deutlich waren die Tierspuren im weichen Untergrund zu erkennen. Doch irgendwann verwandelten sich alle Tierspuren in die von Menschen. Das stellten Scott und seine Männer fest, als sie den Fährten weiter nachgingen. Bald holten sie eine der Bestien ein. Schüsse wurden auf das Monster abgegeben. Die riesige Hyäne schrie vor Schmerz auf, floh aber weiter. Der Blutspur nach zu urteilen musste die Verletzung erheblich sein. Tatsächlich fand man bald auch Teile eines abgeschossenen Kiefers. Der Knochen stammte von einer Hyäne. Wenige hundert Meter weiter starb sie: die Hyäne? Nein: Es war jetzt ein toter Mensch, dem der Unterkiefer weggeschossen worden war.

Nach Captain Scott gibt es keine andere Erklärung für das gruselige Phänomen als diese: Offensichtlich gab es zu Beginn des letzten Jahrhunderts in Afrika Menschen, die sich zeitweise in Tiere und wieder zurück verwandeln konnten. Dieses Phänomen, das dem kritischen Zeitgenossen suspekt erscheinen muss, wird nicht nur in Esoteriker-Kreisen Afrikas als „echte Lykanthropie“ bezeichnet. Im Gegensatz zur falschen Lykanthropie, bei der sich Verbrecherbanden als Tiere verkleiden, soll es bei der echten Variante um die tatsächliche, reale Verwandlung von Menschen in Tiere und wieder zurück handeln. Sie soll sehr häufig bei den Ashantis in Zentralghana beobachtet worden sein.

Louis Teufelsburg nimmt solche Berichte sehr ernst. Bei seinen Studienreisen in mehreren afrikanischen Ländern zum Zwecke der Erkundung des esoterischen Wissens in jenen Gefilden stieß er immer wieder auf konkrete Hinweise echter Lykanthropie. Es gelang ihm, dem Uneingeweihten, einige Geheimnisse dieser Verwandlungskunst in Erfahrung zu bringen:

- Der Magier beginnt mit langjährigen Übungen und Exerzitien. Dabei schult er seinen Geist. Er lernt zunächst, sich intuitiv in die Wesensart eines Tieres hineinzuversetzen. Dann – in Stufe 2 – verwandelt er annäherungsweise sein innerstes Wesen in das eines Tiers.
- Erst wenn es dem Magier wirklich gelingt, sich innerlich gezielt in ein bestimmtes Tier zu verwandeln, erfolgt die äußere Transformation. Das äußere Erscheinungsbild des Menschen passt sich dann dem innerlich bereits gewandelten Wesen an.
- Unklar dabei bleibt, ob tatsächlich in allen Fällen der Lykanthropie eine physische Umwandlung vom Menschen zum Tier und später wieder zurück erfolgte. Es ist anzunehmen, dass die innerliche Transmutation vom menschlichen zum tierischen Wesen ausschließlich auf der geistigen Ebene erfolgte. Dabei sollen derart starke suggestive Kräfte frei werden, dass Zeugen, die den Vorgang beobachten, tatsächlich auch eine äußerliche, physische Umwandlung von der Gestalt eines Menschen in die eines Tieres wahrzunehmen meinen.

Lykanthropie und Fetisch-Zauber

Auch der englische Forscher und Fachautor Dr. Walter Raymond Drake kam nach langjährigen Studien zu dem Ergebnis, dass es tatsächlich afrikanischen Magiern aus uralten esoterischen Schulen gelungen ist, die echte Lykanthropie real zu vollziehen. Im Gespräch mit dem Verfasser sagte der gelehrte Autor: „Auch wenn es mehr als fantastisch anmutet: Ich bin davon überzeugt, dass sie noch in unserem Jahrhundert, in der Ära der Mondlandung, wahre Wunder vollführen konnten. Sie waren dazu in der Lage, sich in Tiere zu verwandeln. Oder sie konnten mit unvorstellbaren psychischen Kräften erreichen, dass sie den Menschen, denen sie begegneten, wie Furcht einflößende Tiere vorkamen.“

Dr. Drake war es auch, der die in esoterischen Geheimschulen Afrikas offensichtlich über Jahrhunderte hinweg tradierten Geheimkenntnisse zumindest teilweise eruieren konnte. Demnach steht bei den Umwandlungen immer ein Fetisch im Mittelpunkt. Bei diesen

Zaubermitteln handelt es sich beispielsweise um nach geheimen Riten hergestellte Nachbildungen von Tieren. Diese müssen mit nur den Eingeweihten bekannten Symbolen versehen sein, die wiederum nur nach ganz präzise vorgeschriebenen Ritualen angebracht werden dürfen.

Nach Dr. Drake kann man einen Fetisch am ehesten mit einer Batterie vergleichen. Im Gegensatz zu einer elektrischen Batterie, deren Kraft nachlässt, während man sie benutzt, wird ein Fetisch stärker, wenn er zu magischen Zwecken eingesetzt wird. So sollen am 12. Januar 1945 in Fort-Rousset, Elfenbeinküste, Mitglieder des Geheimbundes der Edzo-Zauberer einen Mord begangen haben. Die Angeklagten äußerten sich nur sehr zögernd. Demnach soll es rituell-magische Aktionen gegeben haben. Ein hoher Magier habe sich in ein Krokodil verwandelt und die Bluttat begangen. Dabei sei der Fetisch „gestärkt“ worden.

Speziell angefertigte Fetische hatten zum Beispiel Krokodilform. Um diese Fetisch-„Batterien“ aufzuladen, wurden rituell Babys geopfert. Dann benutzte man die Fetische bei der Verwandlung von Magiern in Krokodile. Die Mordtaten, die sie dann begingen, luden wiederum die Fetische noch weiter auf, die dann für immer stärkere Formen von Magie eingesetzt wurden.

Dr. Drake erinnert in diesem Zusammenhang an Agrippa von Nettesheim (1486–1535) und eine seiner Grundthesen: „Die den Dingen innewohnende Kraft kann aus ihnen gezogen und auf andere Dinge übertragen werden.“ Dr. Drake: Nicht nur Dinge haben nach magischem Verständnis Kraft, die ihnen innewohnt. Auch Handlungen erzeugen Kraft, die ihrerseits in Dingen gespeichert werden kann. Negative Taten wie Mord erzeugen negative Kraft, die von Lykanthropie-Magiern zum Abspeichern in Fetischen benutzt wird. Die wiederum werden eingesetzt, wenn sich ein Kundiger mit der Absicht, Verbrechen auszuüben, in ein Tier wie ein Krokodil, einen Panther oder einen Löwen verwandeln will.“

Erforscher des Lykanthropiephänomens stoßen in Afrika auf zahlreiche Hinweise. Die Hochzeit dieser schwarzen Kunst scheint zu Beginn des letzten Jahrhunderts gewesen zu sein. Vor dem Ersten Weltkrieg siedelten zum Beispiel zahlreiche Magier des Mtshogo-Stamms aus Mittel-Ogowe nach Gabun über. Sie sollen wahre Meister ihrer Zunft gewesen sein. Im Mittelkongo hingegen waren es die berühmt-berüchtigten Panther-Menschen, die die Bevölkerung in Angst und Schrecken versetzten. Ihr unheimliches Wissen wurde nur den Mitgliedern der Geheimbünde Ngo und Ngoye offenbart.

Wegen dieser Geheimhaltung wurden die Mysterien der Lykanthropie niemals Außenstehenden verraten: nicht anderen Afrikanern und schon gar nicht Europäern. Die Europäer versuchten zu Beginn des letzten Jahrhunderts hinter das schreckliche Geheimnis zu kommen, doch vergeblich. Kein Magier, kein Gehilfe eines Zauberers verriet die Geheimnisse. Auch dann nicht, als bei Prozessen Verrätern mildere Urteile angeboten wurden. Sie schwiegen, auch wenn die Öffentlichkeit von den Prozessen ausgeschlossen wurde, wie 1946. Mehrere Männer aus dem tansanischen Brabaig-Stamm wurden hingerichtet, weil sie – in Löwen verwandelt – Morde begangen haben sollen.

Von 1926 bis 1945 sollen allein die „Löwen-Menschen" in Ushora mehr als 1000 Morde begangen haben. Alle Opfer waren so zugerichtet, als wären sie von gewaltigen Löwen verstümmelt worden.

Ende des Terrors

Echte Lykanthropie scheint es zu Beginn des letzten Jahrhunderts in Teilen Afrikas gegeben zu haben. Daraus entwickelte sich die falsche Lykanthropie. Verbecherbanden, die sich zu Geheimbünden zusammenschlossen, nutzten die Angst, die Tiermenschen nach wie vor in der Bevölkerung hervorriefen, um sich als Tiere zu verkleiden und Verbrechen zu begehen. Echte Lykanthropie dürfte es heute nicht mehr geben. Es sei denn, das geheime Wissen wurde bis in unsere Tage in geheimen Schulen weitergereicht.

4.6 Italien: Magisches Erbe der Etrusker

Eines der europäischen Zentren in Sachen Magie war zweifelsohne das Alte Italien. Die ersten Italiener waren wohl die Etrusker. Dieses Volk besiedelte im Altertum weite Teile Italiens und erlebte vom 7. bis 4. Jahrhundert v. Chr. seine kulturelle und religiöse Blüte. Woher sie kamen, ist bis heute umstritten: aus dem Orient? Aus Libyen? Aus Asien?

Magie spielte jedenfalls eine große Rolle im religiösen Leben der Etrusker. Magische Mächte wirkten von der Geburt eines Menschen auf sein Leben ein. Jeder Mensch hat seinen Genius. Der Geist regiert kraftvoll den Geburtsstern jedes Menschen und begleitet ihn von der Wiege bis zur Bahre.

Magie als „Diplomatie" mit dem Totenreich

Über die Jenseitsvorstellung ist nicht viel bekannt. Grabdenkmäler zeigen häufig Darstellungen Furcht einflößender Monster, etwa Ungeheuer mit drei Leibern. Tuchulcha war auch ein Jenseitsgeist. Das Wesen hatte Pferdeohren, einen Geierschnabel und auf seinem Haupt saßen unzählige züngelnde Schlangen. Dr. Walter Raymond Drake: „Im Alten Italien leben in esoterischen Kreisen die magischen Vorstellungen, die auf die Etrusker zurückgehen, bis in unsere Zeit weiter. Da gibt es noch heute magische Zauberformeln, die nur Eingeweihten bekannt sind. Man lässt sich, katholisch wie man ja ist, sein neues Haus gern vom Pater segnen. Heimlich ruft man aber zudem später noch einen Magier hinzu. Der murmelt beim Umschreiten des Hauses unverständliche Worte. Es handelt sich dabei um Worte etruskischen Ursprungs."

Magie hatte dabei – so Dr. Drake – sehr häufig etwas mit Erde zu tun. Als heilig angesehen waren deshalb auch die Bäume, die fest verwurzelt in der Erde standen. Die Alten Römer sahen sogar in jedem Baum einen Gott und deshalb galt jeder, der einen Heiligen Baum fällte, als dem Tod geweihter Frevler. Sollten den Göttern die ersten Erzeugnisse der neuen Ernte dargeboten werden, so geschah dies in Heiligen Hainen.

Wo die Bäume verwurzelt waren, da begann die Unterwelt, das Reich der Toten, das nicht nur als ein eher Furcht einflößender Ort angesehen wurde. Es herrschte eine tief verwurzelte Angst vor, Böses könne aus den finsteren Abgründen der Toten in die Welt der Lebenden eingreifen.

Dr. Walter Raymond Drake schreibt: „Die Magie stellte den Menschen vor zwei Alternativen. Man konnte in Angst und Furcht leben, stets befürchten, dass ein böser Geist aus dem Reich der Verstorbenen den Lebenden Böses antut. Oder man konnte vorbeugend etwas tun. Entweder die Toten würden aus dem Erdreich hervorbrechen und wie Zombies über die Menschen herfallen. Oder man schuf bewusst eine

Verbindung zur Totenwelt, die man dann allerdings bewachen konnte."

Nach Dr. Drake gab es im Alten Italien magische Geheimkulte, die tiefe Löcher aushoben: als Eingänge ins Totenreich. Solche „Tore" wurden häufig bei Stadtgründungen gegraben. Bei der Gründungszeremonie waren dann – so lautete der alte magische Glaube – Tote wie Lebende anwesend. Die Mächtigen aus dem Reich der Lebenden versprachen den Toten, ihnen die Verstorbenen zu schicken, so dass das Reich der Unterwelt auf steten Zuwachs der „Bevölkerung" hoffen durfte.

Die Eingänge wurden dann geschlossen – zugeschüttet oder mit schweren Steinen abgedeckt. An bestimmten Tagen, meist zu genau festgelegten Zeiten, wurden sie wieder geöffnet, um den Totengeistern die Gelegenheit zu geben, sich wieder einmal in der Welt der Lebenden umzusehen.

Dr. Drake: „So wurden die Besuche der Jenseitigen bei uns im Diesseits reglementiert, um zu verhindern, dass die Toten nach Gutdünken und gegen den Willen der Menschen erscheinen würden." Trotzdem fürchteten sich diese Etrusker vor den Jenseitigen. In magischen Kunstwerken gaben sie die als wilde Bestien wieder, die aus der Erde herauskommen möchten, um Lebende zu fressen. Deshalb gab es magische Riten, die sich noch lange in christlichen Zeiten hielten, die die Toten besänftigen sollten. Man grub tiefe Löcher und warf kostbaren Schmuck hinein. Man tötete Tiere und goss soviel wie möglich Blut in die Eingänge zum Totenreich, um so den Blutdurst der Unterirdischen zu stillen. Es wurden aber auch Amulette eingegraben, die nicht als Geschenke gedacht waren, die vielmehr durch ihre magische Kraft die Toten daran hindern sollten, in die Welt der Lebenden einzudringen.

Neben den bewusst gebauten Eingängen zum Totenreich gab es noch die unvermeidlichen. Sie entstanden besonders häufig beim Bauen von Häusern. Magie wurde dann eingesetzt, bevor das Haus bewohnt wurde. So sollte auf alle Fälle sichergestellt werden, dass über die Fundamente oder durch Kellerräume nicht unheimliche, ungebetene Gäste eindrangen. Da man die Macht der Geister fürchtete, versuchte man so diplomatisch wie möglich vorzugehen und opferte den Toten großzügig Blut. Gleichzeitig legte man magische Amulette in Baugruben oder unter Hauspfosten, um die Bösen zu bannen.

Schutz vor den Toten, Religion und Wahrsagen

Die Funktion der alten Magier der Etrusker, die von Geheimgesellschaften angeblich bis in unsere Tage ausgeführt wird, war dreigeteilt:

- Schutz der Lebenden vor den Toten
- Religiöse Verehrung der zahlreichen Götter und
- Vorhersage der Zukunft.

Esoterische Magie

Magie sollte die Toten kontrolliert in Bann halten. Magie wurde praktiziert, um sich die zahllosen Gottheiten gewogen zu halten, damit sie den Menschen kein Unglück aufhalsten. Und Magie wurde benutzt, um kontrolliert in die Zukunft blicken zu können.

Etruskische Wahrsager betrieben die Eingeweideschau als Zukunftsvision. Besonderes Interesse genossen dabei die Schafsleber und die Gallenblase. Die Magier waren überzeugt, dass diese Organe in 16 Sektionen eingeteilt werden können, die ihre Entsprechung am Sternenhimmel finden. Als Spiegelbild des Himmels wurde auch das Gedärm von bestimmten Opfertieren, etwa des Schweines oder des Schafes, angesehen. Das spiralförmige Gekräusel, davon gingen die Magier aus, symbolisierte die Bewegungen der Planeten.

Nicht nur die besondere Ausformung der Gedärme, auch der Inhalt in unterschiedlichen Sektionen, die Farbe des Inhalts und die Konsistenz desselben wurden herangezogen, um Aussagen über die Zukunft zu machen.

Vorhergesagt wurde vermutlich einzelnen Menschen, die sich Rat suchend an die Magier wandten. Sie mussten wohl mindestens ein Tier bezahlen, das dann geopfert und aus dessen Innereien dem Hilfe Suchenden die Zukunft vorhergesagt wurde. Dies geschah, so ist zu vermuten, nach ganz bestimmten Regeln. Das Wissen der Magier wurde in besonderen Geheimschulen unterrichtet. Die Geheimhaltung glückte. Bis heute wissen wir so gut wie nichts über die Eingeweideschau der Etrusker. Sie ist im wahrsten Sinne des Wortes verborgen – esoterisch – geblieben.

Dr. Drake: „Wenn es, wovon ich überzeugt bin, in Italien noch heute echte magische Geheimgesellschaften gibt, dann haben sie bis in unsere Tage den Charakter ihrer Gruppierungen bewahrt und die Geheimnisse, die von Generation zu Generation weitergegeben wurden, nicht verraten. Die Wahrer des etruskischen Erbes der Magie sind echte Esoteriker geblieben."

5

Esoterische Medizin

5.1 Esoterische Medizin im Volksglauben

Seit Menschengedenken gibt es Krankheiten. Wer heilend helfen konnte, der war angesehen im Volk. Heiler errangen eine hohe Position – wohl schon bei den ersten Menschen. Da liegt es in der Natur unserer Art begründet, dass dieses Wissen um Krankheiten genutzt wurde, um zu Macht und Wohlstand zu kommen. So entstanden Gruppierungen, die ihr Wissen nur an Mitglieder der Gruppe weitergaben.

Heilende Hexerei

Im Volksglauben gibt es seit Menschengedenken die esoterisch-magische Medizin. So alt wie die Menschheit ist wohl auch die Hexerei. Manche Hexen gingen davon aus, dass Krankheiten von bösen Geistern hervorgerufen werden, die es zu vertreiben galt. Das geschah beispielsweise durch rituelle Tänze oder durch Zufügen von Schmerz. Andere Hexen praktizierten das Prinzip der so genannten Übertragung.

Ihre Methoden basierten alle in mehr oder minder abgewandelter Form auf der Überlegung, dass das Krankheitsübel irgendwo wie ein störender Fremdkörper im Leib der Kranken sitzt. Mit Hilfe von magischen Ritualen sollte es aus dem Patienten entfernt werden. Mit Hilfe von Hexerei konzentrierte man die Krankheit beispielsweise in die Haare oder Finger- und Fußnägel eines Menschen, schnitt diese dann ab und verbrannte sie, vergrub sie oder stopfte sie in Löcher, die in bestimmte Bäume gebohrt wurden. Dann verschloss der Hexer wieder die Bohrung. Die Krankheit sollte so vom Menschen weg zum Beispiel in den Baum übertragen werden.

Übertragungsmagie gab es auch in anderer Form. Den Kranken wurden bestimmte Pflanzen aufgelegt, auf die mit Hilfe von magischen Ritualen die peinigende Ursache übergehen sollte. Oder die Patienten mussten unter bestimmten Bäumen oder durch Buschwerk gehen. Auch uralte steinzeitliche Monolithen wurden noch zu christlichen Zeiten für Heilungen benutzt. Der Kranke berührte den Stein und murmelte Zauberworte, die die Krankheit zwingen sollten, den Körper zu verlassen und in den Monolithen einzudringen.

Übertragen werden soll nach magischem Verständnis Krankheit auch oft auf andere, ahnungslose Menschen. Zahllose Möglichkeiten waren einst bekannt, sind aber heute vermutlich weitestgehend in Vergessenheit geraten. In Frankreich gab es folgendes Ritual: Zehn Frauen bemühen sich pflegend um einen Fieberkranken. Neun von ihnen übertragen die Krankheit auf je ein Hühnerei. Die Eier werden möglichst weit weg getragen und an einem Weg abgelegt. Wer nun in die Nähe der Eier kommt oder sie gar berührt, der übernimmt das Fieber des Kranken, der dann sofort gesund wird.

Bis ins 20. Jahrhundert hinein gab es in Europa, besonders in abgelegenen ländlichen Gebieten, magische Zaubermittel, deren Zusammenstellung nur Eingeweihten bekannt war. In England soll es noch heute die „Paracelsus-Salbe" geben. Verletzt sich jemand mit einem Messer, so wird die Klinge sorgsam mit dem Zaubermittel eingeschmiert, was das schnelle Abheilen der Wunde zur Folge haben soll. Noch heute soll es in ländlichen Gegenden von Holland das seit Jahrhunderten bekannte „Sympathiepulver" geben. Man berührt den Kranken mit einem Tuch, nimmt seinen Schweiß auf. Dann löst man das magische Sympathiepulver in Wasser auf und wäscht darin das Tuch aus. Das soll zu rapider Verbesserung des Gesundheitszustands und schneller Genesung führen.

Heilen mit Steinen

Magische Methoden wurden nicht nur zur Heilung, sondern auch zur Vorbeugung angewandt. Da der Glaube, Krankheiten würden durch böse Geister übertragen oder direkt verursacht, weit verbreitet war, versuchten sich die Menschen schon seit Urzeiten durch das Tragen von schützenden Amuletten und Zeichen solche bösen Geister vom Leib zu halten. Ursprünglich mögen speziell geformte Steine benutzt worden sein. Mit der Weiterentwicklung und Verfeinerung magischen Wissens ging man dazu über, immer ausgeklügeltere Systeme zu entwickeln: Ganz bestimmte Krankheiten wurden mit genau vorgeschriebenen Steinen fern gehalten. Steine sollten aber auch erwünschte Veränderungen im menschlichen Wesen auslösen. In Frankreich trug man Achat mit schwarzen Adern, um mutiger zu werden.

Immer ausgeklügeltere Systeme wurden ersonnen, um mit Steinen auch zu heilen. Die Magier nutzten dabei oft uraltes Wissen, werteten älteste astrologische Systeme aus. Immer komplexer wurden die Heilsysteme. So entstand die Überzeugung, dass Menschen je nach

Sternzeichen an ganz bestimmten Tagen mit ganz bestimmten Steinen heilend geholfen werden kann. Die Zusammenhänge lassen sich am besten in Form einer Tabelle darstellen.

Sternzeichen	**Tag**	**Stein**
Widder	Dienstag	Amethyst
Stier	Freitag	Achat
Zwillinge	Mittwoch	Beryll
Krebs	Montag	Smaragd
Löwe	Sonntag	Rubin
Jungfrau	Mittwoch	Jaspis
Waage	Freitag	Diamant
Skorpion	Dienstag	Topas
Schütze	Donnerstag	Karfunkel und Granat
Steinbock	Samstag	Onyx und Chalzedon
Wassermann	Samstag	Saphir und Schwarze Perle
Fische	Donnerstag	Chrysolith und Koralle

Steine wurden, häufig wieder nach astrologischen Gesichtspunkten, an bestimmten Tagen nach geheimen Ritualen aufbereitet und in winzigen Mengen als „Arznei“ gereicht. Und Steine wurden als Heilmittel aufgelegt, möglichst dicht am besonders erkrankten Organ.

Steine und Chakras

Zu Beginn des dritten Jahrtausends nach der Zeitwende verfügen speziell die Menschen der so genannten hochzivilisierten Länder über Zugang zu einer extrem fortschrittlichen Apparatemedizin. Häufig fühlt sich der Mensch nur noch als Anhängsel computergesteuerter Supertechnologie, die Heilung bringen soll – und ja auch oft erstaunliche Erfolge verbuchen kann. Gleichzeitig wächst aber die Sehnsucht nach alternativen Heilbehandlungen, die sich in zunehmendem Maße höchster Beliebtheit erfreuen. Bad Pyrmont etwa, ein altehrwürdiger Kurort, dürfte das Mekka traditioneller chinesischer Heilmethoden werden, mit Europas „größtem Fachzentrum“ und einer „Privatuniversität für alternative chinesische Heilmethoden“. Bedauernd, ja anklagend stellt das „New England Journal of Medicine“ fest, dass wir die „Rückkehr zu irrationalen Ansätzen in der medizinischen Praxis“ erleben.

Tatsächlich gibt es einen unübersehbaren Trend hin zu Medizinformen, die einst nur relativ wenigen Menschen vorbehalten waren. Doch das esoterische Wissen von einst hat heute besonders in den reichen Ländern unseres Planeten Eingang gefunden – in den weit verbreiteten esoterischen Volksglauben. Dabei stehen dem modernen Zeitgenossen unzählige Einzelinformationen aus unterschiedlichen esoterischen Systemen zur Verfügung. Er nutzt Teilwissen aus weit voneinander entfernt entstandenen Lehren, die so in ihrer Gesamtheit niemals genutzt wurden.

Konkretes Beispiel: Nutzung von Steinen in Verbindung mit den so genannten Chakras. Heutige Esoterik-Therapeuten bauen mit Hilfe von Steinen Energieschwingungen auf, die das Energiesystem des Patienten dazu bringen sollen, einen Heilungsprozess zu veranlassen. Die Steine werden dabei nicht willkürlich auf dem Körper des Patienten verteilt, sondern auf den so genannten Chakras positioniert.

Vermutlich waren es Esoteriker im Alten Indien, die die Chakras entdeckten. Sie verstanden darunter Kraftzentren im menschlichen Körper, die durch Kanäle miteinander verbunden sein sollen. Sieben Hauptchakras sind bekannt:

- Muladhara (Steißbein)
- Svadhisthana (Geschlechtsorgane)
- Manipura (Nabel)
- Anahata (Thymusdrüse)
- Visudda (Schilddrüse)
- Anja (Hypophyse)
- Sahasrana (Scheitel des Kopfes).

Arabische „Chakras“

Nach einem alten arabischen System wurden Steine auf bestimmte Körperregionen gelegt, was der Heilung von Kranken dienen sollte. Dabei kam es bei den Steinen in erster Linie auf die Farbe an.

- Gelbe Steine auf der linken Körperhälfte stärkten den Verstand und verhalfen zu eigenständigem Erkennen von Krankheitsursachen und der besten Heilmethode.

- Rote Steine auf der linken Körperhälfte kräftigten den Geist des Menschen und waren bei Krankheiten hilfreich, die die Sinne trübten.
- Weiße Steine, auf den Solarplexus gelegt, stärkten das Bewusstsein des Menschen. Grüne Steine auf der Mitte des Brustkorbs gestatteten es dem Menschen, sein Bewusstsein besonders intensiv wahrzunehmen.
- Schwarze Steine auf der Stirn ließen die verschütteten Kräfte der Intuition wieder erwachen.

Farbtherapie

Nicht nur die Araber setzten auf magische Heilwirkung von Farben, auch bei den Chinesen gab es die Überzeugung, dass Farben Kranke heilen können. Sie setzten dabei auf verschiedene Wirkungsweisen. Gelb galt als äußerst hilfreich bei der Bekämpfung von Darmkrankheiten. Den betroffenen Patienten wurde gelbe Farbe auf die Haut aufgetragen. Außerdem wurden gelbe Vorhänge im Zimmer des Kranken angebracht. So war der auf Genesung Hoffende vollkommen in gelbes Licht eingehüllt. Epileptiker wurden mit violetter Farbe behandelt. Sie wurden violett eingekleidet, bekamen violette Vorhänge ins Krankenzimmer, und oft wurden Wände und Decke mit violettem Stoff bezogen, der Fußboden mit violetten Teppichen ausgelegt.

Heute ist Esoterik für weite Teile der Menschheit zu einer Art modernem Volksglauben geworden. Zu den neuerdings immer häufiger angewandten esoterischen Therapieformen zählt die Farbtherapie. Unterschiedliche Methoden werden angewandt. Die häufigsten: Der Kranke setzt eine farbige Brille auf, um nur einen bestimmten Farbton optisch aufzunehmen. Oder: Der Kranke legt sich unbekleidet unter eine „Farbdusche“. Sein Körper wird dann – je nach Krankheit – mit einer bestimmten Farbe und für eine bestimmte Zeitdauer bestrahlt.

Obwohl die Farbtherapie weit verbreitet ist, gibt es nur sehr wenige echte Heiler, die mit Erfolg diese Heilbehandlung durchführen. Die Lehre von der Heilung durch Farben ist auch extrem komplex und füllt Bände. Einige grundlegende Informationen:

Blau wird beruhigende und stärkende Wirkung nachgesagt. Rot fördert die Blutbildung und wirkt allgemein anregend. Violett aktiviert das lymphatische System und hilft dem Körper, sich von Wassereinlagerungen selbst zu befreien. Purpur stärkt die Kräfte der Sexualität und fördert die Durchblutung. Orange hilft der Lunge, Gelb der Verdauung und Türkisblau der Haut. Grüngelb tötet nach der Lehre von der Farbtherapie Bakterien ab.

Abgeraten werden muss dringend – und das gilt für alle Formen der magisch-esoterischen Heilweisen – von eigenständigen Selbstversuchen ohne kundigen Expertenrat. So sagt man der Farbe Rot nach, dass sie blutbildend wirkt, aber auch Geschwüre zum Ausbruch bringt.

5.2 Homöopathie: Heilung im Unsichtbaren

Ähnliches mit Ähnlichem

Der sächsische Arzt Samuel Christian Hahnemann (1755–1834) beobachtete bei medizinisch-wissenschaftlichen Experimenten, dass Chinin im Körper eines gesunden Menschen die gleiche Wirkung wie beim Kranken hervorruft. Daraus schloss er, dass aus seinen Experimenten eine neue Heilmethode abgeleitet werden kann. Im Experiment fand er nämlich heraus, dass eine Substanz eine Krankheit auslösen oder heilen kann – je nach Dosierung. Der gesunde Mensch kann, wenn er eine bestimmte Substanz zu sich nimmt, dadurch krank werden. Nach Hahnemanns Überlegungen gilt nun der Grundsatz „Behandele Ähnliches mit Ähnlichem!"

Was ist damit gemeint? Wenn eine starke Dosis krank macht, dann heilt eine winzig kleine Dosis. Ist dieser Gedanke nachvollziehbar? Wenn eine große Menge eines Stoffs eine Krankheit auslöst, was verursacht dann eine winzig kleine Dosis? Was geschieht im Körper? Der Organismus erkennt die wenn auch nur in kleinen Spuren in seinem Körper befindliche Substanz und aktiviert seine Anti-Körper.

Während die herkömmliche, klassische Medizin sozusagen ein Gift verabreicht, das die Krankheitserreger abtöten soll, gibt der homöopathische Arzt in kleinsten Dosen den Stoff, der die Krankheit auslöst – und aktiviert so die Widerstandskräfte des Körpers. Hahnemann nahm damit eine Form der Medizin vorweg, die von der klassischen Medizin – auch von Medizinern, die Homöopathie strikt als unwissenschaftlichen Humbug ablehnen – praktiziert wird. Bei allen Schutzimpfungen bekommt der Patient in winzigen Dosen Krankheitskeime gespritzt oder sonst wie verabreicht, die eben jene Krankheit auslösen, der mit der Impfung vorbeugend entgegengetreten wird.

Verdünnungen, Verdünnungen, Verdünnungen…
Ist damit die Homöopathie nicht letztlich eine Form der klassischen Medizin? Die Homöopathie muss auch deshalb schon als esoterische Heilweise bezeichnet werden, weil sie derart starke Verdünnungen einsetzt, die nach herkömmlicher Lehrmeinung nicht mehr wirken können. So wird ein homöopathisches Medikament hergestellt: Am Anfang des Vorgangs steht die so genannte Urtinktur, zum Beispiel ausgepresste Kamille. Ein Teil dieser Urtinktur wird nun mit neun Teilen eines Lösungsmittels (Wasser oder Alkohol) verdünnt und tüchtig geschüttelt. Magisch mutet an, dass genau die Anzahl der Schüttelschläge vorgeschrieben ist. Auf zehn Teile Flüssigkeit kommt nun nur noch ein Teil der Ursubstanz. Das Mischungsverhältnis beträgt 1:10 und wird in der Homöopathie als D 1 bezeichnet.

Von der D 1 Kamille – um bei unserem Beispiel zu bleiben – wird ein Zehntel genommen und wiederum mit neun Teilen Lösungsmittel verdünnt. Damit liegt eine neue Verdünnung vor. Auf 100 Teile Mischung kommt nur noch ein Teil der Ursubstanz. Das Mischungsverhältnis beträgt dann 1:100. Die neue Substanz bezeichnet man als D2. Damit nicht genug: Es wird immer weiter und weiter verdünnt. Bei D6 befindet sich in einer Quintillion Lösungsmittel nur noch ein Teil der Ursubstanz.

Gegner der Homöopathie wenden ein: Spätestens bei der Stufe D23 dürfte eigentlich von „Gemisch" gar nicht mehr die Rede sein. Denn mit noch so feinen wissenschaftlich geeichten Messgeräten lässt sich auch kein einziges Molekül der Ursubstanz nachweisen.

In der Homöopathie gibt es aber noch weit extremere Verdünnungen. Bei den Hunderter-Potenzen bedeutet C1: auf 100 Teile Gemisch kommt ein Teil von der Ursubstanz. C 2 bedeutete: auf 10 000 Teile Mischung kommt 1 Teil Ursubstanz. Und C 3? In einer Flüssigkeit ist nur 1 Teilchen von 1 000 000 Teilchen Gemisch noch Ursubstanz. Bei C 12 ist nur noch das Lösungsmittel nachweisbar. Nicht ein Molekül von der Ursubstanz lässt sich noch nachweisen.

Noch rapider lässt eine dritte Möglichkeit des Potenzierens verdünnen: LM. Schon bei der ersten Verdünnung (LM 1 genannt) ist in einer Gesamtmenge von 50 000 Teilen nur ein Teil Ursubstanz vorhanden.

Potenziert wird nicht nur mit Flüssigkeiten, sondern auch mit festen Stoffen. Ein Teilchen Ursubstanz und neun Teilchen Milchzucker werden im Mörser klein gestoßen und verrieben. Dann wird ein zehntel Teilchen entnommen und mit wiederum 99 Teilen Milchzucker verrührt und verrieben. Wie bei den Flüssigkeiten wird weiter und weiter potenziert.

Angesichts der teilweise extremen Verdünnungen stellt sich die Frage: Kann dann ein homöopathisches Mittel überhaupt wirksam sein? Schließlich ist doch ab bestimmten Potenzen das angeblich Wirksame gar nicht mehr nachweisbar. Fakt ist: Cortison wird von der Nebenrinde erzeugt und geht in den Organismus über. Obwohl das körpereigene Cortison nachweisbar wirkt, ist es auch mit noch so feinen Messmethoden im Körper nicht nachweisbar.

D 20-Gemische aus der Homöopathie enthalten nicht die geringste Spur mehr eines anderen Stoffs außer dem Verdünnungsmittel. Die so genannten Enzyme, die für unseren Organismus lebensnotwendig sind, kommen im Körper in gleich geringen Mengen vor. Sie sind nicht mehr nachweisbar – und wirken doch.

Tagtäglich wirken in unserem Körper Substanzen, ohne die wir gar nicht leben könnten, die in so erstaunlich geringen Mengen vorkommen, dass sie nicht mehr nachweisbar sind. Und doch sind sie vorhanden und bewirken etwas. Ist also Homöopathie eine ganz normale Heilbehandlung, deren Substanzen nur ab einer gewissen Verdünnung technisch nicht mehr wahrgenommen werden können? Liegt das an den mangelhaften Messmethoden, die vielleicht so stark verfeinert werden, dass eines Tages auch in extremsten Verdünnungen noch die Ursubstanz nachweisbar sein wird? Wenn dem so wäre, dann wäre Homöopathie keine esoterische Heilbehandlung. Sie ist es aber. Warum?

Störung der Lebenskraft

In fast allen esoterischen Systemen geht man davon aus, dass es im Kleinen wie im Großen so etwas wie eine unsichtbare Geist-Seele gibt, in die das sichtbare Materielle eingebettet ist. Harry Kollmann fasst in seinem grundlegenden Werk „Die andere Medizin“ die wesentliche Grundidee der Homöopathie zusammen, die sie zur esoterischen Heilweise macht: „Sie geht davon aus: Wenn ein Mensch krank ist, egal ob jemand nun Zucker hat, an Nierensteinen leidet oder herzkrank ist – immer ist die Lebenskraft gestört." Die Überseele, wie wir sie aus Kabbala und Gnosis kennen, wird in der Homöopathie als Lebenskraft bezeichnet.

Nach altindischer Esoterik handelt es sich dabei um eine Art Schwingung, die auch als Klang, als Ton wiedergegeben werden kann. Der Körper des Menschen besteht aus einer Vielzahl von Stoffen, von denen jeder seine eigene Schwingung hat. Sie alle zusammen ergeben entweder Harmonie, dann ist der Mensch gesund, oder Dissonanz, dann ist er krank. Ein Vergleich bietet sich an: Ein Konzert klingt nur dann perfekt, wenn alle vom Komponisten gewünschten Musiker ihre Instrumente spielen. Fehlt ein Mitwirkender, dann ist die Perfektion nicht erreicht. Der Homöopath sieht den kranken Menschen als in seinen Schwingungen gestört an. Irgendeine Teilschwingung fehlt. Ihm fehlt demnach nicht etwas Materielles, sondern lediglich eine Schwingung.

Der gläubige Homöopath erinnert sich an den Schöpfungsbericht der Bibel. Demnach wurde der Mensch aus „Erde" geschaffen, aus Stoffen, denen eine individuelle Schwingung anhaftet. Dem kranken Menschen fehlt eine „Schwingung", die einem bestimmten Stoff zuzuordnen ist.

Wie wirkt sich das auf die Behandlung aus?
Die Blutuntersuchung mag bei einem Patienten, der an unerklärlicher Mattigkeit leidet, einen zu geringen Eisengehalt ergeben haben. Der Vertreter der herkömmlichen Medizin greift zum Rezeptblock und verschreibt ein Eisenpräparat. Der Homöopath verordnet ein Mittel, das extrem hoch verdünnt ist – und in dem technisch gar kein Eisen mehr nachweisbar ist. Nach seinem Verständnis haftet aber der Verdünnung die Schwingung des Eisens an. Diese fehlt nach seiner Lehre dem Kranken. Er ersetzt sozusagen ein Teilchen fehlender Schwingung, vervollständigt die „Lebenskraft".

Harry Kollmann: „Die Schwingung des Eisens aber muss von der verstofflichten Form des Metalls durch den Vorgang des Potenzierens (Verdünnens, der Verfasser) getrennt werden. So erhält man die Information, die wiederum an einen stofflichen Informationsträger gebunden werden muss, um sie weitergeben zu können. Kurz gesagt, der Homöopath interessiert sich gewissermaßen nur für die Schwingung oder auch die Energie, die hinter der körperlichen Erscheinungsform steht."

5.3 Mesmerismus: Esoterische Heilmethode oder Ketzerei?

Seit Menschengedenken wird der Mensch von Krankheiten geplagt. Krankheit bedeutete für den frühen Menschen Schwäche und häufig Tod. In primitiven Gesellschaften, etwa jenen der frühen Großfamilien, war oft der Verband durch die Krankheit eines Einzelnen in seiner Existenz gefährdet. So begann man schon zu Urzeiten nach Mitteln zu suchen, mit deren Hilfe Krankheiten zumindest gelindert oder gar ausgemerzt werden konnten. Notgedrungen mussten die ersten Menschen experimentieren, um zu ersten Ergebnissen zu gelangen. Sie probierten bestimmte Pflanzen, die sich als Heilkräuter oder tödlich in ihrer Auswirkung erwiesen haben mögen. Die Anfänge der Medizin lagen also im Experimentellen. Die Homöopathie war und ist nach wie vor eine Heilkunde, die sehr stark auf das Experiment, nicht auf die Theorie, setzt.

Daneben gab es schon sehr bald eine andere Medizin: die dogmatische. Kaum hatten die ersten Experimentatoren gewisse medizinische Erkenntnisse erlangt, wurden auch schon Dogmen aufgestellt. Lehrsätze wurden gepredigt, es wurde festgeschrieben, was als wirksam anzusehen sei und was als wirkungslos abgelehnt werden müsse. Dogmen und Lehrsätze haben zweifelsohne auch in der Medizin ihre Berechtigung. Sie machen es den Wissenden leichter, den nachrückenden Generationen ihr Wissen zu vermitteln. Dogmen stellen aber gerade in der Medizin eine große Gefahr dar. Sie verhindern nämlich eine Weiterentwicklung in der Medizin. Sie machen sogar den Disput zwischen unterschiedlichen Lehrmeinungen unmöglich. Sie verhindern also den medizinischen Fortschritt, indem sie Erkenntnisse unterdrücken, die wiederum als das Ergebnis von Experimenten zutage gefördert wurden.

Da es zu den zentralen Dogmen der Medizin – wie der dogmatischen Wissenschaften überhaupt – zählt, nur anzuerkennen, was mit den vorhandenen technischen Messgeräten nachweisbar ist, haben es esoterische Heilmethoden denkbar schwer. Sie mögen heilen, werden aber von Dogmatikern trotzdem nicht anerkannt, weil ihre Wirksamkeit nicht im Materiellen liegt.

Dr. Franz Anton Mesmer
Franz Anton Mesmer (1734–1815) aus Iznang bei Radolfzell studierte eifrig Philosophie, Jura und Medizin. 1766 promovierte er mit einer umfangreichen Abhandlung über den Einfluss der Planeten auf den Menschen. Seiner Überzeugung nach gibt es ein universelles Fluidum, in das alles Materielle eingebettet ist. Außerdem entwickelte er, statistisch untermauert, Zusammenhänge zwischen bestimmten Stellungen der Planeten und des Mondes und verstärkt auftretenden Krankheiten.

Was Mesmer besonders auszeichnete: Er war stets bereit, seinen Wissenschaftshorizont zu erweitern. Neue experimentell gewonnene Erkenntnisse baute er in sein Gedankengut von der Wirkungsweise der Medizin ein. So beobachtete er 1774, wie der jesuitische Astronom Hell nach der von Paracelsus (1493–1541) propagierten Theorie eine an Gastritis leidende Patientin mit Erfolg behandelte. Dazu benutzte er Magnete, die er der Frau auf den Magen legte. Mesmer fühlte sich in seiner Ansicht von der Wirkungsweise des Magnetismus auf den Menschen bestätigt. Durch seine Erfahrungen als Arzt und Chirurg veränderte er aber bald seine Theorie. Nicht die Wirkung eines metallenen Magneten sei von medizinischer Bedeutung, sondern die Anziehungs- beziehungsweise die Abstoßungskraft des menschlichen Organismus selbst, die ein Körper auf den anderen ausübe. Bevor Mesmer mit seiner Entdeckung an die Öffentlichkeit trat, führte er eine Reihe von Experimenten durch, die ihn bestätigten.

Begeistert von seiner medizinischen Erkenntnis reiste Mesmer 1778 nach Paris, um vor der Akademie der Wissenschaft einen Vortrag zu halten. Der erhoffte Erfolg in Wissenschaftskreisen blieb freilich aus. Das lag nicht etwa daran, dass die Gelehrten die These vom menschlichen Magnetismus erörtert, diskutiert und dann verworfen hätten. Augenzeugen zufolge bestand das erlauchte Gremium vorwiegend aus Herren im weit vorgerückten Alter, die dem mit Begeisterung vorgetragenen Gedankengut erst gar nicht zuhörten. Sie unterhielten sich in Gruppen untereinander, und das – vermutlich wegen der Schwerhörigkeit vieler Teilnehmer – so laut, dass sich Dr. Franz Anton Mesmer erheblich in seinem Vortrag gestört fühlte.

Trotzdem gab Anton Mesmer nicht auf. Er suchte die Anerkennung durch die universitäre Wissenschaft. Wenn man schon seinen theoretischen Darlegungen nicht zuhörte, so würde doch gewiss eine praktische Demonstration jeden Zweifler überzeugen, dachte der eifrige Deutsche. Doch an so einer Vorführung bestand in der Welt der Wissenschaft keinerlei Interesse. Erst als der Direktor der Akademie der Wissenschaften einige Mitglieder des erlauchten Kreises dazu bewegen konnte, sich eine Demonstration Mesmers anzusehen, änderte sich das.

Die Anwendung des menschlichen Magnetismus war ein voller Erfolg – was die behandelte Patientin angeht. Er heilte eine „Wassersüchtige", deren Wasserablagerungen im Gewebe verschwanden. Die Patientin war ob der Heilung beglückt und dankbar, die Wissenschaftler bogen sich vor Lachen. Sie gingen erst gar nicht auf Mesmers Theorie ein, die sich vor ihrer aller Augen bestätigt zu haben schien. Die Heilung sei lediglich auf die Einbildungskraft der Patientin zurückzuführen.

Mesmer wandte sich nun an die Ärzteschaft. Er glaubte, dass die praktischen Mediziner, denen doch das Wohl der Patienten über alles gehen müsse, seine Erfolge anerkennen würden. Und Mesmers Erfolge waren nun einmal unbestreitbar. So heilte er eine junge blinde Frau, die als Dreijährige das Augenlicht verloren hatte. Mesmer gab es ihr zurück.

Mesmers Thesen, Mesmers Praxis

Solche Erfolge, meinte er, würden doch gerade Kollegen überzeugen, die – wenn sie als gute Ärzte das Wohl der Patienten im Sinn hatten – stets auf der Suche nach neuen, besseren Heilverfahren sein müssten. Deshalb veröffentlichte Mesmer seine neue Lehre in 27 Thesen. Sie weisen ihn als einen Wissenschaftler aus, der fest verwurzelt in uralter esoterischer Tradition steht. Sie lassen sich wie folgt zusammenfassen:

I. Das Weltall wird in seiner Gesamtheit von einem vollkommenen, beweglichen Stoff von unvergleichlicher Feinheit durchdrungen.

II. Diese Kraft wirkt im Großen (Universum; Stern; Planet etc.) wie im Kleinen (Mensch; Tier; Stein). Wenn die Kraft in einem Menschen aus dem Gleichgewicht gerät, also nicht mehr harmonisch verteilt ist, erkrankt der Mensch.

III. Aufgabe des Arztes ist es, diese Disharmonie zu beheben und das Gleichgewicht wiederherzustellen. Dies geschieht durch Zufuhr der geheimnisvollen Kraft.

IV. Der Magnetiseur ist es, der die innere Ausgewogenheit durch Zuführen der Kraft wiederherstellt und so den Patienten heilt. Voraussetzung hierfür ist, dass er die Kunst des Magnetisierens vollkommen beherrscht, die dafür zur Verfügung stehende Technik praktisch anwenden kann. Er muss erkennen, ob er bei einem Patienten je nach Zustand die ihm innewohnenden Kräfte verstärken oder abschwächen muss.

V. Der Magnetiseur nimmt wie eine Batterie die das Universum durchströmende Kraft auf. Er kann sie an seine Patienten weitergeben oder ein Zuviel an Energie von einem Patienten übernehmen.

Dr. Franz Anton Mesmer erkannte wohl intuitiv, dass seine Bemühungen um Anerkennung in der Welt der Wissenschaft und bei den Kollegen zum Scheitern verurteilt waren. Er drohte manchmal daran zu verzweifeln, wenn er erkennen musste, dass es eine inhaltliche Auseinandersetzung mit seiner neuen Lehre gar nicht gab. Ihm wurde eine Behandlung zuteil, die auch heute noch gegenüber Querdenken angewandt wird. Zunächst ignorierte ihn die Welt der Wissenschaft. Als Mesmers Wirken in der breiten Öffentlichkeit durch unbestreitbare Erfolge bekannt wurde, hieß es immer häufiger: Was dieser Mesmer lehrt, das ist ja gar nicht neu.

Mesmer beugte sich dem Druck der Hilfe suchenden Patienten. Er eröffnete in Paris am Palace Vendome eine Praxis und begann mit seiner Arbeit „am Zuber“. Die „Medizinische Gesellschaft“ beschrieb in ihrem Bericht eine typische Behandlung wie folgt: „Im Saal steht ein runder Bottich aus Eichenholz, ein oder anderthalb Fuß hoch. Der heißt Zuber. Der Deckel ist mit einer Reihe Löcher versehen, aus denen bewegliche Eisenstäbe mit Handgriffen herausragen. Die Kranken sitzen in mehreren Reihen rund um den Zuber und jeder hat seinen Stab, der mit dem Griff direkt auf die kranke Körperstelle gelegt wird. Ein Seil um ihre Körper verbindet die Kranken untereinander. Manchmal bildet man eine zweite Kette, indem man sich an den

Händen hält. Alle, die magnetisieren, haben einen zehn bis zwölf Daumen langen Eisenstab. Die Kranken beeinflusst man durch den Blick und das Berühren mit den Händen und durch Fingerdruck auf Milz und Unterleib."

Mesmers Scheitern

Mesmers Behandlungsweise erfreute sich bei den Patienten höchster Beliebtheit. Die Kranken standen Schlange, um nach der neuen Methode behandelt zu werden. Häufig soll es noch in den Behandlungsräumen zu euphorischen Freudenausbrüchen wegen deutlich spürbarer Besserung des Wohlbefindens gekommen sein. Endlich sah sich auch die Welt der Wissenschaft genötigt, sich „wissenschaftlich" mit dem Mesmerismus auseinander zu setzen. Zwei Gremien wurden gebildet, deren Meinung schon vor Beginn der „Untersuchung" längst feststand: Mesmerismus war Scharlatanerie. Deshalb hielt man es auch für vollkommen überflüssig, die Effektivität der neuen Lehre anhand von Krankenberichten zu überprüfen. Bei der Vielzahl von Menschen, die nach den Lehren Mesmers behandelt worden waren, wäre es ein Leichtes gewesen zu eruieren, ob die Methode nun wirkte oder nicht.

Das Urteil der Gremien, veröffentlicht am 11. und 16. August 1784, fiel vernichtend aus: Mesmerismus sei nicht erwiesen, die Therapiemethoden seien „unnütz", ja „gefährlich" und müssten verboten werden. Dabei konnte es keinen Zweifel an den Erfolgen Mesmers und seiner Schüler geben. Sie wurden auf „Berührung, Fantasie und Nachahmung" zurückgeführt. Unbeantwortet blieb die zentrale Frage, wieso denn der Scharlatan Mesmer Patienten heilen konnte, die von den Vertretern der herkömmlichen Medizin „richtig", aber ohne Erfolg behandelt worden waren.

Die vernichtenden Urteile der Gremien wurden in einer für damalige Zeiten horrenden Auflage von 80 000 Exemplaren gedruckt und unters Volk gebracht. Darüber hinaus unterstellte man Mesmer noch Verbindungen zu subversiven Geheimbünden, ohne jedoch auch nur die Spur eines Beweises vorlegen zu können. Mesmer behandelte weiter, verlor aber viele seiner Patienten, die den vermeintlich wissenschaftlichen Gremien Glauben schenkten. Von nun an sah er sich von vielen Ärztekollegen geradezu mit Hass verfolgt.

Bekämpfung noch nach dem Tod: Ketzerei!
Härter noch als die Wissenschaft ging die Kirche mit dem Mesmerismus ins Gericht. Sie knöpfte sich zunächst Kranke vor, die sich nach der neuen Methode hatten behandeln lassen. Der Kirche missfiel eine „Begleiterscheinung" der Heilmethode. Nicht wenige Patienten spürten nicht nur Linderung oder Heilung, sie erlebten auch packende Visionen fast religiöser Natur und erlebten vorübergehende Hellsichtigkeit. Diese Menschen erklärte die Kirche 1847 (also lange nach Mesmers Tod) als „ketzerisch". Verurteilt wurden dann auch noch die Anwender des Mesmerismus. Ketzerisch seien „diejenigen, die vorgeben, Dinge zu sehen, die unsichtbar sind…oder rein physikalische Prinzipien auf Dinge anwenden, die in Wirklichkeit übernatürlich sind". 1856 wurde in einer Enzyklika der katholischen Kirche der Mesmerismus zum „gefährlichen Irrtum" erklärt.

Es muss ins Gedächtnis gerufen werden: Wenige Jahrzehnte früher hätte dieses Verdikt unausweichlich zum Tod auf dem Scheiterhaufen geführt.

Exkurs: Reichs Orgontherapie
Im Zentrum der meisten esoterischen Heilmethoden steht die Vorstellung, dass Krankheit das Resultat eines Energiedefizits im Körper des Menschen sei. Dieser Mangel kann sowohl im physischen wie im wie auch immer gedachten Geistkörper auftreten. Bei den Alten Indern sprach man von der Prana-Energie, die jegliche Materie belebt. Yogaschulen entstanden und lehrten die Menschen bestimmte Atemübungen, mit denen diese allem innewohnende Kraft positiv beeinflusst werden kann. Atemübungen zum „Energieauffüllen" galten bei der Prana-Heilung als besonders effektiv.

In diesem Sinne war auch Wilhelm Reich (1879–1957), der wegen seiner esoterischen Heilmethode und Lehre bis an sein Lebensende mit zum Teil geradezu niederträchtigen Mitteln verfolgt und diskreditiert wurde, ein Energie-Heiler. Der Esoterik-Experte und Lebensenergieforscher Lucius Werthmüller in seinem Vortrag „Lebensenergie – zwischen Mysterium und Forschungsobjekt": „Wilhelm Reich, dessen Orgon-Theorien große Kontroversen ausgelöst haben, war einer der genialsten und umstrittensten Forscher im 20. Jahrhundert. Reich war ein universeller Denker und ein begnadeter Beobachter. 1919 schloss er sich dem Kreis um Sigmund Freud an und veröffentlichte in jungen Jahren mehrere Artikel und Bücher zur Psychoanalyse. Ein zentraler Begriff bei Freud war die so genannte Libido. Reich kam bei seinen Studien zum Schluss, dass die Libido eine real existierende Energie ist und nicht nur ein Gedankenmodell, wie für Freud und viele seiner späteren Anhänger. Lange vor Masters und Johnson untersuchte er den Orgasmus in klinischen Studien und erklärte ihn als elektrische Energieentladung. Reich postulierte, dass in einem gesunden, nicht neurotischen Menschen diese Entladung von unwillkürlichen Bewegungen begleitet sei; die freigesetzte Energie breite sich aus und durchströme jeden Körperteil. Er erkannte, dass der körperliche Ausdruck eines Menschen seiner psychischen Haltung entspricht."

Berühmt und gefeiert wurde Reich wegen seiner Orgon-Therapie. Hierzu kenntnisreich und kompetent Lucius Werthmüller: „Reichs Weg führte in die biologische Forschung und zur Entdeckung der Energie, die er Orgon nannte. Aufgrund seiner Versuche schloss er, dass diese Energie überall im Kosmos vorhanden ist. Sein vergebliches Bemühen, die Energien durch spezifische Materialordnungen zu isolieren, führte ihn zur Entwicklung des so genannten Orgonakkumulators: eines Kastens, der auf der Innenseite mit Metall ausgekleidet ist und aus einer beliebigen Anzahl von abwechselnden Schichten aus organischem Material und Metall besteht. Je mehr alternierende Schichten ein solcher Akkumulator aufweist, umso stärker ist dessen Wirkung. Dabei muss lediglich darauf geachtet werden, dass als äußerste Schicht nichtmetallische Materie und als innerste Schicht Metall verwendet wird."

Der Patient, der sich einer Orgon-Therapie unterzieht, sitzt im Inneren des Akkumulators. Nach Reich ziehen organische Stoffe jeder Art Orgon an und halten es fest. Metalle hingegen ziehen es auch an, stoßen es aber so rasch wie möglich wieder ab. Der Reich'sche Orgonakkumulator sollte nun Orgon ansaugen und unmittelbar an den Patienten abgeben.

Reichs Behandlungsmethoden waren heftig umstritten. Seine Anhänger verehrten ihn als geradezu messianischen Heiler, der selbst Krebszellen bekämpfen, zumindest schrumpfen ließ. In den Orgon-Akkumulatoren fühlten sie sich von kosmischer Energie gestärkt, als ob die geschwächte „Lebensbatterie" wieder aufgeladen worden sei. Seine Gegner beschimpften ihn als schlimmen Scharlatan, dessen

Thesen völlig falsch seien. Ende der vierziger Jahre gab es in den USA Kampagnen gegen Reich, die man als heftigen Feldzug bezeichnen muss. Die „Food and Drug Administration" verbot die Anwendung der Reich'schen Akkumulatoren. Reich erklärte die wissenschaftliche Kompetenz für nicht ausreichend, um sein Werk überhaupt auch nur ansatzweise verstehen zu können, und arbeitete weiter. 1956 kam er deswegen vor Gericht und wurde zu zwei Jahren Gefängnis verurteilt. Er starb 1957 in der Haft. Seine Apparate wurden zerstört, die umfangreiche Literatur zum Komplex Orgon im von Reich gegründeten Institut für Biophysik verbrannt.

Wer rückblickend den Kampf der Schulmediziner gegen Reich zu bewerten versucht, dem muss in höchst unangenehmer Weise auffallen, wie unsachlich seine Gegner ans Werk gingen. Im Vordergrund stand die Zerstörung Reichs, nicht die inhaltliche Auseinandersetzung mit seinem Werk. Und spätestens seit den Bücherverbrennungen der Nazis in einer der dunkelsten Epochen der Menschheit sollte Feuer als Waffe gegen Gedanken in zivilisierten Ländern nicht mehr angewandt werden.

5.4 Osphreologie und Bachblütentherapie: Die Welt der Düfte und Pflanzen

Seit Menschengedenken wird der Mensch von Krankheiten geplagt. Und seit Anbeginn der Zeit sucht er nach Heilmitteln. Die älteste Form der Heilkunde dürfte die Kräutermedizin gewesen sein. Wie mögen die ersten Menschen auf den Gedanken gekommen sein, dass Pflanzen heilsam für den kranken Menschen sein können? Vermutlich empfanden schon Urmenschen bestimmte Pflanzendüfte als angenehm. Sie dürften schon sehr früh in der Menschheitsgeschichte mit dem experimentellen Umgang mit Pflanzen begonnen haben.

Was duftet …

Duftstoffe wurden schon vor Jahrtausenden im Alten Orient eingesetzt: sei es, um Krankheiten zu heilen, sei es, um „nur" das Wohlbefinden zu verstärken. Samuel Hahnemann setzte neben seinen Verdünnungen auch auf Aromastoffe. Er war davon überzeugt, dass Arzneilösungen auch über die Atemwege wirken.

Der wissenschaftliche Umgang mit der Wirkung von Duftstoffen führte im 19. Jahrhundert zur Osphreologie („Lehre von der Geruchswirkung“). Medizinisch werden bei der auch Aromatherapie genannten Heilweise ätherische Blumen-, Kräuter- und Baumöle verwendet. Sie werden in erster Linie inhaliert, aber auch zum Einreiben benutzt und innerlich angewendet, in Form von Tropfen oder Tinkturen.

Dr. Johann F. Osiander erlangte im 19. Jahrhundert weit über seine Heimatstadt Göttingen hinaus einen guten Ruf als „Duftheiler“. In Kollegenkreisen stieß er eher auf Kritik, weil er statt teurer Präparate preiswerte Alternativkuren verschrieb. So empfahl er Kampferduft gegen Husten und den kräftigen Geruch von Hopfen gegen Ruhelosigkeit und Schlafstörungen.

... das wirkt auch positiv

Lexika ließen sich mit den nach der Osphreologie medizinisch wirksamen Duftnoten füllen. Es sei angemerkt – und das gilt für alle beschriebenen Heilbehandlungen: Von Selbstheilversuchen ohne Beratung durch eine entsprechend ausgebildete Fachkraft ist dringend abzuraten!

Beruhigend wirken: Lavendelöl, Mandarinenöl, Rosenholzöl und Sandelholzöl. Stimulierend sind: Birkenteeöl, Karottenöl und Möhrensamenöl. Erfrischende Wirkung haben: Ingweröl, Majoranöl, Salbeiöl, Veilchenblätter, Myrre und Zitronenöl.

Dr. Rudolf Weiß hat ausführlich die Wirksamkeit der Aromatherapie nachgewiesen. Seiner Ansicht nach wirkt sie so: „Durch Verdunstung der ätherischen Öle kommen diese zur Einatmung und gelangen so über die Nasenschleimhaut an den Geruchsnerv. Der Reiz wird über das Gehirn übertragen und führt dort zu einer Stimulierung im Bereich des Zwischenhirns.“

Dr. Hermann Karsten setzte viele Jahre in seinem Sanatorium in Bad Kripp Duftstoffe ein. Er bekämpfte so innere Unruhe, Schlafstörungen, Depressionen, Störungen im Magen-Darm-Bereich und Kopfschmerzen. Er stellte fest, dass bei seinen Patienten, die einige Zeit mit Duftstoffen behandelt worden waren, Selbstvertrauen und Selbstbewusstsein sowie das Vermögen zur Konzentration wuchsen.

Chemisch oder esoterisch?

Dr. Wolff Müller-Limmroth kam an der Universität München zu ersten konkreten Ergebnissen. Demnach enthalten Geruchsstoffe chemische Substanzen, die sich auf die Gesundheit des Menschen positiv auswirken können. Wer genussvoll an frischem Heu riecht, der atmet dabei die Substanz Cumarin ein. Sie ist auch in Baldrian und Melisse enthalten – und wirkt beruhigend.

Nach Frater ML., der einer auch noch zu Beginn des dritten Jahrtausends weithin im Verborgenen arbeitenden esoterischen Bruderschaft angehört, liegt das Geheimnis der Wirkungsweise der Osphreologie dennoch nicht im Chemisch-Atomaren, sondern im Esoterischen begründet. In einer Abhandlung über Prana fasste er zusammen: „Die in letztlich allen esoterischen Schulen bekannte feinstoffliche Energie, die alles Seiende miteinander verbindet, ist nicht nur bloße dünne Materie im Sinne der materialistischen Denkungsart. Es ist Energie!"

Dieser Ansicht ist auch der Esoterikforscher Lucius Werthmüller, Basel. Dem Wissenschaftler wurde am 4. Februar 2000 in der Aula der Universität Bern der „Schweizerpreis 2000" der „Schweizerischen Stiftung für Parapsychologie" verliehen. Anlässlich dieser Auszeichnung hielt er einen Vortrag über „Lebensenergie – zwischen Mysterium und Forschungsobjekt". Darin postulierte er, dass Energie der zentrale Begriff bei allen gebräuchlichen geistigen Heilmethoden ist. Lucius Werthmüller in seinem Vortrag: „In nahezu allen Kulturen finden wir die Vorstellung einer universellen, alles durchdringenden Kraft, die im ganzen Kosmos vorhanden ist und alle Lebewesen erhält."

Frater ML. schreibt: „Diese Kraft ist Energie und Energie ist Schwingung. Alles, was im Universum existiert, schwingt. Idealzustand, den alles Seiende anstrebt, ist ein einziger harmonischer Klang aller Schwingungen im gesamten Universum. Allerdings gibt es schon im Kleinen Disharmonien. Wenn nämlich die Schwingung eines einzelnen Menschen nicht mehr stimmt, dann wird dieser Mensch krank. Wirkliche Genesung bedeutet nicht, dass mit Hilfe von Chemie Krankheitssymptome beseitigt werden. Vielmehr muss die innere Schwingung wieder harmonisiert werden. Dies kann durch Anwendung eines homöopathischen Mittels geschehen. Aromatherapie kann gleichermaßen angewendet werden. In beiden Fällen wird vom Patienten eine Schwingung aufgenommen, die die in Unordnung geratene innere Schwingung wieder in Gleichklang mit der Großen Schwingung bringt."

Lucius Werthmüller verweist in seinem Vortrag auf chinesische Esoterik: „Frühe Zeugnisse für die systematische Erforschung und Anwendung der Lebensenergie stammen aus dem fernen Osten, vor allem aus China. Die Lebensenergie wird dort Chi genannt und gilt als Ursache allen Entstehens und Vergehens. Die Urenergie Chi manifestiert sich in vielen verschiedenen Ausformungen. So stellen die Chinesen dem äußeren Chi, das im ganzen Kosmos vorkommt, das innere individuelle Chi gegenüber. Chi wird durch die Atmung in den Körper geleitet. Für die traditionelle Chinesische Medizin besteht die eigentliche Ursache von Krankheit in einem energetischen Ungleichgewicht."

Die Aromatherapie ist demnach eine esoterische Form der Medizin, weil sie Veränderungen auf der Ebene der „Feinstofflichkeit" herbeizuführen sucht, während die klassische Medizin vordergründig nach Krankheitserregern fahndet, die es zu vernichten gilt. Für den Vertreter der esoterischen Medizin, wie etwa der Homöopathie, lösen so genannte Krankheitskeime nicht primär eine Krankheit aus. Der Mensch verliert seine Gesundheit, weil sein System der inneren Energie in Unordnung geraten ist. Das hat zur Folge, dass sich Krankheitskeime einnisten und sich vermehren können, mit denen sonst die Abwehrkräfte des Organismus selbst fertig werden.

Bachs Blüten

Dr. Edward Bach (1888–1936) entwickelte die so genannte Bachblütentherapie. Dabei kommen die wässrigen Auszüge von 38 wilden Pflanzen und Bäumen zum Einsatz. Nach esoterischem Verständnis werden die Essenzen deshalb erfolgreich eingenommen, weil sie auf „feinkörperliche Weise reinigen, klären und harmonisieren". Das Lexikon der Esoterik: „Die Blüten werden drei Stunden lang in frisches Quellwasser gelegt, das dann in Flaschen abgefüllt wird. Dieses Heilwasser soll gleichsam die Seele dieser Pflanzen enthalten. Für die Behandlung genügen einige Tropfen."

Auch heute, zu Beginn des dritten Jahrtausends, erfreut sich die Bachblütentherapie nicht nur in Esoteriker-Kreisen großer Beliebtheit; das nicht zuletzt auch deshalb, weil sie auch bei psychischen

Problemen helfen kann und im Gegensatz zu den sonst verschriebenen Psychopharmaka keinerlei schädliche Nebenwirkungen hat.

Eine übersichtliche Tabelle soll nur einen winzigen Teil des Einsatzgebietes von Bachblütenpräparaten verdeutlichen:

Problem	**eingesetzte Bachblüten**
Angstzustände	Esper, rote Kastanie
Einsamkeit	Valden, Erika
Sorgen	Buche, Wein
Überempfindlichkeit	Walnuss, Tausendgüldenkraut
Desinteresse	Senf, Kastanie
Unsicherheit	Enzian, Ginster
Verzweiflung	Fichte, Lärche, Eiche

5.5 Ayurveda: die Lehre vom Fließen der Kräfte

Ayurveda ist ein komplexes esoterisches Bild von der Wirklichkeit. (Siehe hierzu auch: 4.3. Indien: Magie, Tricks und der Weg zur Erkenntnis des Überirdischen). Die uralte indische Esoterik ist aber keineswegs nur ein kompliziertes theoretisches Gedankengebäude. Vielmehr betont sie die konkrete praktische Anwendung für den Menschen: zum Besten seiner Gesundheit. Ayurveda ist also auch esoterische Medizin. Im Gegensatz zur westlichen Heilkunde zielt sie in erster Linie auf die Erhaltung der Gesundheit und will vorbeugen. Im Zentrum der Ayurveda-Medizin steht der Mensch und seine Ernährung.

Vom Fluss der Nahrung

Die Speisen durchlaufen dabei einen komplizierten Kreislauf: Am Anfang gehören die Nahrungsmittel zur Außenwelt. Sie werden vom Menschen konsumiert und aufgenommen. Die Nahrungsmittel gelangen nun von der Außen- in die Innenwelt. Es beginnt ein Verwandlungsprozess, zunächst in Ahara Rasa. Die Speisen sind jetzt bereits nicht mehr Nahrung, aber auch noch nicht Körpergewebe. Nun wirkt das Agni, das Verdauungsfeuer, und verwandelt das Ahara Rasa in Rasa Dhatu, ein Produkt des Verdauungsprozesses. Als Blutplasma wandert es durch den gesamten Körper und speist jede einzelne Zelle des Organismus. Die kleinsten Bestandteile des Körpers werden so versorgt. Das Ahara Rasa verwandelt sich somit nach und nach in

- Blutbestandteile (Rakta Dhatu),
- Muskelgewebe (Mamsa Dhatu),
- Fettgewebe (Meda Dhatu),
- Knochen (Asthi Dhatu),
- Knochenmark (Majja Dhatu)
- und Fortpflanzungsmaterial (Sukra Dhatu).

Gesundes Gleichgewicht … krankes Ungleichgewicht
Der ayurvedische Arzt ist in besonderem Maße an der Prophylaxe, an der Vorbeugung, interessiert. Ist ein Mensch erkrankt, dann erstellt er seine Diagnose. Er überprüft: Wie sieht es mit den Dhatus des Menschen aus? Die Prozesse, die im inneren des Menschen ablaufen (Innenwelt) offenbaren sich dem Kundigen durch Zeichen, die das Erscheinungsbild des Menschen (Außenwelt) verändern.

Rakta Dhatu (Blutbestandteile) sind für die Lebensfunktionen verantwortlich und zuständig für die Blutversorgung des gesamten Organismus. Ist das Rakta Dhatu im Gleichgewicht, so lässt sich das nach Ayurveda-Medizin an rötlichen, gut geformten Ohren, Zunge und Mundhöhle, Lippen, Händen, Fußsohlen, Nägeln, Genitalien ablesen. Der Mensch hat dann auch eine gesunde Gesichtsfarbe. Dann ist ebenfalls die Psyche in Ordnung. Der Mensch ist von heiterem Wesen. Er kommt gut durchs Leben, weil er alle auftretenden Probleme mit Intelligenz lösen kann. Wegen seiner Einfühlsamkeit ist er bei allen Mitmenschen beliebt.

Zu viel Rakta verrät sich dem Arzt durch rötlich gefärbte Augen, rötliche Haut und rötlichen Urin. Milzerkrankungen treten auf, Hautkrankheiten, Abszesse, Gicht, Gelbsucht, Blutungen, Verdauungsstörungen. Der Patient kann sogar in ein Koma fallen. Wenn der Kranke eine raue, trockene und rissige Haut hat, dann ist dies ein Zeichen für vermindertes Rakta. Der Patient fühlt sich oft schwach, hat das Empfinden der Blutleere und kann zu Ohnmachtsanfällen neigen.

Immer sieht der Ayurveda-Arzt einen klaren Zusammenhang zwischen dem Gleichgewicht der einzelnen Dhatus und dem psychischen wie dem physischen Erscheinungsbild eines Menschen. Ist er voller Lebenskraft, geht er ausdauernd seinen Plänen nach, verfolgt er geduldig seine Pläne, begegnet er seinen Mitmenschen offen und selbstbewusst, dann zeigt dies, dass sein Mamsa Dhatu ausgewogen ist. Physisch führt dies zu straffen, zugfähigen Muskeln.

Ein Zuviel von Mamsa Dhatu ist ebenso ungesund wie ein Zuwenig. Zu viel Mamsa Dhatu führt zu einem Zuviel an Fettgewebe, zu dicklicher Figur und einem unschönen Gefühl der Schwere. Kleine bis mittlere Tumore können die Folge sein. Ein Zuwenig an Mamsa Dhatu führt zu Muskelschwund und Dahinschwinden des Fettgewebes. Gelenkschmerzen können peinigen.

Auch Meda Dhatu ist für den gesunden Menschen sehr wichtig. Wenn der menschliche Organismus in seiner Gesamtheit eine Maschine wäre, dann wäre Meda für das Ölen aller „beweglichen Teile" zuständig. Ist das Meda Dhatu in Ordnung, dann kann sich der Mensch über eine geschmeidige Haut freuen. Seine Stimme klingt „wie geölt" und krächzt nicht, die Gelenke funktionieren gut, schmerzen und knacken nicht. Psychische Erkennungszeichen: Der Mensch ist voller Vitalität, er begegnet seinen Mitmenschen mit Offenheit und Nächstenliebe. Ein Zuviel an Meda Dhatu zeigt sich äußerlich: Der Bauch ist zu dick, Atemnot tritt auf, der Mensch neigt zu Hustenanfällen. Zu wenig: Die Bauchmuskeln schwinden, die Gelenke werden schwächer, die Augen sehen glanzlos aus und sind trocken. Milztumore können die Folge sein.

Aktive, ja enthusiastische Menschen, die ihr Leben selbst bestimmen, haben ein ausgewogenes Asthi Dhatu. Ihre Knochen sind in Ordnung, stabil, dabei aber auch nicht zu schwer. Nägel und Zähne sind tadellos.

Wiederum kann es ein Zuviel oder ein Zuwenig geben. Zu viel Asthi: übergroße Zähne, schwere Knochen, Haarausfall, Zähne fallen aus oder sind brüchig. Zu wenig ist nicht minder ungesund. Im Kreislauf des Organismus, in der Kette, die von Nahrungsmitteln durchlaufen wird, versorgt Asthi Dhatu Majja Dhatu, das Knochenmark. Zu wenig Asthi bedeutet also, dass das Knochenmark nicht ausreichend mit Nährstoffen versorgt wird.

Auch beim Majja Dhatu ist eine Verschiebung des Gleichgewichts negativ zu sehen. Zu viel: Um die Knochen herum entstehen Geschwüre, die chronisch zu werden drohen. Die Stimme verliert ihre wohltuende Geschmeidigkeit. Der Mensch zeigt nicht mehr positive Lebensfreude. Ein Zuwenig von Majja Dhatu verrät sich dem kundigen Arzt durch Schwindelgefühle und schmerzende, zu leicht wirkende Knochen. Vor allem aber wird dann das Sukra Dathu nicht hinreichend versorgt. Sukra Dathu wird häufig in der Fachliteratur als „Samen“ bezeichnet. Gemeint sind aber allgemein die Fortpflanzungsorgane bei Mann und Frau. Ein Zuviel davon bringt zu starken, ein Zuwenig verminderten Sexualtrieb mit sich. Zu wenig Sukra Dhatu äußert sich in Schwächegefühl, rasch auftretender Ermüdung, in Impotenz beim Mann und in Menstruationsbeschwerden bei der Frau.

Die Ayurveda-Medizin ist eine esoterische Lehre, in deren Zentrum das Gleichgewicht steht. Man kann auch von einem ausgewogenen Fluss der Kräfte sprechen. Wir Europäer unterscheiden auch in einer Zeit, da Esoterik mehr und mehr zum Allgemeingut wird, strikt zwischen Materiellem einerseits und Feinstofflichem andererseits. Für den Ayurveda-Anhänger gibt es im Idealfall überall ein ausgewogenes Fließen, auch zwischen Materie (grobstofflich, physisch) und Energie. Nach der Ayurveda gibt es kein Entweder/oder, sondern ein Sowohl-als-auch, ein Ineinanderübergehen und Fließen. Für den Ayurveda-Anhänger ist der menschliche Körper eine Gesamtheit, die insgesamt dreizehn Kanäle hat, die eine ständige Zirkulation ermöglichen. Ayurvedische Medizin will vorbeugend das innere Gleichgewicht des Organismus erhalten. Gerät der Fluss der Kräfte aus dem Gleichgewicht, dann wird der Mensch krank. Nur eine Rückkehr zur Ausgewogenheit kann eine Genesung herbeiführen. Pillen, die Symptome unterdrücken, werden nicht als hilfreich für Heilung und Gesundung angesehen.

Drei Prinzipien

Im Menschen wirken nach der Ayurveda-Medizin drei Prinzipien, die drei Dosas. Diese Kräfte sind es, die die grundlegenden Abläufe im menschlichen Körper steuern, physische wie psychische, körperliche wie geistige: Vata, Pitta und Kaphta.

Vata ist für alle Gefühle und Empfindungen im Körper verantwortlich. Eindrücke werden registriert, der Organismus reagiert darauf. Gesammelt werden die Eindrücke durch Augen, Ohren, Nase, aber auch durch Tastorgane und Haut. Wenn der Mensch ein gut konstruierter Roboter ist, dann ist Vata die Kraft, die die von unzähligen Sensoren gewonnenen Informationen registriert und dann konkrete Bewegungsabläufe folgen lässt. Sinneseindrücke strömen auf den

Körper ein, dank Vata lösen sie Reaktionen aus – und das im Körperlichen wie im Geistigen. Heutige Ayurveda-Mediziner setzen Vata mit der Lebensenergie gleich.

Pitta steuert die Reaktionen des Körpers, die mit der Bildung von Wärme zu tun haben. Grob gesprochen: Vata verwandelt Nahrung in Energie. Vata ist die Umsetzung der Idee in die Tat. Sie ist nach der Terminologie westlicher Ayurveda-Ärzte der Lebens-Ansporn: im Physischen wie im Psychischen. Pitta sorgt dafür, dass die Maschine Mensch Treibstoff erhält….für die „Motoren“, die die verschiedenen „Apparate“ bewegen. Pitta wirkt aber auch auf den Geist, auf die Psyche. Was wäre die körperliche Möglichkeit, etwas zu tun ohne die Freude, einen Plan auch in die Tat umzusetzen? Pitta fördert also auch den Geist des Menschen, stärkt seine Denkzentrale und lässt ihn optimistisch in die Zukunft blickend Pläne aushecken und nach Lösungsmöglichkeiten suchen.

Kaphta ist die gestaltende Kraft. Sie ist das allem innewohnende Prinzip der Formgebung. Sie wirkt überall im Körper: sei es, ob es um die Ausgestaltung eines Blutkörperchens, sei es um die Formung des Skeletts geht. Wenn im Organismus ein Defekt reguliert wird, dann ist dafür nach Ayurveda-Medizin auch Kaphta zuständig. Ein Heilungsprozess wird ebenso als eine formgebende Kaphta-Funktion angesehen wie die Fähigkeit des Körpers, Widerstandskräfte gegen Krankheiten zu sammeln.

Im Idealzustand befinden sich die drei Kräfte im Gleichgewicht. Sehr häufig überwiegt eine der Komponenten. Der Mensch erkrankt. Aufgabe des Arztes ist es dann, herauszufinden, wo es ein Ungleichgewicht gibt. Komplexe Analysesysteme sind im Verlauf der Jahrtausende entstanden. So werden beispielsweise die Konsistenz der Haut, der Puls und der Urin analysiert. Vermutlich schon vor Jahrtausenden durchgeführte experimentelle Studien haben ein äußerst komplexes System erbracht. Je nach Übergewicht einer der drei Kräfte treten dann ganz spezifische Krankheiten auf. Der Arzt sieht dabei Zusammenhänge zwischen Geist und Körper. Es müssen dann bestimmte Heilmittel eingenommen werden. Darunter versteht der Ayurveda-Arzt zum Beispiel Pflanzenextrakte, die in Tropfenform eingenommen werden, aber auch Nahrungsmittel.

5.6 Geistheilung: Heilung mit der Kraft des Geistes, Heilung des Geistkörpers – oder beides?

Geistheilung nach dem Verständnis der Bibel

Geistheilung ist für christliche Esoteriker Heilung durch den Geist im biblischen Sinne. Sie verweisen auf das Wirken Jesu, dessen Wundertaten ausführlich im Neuen Testament der Bibel beschrieben werden. Bei Markus lesen wir beispielsweise im 10. Kapitel (Verse 46 bis 52) vom blinden Bartimäus, der am Wegesrand bettelte, als Jesus vorüberschritt. Er flehte ihn um Hilfe an – und wurde tatsächlich geheilt. „Dein Glaube hat dir geholfen!“ sagt Jesus. „Dein Glaube hat dir geholfen, gehe hin in Frieden!“ (Lukas Kapitel 7, Vers 50) könnte geradezu eine Formel gewesen sein, die Jesus häufig anwendete.

Wie wichtig dieses Wort den Evangelisten war, beweist die Tatsache, dass es häufig von den bedeutenden Autoren fast wortwörtlich zitiert wird. Beispiel: „Die Tochter des Jairus und die blutflüssige Frau“. Die Geschichte einer Geistheilung finden wir bei Matthäus (Kapitel 9, Verse 18–26), bei Markus (Kapitel 5, Verse 21–43) und bei Lukas (Kapitel 8, Verse 40–56). Auch der entscheidende Satz findet sich bei allen drei Evangelisten:

- „Sei getrost, meine Tochter, dein Glaube hat dir geholfen. Und die Frau wurde gesund zu derselben Stunde.“ (Matthäus Kapitel 9, Vers 22)
- „Meine Tochter, dein Glaube hat dich gesund gemacht; geh hin in Frieden und sei gesund von dieser Plage!“ (Markus, Kapitel 5 Vers 34)
- „Er aber sprach zu ihr: „Meine Tochter, dein Glaube hat dir geholfen! Geh hin in Frieden!“ (Lukas, Kapitel 8, Vers 48)

Bei Lukas erfahren wir von zehn Aussätzigen, die auf Heilung hoffen. Wieder spricht Jesus: „Stehe auf, gehe hin; dein Glaube hat dir geholfen!“ (Lukas, Kapitel 17, Vers 19)

Matthäus beschreibt einen weiteren, nicht minder interessanten Aspekt. Ein Mondsüchtiger, also ein Mensch, der nach landläufiger Meinung zu Jesu Zeiten von bösen Geistern besessen war, wurde von Jesus geheilt. Seine Jünger wunderten sich, ja sie waren sogar etwas enttäuscht. Warum, so fragten sie, sei denn nicht ihnen das Wunder gelungen. Jesus antwortete ihnen: „Um eures Kleinglaubens willen."

Geistheilung im Laborversuch bewiesen!

Versetzt also der Glaube tatsächlich Berge? So erstaunlich es klingen mag: Die heilende Wirkung des Geistes wurde schon vor Jahren im wissenschaftlichen Labortest exakt bewiesen. Dr. Novera Herbert Spector führte folgendes Experiment durch. Zunächst ließ er Versuchstiere, zum Beispiel Ratten, Kampferduft einatmen. Dann untersuchte er sie gründlich. Hatte es eine Änderung der Abwehrkräfte gegeben? Die Antwort fiel negativ aus. In Stufe II des Experiments verabreichte Dr. Spector den Tieren zunächst ein Medikament, das das Immunsystem der Tiere stärkte, umnebelte sie aber zusätzlich wiederum mit Kampfer. Das wurde immer wieder und wieder durchexerziert. In Phase III gab es erneut Kampferduft ohne das zusätzliche Experiment. Und siehe da: Trotzdem entwickelten die Tiere vermehrt körpereigene Abwehrstoffe.

Die Erklärung des Phänomens liegt auf der Hand: Es wurde den Tieren sozusagen beigebracht: Kampferduft bedeutet Anwachsen der Abwehrkräfte. Kaum erschnüffelten sie diese Duftnote, gab der Geist auch schon den Befehl: Immunsystem anwerfen. Körperabwehrstoffe wurden produziert. Ist Ähnliches mit dem Geist des Menschen möglich? Genügt ein starker Glaube etwa in den heilenden Jesus, um tatsächlich eine Heilung herbeizuführen? Folgt man der Bibel, so kann man tatsächlich diesen Schluss ziehen. Interessanterweise setzt jedoch das Buch der Bücher zweierlei Formen von Glauben voraus. Der Heilende wie der zu Heilende – beide müssen an das Wunder der Geistheilung glauben.

Geistheilung auf den Philippinen

Der luxemburgische Verleger John Fisch und der Schriftsteller Bodo Zinser fühlten sich in finstere Zeiten versetzt, als sie um Ostern auf den Philippinen einer Prozession beiwohnten, die bei San Fernando stattfand. Da marschierten Flagellanten. Um Schuld und Sühne der Menschheit abzutragen, fügten sich strenggläubige Menschen schlimme Verletzungen zu. Sie hatten sorgsam allerlei Folterinstrumente vorbereitet. Beispielsweise schlugen sie sich an Schnüren befestigte Bürsten, die mit Glasscherben versehen waren, immer wieder heftig gegen den bloßen Rücken. Blut floss in Strömen. Mario Begtas erlangte damals traurigen Ruhm. Um Jesus so intensiv wie nur möglich in seinem Leid zu folgen, ließ er sich geißeln und anschließend für einige Zeit ans Kreuz nageln. 1981 verstarb er einige Tage nach einer neuerlichen Kreuzigung an Herzversagen.

John Fisch und Bodo Zinser beobachteten zweierlei Formen von Geistheilung auf den Philippinen. So wohnten sie einer Zeremonie bei, die in einer privaten kleinen Kapelle abgehalten wurde. Abends gegen 20 Uhr versammelten sich 80 Menschen um Franziska Polido, eine einfache, ungebildete Frau. Sie erklärte kurz ihren Anhängern, als Medium den Geistern von Verstorbenen zur Verfügung zu stehen. Die würden dann von ihrem Körper Besitz ergreifen und aus ihrem Mund sprechen. Tatsächlich verfiel sie in einen tranceähnlichen Zustand und sprach dann mit fremder Stimme. Sie tastete nach den Patienten, berührte sie aber nie, sondern ließ ihre Hand stets allenfalls zwanzig Zentimeter an die Körper der Menschen herankommen. In fremder Stimme diagnostizierte sie, erklärte Erkrankungen und erteilte Ratschläge über die weitere Lebensführung.

John Fisch und Bodo Zinser nahmen wiederholt auch an Geistheilungen der blutigen Art teil. Stets beobachteten sie dabei skeptisch, immer darum bemüht, eventuelle Tricks zu erkennen. John Fisch versuchte, eine typische Geist-Operation zu schildern: „Der Operateur näherte sich ruhig etwa fünfzehn Patienten, die alle auf behelfsmäßigen Liegen seiner harrten. Niemand verriet dem Heiler etwas über konkrete Leiden und Gebrechen. Der Operateur trat auf den ersten Patienten zu. Seine rechte Hand formte er zu einer Kegelspitze. Die linke Hand schob den Pullover des Kranken hoch und betastete seine Bauchgegend. Die rechte Hand schien einen unsichtbaren Strahl auszusenden. Die linke Hand knetete den Bauch weiter. Plötzlich berührten sich beide Hände kurz. Einige wenige Sekunden blieben sie zusammen, lösten sich dann wieder voneinander. Dann näherte sich die rechte Hand dem Körper des Kranken. Kein Instrument war auszumachen. Keine Betäubung wurde vorgenommen. Nichts wurde desinfiziert. Mit dem Zeigefinger der rechten Hand bohrte der Operateur förmlich in den Leib des Kranken. Blut quoll heraus. Der Operateur bohrte tiefer in den Körper, der Finger verschwand, kam wieder zum Vorschein. Ein Fleischklümpchen wurde zutage gefördert. Dann griff der Mann stärker zu. Die fünf Finger seiner rechten Hand schienen im

Bauch zu verschwinden. Wieder floss reichlich Blut. Wieder zerrte er Fleischklumpen aus dem Körper, warf sie achtlos in eine bereitstehende Schale. Ein Helfer tupfte Blut vom Bauch, wischte mit einem Lappen nach. Aber es war nicht die Spur eines Schnitts zu sehen. War die Haut jemals auch nur angeritzt worden?"

Skeptiker werfen den Heilern immer wieder vor, sie würden mit billigen Taschenspielertricks arbeiten. Eine Erklärung wird scheinbar von Skeptikern favorisiert. Demnach sollen sich die Heiler fleischfarbene Daumen von Handschuhen überziehen. Aus dem Zwischenraum zwischen dem jeweiligen Finger und dem Handschuhdaumen würden sie Blut herauspressen.

John Fisch wollte und konnte nicht ausschließen, dass es tatsächlich zu derlei Betrügereien kommt. Er war aber der felsenfesten Überzeugung, tatsächlich echten Geistoperationen beigewohnt zu haben. „Handschuhe kamen nicht zum Einsatz. Die Operateure behandelten in rascher Reihenfolge nacheinander oft viele Patienten. Wenn sie tatsächlich Blut-Depots in unsichtbaren Däumlingen gehabt hätten, dann hätten die Daumen ballongroß sein müssen, um all das viele Blut zu fassen. Derlei Tricks meine ich ausschließen zu können."

Das meinte auch Bodo Zinser. Der Operateur Alex Orbito führte nämlich mit Zinsers Hand einen „Eingriff" durch. Er gab Bodo Zinser genaue Anweisungen. Der Schriftsteller musste den Zeigefinger der rechten Hand gestreckt halten, die übrigen Finger der Hand zur Faust formen. Dann nahm er Zinsers Hand und führte sie auf den Bauch einer Patientin. Zugleich verspürte er etwas Nässe und Feuchtigkeit. An Zinsers Finger klebte rotes Blut. Der Schriftsteller: Eine natürliche Erklärung im Sinne von Trick habe er sich nicht vorstellen können.

Selbstversuche

Bodo Zinser ließ es sich nicht nehmen, sich selbst von einem Geist-Operateur behandeln zu lassen. Was ihm widerfuhr, schilderte er so: „Alex Orbito befühlte den oberen Teil meiner Brustgegend etwa beim Halsansatz. Dann sagte er, ich solle tief ein- und ausatmen. So wie mir vorgeschlagen worden war, hatte ich die Augen geschlossen. Beide Hände schienen meine Haut zu kneten. Da spürte ich einen stechenden Schmerz und fühlte Feuchtigkeit auf der Haut. Alex knetete immer noch stark. Es tat auch weiterhin noch weh. Auf einmal hatte ich das Gefühl, dass er tief hineingriff zu meiner Luftröhre. Etwas geschah dort, denn ich hatte plötzlich die Empfindung, dass meine Luftröhre von einem Finger angehoben wurde." Etwas Merkwürdiges stellte sich ein. Es war so, als fühlte er etwas: allerdings nicht in seinem Körper, sondern einige Zentimeter darüber. Er meinte ein Ziehen wahrzunehmen, so als zöge jemand an einem Gummi, der immer länger und dünner wird. Endlich habe der Operateur die Hände zurückgezogen. Ein befreiendes Gefühl habe sich breit gemacht.

Was hatte Zinser gespürt? Das Empfinden schien von außerhalb seines Körpers zu kommen. Dr. med. Edelmann aus Bayreuth, die ebenfalls vor Ort recherchierte, meint Betrug als Erklärung ausschließen zu können: „Für mich stehen die Beobachtungen außerhalb jeglichen Verdachts einer trickreichen Manipulation oder Betrügerei. Meines Erachtens handelt es sich bei den verschiedenen großen grauweiß bis hellrosa fleischfarbenen, kompakten Klümpchen auf jeden Fall um entnommene Körpersubstanz."

Eine esoterische Erklärung

Warum sind dann nach den Eingriffen niemals auch nur kleinste Hinweise auf einen chirurgischen Eingriff zu bemerken, obwohl doch der Körper geöffnet worden zu sein schien? Dr. Edelmann bietet eine Antwort an, die für den Anhänger der herkömmlichen Medizin unglaubwürdig klingen mag. Fest steht aber: Sie fußt auf uraltem esoterischem Denken. Es kann verallgemeinernd festgestellt werden, dass es in fast allen esoterischen Gemeinschaften die Überzeugung von der Doppelkörperlichkeit des Menschen gab. Der Mensch hat demnach nicht nur seinen physischen Alltagsleib, sondern auch noch einen zweiten Geist-Körper. Beide sind miteinander eng verbunden: der physische Leib und der Geist-Leib. Wenn es nun zu einer Störung im Geist-Leib kommt, so hat dies eine Erkrankung im physischen Körper zur Folge.

Geht der kranke Mensch nun zum Arzt westlich-materialistischer Denkungsart, dann wird der versuchen, mit Hilfe von Medikamenten oder chirurgischen Eingriffen Symptome zu beheben. Nach esoterischer Überzeugung wird dies aber nicht wirklich zur Gesundung führen. Nur wenn der Geist-Körper gesund wird, ist auch der physische Leib geheilt.

Sollten also Geist-Operateure gar nicht den Alltagskörper operieren, sondern den feinstofflichen? Dr. Edelmann: „Wahrscheinlich scheint mir auch, dass ein Teil dieser Masse (die Geist-Operateure produzieren, der Autor) dem erkrankten Astralleib des Patienten im Gegensatz zum physikalischen Leib der Schulmedizin entnommen wird."

Ist das die Lösung des Mysteriums Geistheilung? Reparieren echte Geistheiler den Geist-Körper? Oder gelingt es ihnen, durch wie auch immer geartete Kunstgriffe blutige Operationen vorzutäuschen, die dem glaubenden Patienten helfen können? Sind die Vorführungen nur dazu da, um eine Selbstheilung auszulösen? Soll der Geist des von der Wirksamkeit der Geistheilung überzeugten Menschen sein Selbstheilprogramm starten? Kuriert sich der Körper also selbst – mit der Kraft des Geistes?

Bis heute konnte diese wichtige Frage nicht zufriedenstellend beantwortet werden. Schon vor Jahrzehnten prophezeite der geniale Physiker, Elektrotechniker und Erfinder Nikola Tesla (1856–1943): „An dem Tag, an dem die Wissenschaft beginnen wird, nichtphysikalische Erscheinungen zu untersuchen, wird sie in einem Jahrzehnt größere Fortschritte machen als in all den vorhergehenden Jahrhunderten ihres Bestehens."

Professor Dr. Konrad Dröse schrieb 1982: „Die Physik steht vor ihrer größten Umwälzung, nämlich der Anerkennung der paranormalen Kräfte des Geistes."

Wichtige Anmerkung des Verfassers
Im vorliegenden Buch soll die Welt der Esoterik in ihrer Vielfalt so umfassend wie möglich dargestellt werden. Es gilt, Antworten, wie sie die Esoterik gibt, aufzuzeichnen. Es kann und soll dabei nicht darum gehen, diese oder jene esoterische Lebensweisheit zu empfehlen oder gar zu einer bestimmten esoterischen Form der Medizin zu raten. Jeder Mensch ist für sein Wohlergehen selbst verantwortlich und muss entscheiden, wie er zum Beispiel mit Krankheiten umgeht. Ob herkömmliche Schulmedizin oder alternativ-esoterische Methoden gewählt werden, liegt in der Verantwortung der Leserinnen und Leser, nicht des Autors.

5.7 Akupunktur: Heilen mit spitzen Nadeln – und mehr

Wann die Kunst der Akupunktur „erfunden“ wurde, ist nicht einmal im Heimatland dieser esoterischen Heilmethode, in China, bekannt. Kein Wissenschaftler vermag zu sagen, wann das umfangreiche Werk Nei Ching, es besteht immerhin aus 34 Bänden, erstmals zu Papier gebracht wurde. Zweifelsohne wurden schon in „grauer Vorzeit“ einzelne Erkenntnisse mündlich weitergereicht, später in einzelnen Traktaten festgeschrieben, die wiederum im Verlauf der Jahrhunderte zu Büchern zusammengetragen wurden.

Geheime Bibliotheken des Wissens entstanden. Viele dieser esoterischen Bücher sind bis heute im Westen nicht zugänglich, in China selbst verschollen. Allem Anschein nach ging es chinesischen Wissenden immer nur darum darzulegen, wie bestimmte Erfolge erreicht werden können, nicht warum. Wie Akupunktur funktioniert, auch das ist – je nach Standpunkt – umstritten oder unbekannt. Keinen Zweifel gibt es aber in China seit etwa fünf bis sechs Jahrtausenden daran, was Akupunktur erreichen soll.

Yin und Yang in der Medizin

Nach chinesischer Esoterik durchströmen zwei gegensätzliche Energieströme den menschlichen Organismus: Yin und Yang. Als Yin-Organe bezeichnet man Darm, Blase, Magen usw. Ein Yang-Organ ist z. B. das Herz. Zusammen ergeben die Kräfte Yin und Yang die Lebensenergie Ch'i. Nur wenn sich beide Kräfte im Gleichgewicht befinden, ist der Mensch wirklich gesund. Ist er krank, dann muss das Ungleichgewicht von Yin und Yang wieder beseitigt werden. Das geschieht mit Hilfe der Akupunktur. Nach chinesischer Esoterik hat der Mensch neben dem Blutkreislauf noch ein ähnliches, zweites System von Bahnen, auf denen Yin und Yang kreisen. Akupunkteure wissen genau, wo sie verlaufen. Ihnen sind auf diesen Bahnen in der Haut etwa 1000 Punkte bekannt, die mit bestimmten inneren Organen in Verbindung stehen. In diese Punkte werden bei Störungen Nadeln gestochen.

Akupunktur und Bahnen in der Haut

Im dicken Zeh endet zum Beispiel die „Milzbahn“. Pikst der Akupunkteur hier ein Nädelchen hinein, so hat dies Einfluss auf die Milz.

Gleichzeitig verspürt der Patient an weiteren Stellen seiner Haut etwas: an den Schenkeln, an der Hüfte, am Bauch, im Brustbereich und in der Achselhöhle. Hier sitzen weitere Punkte, die ebenfalls mit der Milz „in Verbindung stehen".

Die chinesischen Akupunkteure haben nun im Laufe der Jahrtausende in Erfahrung gebracht, was welche Nadeln wo angebracht bewirken. Soll ein starker, plötzlich aufgetretener Schmerz rasch beseitigt werden? Oder gilt es vielmehr, einem Patienten zu helfen, bei dem sich ein chronischer Schmerz entwickelt hat? Ist es wichtiger, eine dauerhafte Heilung herbeizuführen als vorübergehende sofortige Schmerzlinderung? Wurde ein Leiden durch Klimaeinflüsse ausgelöst? Dann ist die Yang-Kraft im Körper des Patienten zu groß. Liegt eine innere Krankheit vor? Dann muss das Yin reduziert werden.

Von den vielen Pulsen des Menschen

Der Akupunkteur geht gewissenhaft nach einem festliegenden Schema vor. Zunächst beobachtet er den Patienten. Dann achtet er auf Geräusche und befragt ihn. Schließlich wird der Puls gefühlt. Der Komplex der Linien in der Haut, in die die Akupunkturnadeln gestochen werden, besteht aus zwölf Meridianen. Jede dieser über den ganzen Körper verlaufenden Linien hat einen eigenen Puls. Er wird am Handgelenk, am Hals und an anderen Stellen abgelesen. Jeder der 12 Pulse wiederum kann 27 Eigenschaften haben. Das Puls-Ablesen, so wie es in der westlichen Schulmedizin praktiziert wird, hat mit der chinesischen Pulsmessung nichts gemeinsam. Der Europäer nutzt den Puls als ein Signal von vielen, das auf Erkrankung hinweisen könnte. Der chinesische Kollege, dem die alten Heilbehandlungen vertraut sind, konzentriert sich bei der Diagnose auf den Puls. Gute Akupunkteure können nach dem Ablesen des Pulses nicht nur die genaue Konstitution eines Menschen erkennen, sie können daraus auch ableiten, welche früheren Krankheiten den Menschen gepeinigt haben und welche künftigen auf ihn zukommen werden, wenn nicht eingegriffen wird.

Woher stammt dieses erstaunliche Wissen, das viele europäische Ärzte auch heute noch nicht akzeptieren wollen?

Es spricht alles dafür, dass es das Ergebnis von über Jahrtausende hinweg praktizierter experimenteller Medizin ist. Unzählige Kranke wurden beobachtet, Zusammenhänge zwischen Krankheiten und Variationen der Pulse erkannt. Den chinesischen Ärzte kam es seit jeher letztlich nur darauf an, etwa in Erfahrung zu bringen, auf welche besondere Krankheit ein besonderer Puls hinweist und wo dann genau eine Akupunkturnadel zu setzen sei, um einen ganz bestimmten Erfolg zu erzielen. Er freut sich schließlich über den eingetretenen Erfolg.

Der Arzt der klassischen Schulmedizin im Westen hält das für unwissenschaftlich. Solange er nicht ganz genau weiß, warum eine bestimmte Behandlung funktioniert, weigert er sich strikt, diese anzuwenden. Was er nicht erklären kann, das scheint es für ihn auch nicht zu geben. Der Chinese akzeptiert dagegen die Ergebnisse seiner Erfahrungswissenschaft Medizin und setzt sie auch ein.

Jahrzehnte, um nicht zu sagen Jahrhunderte, weigerte sich der „gute“ westeuropäische Schulmediziner, sich mit dem chinesischen Pulslesen und der Akupunktur auch nur zu beschäftigen. Und wenn ihm unbestreitbare Erfolge der ihm suspekten esoterischen Medizin zugetragen wurden? Dann lehnte er sie als „Märchen“ ab oder führte sie auf die „Einbildungskräfte“ des Kranken zurück..

Beweise für die Wirksamkeit

Kritisch stellt Fachpublizist Joseph Schumacher fest, dass Erfolge der Akupunktur zwar nicht zu bestreiten seien, aber keine wissenschaftlichen Nachweise für die Behauptungen der chinesischen Akupunkteure erbracht würden. „Solange das nicht geschieht, liegt es nahe, Heilerfolge auf Autosuggestion und auf die seelische Einstellung des Patienten zurückzuführen.“ Bedauernd fügt er hinzu: „In der Gegenwart gibt es allerdings Tendenzen, die Akupunktur erfahrungswissenschaftlich zu deuten und zu begründen und ihr damit Anerkennung durch die Schulmedizin zu verschaffen.“

Die westliche Ablehnung der Akupunktur trug wesentlich dazu bei, dass die uralte Heilmethode in China in der Zeit vor dem Zweiten Weltkrieg als abergläubischer Humbug bekämpft wurde. Europäische Methoden, allenfalls wenige Jahrhunderte alt, sollten seit Jahrtausenden praktizierte Medizin verdrängen und ersetzen. Manchmal sah es so aus, als ob diese Bemühungen erfolgreich verlaufen würden. Akupunktur geriet trotzdem nicht in Vergessenheit und lebte 1949 wieder auf. Mao Tse Tung ließ Akupunktur wieder an chinesischen

Universitäten lehren – neben europäischen Heiltheorien. Asthma, Bronchitis, Krämpfe, Darmerkrankungen, Fieber, Magenleiden wurden wieder mit Akupunktur kuriert. Akupunktur setzte sich erneut durch.

Staunende Ärzte aus dem Westen mussten konstatieren: Akupunktur funktioniert. 1971 schon erklärte Dr. E. Gray Diamond nach einer ausgedehnten Studienreise durch die Hospitäler Chinas der großen Städte: Tatsächlich reicht oft das Setzen einer einzigen Nadel, um ohne zusätzliche Betäubung eine Operation durchzuführen. Mit Akupunktur als einzigem Anästhetikum wurden tiefe Eingriffe vorgenommen. So erschien schon im Oktober 1971 ein Bericht der Amerikanischen Medizinischen Gesellschaft über einen solchen Eingriff: „Der Brustkasten des Patienten war weit geöffnet. Das Herz war sichtbar, man sah es schlagen. Der Patient sprach bei vollem Bewusstsein mit den Ärzten. Während der Operation äußerte er plötzlich, er habe Hunger. Daraufhin unterbrachen die Ärzte den Eingriff und gaben dem Mann eine Büchse Obst zu essen."

Weiterentwicklung und Ergänzung: Licht, Laser, Druck, Shiatsu, Moxibustion und Massage

Während einerseits die Akupunktur in Europa um Anerkennung rang, erfuhr die uralte chinesische Heilmethode vorwiegend in Europa und in den USA Weiterentwicklung und Ergänzung. So wird in der Elektro-Akupunktur auf Nadeln verzichtet. Stattdessen kommt ein kleiner Stab zum Einsatz, der kurze elektrische Impulse an die Hautoberfläche abgibt. Die Erfolge sollen sich durchaus mit jenen der klassischen Akupunktur vergleichen lassen.

Statt der klassischen Nadel werden auch immer häufiger dünne, konzentrierte Lichtstrahlen eingesetzt.

Um 720 v. Chr. erwähnte das Werk „Huang Di Nei Ching" die Akupressur. Dabei werden jene Punkte, in die nach klassischer Akupunktur-Methode die Nadeln gesetzt werden, gedrückt. In Japan wurde das Shiatsu entwickelt. Es handelt sich dabei um eine Art Akupressur, bei der fast die gleichen Punkte wie bei der Akupunktur behandelt werden, aber nicht mit Nadeln, sondern durch Fingerdruck. Die Lehre von Shiatsu ist wie das chinesische Gegenstück esoterisch. Wiederum soll ein ausgeglichener Fluss der Körperenergie erreicht werden. Kann es ein Zufall sein, dass die Lebensenergie bei den Chinesen Ch'i, bei den Japanern Ki heißt?

Gesetzte Nadeln (Akupunktur) und Druckeinwirkung auf Akupunktur-Punkte (Akupressur, Shiatsu) miteinander kombiniert – das ergibt Moxibustion. Diese Heilmethode verbindet unterschiedliche alte Behandlungsformen. So werden manchmal die Akupunkturnadeln mit geschicktem Einsatz von Druck zum Vibrieren gebracht. Oder sie werden erhitzt. Oder die Hitzequelle wird direkt auf bestimmte Punkte der Haut aufgebracht. Wiederum soll der Fluss der Lebensenergie in ein gutes Gleichgewicht gebracht werden.

Schließlich darf auch die Massage nicht vergessen werden. Massage kann vordergründig als rein physische Technik angesehen werden, bei der verkrampfte Muskeln bearbeitet werden und sich lockern können. Das Schwinden von Verspannungen, unter denen heute immer mehr Menschen leiden, besonders Berufstätige, die förmlich zu ungesunder Körperhaltung gezwungen werden, wird als angenehm empfunden. Eine solche Massage hat vordergründig nichts mit esoterischer Heilweise zu tun. Massage kann aber, von kundiger Hand ausgeführt, sehr wohl die altbekannten Akupunktur-Punkte einbeziehen und so die gleichen Ziele wie die uralte chinesische Heilmethode anstreben: eine gesunde Ausgeglichenheit der inneren Kräfte.

5.8 Reinkarnationstherapie: Wunden aus früheren Leben

Die Suche nach den Wurzeln von Problemen: drei Ansätze

Vor dem Ersten Weltkrieg machte der italienische Psychiater Jakob Moreno mit seiner neuen Methode der Aufarbeitung seelischer Konflikte Furore. In der von ihm entwickelten Form der Psychotherapie Psychodrama wird nicht in erster Linie über Probleme geredet. Vielmehr werden in der Gruppe spielerisch Auseinandersetzungen von früher wiederholt. Als Spielpartner werden Menschen ausgewählt, die den Patienten zum Beispiel an Vater, Mutter, einen wichtigen Freund oder besonders verhassten Lehrer erinnern. Im nachgespielten Streit soll an oft lange zurückliegende Konflikte angeknüpft werden, die unterschwellig Probleme bereiten. Moreno meinte: „Indem wir so plastisch zu den Wurzeln von Problemen zurückgehen, können wir sie erst lösen. Man muss ja manchmal einen Zahn ziehen und kann sich nicht begnügen, oberflächlich an Symptomen herumzupfuschen, wenn schon die Wurzel krank, vereitert ist."

Leonard Orr führte in seiner Rebirthing-Therapie um 1970 erstmals Patienten in der Psychotherapie weiter zurück: bis zur Geburt. Seiner Ansicht nach wurzeln viele Probleme und Krankheiten der Menschen des ausgehenden 20. Jahrhunderts in Geburtsängsten, die immer noch nicht bewältigt wurden, die vor und unmittelbar nach dem Eintritt in die Welt außerhalb des Mutterleibes auftraten. In meist etwa zwanzig Sitzungen zu je zwei Stunden macht der Mensch seine Geburt noch einmal durch und bespricht anschließend in therapeutischen Gesprächen das Erlebte. Nur so können nach Leonhard Orr früheste Ängste überwunden, Probleme bewältigt und im Psychischen begründete Krankheiten auskuriert werden.

In der Reinkarnationstherapie geht man davon aus, dass der Mensch nicht nur einmal, sondern je nach persönlichem Schicksal immer wieder geboren wird. Diese für manchen Europäer schwer nachvollziehbare esoterische Lehre gehört weltweit zu den weitverbreitetsten Glaubensgrundsätzen, etwa im Hinduismus, im Buddhismus und in der modernen Theosophie. Nach der Inkarnationslehre folgt nach dem Tod eines Lebewesens (und zwar für Mensch wie Tier) eine neue Existenz. Je nachdem wie er gelebt hat, ob er vorwiegend Gutes getan oder schwere Schuld auf sich geladen hat, fällt sein neues Leben aus.

In den ersten Jahrhunderten nach der Zeitenwende dürfte die Reinkarnation noch zum festen Glaubensgut der christlichen Gemeinden gehört haben. Warum sonst hätte das Zweite Konzil von Konstantinopel anno 553 es offiziell aus den Glaubensbüchern streichen lassen? Da wurde per Dekret beschlossen: „Jeder, der die Lehre von der Präexistenz der Seele und die daraus folgende Ansicht von ihrer Wiederkehr unterstützt, der sei mit dem Kirchenbann belegt!"

Beweise für die Wiedergeburt

Die Lehre von der Wiedergeburt ist auch keineswegs nur ein mehr oder minder glaubwürdiges Gedankengebäude, das sich einer kritischen Hinterfragung entzieht. Reinkarnation wurde immer wieder in ganz konkreten Fällen bis ins letzte Detail nachgewiesen.

Ian Stevenson, Professor der Psychiatrie an der Universität von Virginia in Charlottesville, reiste 1961 und 1964 nach Indien, um mehrere Fälle von Reinkarnation vor Ort zu überprüfen. Würde es ihm gelingen, Menschen zu finden, die sich so konkret an frühere Leben erinnerten, dass ihre Angaben überprüft werden konnten?

Einer der bemerkenswertesten Fälle, die er nachrecherchierte: 1954 war in Rasulpur in Uttar Pradesh der dreieinhalbjährige Jasbir Jat an Pocken erkrankt und anscheinend gestorben. Der Leichnam sollte schon bestattet werden, da kam das Kind wieder zu sich. Nach mehreren Wochen war Jasbir Jat wieder gesund, behauptete aber zur großen Sorge seiner sämtlichen Familienangehörigen, er heiße Sobha Ram und sei der Sohn des Brahmanen Shankar Lil Tyagi aus dem Dorf Vehedi. Die ihm gebotene Nahrung lehnte er empört ab, benutzte plötzlich einen völlig anderen Wortschatz. Es zeigte sich, dass er wie ein Angehöriger der gehobenen Kaste der Brahmanen sprach.

Es sollten noch Jahre vergehen, bis es Jasbir Jat alias Sobha Ram gestattet wurde, das Dorf Vehedi zu besuchen. Nun konnte es keinen Zweifel mehr geben. Der Knabe war der wiedergeborene Sobha Ram, der bei einem Hochzeitsumzug tödlich verunglückt war. An seinen eigenen Tod konnte sich das Kind sehr gut erinnern. Darüber hinaus wusste Sobha Ram 38 Fakten aus seinem früheren Leben zu berichten. Dr. Stevenson recherchierte gründlichst nach und kam zu der Erkenntnis, dass alle Erinnerungen an das frühere Leben exakt und bis in kleinste Details zutrafen.

Professor Stevenson stieß überall auf der Welt auf konkrete Fälle von Wiedergeburt. Menschen erinnerten sich dabei an unglaublich viele Details ihrer früheren Leben, die sie nach des Professors unvoreingenommenen und überaus sorgfältigen Recherchen nur deshalb kennen konnten, weil sie tatsächlich nicht zum ersten Mal auf der Erde weilten. Sie waren schon einmal dagewesen, in anderen Leben, waren gestorben und in neuen Körpern wiedergeboren worden.

Reinkarnationstherapeuten gehen davon aus, dass psychische Probleme, aber auch Krankheiten nicht auf frühkindliche Traumata oder Ängste während der Geburt zurückgehen, sondern noch viel tiefere Wurzeln haben: in einem früheren Leben durchgemachte, aber immer noch nicht bewältigte Konflikte.

Erinnerungen im Traum

Frater ML. sympathisiert sehr mit der Reinkarnationstherapie: „Erinnerungen an frühere Leben liegen häufig verschüttet im Gedächtnis des Menschen. Sie drängen an die Oberfläche, suchen förmlich nach einem Weg, ins volle Bewusstsein des Menschen zurückzukehren. Das geschieht häufig im Traum. Wir sollten viel mehr darauf hören, was uns unsere Träume mitzuteilen haben. Denn psychische Probleme wie Neurosen können auf schlimme Erfahrungen, die man in früheren Leben durchmachen musste, zurückgehen. Reinkarnationstherapie ist Erkennen von Wunden aus früheren Leben. Solange es bei uns im Westen eine so starke Ablehnung der Reinkarnation gibt, wird sich eine entsprechend darauf aufbauende esoterische Medizin schwer tun."

Von wilden Bestien zerfleischt

Jahrelang wurde die Sekretärin Claudia S., 26, aus Köln von einem schlimmen Horrortraum gepeinigt. Sie litt unter Schlafstörungen, musste sich oft mit letzter Kraft zur Arbeit schleppen. Immer häufiger wurde sie von Kopfschmerz heimgesucht. Ihr Schreckenstraum: „Immer wieder hatte ich das gleiche schreckliche Erlebnis. In zerlumpten Kleidern näherte ich mich einem Bauernhof. Zaghaft klopfte ich an. Ein gutmütig wirkender Mann öffnete. Ich bat um etwas Essen. Der Mann wollte mir helfen. Doch da erschien seine wütende Frau. Sie beschimpfte mich wüst. ‚Hau ab, du diebische Schlampe! Ich will dir Beine machen!'" Im Traum wandte sich Claudia an den Bauern. Hilfe suchend blickte sie ihn an. Von ihm war keine Hilfe zu erwarten. Claudia weiter in ihrem Bericht an den Verfasser: „Zögernd ging ich. Da drückte die Bauersfrau ihrem Mann eine Peitsche in die Hand. Er sollte mich vertreiben. Er schlug auf mich ein. Die Hiebe schmerzten entsetzlich. Dann hörte ich, dass die Frau die Hunde auf mich hetzte. Ich rannte um mein Leben, verfolgt von mehreren kläffenden Hundebestien. Sie kamen immer näher. Plötzlich stand da ein Turm. Ich schöpfte Hoffnung. Wenn ich mich nur in das Gebäude retten könnte. Ich schaffte es bis zum Turm. Aber wo war der Eingang? Ich umrundete den Turm – kein Eingang. Mehrere Meter über dem Boden: ein Fenster. Ich versuchte am Mauerwerk hochzuklettern, schaffte es nicht. Da hatten mich die Hunde eingeholt. Sie verbissen sich in meinen Beinen. Ich stürzte, lag am Boden. Die wütenden Bestien zerfetzten mich. Ich starb."

Jahrelang wurde Claudia von diesem Albtraum heimgesucht. Dann machte sie im Weserbergland eine Kur. Bei einem Spaziergang entdeckte sie in einem Wäldchen „ihren“ Turm. „Schlagartig wurde mir klar: Der entsetzliche Traum war die Erinnerung an ein früheres Leben. Ich umrundete den Turm. Er hatte keinen Eingang, mehrere Meter über dem Boden sah ich ein Fenster. Mir wurde eiskalt ums Herz. Ich war an den Ort zurückgekehrt, an dem mein früheres Leben endete. Hier haben mich wilde Hunde zerfetzt. Ich zitterte am ganzen Leib, musste mich übergeben. Aber seither habe ich nie mehr diesen schlimmen Traum gehabt.“ Vor allem: Claudia ist ihre Schlafstörungen und die schlimmen Kopfschmerzanfälle los. Die Arbeit macht ihr wieder Freude.

Feuertod auf der Osterinsel

Ähnlich erging es Marianne N., 29, aus einem kleinen oberösterreichischen Dorf. Sie berichtete dem Verfasser: „Jahrelang litt ich unter entsetzlichen Albträumen. Nachts holten mich Fremde aus meiner einfachen Hütte, stießen mich vor sich her und warfen mich in einen tiefen Graben, aus dem entsetzliches Feuer emporloderte. Bevor ich starb, sah ich im flackernden Licht des gewaltigen Brandes steinerne Riesenstatuen stehen.“

Jahrelang fürchtete Marianne verrückt zu werden. Häufig wurde sie von unerklärlichen Angstanfällen überwältigt. Sie bekam schließlich sogar Herzbeschwerden. Kein Arzt konnte ihr so recht helfen, doch dann entdeckte sie zufällig ein Bild von den Statuen der Osterinsel. Schlagartig „wusste“ sie: „Ich habe schon einmal gelebt: auf der Osterinsel. Dort bin ich eines grausamen Todes gestorben.

Osterinselforscher wie Fritz Felbermayer sind überzeugt, dass es vor vielen Jahrhunderten auf der Osterinsel tatsächlich ein blutiges Massaker gegeben hat. Die Langohren, Nachfahren der Erbauer der riesenhaften, weltberühmten Osterinselstatuen, wollten die Kurzohren ermorden. Sie hoben einen langen Graben aus, füllten ihn mit trockenem Holz. Darin sollten die Kurzohren verbrannt werden. Die aber erfuhren von dieser Hinterlist. Da überfielen die Kurzohren die Langohren mitten in der Nacht, zündeten die Holzstapel im Graben an und trieben ihre Feinde hinein.

Marianne N. jedenfalls ist überzeugt: „Ich lebte als Langohrfrau auf der Osterinsel und wurde bei dem grausigen Massaker bei lebendigem Leib verbrannt.“ Sie hat sich inzwischen intensiv mit der Geschichte der Osterinsel auseinander gesetzt. Seither hat sie keine Albträume mehr. Und ihr Herz macht ihr auch keine Probleme mehr. Wie weggeblasen sind auch die schlimmen Angstanfälle. „Die grauenhaften nächtlichen Visionen waren Erinnerungsfetzen an ein früheres Leben und Sterben. Seitdem ich das weiß, kann ich wieder ruhig schlafen."

Bald will sie auf der Osterinsel ihr eigenes Grab aufsuchen. „Ich weiß, wo ich verscharrt wurde. Vielleicht finde ich auch die geheimnisvollen Werkzeuge wieder, mit denen die Riesenstatuen hergestellt wurden. Sie sind noch versteckt."

Reinkarnationstherapie als esoterische Medizin
Esoterik war schon immer der Versuch, ein ganzheitliches Weltbild zu schaffen. Während schulwissenschaftliche Forschung in immer kleinere Teilwelten absteigt, längst schon erkannt hat, dass es viel kleinere Partikel als das Atom gibt, versucht Esoterik das Bewusstsein dahingehend zu verändern, alles Kleine gedanklich vereint zu sehen – zum unendlich Großen. Weltweit kommen Esoteriker seit Jahrtausenden letztlich zu einer Erkenntnis: Alles Sein ist Teil einer großen Einheit: Stein, Pflanze, Tier und Mensch sind alles Teile eines großen Ganzen. Esoterische Medizin will Harmonie herstellen, den Menschen wieder ins Gleichgewicht bringen. Genau das strebt auch die Reinkarnationstherapie an. Judith Jannberg fasst diesen Gedanken präzise so zusammen: „Heilen ist Ganzmachen und Ganzmachen heißt, verloren gegangene Aspekte der Persönlichkeit der Vergangenheit wieder in Erinnerung zu rufen und zu integrieren."

Wie aber soll dieses Wiederganzmachen geschehen? Judith Jannberg kam nach liebevoller Arbeit mit unzähligen Frauen zu der Erkenntnis, dass die Erinnerungen an frühere Leben nicht der noch so ausgefeilten Technik oder der pseudowissenschaftlichen Hypothesen bedürfen. In ihrem Bestseller „Ich bin eine Hexe" schreibt sie: „Inzwischen weiß ich, dass Technik und Methoden an sich wertlos sind. Heilsam kann nur eine Person sein, die selbst heil (ganz) ist, die das Gefühl, das Schmerzgefühl, den ablaufenden Prozess, die dazugehörigen Gedanken aus eigenem Erleben kennt und das alles für sich erledigt hat." Sie unterscheidet zwischen zwei Arten der Therapie: „Ein guter männlicher Therapeut mag in der Lage sein, einer Frau theoretisch-sympathisierend beizustehen. Eine weibliche Begleiterin aber hat ein Mitgefühl, dessen Geschmack sie kennt. Um von mir zu sprechen, ich kann das Gefühl einer Frau mitempfinden, ich kann punktuell mit der betreffenden Frau verschmelzen."

In der Schulmedizin befürchtet man die Ansteckung des Gesunden durch den Kranken. Die Reinkarnationstherapeutin, so sie die Erfahrungen Judith Jannbergs, berücksichtigt, fühlt sich erst dann wirklich gesund, sobald sie Erinnerungen an frühere Leben aufgearbeitet hat. Ist sie erst einmal im esoterischen Sinne gesund, dann wirkt sie wie ein Katalysator, der einen Prozess auslöst – freilich keinen chemischen, sondern einen psychischen. Andere Menschen erinnern sich dann leichter, lockerer an frühere Leben. Die Erinnerungen bringen Schmerz an die Oberfläche des Bewusstseins. Sind aber erst einmal Traumata aus früheren Leben durch die bewusste Erinnerung verarbeitet, schwinden zahlreiche psychische Probleme. Wie Judith Jannberg aus unzähligen Gruppentherapien zu wissen glaubt, sind es in unseren Tagen unzählige Frauen, die im Unbewussten schlimme Traumata mit sich herumschleppen, die in früheren Leben entstanden sind, als diese Frauen in unvorstellbarer Weise als Hexen gedemütigt, gepeinigt, gefoltert, misshandelt, missbraucht und ermordet wurden.

Vorsicht vor falschen Therapeuten

Esoterische Medizin ist allenfalls in kleinen Teilbereichen auch von der Schulmedizin anerkannt. Die Skepsis der Ärzte gegenüber der in ihren Augen unorthodoxen Konkurrenz ist teils verständlich, teils auch angebracht. Was fehlt, ist eine gezielte, intensive Erforschung der esoterischen Medizin. Was auch fehlt, ist ein gerütteltes Maß an Selbstkritik – bei den esoterischen Heilern wie bei den Patienten. Wer in der Schulmedizin Arzt werden will, der muss jahrelang Medizin studieren. Wer als alternativer Heiler aktiv werden möchte, dem sollte die Teilnahme an einem Wochenendseminar als Voraussetzung nicht genügen.

Völlig zu Recht warnt daher der Esoterik-Spezialist Bernd A. Mertz, Autor zahlreicher Sachbücher zum Thema Grenzwissenschaften, vor einer wahren Flut an Therapeuten, die über allenfalls geringe oder gar keine echte Autorität besitzen. Wer in die Hände eines falschen Therapeuten gerät, kann sich nach der „Behandlung" leicht hilfloser fühlen als vorher.

Pfuscher gibt es jedoch auf allen Gebieten, unter Therapeuten wie Schulmedizinern. Und ein Arzt, der versehentlich einem Patienten das gesunde Bein statt des kranken amputiert, so dass der Ärmste schließlich beide Beine verliert, ist mindestens genauso gefährlich wie unfähige Reinkarnationstherapeuten. Und wer mag juristisch leichter zu belangen sein: ein pfuschender Reinkarnationstherapeut oder ein Arzt, der einem Patienten versehentlich den gesunden Lungenflügel herausoperierte, so dass der Mann nur noch auf eine Transplantation hoffen kann?

5.9 Reiki: Ritueller Umgang mit der Lebensenergie

Handauflegen

Für die ersten Christen gehörten wundersame Geistheilungen zum Kern von Jesu Wirken. Zum Glauben an Gott gehörten, das listet der Brief an die Hebräer auf (Kapitel 6, Vers 1): Taufe, Handauflegen, Auferstehung der Toten und Jüngstes Gericht. In seinem ersten Brief an Timotheus erwähnt Paulus auch das Handauflegen. Er erinnert den Briefempfänger an „die Gabe in dir, die dir gegeben ist durch Weissagung mit Handauflegen des Ältesten" (Timotheus Kapitel 4, Vers 14).

Handauflegen gehört auch zur spirituellen Heilmethode des Reiki. Das kann nicht verwundern, denn der Vater der Reiki-Bewegung, Dr. Mirkao Usui (1865–1926), war Ende des 19. Jahrhunderts als Lehrer an einer christlichen Klosterschule in Kyoto, Japan, tätig. Er war sehr an esoterischen Heilmethoden interessiert und studierte intensiv die biblischen Schriften, nicht zuletzt auch um Hinweise auf die Verfahren der Heiler zu bekommen. Dr. Usui lernte und studierte in alter esoterischer Tradition. Sehr wichtig war ihm dabei die seiner Überzeugung nach allem innewohnende Lebenskraft.

Dr. Usui, alles andere als ein lebensfremder Asket, zog sich, nachdem er offenbar mit seinem Studium der Heiligen Schriften nicht weiter kam, zu wochenlangem Fasten zurück und will dann in einer Offenbarung eine Erleuchtung erfahren haben. Die Schöpfergottheit habe ihm seine universelle Heilkraft geschenkt. Er, so lautete die zentrale Botschaft, könne diese Energie zum Wohle aller Menschen weitergeben: durch Handauflegen.

Universelle Lebensenergie
Die zentralen Lehren des Reiki (Rei = universell/ki = Lebensenergie) wurden nach Überzeugung der Anhänger dieser weltweit praktizierten Heilmethode als ein göttliches Geschenk übermittelt. Jeder Mensch trägt in sich einen „Funken" der göttlichen, universellen Lebenskraft. Jeder Mensch kann bei jedem anderen Menschen diese Energie aktivieren. Jeder kann mit Reiki heilen: Pflanzen, Tiere und Menschen. Aber der Heiler wird dabei keineswegs als der handelnde aktive Part gesehen. „Wir können also nicht beeinflussen, wieviel Reiki der Empfänger durch uns bekommen kann. Der Empfänger ganz alleine bestimmt (im Allgemeinen auf einer unbewussten Ebene), wieviel an Heilungsenergie für ihn gerade richtig ist. Wir haben darauf keinen Einfluss. Sein Körper ‚saugt' die Energie ein, die er braucht, und die Energie verteilt sich im Körper, wo immer sie benötigt wird. Reiki ist eine intelligente Kraft!", schreibt die Reiki-Meister-Lehrerin Jutta Schwarzkopf.

Jeder Mensch kann nach den Grundthesen der Reiki-Lehre die Reiki-Lebensenergie empfangen und zur Heilung von Kranken weitergeben. Er muss aber erst die Einweihung erfahren. Erst wenn durch eine Lehrerin oder einen Lehrer der Mensch zu einem Reiki-Kanal geöffnet wurde, kann er über seinen physischen Körper, speziell über die Hände, Reiki-Energie aufnehmen und wieder abgeben.

Weltweit sind die Prinzipien des Reiki gleich, es gibt nur gewisse Unterschiede bei den Einweihungen. Die Reiki Alliance unter Leitung von Phyllis Lei Furomoto kennt drei Grade der Einweihung:

I. Einweihung: Selbst- und Fremdheilung
II. Aufbaustufe: Fremdheilung
III. Meisterstufe: Lehrer der Stufe 1 und 2.

Die American International Reiki Association unter Leitung von Dr. Barbara Ray kennt sieben Grade. In beiden Systemen gilt: Der Mensch muss erst eingeweiht werden, bevor er die Kraft in sich aufnehmen und wieder abgeben kann. Reiki, die universelle Lebensenergie, ist offenbar von universeller Wirkung. Wer sie empfangen hat, kann nicht nur Pflanzen, Tieren oder anderen Menschen Gutes tun, es geht ihm selbst wesentlich besser. Durch Reiki wird sein energetisches Gleichgewicht ebenso gefördert wie seine Kreativität, er wird bewusster, seine Lebenskraft wächst, Stress wird in ihm abgebaut und verschüttete Gefühle werden freigesetzt.

Wer einmal eingeweiht ist, hat sich sozusagen in einen Reiki-Kanal verwandelt. Beim Reiki-Heilen wird ihm keine Kraft entzogen. Die universelle Energie fließt durch die Scheitel-Chakra in den Heiler, durchströmt und kräftigt ihn und verlässt seinen Körper teilweise, um in den Patienten überzugehen. Reiki ist aber keineswegs nur eine Methode zur Heilung von Kranken. Spezielle Reiki-Rituale bewirken einerseits eine Stärkung der Gesundheit oder Heilung kranker Organe und andererseits die allmähliche Vervollkommnung des Menschen sowohl im emotionalen als auch im geistigen und im spirituellen Bereich.

12 Stufen des Reiki-Rituals

Der eingeweihte Reiki-Heiler wäscht vor der Behandlung eines Patienten seine Hände in kaltem Wasser. Dann legt er alle metallenen Gegenstände (wie Schmuck) ab, um den Energiefluss nicht zu stören. Schließlich konzentriert er sich gedanklich, legt wie betend die Handflächen flach gegeneinander, so seine Dankbarkeit ausdrückend, die er wegen des Erhalts der himmlischen Kraft empfindet, die er demütig in sich einströmen lässt.

Der Heiler hält die Hände vor sein Herz und spricht: „Ich nehme meine Licht- und Schattenanteile liebevoll an.“ Er hält die Hände vor die Stirn und sagt: „Ich danke für meine innere Führung und dafür, Reiki durch mich fließen lassen zu dürfen.“ Schließlich verneigt er sich vor dem Patienten und beteuert: „Ich achte deine persönliche Art und Weise, Reiki zu nutzen, und übergebe die Verantwortung dafür an eine höhere Instanz. Ich lasse mein Ego los.“

Bevor die eigentliche Behandlung beginnt, gilt es nach Reiki-Verständnis, den feinstofflichen Geistkörper („Aura“) des Energie-Empfängers zu glätten. Dies geschieht dreimal nacheinander vor der Behandlung. Der Heiler legt dabei die linke Hand auf sein Herz und streicht mit der rechten Hand über den Körper des Patienten. Er berührt ihn dabei nicht, bewegt seine Hand in geringem Abstand über den Leib des Empfängers, beginnend beim Kopf, endend bei den Füßen. Ein geschlossener Kreis soll entstehen. So führt der Heiler, sobald er mit der rechten Hand in der Luft bis zu den Füßen hinabgestrichen hat, diese seine Hand eng am eigenen Körper vorbei.

Erst dann wird das Energie-Ritual durchgeführt, das in der Regel aus zwölf Einzel-Einheiten besteht, die nacheinander durchexerziert werden. Der Heiler sollte sich nicht selbst unter Zeitdruck setzen oder setzen lassen, sondern ruhig und gelassen ans Werk gehen. Für jede der einzelnen zwölf Variationen des „Handauflegens“ sollte er sich fünf Minuten Zeit lassen. Nach Reikilehre wirkt die Kraft, die aus den Händen strömt, über die begrenzte Fläche hinaus, so dass es für die Wirksamkeit jedes einzelnen der Exerzitien nicht auf die millimetergenaue Positionierung der Hände ankommt.

Der Verfasser versucht hier in konzentrierter Form die zwölf Exerzitien so zu beschreiben, dass in unterschiedlichen Werken leicht abweichende Auffassungen und Erklärungen harmonisiert werden können.

1.) Entspannt zur Ganzheitlichkeit
Der Heiler steht vor dem Patienten. Er hält seine beiden Hände mit – und das gilt für alle folgenden Übungen – geschlossenen Fingern in einem Abstand von drei bis fünf Zentimetern vor das Gesicht des Patienten. Position in etwa: die linke Handfläche des Heilers liegt über der rechten Gesichtshälfte des Patienten links von der Nase. Dabei ist das rechte Auge bedeckt, die Fingerspitzen reichen in den Stirnbereich, der Handballen schwebt über der Region der Wange, etwa bis zur Mundhöhe. Der Mund bleibt ebenso frei wie die Nase. Die rechte Hand des Heilers ruht entsprechend über der linken Gesichtshälfte des Patienten. Die Wirkung soll sich auf drei Ebenen zeigen:

- Emotional wird Ruhe und Entspannung vermittelt. Negative äußere Einflüsse werden abgeschirmt, in ihrer Wirkung jedenfalls stark gemildert.
- Die geistige Konzentration wird erhöht. So kann der Mensch besser Probleme lösen, weil er alles viel klarer wahrnehmen kann. Sein Denken wird auch effektiver.
- Gleichzeitig beschränkt sich das „Denken“ nicht nur auf die Logik des Geistes. Es erfolgt eine positivere Einstellung zur Spiritualität.

2.) Mit Gelassenheit zur Einsicht

Der Heiler legt seine Hände über den oberen Teil des Kopfes seines Patienten. Dabei schwebt jeweils ein Handballen über der Schläfe. Die Finger weisen nach oben. Die Fingerspitzen berühren sich fast.

- Gefühlswelt und Vernunft sind bei vielen Zeitgenossen nicht mehr im Gleichgewicht. Die Emotionen verkümmern oft, weil es im Berufsleben nur noch auf den kalt berechnenden Verstand ankommt. Gefühlswelt und Verstand werden wieder besser in ein Gleichgewicht gebracht.
- Die Gedanken werden klarer, die Fantasie kommt stärker mit ins Spiel. Der Mensch hört bewusster auf jene Botschaften, die ihm Träume zu vermitteln versuchen. Der logische Verstand unterdrückt nicht mehr so sehr die Träume.
- Jeder Mensch ist von höheren Energien umgeben, die wahrzunehmen er häufig verlernt hat. Nun wird er sich dieser Kräfte wieder bewusster und kann sie besser auf sich einwirken lassen.

3.) In Ruhe der Intuition lauschen

Der Heiler steht also vor seinem Patienten. Er fasst mit beiden Händen von vorn nach hinten. Die Hände schweben über dem Hinterkopf. Die Fingerspitzen berühren sich leicht, etwa über dem Zentrum.

- Sorgen verlieren an Bedeutung. Eine emotionale Ruhe tritt ein. Es ist, als würden störende Nebengeräusche verschwinden, so dass nun auch die „leisen" Gedanken besser zur Geltung kommen. Das Denken wird übersichtlicher, deshalb werden unnötige Sorgen auch als solche erkannt.
- Gleichzeitig wächst die Möglichkeit des Zugriffs auf das künstlerische Potenzial, das bislang eher unterdrückt oder gehemmt wurde.
- Die übersinnlichen Fähigkeiten gewinnen wieder an Bedeutung. Entsprechende Fähigkeiten treten deutlicher zutage.

4.) Freudige Geborgenheit als Quelle der Inspiration

Der Heiler „umfasst" von vorne den Hals seines Patienten, wie immer ohne ihn zu berühren. Die Handballen schweben über der Kehle, die Finger sind nach hinten gerichtet.

- Dem Menschen wird geholfen, dank einer positiveren Einstellung zu mehr Lebensfreude zu finden. Er wird selbstbewusster und findet einfacher Kontakt zu Mitmenschen.
- Der Mensch gewinnt an Klarheit der „Konturen". Er kann sich in jeder Hinsicht besser artikulieren, den Mitmenschen Gedanken und Gefühle besser offenbaren.
- Zunehmend eröffnen sich dem Menschen tiefere Schichten seiner Ganzheit.

5.) Vertrauen lässt Mitgefühl zu
Der Heiler tritt hinter seinen Patienten. Er greift mit beiden Händen nach vorn, unter den Armen des Patienten hindurch. Die Hände schweben über dem oberen Brustkorb, die Handballen etwa vor dem Achselbereich auf der Brust.

- Das Selbstbewusstsein ist ja schon gewachsen. Gesundes Selbstvertrauen kommt hinzu und lässt es zu, dass der Mensch sein Herz sprechen lässt. Der Mitmensch wird zusehends in seiner Ganzheit angenommen, auch gefühlsmäßig. Ängste schwinden, Geborgenheit nimmt zu.
- Der Mitmensch wird nicht mehr unnötig kritisch analysiert, sondern zusehends akzeptiert.
- Der Mensch erkennt, wie befangen er doch in seiner egozentrischen Haltung oft war. Liebevoll nimmt er den anderen wahr. Er wird fähiger zu wahrer, sprich bedingungsloser Liebe.

6.) Weniger Stress bedeutet mehr Selbstbewusstsein
Der Heiler steht nach wie vor hinter seinem Patienten. Immer noch greift er mit beiden Händen von hinten unter den Armen nach vorne. Die Hände schweben über dem Bereich unter der Brust, die Daumen etwa über der untersten Rippe. Die Fingerspitzen weisen nach innen, können sich leicht berühren.

- Stress und Angst schwinden zusehends. Der Mensch erkennt seine positiven Werte, da er weniger von äußeren störenden Einflüssen abgelenkt wird.

- Äußere Eindrücke werden besser verarbeitet, das Leben erfährt so eine Bereicherung, auch durch besseres Denken.
- Der Mensch wird zusehends mehr in die Lage versetzt, sein Leben aktiv zu gestalten. Er ist mehr Marionettenspieler als willenlose, ferngelenkte Puppe.

7.) Sinnliches Empfinden schafft Lebensfreude
Immer noch steht der Heiler hinter seinem Patienten, immer noch greift er von hinten nach vorn. Nun schweben seine Hände – die Fingerspitzen nach innen gerichtet – unterhalb des Nabels. Die Daumen befinden sich etwa in Nabelhöhe.

- Emotionale Partnerschaften werden immer bewusster angestrebt – und leichter erreicht.
- Der Einzelne fühlt sich wohler in der Gesellschaft.
- Der Mensch wird immer ausgewogener. Er ruht in sich selbst. Vernunft und Gefühl ergänzen einander. Der Mensch erlebt Lebensfreude.

8.) Wille und Kraft
Die Hände schweben über dem Unterbauch, die kleinen Finger jeweils über der Leistengegend. Die Fingerspitzen sind nach innen gerichtet.

- Der Mensch fängt an, sich wirklich selbst zu akzeptieren, auch seinen physischen Körper.
- Der Mensch wird immer beweglicher. Er kann sich anpassen, ohne dabei unterwürfig zu sein.
- Geistiges und körperliches Sein werden im esoterischen Sinne als Einheit gesehen.

9.) Verantwortungsvoll sein – und sich des Lebens freuen
Der Heiler steht immer noch vor dem Patienten. Er greift von vorne rechts und links am Hals vorbei. Seine Hände schweben oberhalb der Schulterblätter, die Handballen etwa rechts und links vom Nacken unter den Schultern.

- Aus dem egoistischen, zum Drückebergertum neigenden Menschen wird ein lebensfroher Zeitgenosse, der gern Verantwortung für sich und seine Mitmenschen übernimmt.
- Verantwortungsbewusstsein wird nicht nur vom Verstand akzeptiert, sondern auch „aus dem Bauch heraus" angenommen. Intuitive Kräfte wachsen.
- Der Mensch ist zusehends aufnahmebereit für höhere, spirituelle Energien.

10.) Starkes Herz: Vertrauen und Mitgefühl
Der Heiler steht vor dem Patienten und umfasst ihn von vorne. Seine Hände schweben über seinem Rücken – auf der Höhe des Herzens, die kleinen Finger berühren sich dabei in der Mitte im Bereich der Wirbelsäule.

- Das Sicherheitsgefühl des Menschen wird gefördert. Er verliert Angstgefühle, empfindet Geborgenheit und kann liebevoll leiten.
- Verstärkt vermag der Mensch mit kluger Emotionalität zu urteilen und den Mitmenschen zu akzeptieren, ja zu lieben ohne Wenn und Aber.
- Verstärkt unterlässt der Mensch es, sinnlos zu hinterfragen. Er wird gelassener und gewinnt Vertrauen in die Höchste Macht (Gott, Natur, je nach religiös-weltanschaulicher Orientierung).

11.) Gelassenheit und Selbstbewusstsein
Von vorn umfasst der Heiler seinen Patienten, seine Hände schweben dabei über dem Rücken etwas oberhalb der Hüfte.

- Das gesunde Ego-Bewusstsein wächst, wird gestärkt. Immer weniger macht dem Menschen Angst, immer weniger äußere Einflüsse erzeugen bei ihm Stress.
- Der Mensch erlebt nicht mehr als sonst, aber seine Eindrücke wird er immer bewusster verarbeiten können, gefühls- und verstandesmäßig.
- Immer weniger ist der Mensch dazu bereit, passiv sein Dasein, seine Existenz hinzunehmen. Er erkennt zusehends seine formenden und gestalterischen Fähigkeiten, die er gezielter einsetzt.

12.) Es lebe das Leben!
Von vorn umfasst der Heiler seinen Patienten. Seine Hände schweben dabei auf der Rückseite des Patienten, in etwa über dem Steißbein. Die Finger sind nach innen gerichtet.

- Der Mensch strebt nach höherem Bewusstsein, aber mehr denn je kann er auch seine physische Existenz annehmen – und das vom Verstand …
- … wie vom Gefühl.
- Spirituell macht der Mensch große Forstschritte. Er wird zusehends zur ausgeglichenen Einheit aus feinstofflichem und physischem Ich und nimmt die Welt bewusster wahr, feinstofflich wie physisch.

Abschluss der Exerzitien
Nach Durchführung der beschriebenen Exerzitien muss wiederum der feinstoffliche Geistkörper (Aura) des Patienten geglättet werden. Dies geschieht wiederum dreimal. Diesmal liegt die Hand des Heilers auf dem Herzen des Empfängers, die streichenden Bewegungen erfolgen vom Kopf zu den Füßen.

6

Der Blick in die Zukunft

Die Kunst der Wahrsagerei dürfte so alt wie die Menschheit sein. Je mehr scheinbar aus heiterem Himmel auftretende Gefahren denkbar waren, desto intensiver bemühten sich die Menschen um Möglichkeiten, gezielt in die Zukunft zu blicken. In christlich geprägten Ländern hat die Wahrsagerei bis heute einen mehr als negativen Beigeschmack beibehalten. Dabei ist die Haltung der Bibel gegenüber der Zukunftsdeutung alles andere als eindeutig.

Einerseits werden im 5. Buch Mose (siehe hierzu 5. Buch Mose, Kapitel 18, Verse 9–12) „Wahrsagerei" und „Hellseherei" zu jenen Künsten gerechnet, die Gott „ein Gräuel sind". Auch befiehlt Gott an anderer Stelle (3. Buch Mose, Kapitel 19 Vers 26) ausdrücklich: „Ihr sollt nicht Wahrsagerei noch Zauberei betreiben." Andererseits sind es immer wieder prophetische Träume, die sowohl im Alten als auch im Neuen Testament das Geschehen in die richtigen Bahnen lenken.

Man denke nur an den Traum Josephs (Matthäus, Kapitel 2, Verse 13–21), der auf die drohende Ermordung des Jesuskindes hinwies. Rechtzeitig entschlossen sich Maria und Joseph zur Flucht nach Ägypten.

6.1 Träume als Erinnerungen an die Zukunft

Als Joseph in Ägypten im Gefängnis saß (1. Buch Mose, Kapitel 40), sagte er zwei Mitgefangenen die Zukunft aufgrund ihrer Träume richtig voraus. So wurde der Pharao auf Joseph aufmerksam und lernte ihn als Wahrsager schätzen. Auch dem Pharao weissagte Joseph, indem er ihm seine Träume interpretierte (siehe 1. Buch Mose, Kapitel 41).

Als geradezu erschreckend exakt erwiesen sich zwei prophetische Träume Nebukadnezars (siehe Daniel, Kapitel 2, Verse 29–45). Erstaunlicherweise liefert die Bibel selbst den erforderlichen Schlüssel, um den als esoterisch zu bezeichnenden Code der Vorhersage zu „knacken".

Nebukadnezar und der Erste Weltkrieg

Nebukadnezar (etwa 605–562 v. Chr.), König der Babylonier, beschäftigte an seinem Hof beamtete Magier. Sie hatten unterschiedliche Aufgaben, mussten zum Beispiel Träume deuten. Zwei prophetische Träume des Herrschers sind überliefert. In einem Traumgesicht (Daniel Kapitel 2, Verse 29–45) sah er ein metallisches Standbild. Sein Haupt war aus Gold gefertigt, die Brust und Arme aus Silber, der Bauch und die Oberschenkel bestanden aus Kupfer, die Beine aus Eisen und die Füße aus Eisen und Ton. Schließlich kam „ein Stein ohne Zutun von Menschenhand vom Berg" herunter, die Statue wurde „zermalmt". So habe Gott den König wissen lassen, „was dereinst geschehen wird. Der Traum ist zuverlässig und die Deutung ist richtig." (Vers 45)

Der Herrscher ließ sich die Bedeutung von Daniel erklären. Demnach stand das „Haupt von Gold" für Nebukadnezars eigene Ära. Sein Reich werde aber von aufeinanderfolgenden Imperien abgelöst. In seinem zweiten Traum sah Nebukadnezar (Daniel Kapitel 4, Verse 1–34) einen gewaltigen Baum, der gefällt am Boden lag. Sein mächtiger Wurzelstock sollte für „sieben Zeiten" von einem „Band aus Eisen und Kupfer" umschlossen bleiben, bis die „sieben Zeiten" verstrichen seien. Daniel sah in der Vision einen Hinweis auf den Geisteszustand des Königs. Sieben Jahre lang werde der Herrscher verwirrt sein, dann werde er Jahwe als Weltherrscher und obersten Gott anerkennen, seine getrübten Sinne würden wieder klar werden.

Der Prophet Daniel hatte auch einen Traum, der im Zusammenhang mit den beiden Visionen Nebukadnezars gesehen werden muss (Daniel Kapitel 7, Vers 1 und Kapitel 3, Vers 19). Vier Furcht einflößende Tiere entstiegen den Fluten des Meeres. Versinnbildlichten sie vier Regierungen, vier Reiche?

Die Interpretation der Träume ist umstritten. Es ist aber durchaus möglich, sie konkret in Zahlen auszudrücken. Nach „Einsichten über die Heilige Schrift" entsprach die Dauer des biblischen Jahres 360 Tagen. Nach dem Text der Offenbarung (Kapitel 12, Verse 6 und 14) wurden nämlich dreieinhalb Zeiten oder Jahre 1260 Tagen gleichgesetzt. Sieben Zeiten oder Jahre entsprachen also nach dem Verständnis der Bibel 2 520 Tagen. Im 4. Buch Mose (Kapitel 14, Vers 34) findet sich nun ein seltsamer Hinweis, der zur Entschlüsselung des Nebukadnezar-Traums herangezogen werden kann: „Je ein Tag soll ein Jahr gelten." Diese Gleichsetzung taucht ein weiteres Mal im Alten Testament auf, beim Propheten Hesekiel (Kapitel 4, Vers 6): „Denn ich gebe dir hier auch je einen Tag für ein Jahr." Sollte das bedeuten, dass die 2520 Tage 2520 Jahre bedeuten?

Rechnet man nun vom vermutlichen Geburtsjahr Nebukadnezars, also dem Beginn der „goldenen Ära“, 2 520 Jahre weiter, so ergibt sich ein Jahr, das von großer historischer Bedeutung sein sollte: 1914. In diesem Jahr brach der Erste Weltkrieg aus. Sollte tatsächlich der prophetische Traum des babylonischen Imperators auf eben diesen Krieg der Nationen hinweisen?

Abraham Lincoln träumt seinen eigenen Tod voraus

Erforscher des Esoterischen wissen: Die Weltgeschichte ist voll von Berichten, in denen von prophetischen Träumen die Rede ist. Wurde nicht Caesars Frau von schlimmen Albträumen gepeinigt, die konkret auf die Ermordung des Imperators hinwiesen?

Abraham Lincoln hatte auch einen prophetischen Traum ... Lincoln (1809–1865) sprach mit Ward Hill Lamon, einem engen Vertrauten, der sich sorgfältige Notizen machte über einen geheimnisvollen Traum, der ihn sehr beunruhigte. Lamon schrieb später in seinem Werk „Erinnerungen an Abraham Lincoln“: „Das bestürzendste Ereignis im Leben Mr. Lincolns war ein Traum, den er nur wenige Tage vor seiner Ermordung hatte. Er war für ihn von ungeheuerlicher Tragweite, und ganz sicher hat selten eine Vision eine schreckliche Realität so widergespiegelt wie diese. Nachdem er sich einige Tage lang deswegen Sorgen gemacht hatte, schien Lincoln das Geheimnis nicht länger für sich behalten zu können.“ Er enthüllte seiner besorgten Frau, er habe sich selbst im Bett liegen sehen. Plötzlich sei er durch ein Geräusch geweckt worden, habe sich im Bett aufgerichtet, angestrengt gelauscht. Kein Zweifel: Da weinte jemand herzerweichend. Lincoln stand im Traum auf und ging dem Geräusch nach. Er betrat nacheinander mehrere Räume, ging kopfschüttelnd weiter. Schließlich stand er vor einem wuchtigen Sarg, der von Soldaten bewacht wurde. Eine Reihe von Lincoln vertrauten Menschen befand sich ebenfalls im Raum. Alle waren sichtlich aufgewühlt, einige Frauen weinten hemmungslos.

Wer aber lag im Sarg? Lincoln konnte zwar den Körper des Toten sehen, das Gesicht aber nicht erkennen. So wandte sich Abraham Lincoln an einen der Soldaten und fragte ihn. „Das wissen Sie nicht?“, antwortete der Mann verblüfft. „Es ist unser geliebter Präsident, Abraham Lincoln. Er wurde ermordet.“

Des Präsidenten Traum, wenn es denn ein Traum war, ging auf tragische Weise in Erfüllung. Wenige Tage später, am 15. April, wurde er umgebracht.

Der Esoterik-Spezialist Jacques Bergier: „Prophetische Träume von Staatsmännern wurden weit häufiger für die Nachwelt festgehalten als die von ‚Otto Normalverbraucher'. Dabei dürften unzählige Menschen ‚wie du und ich' korrekte Zukunftsvisionen in Träumen gehabt haben. Warum? Wie soll das möglich sein? Für den Esoteriker Origines (ca. 185–254 n. Chr.) stehen alle Orte und Zeiten miteinander in Verbindung. Alles ist Teil einer Universalseele: Vergangenheit und Zukunft. Träumer zapfen nach diesem Weltbild sozusagen die Zukunft als Informationsquelle an. Und der Esoteriker Dr. Rudolf Steiner (1861–1925) war von der Existenz eines Weltgedächtnisses überzeugt. Für den Esoteriker fließt dieses Wissen, das auch die Zukunft einschließt, in das Unterbewusstsein des Träumenden ein. Im Traum kann demnach der Mensch sich der Zukunft ‚erinnern'."

Wie der Verfasser aus zahlreichen Zuschriften von Leserinnen wie Lesern weiß, sind prophetische Träume alles andere als selten. Ein Beispiel möge genügen. Es zeigt, dass was zunächst als erschreckende Traumbotschaft gedeutet wurde, in Wirklichkeit eine doch erfreuliche Traum-Vorherschau war.

Ein „Albtraum" erweist sich als prophetisch …

Susanne M., 29, aus Jesteburg wurde wochenlang von einem grauenhaften Albtraum gequält. Nacht für Nacht musste sie die gleichen grässlichen Szenen durchleben. In ihrem Brief an den Verfasser teilte sie mit: „Ich hatte schon Angst vor dem Einschlafen! Ich wusste ja, was ich wieder auszustehen hatte. Mein Traum wurde immer intensiver, immer schrecklicher. Folgende Szenen peinigten mich jede Nacht: Ich lag auf einem niedrigen Operationstisch und wurde von grauenhaften Schmerzen heimgesucht. Sie begannen in den Füßen und erstreckten sich über den ganzen Körper. Meine Haut schien einem lodernden Feuer ausgesetzt zu sein. Die Knochen pulsierten vor Schmerz. Mir war, als ob sie jeden Moment explodieren würden. Ich wartete auf Ärzte. Würden sie noch rechtzeitig kommen? Sollte es noch Hilfe geben? Doch niemand half mir. Schlimmer! Sadistische Wesen wollten mich peinigen. Merkwürdige Gestalten traten an mein Bett. Sie rochen moderig. Übelkeit befiel mich. Seltsam kleinwüchsige, verwachsene Wesen kamen auf mich zu und führten Operationen aus, entnahmen Organe. Das geschah alles ohne Narkose. Der Schmerz wurde unerträglich … und plötzlich erstarrte alles zu Stein. Mir wurde schwarz vor Augen. Als ich wieder etwas sah, erschrak ich. Die komischen Gestalten waren verschwunden. Aber nun umgaben mich bleiche Skelette und Totenköpfe, die mich hämisch angrinsten und dröhnend lachten."

Wochenlang wurde Susanne M. von diesem Albtraum gepeinigt. Sollte es sich um eine Warnung, um einen Hinweis auf eine ernsthafte Erkrankung handeln? Wollte Susannes Körper ihr etwas mitteilen? „Ich dachte, dass der Traum vielleicht eine wichtige Botschaft des Unterbewusstseins ist." Nach einigem Zögern ging die verängstigte Frau zum Arzt. Der untersuchte sie „auf Herz und Nieren". Das Ergebnis fiel eindeutig aus: Keinerlei Krankheit war feststellbar. Die schlimmen Träume kamen öfter, wurden immer drastischer und blutiger.

Träume sind also doch Schäume!, dachte die junge Frau zunächst. Doch dann schenkte ihr Vater ihr eine Reise nach Peru. Im Städtchen Ica schloss sie sich einer kleinen Gruppe von Touristen an. Sie flog über die riesengroßen Scharrzeichen von Nazca, die man nur vom Flugzeug aus erkennen kann. Sie kroch in unterirdische Tunnelanlagen unter dem Wüstenboden, die Touristen sonst nicht zu sehen bekommen. Schließlich gehörte sie zu den wenigen Touristen, die das Privatmuseum von Prof. Dr. Javier Cabrera-Darquea besuchen durften. Der hoch angesehene Arzt und Sammler wertvoller archäologischer Funde zeigte auch sein „Geheimarchiv": angeblich jahrtausendealte Tonwaren! Susanne M. fiel es wie Schuppen von den Augen. Da gab es unzählige Tonkeramiken: Darstellungen von Operationen. In ihren Albträumen war sie nicht vor eigener Krankheit gewarnt worden. Sie hatte ihren Besuch in der archäologischen Sammlung vorhergeträumt, zu einem Zeitpunkt, als sie von einer Südamerikareise noch gar nichts wusste. Und die Totenköpfe und Skelette? Wenige Tage nach dem Besuch im Museum besichtigte Susanne einen uralten Friedhof aus der Vorinkazeit. Und hier sah sie unzählige Gebeine und Schädel.

Für Susanne gibt es keinen Zweifel: „Meine schlimmen Albträume hatten mit eigener Krankheit nichts zu tun. Sie erfüllten sich aber trotzdem, nur anders. Ich habe konkrete Einzelheiten einer Südamerikareise vorhergesehen, die mir mein Papa schenkte, um mich von den Albträumen abzulenken. Wahrträume sind möglich. Ich habe es selbst erlebt."

6.2 I-Ging: das Buch der Wandlungen

Vermutlich waren die biblischen Traumdeuter nicht die ersten Esoteriker, die aus Traumgeschichten Aussagen über die Zukunft herauszulesen versuchten. Traumdeutungen haben indes einen Nachteil: Will des Wissbegierige etwas erfahren, so muss er erst einen Traum erleben, der ihm vielleicht etwas über das Morgen verrät. Esoteriker haben aber immer nach Möglichkeiten gesucht, mit Hilfe von Werkzeugen jederzeit in die Zukunft zu blicken. So soll im 3. Jahrtausend v. Chr. der chinesische Kaiser Fu Hi das prophetische Buch I-Ging begonnen haben. Im 1. Jahrtausend v. Chr. wurde es angeblich von King Wen erneuert. Konfuzius (ca. 551 v. Chr. – 479 v. Chr.) jedenfalls gab das „Buch der Wandlungen" neu heraus und ergänzte es durch weitere Anmerkungen.

Yin und Yang

Das I-Ging spiegelt die jahrtausendealte chinesische Philosophie von Yin und Yang wieder. Yang ist das männliche Prinzip (Zeugen, Erschaffen, Leiten), Yin das weibliche (Empfangen, Gebären, Folgen). Das I-Ging kennt 64 Symbole, Hexagramme genannt. Jedes besteht aus sechs ganzen und/oder durchbrochenen Linien. Die ganze Linie (—) gilt als das Symbol für Yang, die durchbrochene Linie (– –) als das Symbol für Yin. Die ganzen Linien stehen in der chinesischen I-Ging-Philosophie für das Helle, Positive, Aktive. Die durchbrochenen Linien hingegen symbolisieren das Gegenteil, das Dunkle und Negative.

Computerspezialisten haben erstaunt festgestellt, dass die 64 Hexagramme exakt dem binären Code entsprechen, der heute von jedem elektronischen Rechner benutzt wird. Die noch so klug erscheinenden „Superhirne" kennen nur zwei Zustände: Strom an oder aus. In Zahlen ausgedrückt: Sie kommen mit zwei Zeichen aus: mit 0 und 1. Faktisch genauso funktioniert das I-Ging. Yang = 1. Yin = 0. Jedes Hexagramm lässt sich nach chinesischer Methode oder in Computersprache ausdrücken. So nimmt es nicht wunder, dass es inzwischen das I-Ging als Computerprogramm gibt.

Befragung des Orakels
Die Befragung des I-Ging ist denkbar einfach und erfolgt nach einem genau vorgeschriebenen Ritual. Der Ratsuchende wäscht zunächst gründlich seine Hände. Sodann begibt er sich gemessenen Schrittes in einen vorbereiteten Raum. Im Zentrum steht ein Tisch, und zwar so, dass der Ratsuchende sitzend immer nach Süden blickt. Auf einem kleineren, niedrigeren Tisch brennt in einem Schälchen Weihrauch. Nun wirft sich der Fragende demütig dreimal zu Boden. Da erst stellt er im Geiste die Frage, auf die er eine Antwortet erbittet. Esoteriker weisen darauf hin, dass es sich um eine wirklich wichtige, bedeutsame Frage handeln sollte, deren Beantwortung von zentraler Bedeutung ist. Mit Alltagsbanalitäten sollte man das I-Ging nicht behelligen. Auch sollte es nicht zur Routine werden, zum I-Ging zu greifen.

Nachdem der Ratsuchende seine Frage im Geiste klar formuliert hat, wird das Orakel befragt. Mit Hilfe von Scharfgarbenstängeln oder Münzen wird nun eines von insgesamt 64 möglichen Hexagrammen ermittelt. Ist dies geschehen, schlägt der Ratsuchende in seinem I-Ging-Buch eben jenes Hexagramm nach und liest bedachtsam den Text. Nach Überzeugung der Anhänger des I-Ging wird er die Antwort richtig verstehen.

Da sich das I-Ging auch in unseren Breiten mehr als großer Beliebtheit erfreut, gibt es auf dem Buchmarkt ständig neue Ausgaben des I-Ging. Der Besitz eines solchen Buches ist Voraussetzung für die Anwendung. (siehe: Literaturanhang)

Wohlgemerkt: Er wird sie nicht expressis verbis ausgedruckt vorfinden. Er wird vielmehr weise Worte lesen und beim ruhigen Nachdenken in sich selbst die Antwort auf die von ihm gestellte, ganz persönliche Frage erkennen. Das I-Ging ist also keineswegs zu vergleichen mit jenen schlichten Alltagshoroskopen, die wir so gern in der Tageszeitung lesen. Erfahrene I-Ging-Freunde wissen: Je nachdenklicher, je einfühlsamer man mit dem Buch umgeht, desto klarer wird die Antwort ausfallen, die der Ratsuchende erhofft.

Entsprechend respektvoll muss auch der Umgang mit dem I-Ging-Buch sein. Selbst ein preiswertes Taschenbuch sollte seinem altehrwürdigen Inhalt gemäß behandelt werden. Nach Gebrauch wird es wieder in ein Stück reinen Tuchs gewickelt und so aufbewahrt, dass niemand darauf herabblicken kann.

Konfuzius (ca. 551–479 v. Chr.), einer der großen Weisheitslehrer der Menschheit, der das I-Ging neu herausgab, kannte sich wie kaum ein zweiter Mensch aus mit dem Weisheitsbuch. Und doch konstatierte er kurz vor seinem Tod: Wenn meinem Leben noch einige Jahre hinzugefügt würden, so würde ich 50 davon hergeben, um das I-Ging zu studieren und würde dann vermeiden, große Fehler zu begehen." Ehrfurchtsvoll zollte er dem I-Ging seinen Respekt: „Dieses Buch hat so viele Schichten wie die Erde selbst."

Du findest, was du suchst

Langjährige I-Ging-Anwender bestätigen: Das uralte Weisheitsbuch bietet dem sorgsam Vorgehenden weit mehr als ein knappes Tagesorakel. Es ermöglicht vielmehr ein Nachdenken über das eigene Sein. Es lässt hinterfragen: Handele ich wirklich in Übereinstimmung mit meinen eigenen Interessen? Jeder Fragende findet, was er sucht. Wenn er bereit ist, sein Leben in neue Bahnen zu lenken, hilft ihm das I-Ging dabei. Er wird erkennen, dass seine Zukunft nicht festgeschrieben ist. Die Alten Chinesen gingen sogar davon aus, dass das I-Ging die Weisheit des Universums enthält und jeder, der sich bei wichtigen Entscheidungen im Leben auf das „Buch der Wandlungen" stützt, im Idealfall die große Harmonie erreicht.

Das I-Ging ist dann ein guter Freund und Weisheitslehrer, der es dem Ratsuchenden mit klugen, tiefsinnigen Worten ermöglicht, sein Leben wieder in Einklang mit den kosmischen Gesetzen zu bringen. Es bietet keinen Blick in eine feststehende Zukunft, sondern lässt den Ratsuchenden seine eigenen gestalterischen Möglichkeiten erkennen.

6.3 Kartenlegen: Zukunft à la carte

Theorie und Praxis

Esoterik gab es wohl schon immer in zweierlei Gestalt. Auf der einen Seite versuchten Wissensdurstige, die verborgenen Gesetze der Wirklichkeit zu erkennen. Sie sahen sich als Wissenschaftler, die hinter dem Äußerlichen in seiner Vielfalt eine innere Ordnung vermuteten. Eine von vielen Esoterikern geteilte Ansicht ist, dass es keinen willkürlichen Zufall gibt. Die Weltseele hat umfangreiches Wissen über Vergangenheit, Gegenwart und Zukunft gespeichert, sagen die Theoretiker. Auf der anderen Seite gibt es Esoteriker, die das altehrwürdige Wissen für das praktische Leben umsetzen. Sie meinen: Wenn man nun bestimmte Orakel entwickelt, dann besteht die Möglichkeit, zum Beispiel etwas über die Zukunft zu erfahren.

Bei der von den Persern entwickelten Geomantie, die von Arabern im 12. Jahrhundert nach Europa importiert wurde, werden auf Papier, Wachs oder Ton 16 Punktreihen untereinander gestochen – völlig willkürlich. Spezielle Punktbücher interpretieren dann die Bedeutung jeder konkreten Punktformation nach genau feststehenden Regeln.

Beim I-Ging werden Münzen geworfen. Sie fallen so, dass der Mensch die ihm zugedachte Information erhalten kann. Oder es werden ganz bestimmte, konkrete Regeln definiert, nach denen Spielkarten gelegt und wie sie als Vorhersage der Zukunft gedeutet werden müssen. Diese Erklärung findet aber in Esoteriker-Kreisen keineswegs nur Zustimmung. Anhänger der Exteriorisierung („Entäußerung“) sehen die gemischten und gelegten Karten als ein Mittel zur Selbsthypnose. Es wird eine gesteigerte Form der Trance erreicht, ein Zustand, in dem der Zugang zum Weltgedächtnis möglich ist. Welches Erklärungsmodell man auch vorzieht, es kann doch keinen Zweifel daran geben, dass neben vielen Scharlatanen ehrliche Vertreter der „Orakel-Befrager“ zu erstaunlich genauen Aussagen über die Zukunft kommen.

Yvette Ruzha legt Erich von Däniken die Karten

Bemerkenswerte Erfolge kann die Nürnbergerin Yvette Ruzha, deren Vorfahren aus Tschechien stammen, vorweisen. TV-Esoteriker Rainer Holbe, der mit der Nürnbergerin eine eigene Sendung gestaltete: „Sie ist auf jeden Fall medial veranlagt.“ (Kontaktanschrift: Yvette Ruzha, Carl-von-Linde-Straße 28, D-90491 Nürnberg, Tel.: 09 11-51 57 47).

Für ein Experiment mischte der Schweizer Bestsellerautor Erich von Däniken ein Kartenspiel mit 32 Karten. Der Verfasser händigte es Yvette Ruzha in ihrem Nürnberger Arbeitszimmer aus. Sie wusste nicht, von wem das Spiel gemischt worden war. Yvette Ruzha vertiefte sich meditativ in die Karten und machte zunächst einige Aussagen über die Vergangenheit Erich von Dänikens. „Heftige Schicksalsschläge wie der Tod eines Kindes haben den Prominenten gelehrt zu unterscheiden, was kleine Unbilden und was schlimmer Ungemach ist.“ Erich von Dänikens kleines Söhnchen starb 1961. Weiter Yvette Ruzha: „Die heftigen Angriffe auf seine Person nimmt er als lästige Begleiterscheinung hin. Er denkt nicht so kleinkariert wie seine Gegner, und diese Haltung ist ein Grund für seine Erfolge.“ Auch diese Charakterisierung ist genau zutreffend.

Eingetreten sind in den vergangenen 20 Jahren viele von Yvette Ruzhas konkreten Prognosen. Einige waren zu persönlich, um publik gemacht zu werden. Andere klangen vor zwanzig Jahren reichlich kühn, haben sich aber dennoch bewahrheitet.

- Vorhersage: Die Person, die die Karten gemischt hat, ist sehr prominent. Viele Menschen sähen es gerne, wenn sie öfter im Fernsehen erschiene . Noch vereiteln das Gegner in wichtigen Positionen. Die Person wird sich aber durchsetzen und eine eigene, lange Fernsehserie erhalten.
- Eingetroffene Realität: Alle Details erwiesen sich als richtig: Erich von Däniken gehört zu den prominentesten Schriftstellern der Welt. Vor zwanzig Jahren wünschten sich viele Zuschauer den Schweizer als Gast im Fernsehen. Mächtige Redakteure verhinderten dies immer wieder. Däniken erhielt aber dann doch eine eigene Fernsehserie: „Auf den Spuren der Allmächtigen“. Jede der 26 Folgen erreichte sensationelle Zuschauerzahlen.
- Vorhersage: Die prominente Person wird auch in den nächsten Jahrzehnten dem Metier treu bleiben und erfolgreich sein. Der Star wird einen fantastisch anmutenden Traum verwirklichen. Aktien sind im Spiel. Das Millionenprojekt wird eine Art Denkmal von riesigem Ausmaß werden.
- Eingetroffene Realität: Vor zwanzig Jahren ahnte vielleicht selbst Erich von Däniken nichts von dem wahrlich fantastischen Projekt, das 2002 Richtfest feiern soll. Inzwischen nimmt es aber schon sehr konkrete Konturen an. Bei Interlaken in der Schweiz entsteht als eine Art Bildungspark „Mysteries of the World“ („Geheimnisse der Welt“). Bei dem Millionenprojekt geht es um Unterhaltung und Information. Es wird riesige Nachbildungen von Tempeln und Pyramiden geben. In Computeranimationen werden Dänikens Thesen bildlich dargestellt. Auch Vertreter der klassischen Archäologie kommen zu Wort. Aktien sind tatsächlich im Spiel. Denn

das „Mysteries of the World" ging an die Börse. Langfristig kann daraus tatsächlich ein Denkmal für das Forschungswerk Erich von Dänikens werden.

Eine Prognose steht noch im Raum: Der prominenten Person steht langfristig eine sehr hohe Anerkennung ins Haus. Sie wird mit einer Ehrung ausgezeichnet werden, die dem Nobelpreis entspricht.

Tarot: Versuch einer Annäherung

Anne Marie Lenormand (1772–1843) war vermutlich die berühmteste Kartenlegerin Europas ihrer Zeit. Sie benutzte selbst gezeichnete Tarotkarten und machte ihren Kunden präzise Vorhersagen. So prophezeite sie 1790 einer gewissen Josefine Beauharnais aus den Karten eine Fülle von Einzelheiten über ihr künftiges Leben. Sie werde einen Soldaten ehelichen, dessen Ruhm seinen Namen in aller Welt bekanntmachen werde. Die Ehe werde geschieden. Josefine heiratete den Soldaten Napoleon Bonaparte, der weltberühmt wurde. Die Ehe wurde geschieden. Prominente Zeitgenossen aus Adels- und Politikerkreisen bestätigten amtlich die Exaktheit der Vorhersagen Madame Lenormands.

Napoleon selbst war von Madame Lenormands seherischer Interpretation des Spiels fasziniert. Er konsultierte sie immer wieder, war aber manchmal mit der ihm vorhergesagten Zukunft nicht einverstanden. Zweimal ließ er die berühmte Kartenlegerin ins Gefängnis werfen, weil ihre Prognosen anders aussahen, als sich der impulsive Kaiser das wünschte. Auch Madame Lenormand neigte zu gelegentlichen Wutausbrüchen und schreckte nicht davor zurück, dem Kaiser ihr Kartenspiel ins Gesicht zu schleudern.

Das Tarot ist heute hauptsächlich als Kartenspiel zum Zeitvertreib bekannt. Ende des 14. Jahrhunderts kreierte Gringonneur ein Tarot-Spiel für den französischen König Charles VI. Im 15. Jahrhundert tauchten weitere Variationen auf. Gegen Ende des 18. Jahrhunderts entwickelte Professor Etteila ein neues Tarotspiel. In jener Zeit genoss es sehr hohes Ansehen. Die These kam auf, es gehe in seinen Ursprüngen auf die Alten Ägypter zurück, die angeblich ihr esoterisches Wissen hinter bedeutungsvollen Bildern und Spielen zu verbergen suchten. Einst sollen im Tempel von Memphis diese mysteriösen Kenntnisse in Form von 22 Gemälden zusammengefasst worden sein, wobei eine Bildsprache benutzt wurde, die nur eingeweihten Esoterikern verständlich war. Antoine Court de Gebelin veröffentlichte von 1773 bis 1784 ein mehrbändiges wissenschaftliches Werk, betitelt „Monde primitiv". Darin versuchte er seine Überzeugung zu untermauern, bei dem Tarot-Spiel handele es sich um die letzten noch erhaltenen Reste des ägyptischen Buches der Magie, des „Buches von Thot".

Der Kabbalist Eliphas Levi (1810–1875) verdeutlichte Parallelen zwischen der hebräischen Kabbala-Esoterik und dem Tarot-Spiel. Tatsächlich entsprechen die 22 Karten „Große Arkana" den 22 Buchstaben des hebräischen Alphabets.

Das Tarot besteht aus 78 Karten. Die ersten 22 werden als „Große Arkana", die übrigen 56 als „Kleine Arkana" bezeichnet. Auf die Niedrigen Arkana gehen die heutigen Tarotspiele zurück. Die 56 Kleinen Arkana werden in vier Farben eingeteilt (Stäbe, Kelche, Schwerter und Münzen), die von 1 bis 10 nummeriert sind. Die so genannten Hofkarten (König, Königin, Ritter, Knappe) gelten am meisten.

Für Esoteriker stellt das Tarot-Spiel alles andere als eine belanglose Sammlung von Bildern dar. Vielmehr seien die Bilder der Karten das Ergebnis uralten Wissens. Die Bilder sprächen gezielt die archaische Sprache des Unbewussten an. Vordergründig bieten die Karten sichtbare Informationen, hintergründig lösen sie beim Betrachter aber im Unbewussten gespeicherte Energien aus. Tarot aktiviert sozusagen magische Kräfte beim „Benutzer" des Spiels. Damit befähigt es ihn zu hellsichtigem Vorausschauen.

Wie liest man die Karten?

Manchmal sind die Aussagen der Karten einfach und klar, bedürfen keiner Interpretation. So war das auch im Fall von Henry Cuffe. Der Sekretär des Earl von Essex ließ sich um 1598 „die Karten legen". Ein Tarot-Leger forderte Cuffe auf, drei Karten aus einem Spiel zu ziehen. Sie würden seine Zukunft zeigen. Auf der ersten Karte wurde ein Mann von einer Eskorte bewaffneter Soldaten abgeführt. Auf der zweiten schaute ihn ein harter Richter mit grimmigen Augen an. Karte 3 bot den Galgen an. Cuffe machte sich über die negative Prognose lustig. Im Frühjahr 1601 wurde er in schmerzhafter Weise wieder an die drei Karten erinnert. Von einem Trupp bewaffneter Soldaten wurde er vor ein Gericht geführt, er wurde des Verrats gegen Königin Elisabeth I. bezichtigt und am 13. März 1601 schuldig gesprochen. Schließlich schaffte man ihn nach Tyburn und vollstreckte die Todesstrafe. Er wurde öffentlich gehenkt.

Tarot-Experten kennen komplizierte Systeme, die genau vorschreiben, wie die Karten gemischt, gelegt und schließlich gedeutet werden müssen. Diese Systeme sind häufig speziell für Laien kaum nachvollziehbar. Allein schon das mühsame Nachblättern in Büchern, um die spezielle Bedeutung einer Karte in einer bestimmten Position zu verstehen, kann leicht jegliche intuitive Stimmung abtöten. Dabei ist es gerade das intuitive Tarot, das viele Freunde der Geheimwissenschaften für das esoterischste halten. Die einzelnen Karten haben dabei keine bestimmte festgelegte Bedeutung. Sie werden intuitiv aus der jeweiligen Situation heraus verstanden. Es gilt dabei, so weit wie möglich die Kontrolle des Verstandes zu vergessen und auf die Botschaften des Unbewussten zu hören.

Colin Wilson (geboren 1931) gilt mit Recht als einer der führenden Kenner der Esoterik. Er betont, dass es die Grundvoraussetzung für das erfolgreiche Interpretieren der Tarot-Karten sei, sich in eine bestimmte Stimmung zu versenken. Man möge so intensiv wie möglich gedanklich eine „Zeitreise" antreten: ins Mittelalter, möge an gotische Kathedralen mit ihren Glasfenstern denken, die im Inneren der Gotteshäuser für ein mystisches Licht sorgen. Man möge sich wogende Felder vorstellen, die von fleißigen Menschen mit einfachen Geräten bestellt werden, an Handwerker, die zur Mittagspause auf ein Gebet in die Kathedrale kommen und ihre schwieligen Hände falten.

Das intensive gedankliche Einleben in eine fremde Zeit mag durch Lektüre entsprechender Fachbücher oder Romane intensiviert werden. Es ermöglicht dem Kartendeuter, unvoreingenommener ans Werk zu gehen und sich dabei rein intuitiv auf die Karten und ihre Symbole einzulassen. Die gedankliche Visualisierung fördert geistige Kreativität und schärft das Gehör für die „innere Stimme".

Yvette Ruzha beschrieb im Interview mit dem Verfasser ihre Arbeitsweise so: „Wenn ich die Karten sehe, dann bilden sich Filme in meinem Kopf, nicht wie im Kino, ein Ablauf von Bildern, schwer zu umschreiben." Aus esoterischer Sicht handelt es sich bei der erfolgreichen Kartenlegerin um intuitives Vorgehen.

6.4 Astrologie: Weisen die Sterne den Weg?

Statistisches

Was halten die Deutschen von Astrologie? Lehnen sie die Lehre von der Sternenkunde vollkommen ab? Keineswegs. Nur 16 Prozent der Befragten gaben bei einer wissenschaftlichen Meinungsumfrage, durchgeführt für die „Gesellschaft für rationale Psychologie“, an: „Astrologie und Horoskope sind Unsinn und Aberglauben.“ Dabei zeigten sich die Männer als etwas skeptischer als die Frauen. 20 Prozent der Männer, aber nur 12 Prozent der Frauen weisen Astrologie weit von sich.

45,5 %, das ist fast jeder Zweite, antworteten: „Ja, ich glaube, dass die Sterne irgendwie unser Schicksal beeinflussen.“ Wiederum gibt es eine deutliche Diskrepanz zwischen den Geschlechtern. 53 % der Frauen, aber nur 38 % der Männer meinen, dass die Sterne irgendwie Auswirkung auf unser Schicksal haben.

Erstaunlich hoch ist der Prozentsatz jener, die „schon einmal etwas erlebt haben, was tatsächlich auch im Horoskop gestanden hat“: 47 % der Männer und 63 % der Frauen. Die Zahl der überzeugten Astrologiefans ist gar nicht so klein, bei den Frauen allerdings ist sie fast dreimal so hoch wie bei den Männern. Auf die Frage, ob denn „die Voraussagen in den Horoskopen fast immer eintreten“, antworteten 28 % der Frauen, aber nur 10 % der Männer mit ja.

Ursprünge

Im christlichen Abendland gab es im Laufe der Jahrhunderte von Seiten der Kirche eher zurückhaltende Äußerungen zur Astrologie. Wenn sie auch manchmal verboten wurde, so tolerierten die Theologen doch meist die Wissenschaft von der Sterndeutung, solange aus den Konstellationen Tendenzen und nicht unabänderliche Gesetzmäßigkeiten abgeleitet wurden. Das geschah aus theologischen Gründen. Man wollte dem Menschen nicht die Ausrede zubilligen, gegen die Gesetze Gottes verstoßen zu haben, weil man ja gewissermaßen als Marionette der Sterne gar nicht anders habe handeln können.

Paracelsus (1493–1541), eigentlich Theophrastus Bombastus von Hohenheim, forderte, ein guter Arzt müsse zugleich auch ein guter Astrologe sein. Schließlich wirkten doch die Sterne auf den Leib des Menschen, beeinflussten auch sein Wohl und Wehe. Der berühmte

Mediziner vertrat keine Außenseiterposition. Bis Mitte des 17. Jahrhunderts gehörte Astrologie zu den Unterrichtsfächern an den medizinischen Fakultäten.

Bis zum Zweiten Weltkrieg setzte sich die Astronomie immer wieder mit der Astrologie auseinander, das Ergebnis fiel immer vernichtend für die Sterndeuter aus. Schließlich einigten sich die „Astronomische Union“ und die „Internationale Astronomische Vereinigung“. Von nun galt es als mit dem Berufsethos eines Astronomen nicht mehr vereinbar, sich überhaupt mit Astrologie auseinanderzusetzen. Dabei waren jahrtausendelang Astronomen, die so gut es ging die Planeten beobachteten und ihre Bahnen berechneten, zugleich auch Astrologen.

Sternenkriege

Auch die Astronomen der Mayas, deren exakte Berechnungen heute noch verblüffen, waren zugleich Astrologen. Die Astronomen beobachteten die Planeten in schon fast als unglaublich zu bezeichnender Exaktheit. Sie erstellten gleichzeitig astrologische Berechnungen und erlangten so in der Hierarchie gehobene Positionen, waren sogar im Gegensatz zu manch anderem Berufsstand hoffähig und verkehrten in den höchsten Kreisen. Kriegsfürsten befragten zunächst die Astrologen, bevor sie in den Kampf zogen. Astrologen setzten sogar die Termine für Schlachten fest. Als besonders geeignet und vielversprechend galt jener Tag, an dem die Venus zum ersten Mal als Abendstern über dem Platz der kriegerischen Auseinandersetzung erscheinen würde.

Anno 631 wählten die Astrologen von Kan II. den 27. Dezember als idealen Termin für Kriegsattacken aus. An jenem Tag würde die Venus zum ersten Mal als Abendstern über Naranjo aufgehen. Auch Krieger Rauch-Hörnchen konsultierte zunächst seine Astrologen, als er anno 710 Yaxhá angreifen wollte. Sie empfahlen ihm den 23. März, weil an jenem Tag die Venus zum letzten Mal als Morgenstern erscheinen würde. Außerdem würden Jupiter und Saturn zu jenem Zeitpunkt scheinbar am Himmel zum Stillstand kommen. Nachdem der Kampf für Rauch-Hörnchens Truppen siegreich endete, galt es, den Göttern zu opfern. Aber wann? Wieder waren es die Astrologen, die den exakten Termin für das blutige Gemetzel festlegten. Am 28. Juni 710 stand eine bemerkenswerte Planetenkonstellation ins Haus:

Jupiter, Saturn, Mars, Venus und Merkur würden auf dem gleichen Längengrad stehen. An jenem Tag wurden dann die Dankesopfer dargebracht.

Rauch-Hörnchen war mit seinem Sieg noch nicht zufrieden. Er wollte weitere Feldzüge durchführen. Am 12. April 711, am Tag, als Venus erstmals wieder als Morgenstern den Himmel erklomm, zog er gegen die Leute aus der Region von Sacnab in den Krieg. Schier endlos ist die Liste der Feldzüge, die von den Mayas nach astrologischen Gesichtspunkten geführt wurden. Man kann mit Fug und Recht von „Sternenkriegen" sprechen.

Von immenser Bedeutung waren die Astrologen von Palenque. Die Überlieferung weiß zu berichten, dass es bei den Mayas einander ablösende kosmische Zeitalter gab. Die Forschung weiß bis heute nicht so recht, was damit gemeint war, wenn zu lesen ist, dass zum Wechsel von solchen Äonen wichtige Persönlichkeiten von geradezu göttlichem Adel „in den Himmel eingehen". Anlässlich dieses Ereignisses wurden Festivitäten abgehalten. Die Verbindung zwischen Erde und Himmel wurde in Gestalt eines besonderen Bauwerks bildlich dargestellt. So baute man Kreuztempel, um an den göttlichen Urvater zu erinnern, der einst die kosmische Ordnung hergestellt hatte. Damals hatte er eine Verbindung zwischen Erde und Himmel hergestellt, ein Vorgang, der durch den Bau des Kreuztempels im kleineren Maßstab wiederholt werden sollte.

Für die Mayas verstand es sich dabei von selbst, dass derartig wichtige Zeremonien wie Einweihungen von Tempeln als Verbindung zwischen Erde und Himmel an astrologisch bedeutsamen Tagen stattfanden. Beispiel: Heiliges Ritual in Palenque am 23. Juli 690. Astrologische Begründung: Jupiter, Saturn, Mars und Mond stehen im Sternbild Skorpion. Bedeutung des Sternenszenarios: Am Himmelszelt vereinigt sich die mythologische Urmutter (Mond) wieder mit ihren drei Kindern (drei Planeten).

Europäische Astrologie

Die abendländische Astrologie ist jahrtausendealt. Sie stammt vermutlich aus dem Reich der Chaldäer (Babylon) und wurde über Ägypten nach Griechenland exportiert. Hier entstand im zweiten Jahrhundert nach Christus das erste umfangreiche Werk zur Astrologie: „Tetrabiblos" von Claudius Ptolemäus.

Von der Erde aus betrachtet scheint sich die Sonne um unseren Planeten zu bewegen. Man stelle sich die Bahn vor, auf der sie in einem Jahr scheinbar um die Erde wandert. Diesen Kreis unterteilt man in zwölf gleiche Teile. Der Astrologe beachtet nun, in welchem dieser zwölf Abschnitte die Sonne zum Zeitpunkt der Geburt eines Menschen zu stehen scheint: im Zeichen des Widders (21.3.–19.4.), des Stiers (20.4.–20.5.), der Zwillinge (21.5.–21.6.), des Krebses (22.6.–22.7.), des Löwen (23.7.–22.8.), der Jungfrau (23.8.–22.9.), der Waage (23.9.–23.10.), des Skorpions (24.10.–21.11.), des Schützen (22.11.–21.12.), des Steinbocks (22.12.–19.1.), des Wassermanns (20.1.–19.2.) oder der Fische (19.2.–20.3.).

Jeweils drei der Sternzeichen werden bestimmten „Elementen" zugeordnet: Widder, Löwe und Schütze dem Feuer, Stier, Jungfrau und Steinbock der Erde, Zwillinge, Waage und Wassermann der Luft und Krebs, Skorpion und Fische dem Wasser.

Jedem Sternzeichen sagt man wiederum bestimmte Eigenschaften nach:

1. Widder = mutig, aber auch aggressiv
2. Stier = geduldig, aber auch stur
3. Zwillinge = geistreich, aber auch ruhelos
4. Krebs = beschützend, aber auch launisch
5. Löwe = selbstbewusst, aber auch tyrannisch
6. Jungfrau = scharf im Denken, aber auch pedantisch
7. Waage = diplomatisch, aber auch unentschlossen
8. Skorpion = erfinderisch, aber auch skeptisch
9. Schütze = optimistisch, aber auch fanatisch
10. Steinbock = logisch denkend, aber auch intolerant
11. Wassermann = idealistisch, aber auch überdreht
12. Fische = gefühlvoll, aber auch übermäßig vorsichtig

Astrologie, Wissenschaft, Esoterik und Magie

Esoteriker verstehen Astrologie durchaus als Wissenschaft. Sie behaupten allerdings, dass die Forderung der herkömmlichen Wissenschaft an die Astrologie unerfüllbar sei. Schulwissenschaftler postulieren: Prozesse sind nur dann akzeptabel, wenn sie im Laborversuch stets und unendlich oft wiederholt werden können. Das sei, so die Astrologen, auf ihre Wissenschaft nicht anwendbar, da die wirklich identischen Bedingungen (Stand der Gestirne usw. usw.) bis ins letzte Detail niemals wiederholt werden können. Für viele Zeitgenossen ist Astrologie auch der Einstieg in die esoterische Wissenschaft. Was die Wirkungsweise der Astrologie angeht, so gibt es keine allgemein akzeptierte Erklärung.

Die einen Astrologen – nennen wir sie Schule A – vermuten, dass es der Lauf der Gestirne ist, der sich auf das Magnetfeld der Erde auswirkt. Veränderte Konstellationen bewirken eine Veränderung im Magnetfeld, was sich wiederum auf den Menschen auswirkt: in besonderem Maße bei der Geburt. Das eben selbstständig gewordene Lebewesen kommt an einem bestimmten Ort des Planeten zur Welt. Es ist einzigartig, da zur exakten Geburtssekunde am exakten Geburtsort kein zweites Menschenkind geboren wird. Deshalb sind für jeden neuen Erdenbürger die speziellen Auswirkungen durch das von den Gestirnen beeinflusste Magnetfeld einzigartig. Nie zuvor in der Geschichte der Menschheit sind sie schon einmal genau so aufgetreten. Die exakt gleichen Verhältnisse werden auch kein zweites Mal auftreten.

Der um Wissenschaftlichkeit bemühte Astrologe versucht nun von diesen ganz besonderen Einflüssen, die seiner Ansicht nach das neugeborene Lebewesen prägen, Rückschlüsse zu ziehen: auf das Wesen des Menschen, auf seine Verhaltensweisen und Neigungen.

Die anderen Astrologen – nennen wir sie Schule B – gehen mit den universitären Astronomen konform und verneinen einen auch noch so geringen physisch messbaren Einfluss der Gestirne auf den Menschen. Sie sehen vielmehr den gesamten Kosmos als eine Art Uhrwerk, das nach ganz bestimmten Gesetzmäßigkeiten abläuft. Der Stand der Gestirne ist für sie am ehesten vergleichbar mit einem wissenschaftlichen Messgerät, das ablesbare Auskünfte gibt – zum Beispiel über die Temperatur einer Flüssigkeit. Das Thermometer verursacht ja nicht die Temperatur, es misst sie lediglich. Genauso werden die Planeten, sowie Sonne und Mond, aber auch die Sterne des Himmels als eine komplizierte „Skala“ angesehen, die der Kundige, der Esoteriker, allein richtig abzulesen vermag. Sie verraten ihm den exakten Zustand des sich zyklisch wiederholenden Ablaufs des Weltgeschehens und erlauben ihm so, Aussagen über einen bestimmten (zu einem bestimmten Zeitpunkt an einem bestimmten Ort geborenen) Menschen zu treffen.

Selbst unter Esoterikern häufig unbekannt ist die gelegentlich als „esoterische Astrologie" bezeichnete Form – Schule C. Für sie gilt das Gesetz der ewigen Wiedergeburt. Jeder Mensch stirbt und wird gemäß seines individuellen Vorlebens erneut geboren. Er wird keineswegs zufällig zu einem beliebigen Zeitpunkt an einem beliebigen Ort wieder in die irdische Wirklichkeit geworfen. Vielmehr erfolgt dies (gesteuert von der kosmischen Weltseele) so, dass genau jene kosmischen Verhältnisse (Stellung von Sternen und Planeten, irdisches Magnetfeld usw. usw.) vorherrschen, die der jeweilige Mensch als einmaliges Individuum benötigt, um ein seinem ganz persönlichen Vorleben (in früherer Existenz) entsprechendes neues Leben führen zu können.

Magische Astrologie dient nicht der Befragung der Sterne. Es gilt nicht, Informationen über die Zukunft zu erhalten. Die Zukunft soll mit Hilfe von Magie manipuliert werden. Dabei werden die Namen von Geistern angerufen, die bestimmte Planeten oder Sterne beherrschen. Zweck der Exerzitien ist es, bewusst bestimmte astrale Einflüsse auszulösen, zu verursachen. Diese Vorgehensweise wird von der überwältigenden Mehrheit der Astrologen rigoros abgelehnt.

6.5 Das Geheimnis der Entsprechungen

„Wie oben, so unten! Wie im Himmel, so auf Erden!" philosophierten schon Ägyptens Esoteriker. Sie meinten damit: Was an Geschehnissen im Himmel abläuft, das findet seine Entsprechung im Kleinen, im Irdischen. Dieses Prinzip findet sich auch bei vielen Astrologen. Sie gehen davon aus, dass sich kosmische Abläufe (Sterne, Planeten) im Leben jedes einzelnen Menschen widerspiegeln. Alchimisten praktizieren das gleiche Prinzip in ihrer uralten Kunst, aus der heraus die moderne Chemie entstanden ist. Geheimnisvolle Veränderungsprozesse, die im Reagenzglas ablaufen, führen im Idealfall zur Veredelung von Blei zu Gold. Wichtiger als diese Umwandlung im Materiellen ist aber die gleichzeitig ablaufende Höherentwicklung auf geistiger Ebene im Experimentator, im Alchimisten.

Chiromantie

Das Geheimnis der Entsprechungen findet sich sehr häufig in der Esoterik. Sie ist auch die Grundlage der Kunst des Handlesens („Chiromantie“). Bestimmte Zeichen in der Hand sollen ihre Entsprechung finden, zum Beispiel im Lebensablauf des Menschen.

Bereits die Alten Chinesen versuchten wie die Alten Inder vor drei Jahrtausenden, Beziehungen zwischen Bildern in der Hand eines Menschen und seiner konkreten Zukunft herzustellen. Über die Jahrhunderte hinweg hat sich eine Art Code entwickelt, der für das Herauslesen der Zukunft aus der Hand eines Menschen verwendet wird. Es gibt aber recht erhebliche Unterschiede bei den individuellen Deutern. Die einen sind darum bemüht, möglichst nur wirklich vorhandene Zeichen zu interpretieren. Die anderen lassen die eigene Intuition sprechen oder versetzen sich selbst angesichts einer Handfläche in Trance. Umstritten ist, ob Handlinien konkrete Zukunftsprognosen ermöglichen oder nur allgemeinere Aussagen über Gesundheit und Wesen eines Menschen.

Gelesen wird gewöhnlich aus der rechten Hand eines Menschen, die zu diesem Zweck am besten flach auf eine ebene Unterlage gelegt wird. Der Daumen wird dabei sanft an den Zeigefinger angelegt, die Hand gewölbt.

Lebenslinie, Herzlinie, Kopflinie

Die Lebenslinie beginnt zwischen Daumen und Zeigefinger und führt um den Daumen herum in Richtung Handgelenk. Als besonders günstig gilt, wenn diese Linie keine Unterbrechungen aufzuweisen hat. Die werden nämlich als Warnungen vor Krankheiten angesehen. Gibt es kleine Kreuzchen in der Linie, dann besteht Gefahr für Leib und Leben oder Ehre. Spaltet sich die Lebenslinie, dann heißt das: Eine Krankheit steht bevor, wird aber gut überstanden. Sehr günstige Zeichen sind Sternchen in der Lebenslinie.

Die Lebenslinie umrundet den Daumen und strebt dem Handgelenk zu. Ringförmig angeordnet um das Handgelenk sind die so genannten Flechsenlinien. Sehr häufig wird ein solcher Ring mit einer Zeitspanne von 30 Jahren gleichgesetzt. Drei Ringe geben also ein zu erwartendes „Lebensmittel“ von immerhin 90 Jahren an. Sind die Ringe regelmäßig geformt, dann soll das Gesundheit besagen. Ist das Areal der Flechsenlinien von kräftig roter Farbe? Das bedeutet Glück.

Vier Flechsenlinien sind das Anzeichen für ein Altwerden bei anhaltender Gesundheit und in Ehren.

Die Herzlinie beginnt unterhalb des kleinen Fingers und strebt in etwa dem Zwischenraum zwischen dem Zeige- und dem Mittelfinger zu. Verläuft sie deutlich gerade, dann ist das ein gutes Zeichen. Sie lässt einen zärtlichen und liebevollen Menschen erkennen.

Biblische Propheten galten oft nicht als Künder unvermeidbar nahenden Übels, sondern als Mahner und Warner. So soll eine undeutliche, etwas wirre, kräuselig verlaufende Herzlinie als Warnung gesehen werden. Handliniendeuter empfehlen dann, darauf zu achten, den Mitmenschen nicht kalt und herzlos gegenüberzutreten. Eine rötliche Herzlinie darf nicht als positives Signal missverstanden werden. Dann ist eine gesunde Lebensweise besonders empfehlenswert, sowohl was zum Beispiel die Ernährung, als auch was die Psyche angeht. Zornesausbrüche sollten dann tunlichst gemieden werden, besonders dann, wenn Herz- und Kopflinie zu nahe beieinander verlaufen.

Die Kopflinie fängt zwischen Daumen und Zeigefinger an. Manchmal hat sie mit der Lebenslinie den gleichen „Ausgangspunkt", oder sie beginnen parallel zueinander. Die Kopflinie endet zwischen dem kleinen Finger und dem Handgelenk. Wenn sich Herz- und Kopflinie einander nähern, dann bedeutet dies eine Aufforderung zur Selbstreflexion. Lässt man seine Gefühle vielleicht zu sehr „vom Kopf her" bestimmen? Ist es die Kopflinie, die auf die Herzlinie zusteuert, dann gilt dies ebenso als Aufforderung, das eigene Handeln zu überdenken. Wie sieht es mit dem Selbstbewusstsein aus? Mit der Ängstlichkeit? Wie steht man Autoritätspersonen gegenüber?

Bedeutsam ist der Verlauf der Herzlinie. Ist sie gerade und hat kaum kleine Abzweigungen vorzuweisen, dann besteht eine Tendenz zu unpersönlicher Distanz, was als Herzlosigkeit ausgelegt werden könnte.

Als sehr positives Zeichen wird gewöhnlich gewertet, wenn die Herzlinie zwischen der Gegend unterhalb des Zeigefingers oder unterhalb des Mittelfingers endet. Das spricht für einen treuen Menschen, der die inneren Werte zu schätzen weiß. Endet die Herzlinie unter dem Zeigefinger, dann bedeutet das: Fähigkeit zu großen Gefühlen.

Eine gerade, direkte Kopflinie verheißt ein vom Verstand geprägtes Leben. Das ist eine gute Voraussetzung für geschäftliche Erfolge. Die gegabelte Kopflinie weist auf den guten Diplomaten hin, der sich in andere Menschen hineinversetzen kann und auch unterschiedliche Positionen unvoreingenommen auf Pro und Kontra überprüft. Eine unruhige, wie ein wilder Bach durch die Ebene der Handfläche dahinirrende Kopflinie weist auf einen Menschen hin, der nicht die ideale Besetzung für den Job eines Geschäftsmanns ist. Ist sie auch noch verzweigt, dann steht das für einen künstlerisch veranlagten Menschen.

Erfahrene Handlinienleser bestätigen: Menschen mit extrem einseitiger Begabung sind relativ selten. Das zeigt sich angeblich auch in den Linien der Hand. So sind die wenigsten Menschen ausschließlich reine Künstler oder ausschließlich Geschäftsleute.

Schicksalslinie, Glückslinie, Gesundheitslinie und Venusgürtel
Die Schicksalslinie verläuft vom Handgelenk senkrecht nach oben. Je klarer und ausgeprägter sie ist, desto interessanter, abwechslungsreicher wird das Leben. Fehlt diese Linie ganz oder ist sie nur schwach ausgeprägt, dann weist dies nicht darauf hin, dass das Leben öde und langweilig dahinplätschern muss. Der Mensch sollte darauf achten, sein Leben bewusst aktiver zu gestalten. Je tiefer die Linie am Handgelenk ansetzt, desto energischer ist der Mensch. Je höher sie ihren Ausgangspunkt nimmt, desto selbstbewusster gilt es, häufiger aufkeimende Selbstzweifel zu überwinden. Wieder kommt es auf den Kontext an: Eine Schicksalslinie, die sich deutlich der Lebenslinie nähert, ja vielleicht von ihr förmlich aufgesogen wird, weist auf die große Bedeutung der Familie für den künftigen Lebensverlauf des Menschen hin.

Die Glückslinie verläuft senkrecht zur Herzlinie und geht Richtung Ringfinger. Je ausgeprägter sie ist, desto chancenreicher verläuft das Leben. Kreuzchen in dieser wichtigen Linie deuten auf einen Menschen hin, der Glück in der Liebe hat. Beginnt die Glückslinie sehr weit unten in der Nähe des Handgelenks, so muss dies als Warnung gedeutet werden. Baut man das eigene Leben vielleicht zu sehr auf Mitmenschen auf? Zustimmung durch andere ist gut, sollte aber nicht schicksalsbestimmend werden. Haben Glücks- und Schicksalslinie einen gemeinsamen Ausgangspunkt, spricht das für Erfolg auf künstlerischem Gebiet. Nimmt die Glückslinie aber ihren Ausgangspunkt bei der Schicksalslinie, dann unterstreicht das die Bedeutung der Schicksalslinie.

Die Gesundheitslinie beginnt unterhalb des kleinen Fingers und verläuft mehr oder minder parallel zur Handkante nach unten. Eigentlich ist sie eine Ergänzung zu anderen Zeichen in der Hand, die bereits Aussagen über die Gesundheit ermöglichen. Kurz und bündig: Je kürzer die Gesundheitslinie ist, desto gesünder verläuft das Leben des Menschen. Gelbe Färbung der Gesundheitslinie mahnt zu besonders vorsichtigem Umgang mit dem kostbaren Gut Gesundheit. Auf die Leber achten! Dunkelrote Gesundheitslinie: Vorsicht, Nervenkrankheiten! Hellrote Gesundheitslinie, speziell wenn sie fleckig wirkt: Fiebererkrankungen! Auf Störungen im Verdauungstrakt weist eine Gesundheitslinie hin, die aus kleinen Einzelstückchen besteht, die sich wie die Wagen eines Eisenbahnzugs aneinanderreihen. Wenn bei Frauen Kopf- und Gesundheitslinie ein Kreuz bilden, dann wird dies als Hinweis auf schwere Entbindungen gesehen.

Der Venusgürtel klingt so schön nach Liebe (Venus!), wird aber meist als Unglückszeichen gewertet. Er zieht sich bogenförmig unter Ring- und Mittelfinger. Interpretation: Er steht – so vorhanden – für Schicksalsschläge, auch und besonders in der Liebe.

Von der Hand zum Fuß: Es gibt auch eine „Entsprechung“ zwischen den Fußsohlen eines Menschen und seinen Organen. Esoteriker unter den Medizinern wissen dies schon seit Jahrhunderten. Gezielte Massage bestimmter Punkte beeinflusst demnach direkt ganz bestimmte Organe. Die Fußreflexzonenmassage wird häufig bei der Akupressur mit einbezogen.

Es steht auf der Stirn …

Im 16. Jahrhundert wurde in Zentraleuropa eine esoterische Deutung der Stirnlinien rasch bekannt: die Metoposkopie. Dabei ging man davon aus, dass der Mensch auf der Stirn maximal sieben parallel zueinander verlaufende Linien hat. Sie werden am besten sichtbar, wenn man die Stirn bewusst in Falten legt. Man beginnt mit der Interpretation bei der höchsten Linie und arbeitet sich nach und nach tiefer.

Zunächst überprüft der Metoposkop, ob alle sieben Linien vorhanden sind. Er unterteilt die Stirn in sieben gleiche Segmente.

Im obersten Segment ist der Platz für die Saturnlinie. Ist sie häufig unterbrochen, dann kündigt das ein unstetes, unruhiges Leben an. Fehlt sie, so deutet dies auf Unfallgefahr hin, da der Mensch zu Leichtsinn neigt.

Die zweite Linie von oben ist die Jupiterlinie. Sie hat ihre Entsprechung in den Verstandeskräften des Menschen. Ist sie stark und klar, so spricht dies für einen Verstandesmenschen, der gut zu rechnen versteht und mit Geld umzugehen weiß. Ist sie hingegen unstet, bricht sie immer wieder ab, setzt sich nach Lücken wieder fort, dann sollte der Mensch mehr darauf bedacht sein, sein Leben nach den Gesetzen der Vernunft auszurichten.

Die dritte Linie ist dem Mars geweiht. Je ausgeprägter sie ist, desto kühner sind die Entschlüsse des Menschen, dessen große Stärke die Tatenfreude ist. Je schwächer sie ist, desto wankelmütiger ist der Mensch. Das muss aber nicht so bleiben. Hinweise auf Verhaltensweisen, die auf der Stirn geschrieben stehen, können sehr wohl zum Anlass genommen werden, darüber nachzudenken, ob man eben diese Verhaltensweisen nicht zum eigenen Vorteil ändern sollte.

Die vierte Linie ist nach der Sonne benannt. Die Sonnenlinie kennzeichnet den Genussmenschen, der die schönen und angenehmen Seiten des Lebens zu schätzen weiß. Er ist großzügig in jeder Hinsicht. Eine schwach ausgeprägte Sonnenlinie drückt die Neigung zur übertriebenen Sparsamkeit aus. Die rechte Lebensfreude will sich bei ihm nicht einstellen. Auch er kann über seinen Schatten springen, so er will, und Großzügigkeit üben.

Hinweis: Fältchen, die im Bereich der Sonnenlinie Dreieckchen oder Viereckchen bilden, gelten als besonders günstiges Omen für Glück, das dem Menschen immer wieder zufällt.

Die fünfte Linie, die der Venus, verrät viel über Liebesangelegenheiten. Fehlt sie oder ist sie nur schwach ausgeprägt, dann deutet dies auf einen Menschen hin, der durchaus erfolgreich sein kann im Leben. Ist er aber glücklich? Oder überbewertet er Nüchternheit und Sachverstand? Warum lässt er nicht seinen Gefühlen mehr Freiraum? Eine dicke, kräftige Venuslinie drückt das Gegenteil aus: Bei diesem Menschen steht das Gefühl im Mittelpunkt, nicht unbedingt die Treue.

Die sechste Linie hat einen etwas irreführenden Namen. Sie ist nach Merkur benannt. Die Merkurlinie steht, wenn sie ausgeprägt vorhanden ist, für Fantasie und Vorstellungskraft. Der „Pfennigfuchser“, dem knochentrockene Zahlen über alles gehen, hat sie allenfalls in schwacher Form.

Die siebte Linie im untersten Segment liegt direkt über der Nasenwurzel. Sie steht für Schwermut und trübe Gedanken. Fehlt sie, dann ist dies ein durchaus positives Zeichen. Der Mensch ist dann eher frohen Gemüts und nicht depressiv, neigt manchmal auch etwas zu Leichtsinn und ist in Sachen Liebe eher unbeschwert als übertrieben nachdenklich.

Phrenologie

Einst waren Lehren von den Entsprechungen in der Esoterik weit verbreitet. Vereinzelt versuchten auch Wissenschaftler, hauptsächlich Ärzte, solche Gedanken in die Wissenschaft einzuführen. Der deutsche Arzt Dr. Franz Joseph Gall (1758–1828) zum Beispiel sah deutliche Zusammenhänge zwischen der Ausformung des Schädels eines Menschen und seinen Charaktereigenschaften. Darüber hinaus glaubte Dr. Gall Aussagen über die Zukunft eines Menschen aus der Kopfbildung ableiten zu können. Der Arzt versuchte die Phrenologie als Erfahrungswissenschaft wissenschaftlich zu untermauern. Schon nach seinem erfolgreich abgeschlossenen Universitätsstudium reiste er umher, besuchte Schulen, Krankenhäuser und Gefängnisse, um bei möglichst vielen Menschen den Schädel genau zu vermessen.

Die von Dr. Gall propagierte Lehre hatte nie eine echte Chance, in der Welt der studierten Gelehrten ernst genommen und überprüft zu werden. Das lag auch daran, dass die Phrenologie von einer Vielzahl von in ganz Europa umherreisenden Quacksalbern missbraucht und diskreditiert wurde. Dr. Gall selbst hielt Vorlesungen in Wien, es kam aber nicht zu einem Gedankenaustausch zwischen Befürwortern und Gegnern. Der Arzt wurde einfach niedergeschrien.

Das japanische Erfolgshoroskop

Erfolgreicher als Dr. Gall war der japanische Psychologe Takeji Furukawa. Bereits 1934 stellte er sein Horoskop vor, das die Blutgruppe eines Menschen als Grundlage für Vorhersagen benutzt. Jedoch erst Jahrzehnte später, in den 80er-Jahren, erfreute sich die neue Methode großer Beliebtheit. Zahlreiche Firmenchefs verlangten von Bewerbern ebenso die Angabe der Blutgruppe wie Heiratsinstitute. In

Kurzfassung sollen nun die zentralen Aussagen des Horoskops vorgestellt werden:

- Blutgruppe A: Stress und psychische Belastung bringen diesen Menschen nicht aus dem Gleichgewicht. Der gelebte Perfektionismus bietet echte Chancen im Berufsleben. Privat wird aber häufig zu viel vom Partner erwartet, so dass das persönliche Glück leicht zu kurz kommt. Berufliches Weiterkommen steht häufig im Vordergrund.
- Blutgruppe B: Leicht wird der weichere Kern in der härteren Schale versteckt. Das ausgeprägte Selbstbewusstsein ist gerade bei diesen Menschen eine zweischneidige Angelegenheit. Sich selbst und anderen gegenüber kann der B-Typ hart sein. Sein Ideal: Der Mensch muss funktionieren wie eine gut geölte Maschine. Es besteht eine Neigung zur Intoleranz. Im Privatleben neigt er zur Eifersucht.
- Blutgruppe AB: AB-Typen sind oft von starken Gefühlen geprägt, die ihr Leben weitestgehend bestimmen. Unter ihnen findet man viele, die sich einen unglaublich feinen, intensiven und verlässlichen Instinkt bewahrt haben. Instinkt- und Gefühlsmenschen sind nicht immer leicht einzuschätzen. Das kann als Unzuverlässigkeit gewertet werden. Was nach außen manchmal unstet oder inkonsequent wirkt, das kann auch positiv bewertet werden. AB-Typen sind nicht stur auf eine Meinung fixiert, sondern durchaus bereit, neue Argumente anzuhören und neue Umstände schnell in ihr Kalkül einzubeziehen.
- Blutgruppe 0: Ähnlichkeiten mit dem AB-Typen fallen auf. Das Gefühlsleben wird oft intensiv empfunden und gern ausgelebt. Andererseits lassen sich O-Menschen keineswegs nur von den Emotionen leiten. Sie sind kontaktfreudig und nutzen das ebenfalls im Beruf. Sie können schnelle Erfolge verbuchen, im Beruf wie im Privaten. Das ruft nicht selten Neider auf den Plan. 0-Typen beherrschen aber sehr oft die Kunst der Überredung und schaffen es schnell, eingeschworene Gegner für sich zu gewinnen, für eigene Ziele einzusetzen. Vernunft spielt in ihrem Leben eine große Rolle. Gelegentlich überwiegt sogar die Logik.

7

Was kommt nach dem Tod?

Der Blick in die Zukunft hat die Menschen wohl schon immer gereizt. Esoteriker suchten nach Möglichkeiten, vom Heute ins Morgen zu gelangen. Schamanen versuchten teils mit Drogen, teils ausschließlich mit Gedankenkraft das Bewusstsein vom physischen Leib zu lösen und in die Zukunft zu reisen. Edgar Cayce (1877–1945) will anno 1936 in einer bedrückenden Vision das New York des Jahres 2100 erlebt haben: als eine völlig verwüstete Stadt. „Wie sieht die Zukunft aus?“ fragen sich die Menschen wohl schon seit Anbeginn der Zeit. Wohliges Schaudern verbreiten immer wieder Weltuntergangspropheten, deren Prognosen sich bislang alle als falsch erwiesen haben.

7.1 Das Totenreich

So ungewiss die Zukunft ist, über die wir so gern möglichst viel erfahren möchten, so sicher und unbestreitbar ist die Tatsache, dass die Zukunft ein Ereignis für alle Menschen parat hält: das Ende des physischen Lebens. Wahrsagerei, ob aus dem wohlgeformten Mund einer attraktiven Hellseherin oder den verkniffenen Lippen eines modernen Wissenschaftlers, ist immer auch unterhaltsam. Die Beschäftigung mit dem eigenen, unabwendbaren Tod hingegen macht die meisten Menschen beklommen. Das ist wohl schon so, seit es denkende Lebewesen auf unserem Planeten gibt.

Vorstellungen vom räumlich nahen Jenseits
Esoteriker betonen, dass für sie der Tod zum Leben gehört. Sie versuchen ein „größeres“ Bild von der Wirklichkeit zu zeichnen, nicht nur einen Ausschnitt (unser Leben) zu sehen. Sterben ist in diesem Bild nur der Übergang von unserer in eine andere Realität. Diese Vorstellung ist alles andere als modern, sie ist uralt. In den ältesten Glaubensvorstellungen hieß Sterben in eine andere Welt hinübergehen. Unsere frühen Altvordern hatten die Vorstellung, dass es das Jenseits in Form eines realen Raumes irgendwo auf oder in der Erde gibt. Die Urvorstellung der Bibel von diesem Jenseits: ein realer Ort des Schreckens, in den auch Lebende wie der abtrünnige Korach und seine Männern gelangen konnten.

Das 4. Buch Mose beschreibt im 16. Kapitel, wie er zusammen mit 250 Anhängern vergeblich eine Revolution gegen Moses und Aaron anzetteln wollte. Zur Strafe wurde er von Jahwe in die Unterwelt verbannt. Die Erde zerriss „und tat ihren Mund auf und verschlang sie mit ihren Sippen, mit allen Menschen, die zu Korach gehörten und alle mit ihrer Habe. Und sie fuhren lebendig zu den Toten hinunter mit allem, was sie hatten, und die Erde deckte sie zu....Und ganz Israel, das um sie war, floh vor ihrem Geschrei; denn sie dachten: Dass uns die Erde nicht verschlinge.“ (4. Buch Mose Kapitel 16 Verse 32 bis 34)

Die Vorstellung, dass man als lebender Mensch in das Totenreich gelangen kann, ist wesentlich älter als die Bibel. Wir finden sie bereits im Gilgameschepos, dem vermutlich ältesten schriftlich niedergelegten Werk der Weltliteratur. Wahrscheinlich ist es vor vier- bis fünftausend Jahren entstanden. Verfasst hat es nach babylonischer Überlieferung der legendäre Sin-lege-uninni. Gilgamesch stürzt nicht wie Korach und seine Männer, er wird von einem Höllenvogel ergriffen und in rasendem Flug zu den Toten gebracht. Im Gegensatz zu Korach darf Gilgamesch zu den Lebenden zurückkehren.

Die Jenseitigen, so stellt Gilgamesch entsetzt fest, sitzen in Horden in peinigender Dunkelheit, nackt und bloß, Schmutz dient ihnen als ekelhafte Nahrung. Gilgamesch erfährt, dass der entsetzliche Ort eine Art Vorhölle zum Jenseits ist. Auf riesigen Tafeln ist zu lesen, was für ein Leben die Verstorbenen vor dem Tod geführt haben. Je nachdem, ob jemand hauptsächlich Gutes oder Böses getan hat, gestaltet sich die Dauer seines Aufenthalts. Was nach der Welt der Dunkelheit folgt, darüber kann uns das Epos keine Auskunft geben. Gilgamesch wurde nicht in das letzte Geheimnis eingeweiht.

Ähnlich dachten die Alten Ägypter: Nach dem Tod, davon war man überzeugt, kommt jeder Verstorbene erst einmal in ein schwarzes Zwischenreich, das es zu passieren gilt. Da drohen viele Gefahren und Ablenkungen. Um jene Welt unbeschadet überstehen zu können, lernte man zu Lebzeiten eine Vielzahl von Zauberformeln, die dann auf dem Wege durch jenen gefährlichen Raum gemurmelt werden mussten. Solch ein Aufwand wurde wohl nur bei Pharaonen betrieben, um ein Weiterleben von Sklaven kümmerte man sich nicht weiter. Wenn sie ins Jenseits gelangten, dann nicht, um sich von einem strapaziösen Leben zu erholen, sondern um auch dort ihren Herren dienstbar zu sein.

Es bestand höchste Gefahr. Schlimmstenfalls drohte ein zweiter Tod – dann konnte der arme Mensch nicht ins ersehnte Jenseits gelangen. In Kapitel XLIV des Ägyptischen Totenbuchs lesen wir: „Als Götterkönig gekrönt werde ich nicht zum zweiten Male sterben."

Die Vorstellung von einem Vorraum zum eigentlichen Jenseits, von einem Ort, an welchem Sünden abgebüßt werden müssen, bevor man in die andere Welt gelangen kann, wurde vom Judentum nicht übernommen. Hinweise auf eine Hölle, wo die Sünder schlimme Qualen erdulden müssen, lassen sich aber bereits im Alten Testament nachweisen. So heißt es im 5. Buch Mose (Kapitel 32 Vers 22): „Denn ein Feuer ist entbrannt durch meinen Zorn und wird brennen bis in die unterste Tiefe …"

Psalm 9 (Vers 18) setzt das unterirdische Totenreich mit einer Art Hölle, wie wir sie aus der christlichen Tradition kennen, gleich: „Die Gottlosen sollen zu den Toten fahren, alle Heiden, die Gott vergessen."

Vergleichbar ist die Hades-Vorstellung bei den Alten Griechen. Nach dem Tod des Menschen steigt seine Seele hinab in die Unterwelt, wo ein trauriges Los ihrer harrt. Trostlos als traurige Schatten dahindämmernd, erinnern sich die Toten an die glücklichen Zeiten, als sie noch im Licht der Sonne leben, lachen und lieben durften. Die Römer übernahmen diese Vorstellung. Vergil schildert in seiner „Aeneis" wiederum das Jenseits als eine physisch reale Welt. Das Totenreich ist nicht irgendwo in weiter Ferne, sondern vielmehr fast greifbar nah. Höllenartig wird der Vorhof zum Totenreich beschrieben.

Vom Fährmann Charon wird man über den eisigen Unterweltfluss Styx gebracht, wo die Toten von Minos nach ihrem früheren Wirken auf Erden gerichtet werden. Den Guten öffnet sich schließlich die Pforte zum Elysium, eine helle, paradiesische Welt.

Bei den Alten Germanen begegnen wir der Vorstellung von der räumlich realen und nahen Totenwelt: Hel. Hier dämmern die armen Toten, die nicht als Helden im Kampfesgetümmel niedergestreckt wurden, vor sich hin. Träge marschieren sie nach Niflheim, ein alles andere als verlockendes Ziel. Eiseskälte bestimmt die ungastliche Wirklichkeit.

10 Jahre im Jenseits

Die Vorstellung von einem realen, räumlich nahen Jenseits mutet fremdartig mythologisch an. Sie wurde in uralten Zeiten in unterschiedlichen Völkern kultiviert, hat sich aber in unserer Gegenwart des dritten nachchristlichen Jahrtausends in Gestalt von Sagen, die heute noch erzählt werden, gehalten. Schon als Kind hörte der Verfasser im oberfränkischen Geburtsort Michelau die Sage vom verschwundenen Knaben von Wallersberg. Die Heimatforscher Elisabeth und Konrad Radunz haben sie notiert und publiziert. Menschen wie dem Heimatdichter Andreas Motschmann aus Staffelstein ist es zu verdanken, dass die Sage nicht in Vergessenheit gerät: durch stets gut besuchte Vorträge. Nicht nur die Mythen der Vorzeit haben es verdient, als Erbgut der Menschheit erhalten zu werden, auch die häufig nur mündlich überlieferten Sagen der eigenen Heimat dürfen nicht in Vergessenheit geraten. Ich darf aus der radunzschen, liebevoll gestalteten und lesenswerten Sammlung „Sagen und Legenden des Lichtenfelser Landes“ zitieren:

„Vor langer Zeit wohnte eine fleißige Magd mit ihrem Söhnchen bei einem Bauern in Wallersberg, dem Ort über der Weihersmühle. Es war gerade Sommer und die Ernte sollte eingebracht werden. Der Bauer, die Bäuerin, der Knecht und auch die Magd schickten sich an einem heißen Augusttag an, mit ihren Sensen und Sicheln aufs Feld zu gehen, um das Getreide zu schneiden. Um den Weg abzukürzen, wählten sie einen schmalen Feldrain, der zwischen zwei Getreidefeldern lag. Der Bauer und der Knecht schritten schnell voran, während die Bäuerin und die Magd, der ihr fünfjähriges Knäblein gefolgt war, zwischen den hohen Getreidehalmen langsam vorankamen.“

Vergeblich forderte ihn die Mutter zur Eile auf. Der Bub blieb immer wieder stehen und pflückte Blumen. Er fiel ständig weiter zurück – und war plötzlich verschwunden, wie vom Erdboden verschluckt. Verzweifelt wurde er gesucht, doch vergeblich. „Jahre gingen ins Land. Im Dorf hat man oft von dem verschwundenen Knaben gesprochen. Nach genau zehn Jahren aber, als die Magd denselben Feldrain entlangging wie damals, trat ihr an der Stelle, an der die meisten Kornblumen wuchsen, ein Jüngling entgegen. Es war ihr verschollener Bub. Auf die Frage der erschrocken und doch überglücklichen Mutter, wie das alles zugegangen sei, erzählte ihr der Junge von seinem seltsamen Erlebnis.“

Das Kind hatte zehn Jahre im Jenseits verbracht, das nach der alten fränkischen Überlieferung räumlich sehr nah gewesen sein muss. Der Jüngling erzählte: „Als ich mit meinem Kornblumenstrauß zu dir laufen wollte, stand ich plötzlich vor einem großen Felsentor. Unter diesem war ein Mann, der mir freundlich zunickte. Ich sollte es gut bei ihm haben, ich sollte weder Hunger noch Durst leiden, alle Tage sechs Kreuzer bekommen und jedes Jahr ein paar Schuhe. Nur eines musste ich ihm versprechen, dass ich das Felsentor öffnen sollte, sobald von der Kirche ein Leichenzug zum Friedhof geläutet wurde. Auch durfte ich mit den Vorbeigehenden nicht reden, noch ihnen nachblicken, wohin sie gingen."

Der Knabe willigte ein und übernahm die ihm zugeteilte Aufgabe. Bald wird deutlich, dass es sich bei dem steinernen Tor von Wallersberg um den Eingang ins Jenseits handelte. Lassen wir den Erzähler wieder zu Wort kommen: „So bin ich geblieben und es ging mir gut. Da sind viele Bekannte von Wallersberg und Amstein an mir vorübergegangen. Zuletzt gar der Herr Pfarrer. Da wollte ich doch schauen, wohin er gehen wollte, und ich schaute ihm nach. Da sah ich eine große Stube, in der saßen alle die Bekannten, die ihm vorausgegangen waren, und viele Leute, die ich nicht kannte."

Damit hatte der Knabe dem Verbot zuwider gehandelt und gesehen, wohin die Toten gingen. Er durfte nicht länger bleiben und musste durch das Tor in die Welt der Lebenden zurückkehren.

Sagenhafte Esoterik, esoterische Sage

Man kann, so man will, die Sage vom bei Wallersberg verschwundenen Knaben als naives Märchen ohne tiefere Bedeutung abtun. Man kann auch behaupten, sie sei durch die zahlreichen, manchmal tatsächlich an „Tore" erinnernden natürlichen Felsformationen der Fränkischen Schweiz inspiriert worden. Der Esoterikkundige aber erkennt, dass die Sage (in naiver, anheimelnder Sprache verfasst) uraltes Wissen enthält – über Leben, Tod und Jenseits. Aus esoterischer Sicht ist nämlich das Jenseits tatsächlich sozusagen auch räumlich nah. Dazu der gelehrte Publizist Dr. Friedrich W. Doucet:

„Die Welt ist eine Einheit, eine Ganzheit des Lebens, die Kosmos, Mensch und Erde umfasst. Das Seelische ist eine Art Energiefeld, das alles durchdringt und belebt, die tote Materie ebenso wie Pflanze, Tier und Mensch. Demnach bilden auch Körper und Seele des Menschen als Organismus eine Einheit, die als Teil mit dem Ganzen verbunden ist – durch unsichtbare oder übersinnliche Kanäle. Gestaltet, geformt und gesteuert wird dieses Ganze, die Welt, von einer kosmischen Allbewusstheit, die alles verbindet und an der alles Anteil hat. Die materielle Welt in diesem Ganzen, dem Universum, ist nur eine sichtbare Erscheinung kosmisch gestalteter Form und formgestalteter Energie."

Das Jenseits ist nach esoterischer Vorstellung ein Teil der Gesamtwirklichkeit und genauso wirklich wie unser irdisches Dasein. Eben dieser Sachverhalt wird durch die fränkische Sage, die es in abgewandelter Form auch in anderen Regionen gibt, zum Ausdruck gebracht.

7.2 Kontakte mit dem Jenseits im 19. Jahrhundert

Exkurs in die Gegenwart
So alt wie die Menschheit ist zweifelsohne die Vorstellung, dass das Jenseits nicht nur „nah" ist, sondern auch Totengeister in unsere Welt eindringen können. Spukgeschichten kennen wir hauptsächlich aus dem angelsächsischen Raum mit seinen zahlreichen Schlössern und Ruinen. Aus jenem Kulturraum stammen auch die schönsten Spukgeschichten, etwa aus der Feder von Charles Dickens. Geister werden aber auch heute noch gesichtet, wie der Verfasser aus zahlreichen Zuschriften weiß. Zwei Beispiele mögen das belegen.

Spuk in Indien
Heiner L., 28, ist ein nüchterner Mensch ohne jegliche Neigung zu Esoterik oder Okkultismus. Der Bauingenieur aus der Nähe von Hannover hat ein kostspieliges Hobby. In einem Brief an den Verfasser schreibt er: „Ich bin fasziniert von den ältesten Baudenkmälern unserer Erde. Ich lese in meiner Freizeit jedes Buch darüber, das ich in die Finger bekomme. Und ich gebe viel Geld für Flüge in die Weltgeschichte aus, um vor Ort die faszinierende Baukunst unserer Vorfahren zu studieren." Eine seiner Studienreisen führte den Ingenieur nach Indien. Von New Delhi aus fuhr er zu den uralten Ruinen von Tughlaqabad. „Der gewaltige, festungsartige Komplex wurde auf einer kleinen Insel erbaut. Ein Großteil der Mauern erstand vor etwa 700

Jahren, auf älteren Ruinen. Schon vor 4000 Jahren gab es hier eine Verteidigungsanlage.“

Einen Tag lang erkundete Heiner L. den riesigen Komplex. „Ich benötigte mehrere Stunden, um die wuchtige Außenmauer zu umrunden. Dann ging ich ins Innere des Gebäudes. Die Hitze war unerträglich. Drei Wächter zogen sich in ein Hüttchen zurück. So konnte ich auf teilweise halsbrecherischen Wegen jene Teile der Burganlage aufsuchen, die sonst für Touristen gesperrt sind. Ich kletterte über eingestürzte Mäuerchen. Ich fotografierte eifrig. Plötzlich hatte ich ein merkwürdiges Gefühl: Beobachtete mich jemand? Hatte ein Wächter bemerkt, dass ich die vorgeschriebenen Wege verlassen hatte? Ich drehte mich um. Weit und breit war kein Mensch zu sehen. In brütender Hitze kam plötzlich so etwas wie ein eisiger Windhauch auf. Als ich mich wieder den Ruinen zuwandte, stand einige Meter vor mir eine Gestalt. Sie trug einen wollenen Umhang, der auch den Kopf bedeckte und nur das Gesicht freiließ. Die Person, anscheinend eine Frau, faltete die Hände wie zum Gebet. Ich wollte sie fotografieren, aber mein neuer, teurer Apparat versagte. Die Frau schritt weiter, in das Innere eines halb verfallenen Raumes. Ich ging ihr nach und sah sie am Ende eines langen Korridors stehen. Sie drehte sich kurz zu mir um und verschwand durch die steinerne Wand. Dabei kam wieder ein eiskalter Windhauch auf. Mir zitterten die Knie. Ich stürmte ins Freie, und es dauerte eine Weile, bis ich nicht mehr fror.“

Einer der Wächter sprach ganz gut Englisch. Heiner erzählte ihm sein Erlebnis. „Der Mann starrte mich entsetzt an und verschwand in seiner Hütte.“ Bauingenieur Heiner L., ein Mensch des Computerzeitalters, ist felsenfest davon überzeugt, einem leibhaftigen Geist begegnet zu sein.

Spuk in der Südsee

Claudia G., 29, hatte in der tropischheißen Südsee ein wahrhaft gespenstisches Erlebnis. Auch sie ist felsenfest davon überzeugt, einem Wesen aus dem Jenseits begegnet zu sein. Sie war beim Schnorcheln vor der Insel Ponape (Mikronesien). Doch statt schöner Erinnerungen an die faszinierende Unterwasserwelt ist ihr ein Albtraum geblieben – von einer wahren Begebenheit.

Claudia in ihrem Brief an den Verfasser: „Von der kleinen Hauptstadt Kolonia fuhr ich mit einem gemieteten Motorboot zu den Ruinen von Nan Madol. Ich machte es an einem kleinen Eiland fest und schnorchelte im flachen, warmen Wasser. Herrliche buntglänzende Fische schienen zum Greifen nahe. Plötzlich kam ich über eine tiefere Stelle. Weit unten glaubte ich steinerne Särge erkennen zu können. Panik befiel mich. Plötzlich war mir eiskalt. Ich schwamm hastig zu der kleinen Insel. Über eine steinerne Treppe stieg ich empor. Ich ging auf einem Weg zwischen zwei gewaltigen Mauern. Vor einem wuchtigen, gedrungenen Bau setzte ich mich auf einen Stein. Plötzlich spürte ich extreme Angst. Etwas kam von hinten auf mich zu, begleitet von eisigem Wind – und das bei 30 Grad im Schatten! Eine eiskalte Knochenhand legte sich auf meine nackte Schulter. Es stank ganz widerlich nach Verwesung. Mir blieb fast das Herz stehen. Panisch vor Angst floh ich ins Boot. Der Motor sprang sofort an. Nichts wie weg! Ich spinne nicht: Ich habe einen echten Spuk erlebt ... in der Südsee!"

Über die geheimnisvollen Ruinenstätte der Südsee wurde bereits an anderer Stelle dieses Buches berichtet (siehe: Atlantis – ein Weltphänomen). Auf einem der künstlichen Eilande, Temwen, wurde vor mehr als 500 Jahren König Iso Kalakal bestattet. 1907 störte – und das ist historische Tatsache – der Regierungsrat Victor Berg dessen Totenruhe bei archäologischen Ausgrabungen. Kurz darauf starb er aus „ungeklärten Gründen". Seither spukt es in den Ruinen. Kein Eingeborener wagt es, sie nachts zu betreten.

Zurück ins 19. Jahrhundert: Ein Toter bittet um Gehör

Geister Verstorbener besuchen die Welt der Lebenden. Kontakte mit dem Jenseits. Gespräche mit Toten. Solche Themen sind vielen heutigen Zeitgenossen suspekt. Kein Wunder, in einer Zeit, die Jugendlichkeit zum Ideal erhoben hat, gibt es wenig Platz für die esoterische Auseinandersetzung mit Tod und Jenseits. Das war zu Zeiten des Spiritismus in der zweiten Hälfte des 19. Jahrhunderts ganz anders.

1847 fand die Familie Fox in Hydeville, New York, ein neues Zuhause. Familienoberhaupt John Fox, ein geachteter Farmer, Mitglied der Methodistenkirche, gab nichts auf die Gerüchte um angebliche Spukerscheinungen im Haus. Im Frühjahr 1848 aber bestand kein Zweifel mehr. Alle Familienangehörigen nahmen seltsame Geräusche, die scheinbar aus dem Nichts kamen, wahr. Bald folgte so etwas wie ein Ritual. Am frühen Abend krachte, polterte und klopfte es. In der Nacht erklangen dann Furcht einflößende Schläge, für die es keinerlei natürliche Erklärung gab.

Am Abend des 31. März 1848 reagierte die siebenjährige Tochter Kate Fox auf das erschreckende Geklopfe. Sie sagte laut: „Herr Spaltfuß, tu, was ich mache!“ Dann klatschte sie mehrfach in die Hände. Sekunden später ertönten wieder die Klopfgeräusche. Margareta, die zehnjährige Tochter, spielte mit. „Jetzt mach genau nach, was ich jetzt mache!“ Sie zählte laut bis vier, wobei sie bei jeder Zahl kräftig in die Hände klatschte.

Mr. Fox wurde auf das seltsame Geschehen aufmerksam. Er erkannte, dass ein Dialog möglich war – mit einer geheimnisvollen, unsichtbaren Energie, die Klopfgeräusche aus dem Nichts erzeugte. „Bist du ein Geist?“ fragte Mr. Fox. „Dann klopf zwei Mal!“ Umgehend erklang unheimlich schallend die bejahende Antwort. Die Kunde von dem Phänomen machte die Runde. Immer mehr Neugierige kamen, um den „Geist“ klopfen zu hören. Ein Mr. Issak Post schlug vor, mit dem Geist doch einen Code zu vereinbaren, der es dem Unsichtbaren ermöglichen sollte, sich explizit und verständlich zu äußern.

Man einigte sich auf einen simplen, wenn auch etwas zeitaufwändigen Code. Man bat den Geist, das Alphabet wie folgt auszudrücken: „a“ gleich ein Klopflaut, „b“ zwei, „c“ drei Klopflaute und so weiter. Allem Anschein nach ging der Geist sehr gern darauf ein. Er stellte sich als Charles Ryan vor, sei Krämer von Beruf gewesen und im Hause, das nun die Familie Fox bewohnte, ermordet worden. Seine Gebeine, so teilte er weiter mit, habe man im Keller verscharrt. Er gab die genaue Stelle seines Grabes an. Als John Fox dort nachgraben ließ, fanden sich die sterblichen Überreste eines Mannes.

Tote diktieren Bücher

Ein Zeitgenosse der Familie Fox war Andrew Jackson Davis (1826–1919). Davis, Sohn eines armen Flickschusters in Poughkeepsie, New York, hatte so gut wie keine Schulbildung genossen. Schon als Junge erlebte er geheimnisvolle Visionen, behauptete in Trance das Paradies gesehen zu haben. 1843 erkannte der Hypnotiseur Levington, dass in dem jungen Mann geheimnisvolle Kräfte schlummerten. Durch Hypnose in Trance versetzt, wurde er zum „Medium“. Angeblich sprachen dann Jenseitige aus seinem Mund.

Da Davis zu jener Zeit in den USA schon recht berühmt war, fehlte es nicht an Skeptikern, die ihn als Schwindler beschimpften. Der ließ sich aber nicht beirren und immer wieder in Trance versetzen. Immer häufiger kam es vor, dass er von selbst in diesen Zustand fiel. Von 1845 bis 1847 diktierte er in Trance ein umfangreiches Buch. Er, der kaum eine Schule von innen gesehen hatte, fühlte sich als gehorsames Werkzeug von Geistern. Das komplexe Weltbild, das sie über ihn zu Papier bringen ließen, ist zutiefst esoterisch. Selbst einige von Davis' härtesten Gegner mussten nach der Lektüre von „Die Prinzipien der Natur" zugeben, dass ein ungebildeter Mensch wie Andrew Jackson Davis so ein umfangreiches wissenschaftstheoretisches Werk eigentlich gar nicht zu Stande bringen können dürfte. Und doch hat er nachweislich den voluminösen Band von der ersten bis zur letzten Seite in wahren Marathonsitzungen diktiert.

Davis entwarf ein geradezu kosmisches Weltbild. Er beschrieb das Universum als Summe von unendlich vielen Welten, als eine gewaltige Einheit. Diese Gesamtheit funktioniert wie eine riesige Maschine, wie ein komplexer Computer. Materie entwickelt sich darin von einfachen, scheinbar toten Formen, immer nach Vervollkommnung strebend. Es findet eine Entwicklung vom Stoff zur Pflanze, weiter zum Tier hin zum Menschen statt. Gleichberechtigt in dieser Welt sind die Bereiche der Lebenden und der Toten. Und zwischen beiden Welten, so Davis, sei Kommunikation möglich. Die Toten können zu den Lebenden sprechen, zum Beispiel durch Medien.

1851 erschien ein weiteres Werk, bei dem Davis als Mittler fungiert haben will: „Philosophie des Verkehrs mit Geistern". Ausführlich kamen Geister zu Wort, die sich überaus glücklich zeigten, dass nun endlich die Brücke vom Jenseits ins Diesseits geschlagen worden sei. Einer der Jenseitigen: „Wir probierten es an verschiedenen Stellen der Erde und es glückte uns auch gelegentlich, einige schwache Töne hervorzurufen."

Weitere Bücher wurden publiziert – von Menschen, die angeblich als Medium Jenseitigen dazu verhalfen, sich in umfangreichen Texten an die Öffentlichkeit zu wenden. Auch Experten zeigten sich verblüfft über das Wissen, das oftmals von schlichten Menschen ohne jegliche Vorbildung veröffentlicht wurde. Weite Teile der erstaunten Öffentlichkeit waren überzeugt von der Echtheit des Phänomens.

David Guguid, ein englischer Kunstschreiner, brachte als Medium die Memoiren von „Hafed, Prinz von Persien“ zu Papier. Historiker konstatierten dem Werk erstaunliche Detailkenntnisse aus der Zeit Jesu. Schließlich meldete sich der ägyptische Priester Hermes zu Wort, gefolgt von den Malern Ruysdael und Jan Steen. Die Künstler diktiertem dem Medium nicht nur Informationen, sie führten ihm auch die Hand, um Zeichnungen zu schaffen. Dargestellt wurden Szenen aus dem Leben Jesu.

Ein neues Zeitalter in der Esoterik hatte begonnen: das des Spiritismus. Es eroberte zunächst Nordamerika. In New York wurde die „New York Conference“ einberufen. Millionen Menschen bekannten sich zum Spiritismus. Prominente aus Kultur und Politik äußerten sich begeistert. Universitätsprofessoren aus Pennsylvania outeten sich ebenso als Spiritisten wie Richter vom Obersten Gerichtshof. 1855 soll die Zahl der Anhänger der neuen Massenbewegung weit über zwei Millionen betragen haben.

Kein Durchbruch

Kontaktaufnahmen mit Toten werden schon in der Bibel beschrieben. So hat nach biblischem Bericht König Saul zunächst „die Geisterbeschwörer und Zeichendeuter aus dem Lande vertrieben“ (1. Buch Samuel, Kapitel 28 Vers 3). Schließlich waren derlei magische Praktiken mit der Todesstrafe belegt. Im 3. Buch Mose (Kapitel 20, Vers 27) heißt es ausdrücklich: „Wenn ein Mann oder eine Frau Geister beschwören oder Zeichen deuten kann, so sollen sie des Todes sterben; man soll sie steinigen und Blutschuld komme über sie.“

Dann aber trat eine kritische Situation ein. Ein Angriff der Philister drohte. König Saul war verzweifelt, wusste keinen Rat. Schließlich wandte er sich an die „Totenbeschwörerin in Endor“ (1. Buch Samuel Kapitel 28, Verse 7–25). Die verängstigte Frau ließ nach längerem Zögern auf seinen Befehl hin den Geist seines verstorbenen Vorgängers Samuel erscheinen. Saul fragte ihn um Rat, musste zu seinem Entsetzen aber vernehmen, dass er dem Untergang geweiht sei. Nicht zuletzt deshalb, weil er gegen das Verbot der Totenbeschwörung verstoßen hatte.

In der späten zweiten Hälfte des 19. Jahrhunderts sah es so aus, als würden erstmals in der Weltgeschichte esoterische Vorstellungen nicht mehr nur einer kleinen Minderheit vorbehalten bleiben. Der von den Esoterikern fieberhaft erwartete Durchbruch blieb aus. Gewiss, es schien immer mehr Möglichkeiten der Kontaktaufnahme zwischen den Welten der Toten und der Lebenden zu geben. Geister sprachen aus den Mündern von Medien. Geister führten Lebenden in Trance die Hand, schrieben, malten und zeichneten. Es wurden Buchstaben auf Tischplatten notiert, die Geister führten einem Medium die Hand, das in rascher Folge auf Buchstaben deutete und so Texte entstehen ließ. Zwischen zwei Tafeln, die fest aufeinandergebunden waren, lag ein Stift. Wenn Minuten später die Tafeln wieder voneinander gelöst wurden, war eine Schrift mit Mitteilungen aus dem Jenseits erschienen.

Schwindel oder Satanismus?

Das Interesse an der Esoterik war in den USA enorm, wurde dann nach Europa exportiert, wo ebenfalls vermutlich Millionen von Menschen mit Esoterik experimentierten. Neben überzeugten Esoterikern, die das Phänomen so gründlich wie nur möglich erforschen wollten, traten aber auch nicht wenige Betrüger auf, die mit billigen Jahrmarktbudentricks leichtgläubigen Menschen das Geld aus der Tasche „zauberten". Die meisten Vertreter der Wissenschaft gaben sich reserviert. Einzelne US-Professoren waren von der Echtheit des Phänomens überzeugt. Andere Wissenschaftler hielten es für Schwindel. Einige von ihnen wollten das beweisen. So führte der englische Physiker und Chemiker Michael Farady (1791–1867) mehrere Experimente mit Medien durch. Eigens für diesen Zweck entwickelte er präzise Apparate und Messgeräte. So gelang ihm der Nachweis, dass weder Elektrizität noch Magnetismus bei bestimmten Erscheinungen von Jenseitskontakten im Spiel waren. Obwohl damit nur geklärt war, dass zwei denkbare Kräfte nichts mit den Erscheinungen zu tun hatten, war für die Mehrheit damit alles geklärt. Betrüger waren am Werk.

Die Öffentlichkeit nahm die ablehnende Haltung der Wissenschaft kaum oder gar nicht zur Kenntnis. Als aber der Geistliche Godfrey im Experiment nachweisen zu können meinte, dass die Jenseitskontakte Satanismus seien, ließ das öffentliche Interesse deutlich nach.

Der Durchbruch, der in der zweiten Hälfte des 19. Jahrhunderts tatsächlich vor der Tür zu stehen schien, blieb aus. Es wurde nicht zur weltweit anerkannten Wissenschaft, das Tor zum Jenseits weit zu öffnen und die Jenseitigen wieder ins irdische Leben mit einzubeziehen. So intensiv gaben sich Wissenschaftler auch nicht mit der Erforschung der Geisterwelt ab. Dr. Peter Plichta, Jahrgang 1939, studierte Chemie und Physik. In seinem bahnbrechenden Werk „Gottes geheime Formel", bereits in mehreren Auflagen erschienen und in mehrere Fremdsprachen übersetzt, kommt er zu der eigentlich deprimierenden Feststellung, dass in der Welt der Wissenschaft nur „gefunden" wird, wonach man zu suchen gewillt ist. Dogmen aber, laut Dr. Plichta kollektive Vorurteile, bestimmen, was angeblich möglich ist und wonach zu suchen es sich angeblich gar nicht lohnt, weil es nicht existieren darf.

7.3 20. Jahrhundert: Esoterische Archäologie

Einer der mysteriösesten Orte der Erde ist Glastonbury, südlich vom englischen Bristol gelegen. Vermutlich galt das Areal schon vor Jahrtausenden als Heilige Stätte. Die Gotische Abtei wurde vom legendären St. Patrick im fünften Jahrhundert gegründet, bevor der Gottesmann zu seiner Missionsreise nach Irland aufbrach. Laut Giraldus Cambrensis soll hier der mythologische König Artus bestattet worden sein. Legende oder Wahrheit? Jedenfalls wurde 1191 ein massiver Sarg mit der Inschrift „Hier ruht Arthur, der einstige und zukünftige König" gefunden. Die – echte oder nur angedichtete – Verbindung mit Arthur machte die Abtei im ganzen Land berühmt. Sie dürfte eine der mächtigsten und reichsten gewesen sein.

Suchten sie den Heiligen Gral?

539 ließ Henry VIII. den letzten Abt Richard Whyting hinrichten. Warum? Weil der Kirchenmann Esoteriker war? Weil er die esoterische Arbeit seines Vorgängers im Amte Richard Bere fortsetzte? Der hatte in der Klosterabtei von Glastonbury einen merkwürdigen Kult betrieben. Seiner Überzeugung nach war Joseph von Arimathea, Jesu Onkel, zweimal in England gewesen. Einmal mit Jesus als Kind. Ein zweites Mal mit dem Heiligen Gral. (Siehe auch: Der Schatz der Katharer)

War Henry VIII. selbst auf den Gral aus, den er in der Abtei vermutete? Tatsächlich hatte der Abt Richard Bere im 15. Jahrhundert zwei Kapellen errichten lassen, die „Loretto Chapel" und die „Edgar Chapel". Henry VIII. befahl die Tötung des letzten Abts und die Zerstörung der Abtei. Weil er in einem verborgenen Versteck den Heiligen Gral vermutete, den er an sich bringen wollte? Der kostbare Kelch sollte nicht nur Wunden heilen, sondern auch die ewige Jugend schenken.

Die Abtei wurde mit Brachialgewalt zerstört. Kaum ein Stein sollte auf dem anderen bleiben. 1907 kaufte die „Kirche von England" die mysteriöse Stätte für 36 000 Pfund Sterling, angeblich ohne konkret zu wissen, um was für ein altes bauliches Denkmal es sich handelte. Henry des VIII. Männer hatten schon ganze Arbeit geleistet, die von Vandalen in den folgenden Jahrhunderten fortgeführt wurde. Warum? Wer waren die zerstörerischen Wüteriche? Schatzsucher, die den Gral suchten?

1907 jedenfalls war ein Großteil des einst imposanten Gebäudekomplexes vollständig abgetragen. Irgendwelche Pläne gab es schon lange nicht mehr. So war auch in Vergessenheit geraten, wo sich einst wichtige Gebäude befunden hatten. Niemand wusste mehr, wo beispielsweise einst der Wohntrakt der Mönche stand. Wollte die Kirche auch noch im 20. Jahrhundert den Gral finden?

Die Geister-Archäologie des Mr. Bond

Die Kirche von England erteilte dem renommierten Architekten Frederick Bligh Bond (1864–1945) den undankbaren Auftrag, Glastonbury so weit wie möglich zu rekonstruieren. Bond war für den Job der ideale Mann. Er galt mit Fug und Recht als Englands führender Experte auf dem Gebiet der gotischen Architektur und war weit über die Landesgrenzen hinaus als hervorragender Kirchenrestaurator berühmt.

Der Auftrag war für Bond einerseits verlockend. Andererseits hatte er gleich zwei „Pferdefüße". Der erste: Eigentlich wären auf dem großen Areal von Glastonbury weitflächige und äußerst umfangreiche Ausgrabungen nötig gewesen, um so auf eventuell noch unterirdisch vorhandene Grundmauern zu stoßen. Dafür gab es aber nicht das nötige Geld. Der zweite: Bond wurde ein zweiter Architekt zur Seite gestellt, der von ihm wiederentdecktes Mauerwerk konservieren sollte. Bond erkannte aber sehr schnell, dass der Mann ein gefährlicher Konkurrent war, der alles daransetzte, vor ihm sensationelle Entdeckungen zu machen. Frederick Bligh Bond hatte also eigentlich zu wenig Geld und zu wenig Zeit, um den Auftrag richtig auszuführen.

Frederick Bligh Bond besann sich der Esoterik, die ihn schon seit seiner frühesten Jugend interessiert hatte. Während Altersgenossen durch Wiesen und Felder tollten, saß der junge Frederick über okkulte Bücher gebeugt. Am 7. November 1907 hielt er zusammen mit dem als Medium bekannten John Alleyne Bartlett eine „Fragestunde mit dem Jenseits“ ab. Bond stellte Fragen, Barlett, in Trance, schrieb die Antworten. Beide Männer waren davon überzeugt, dass sie so Geister von Verstorbenen konsultieren konnten.

„Kannst du uns etwas über Glastonbury mitteilen?“ lautete die erste Frage. Antwort: „Alles Wissen ist ewig und geistiger Sympathie zugänglich. Ich kann bisher noch keinen Mönch finden.“ Schließlich „meldete“ sich Mönch Gulielmus aus dem Jenseits. Über das Medium zeichnete er Grundrisse und Pläne. Ein weiterer Geist mischte sich ein: „Ego Johannes Bryant, monk and lapidator.“ („Ich bin Johannes Bryant, Mönch und Steinmetz/Freimaurer.“)

Die beiden Männer waren zunächst mehr als skeptisch. Spielte ihnen die eigene Fantasie einen Streich? Brachte das automatische Schreiben nur Gedanken zu Papier, die sie sich als Antworten so sehnlich wünschten? Immer wieder setzten sich die beiden Suchenden zusammen, kontaktierten laufend das Jenseits. Es schien so, als hätte man auf der anderen Seite schon sehr lange darauf gewartet, Details über die größtenteils verschwundene Anlage der Abtei Glastonbury zu enthüllen. Jeder Gedanke konnte wichtig sein, jede Skizze endlich Ergebnisse zeitigen. Selbst Abt Bere soll sich aus dem Jenseits gemeldet und wichtige Mitteilungen gemacht haben.

Die Mitteilungen der toten Mönche hatten schon erheblichen Umfang erreicht. Nun mussten sie „nur“ noch überprüft werden. Ausgrabungen nach ihren Angaben mussten durchgeführt werden. Die nötigen Finanzmittel standen 1908 zur Verfügung, die Ausgrabungen begannen 1909. Genau nach den Angaben der Mönche wurden mitten in dem riesigen Areal Grabungen durchgeführt, völlig willkürlich für den Außenstehenden. Fazit: Jede noch so kleine Information aus dem Jenseits, jede noch so unbedeutend wirkende Zeichnung, alles erwies sich als richtig. Im Osten der Hauptkirche der Abtei wurde der unterirdische Grundriss einer großen Kapelle freigelegt. Im Westen, exakt an den angegebenen Stellen, die Fundamente zweier mächtiger Türme. Zwei mächtige, lange Mauerfundamente lagen unter dem Erdreich genau da, wo von den toten Mönchen angegeben.

Ausgrabungen bestätigen die Aussagen der Mönche aus dem Jenseits

Die umfangreichen Ausgrabungen an unterschiedlichen Stellen im Glastonbury-Areal waren alle sensationell erfolgreich. Ein Erfolg jagte den anderen. Noch so unsinnig klingende Mitteilungen aus dem Jenseits bewahrheiteten sich. Einige Beispiele:

- „Die verschwundene Kapelle war einst 90 Fuß lang."
- Bedenken: Das wäre für eine Kapelle unwahrscheinlich groß. Tatsächlich wurde die Kapelle an der exakt angegebenen Stelle ausfindig gemacht. Eine Messung ergab: Die Kapelle war ohne Sockel 87, mit Sockel 90 Fuß lang.
- „Die alte Kirche hatte eine Tür in der Westwand, die direkt auf die Straße führte."
- Bedenken: Westliche Türen gab es in Kirchen so gut wie nie. Tatsächlich enthüllte das unterirdische Fundament, dass es diese Tür in der Westwand einst tatsächlich gab.
- „In der Edgar-Kapelle wurde einst azurfarbenes Glas in die Fenster gesetzt. Reste davon werden bei den Ausgrabungen gefunden."
- Bedenken: In jener Zeit wurden eigentlich ausschließlich weißes und goldenes Glas verwendet. Tatsächlich bewahrheiteten sich auch diese Angaben. Glasscherben der angegebenen Art wurden gefunden.
- Ein bestimmtes Kirchendach wurde farblich genau beschrieben: „Es war in Gold und Karmesinrot gehalten." Auch diese Aussage bewahrheitete sich.

Bond legte aber nicht nur eine Vielzahl von Grundmauern wieder frei, die seit Jahrhunderten in Vergessenheit geraten waren. Er bekam zudem von den toten Mönchen, die sich gern als „die jenseitigen Wächter" bezeichneten, eine Fülle von exakten Hinweisen auf die Historie der Abtei. Allein mit den historischen Details ließe sich ein ganzes Buch füllen. Sämtliche historischen Informationen aus dem Jenseits, von denen die meisten bis dato unbekannt waren, wurden überprüft. Das machte ein langwieriges, ermüdendes Studium alter Quellentexte erforderlich. Ergebnis: Die Aussagen der „jenseitigen Wächter" stimmten ohne Ausnahme.

Beispiel einer Mitteilung aus dem Jenseits: „Radulphus der Schatzmeister erschlug Eawulf im fairen Kampf. Dabei hatte Eawulf dem Radulphus erhebliche Verletzungen mit seiner Streitaxt zugefügt. Trotzdem lebte er noch lange Jahre und starb im hohen Alter von 103 Jahren. Er wünschte an einer bestimmten Stelle, die er so geliebt hatte, außerhalb der Kirche bestattet zu werden. Als man das Grab aushob, entdeckte man, dass genau an jener Stelle Eawulf beerdigt worden war. Beide kamen im selben Grab zur letzten Ruhe."

Tatsächlich stieß man zu Beginn des 20. Jahrhunderts auf ein Grab. Darin lagen die sterblichen Überreste zweier Männer. Einer der Toten muss zu Lebzeiten mit einem schweren Gegenstand wie einem massiven Beil traktiert und verletzt worden sein. Er überlebte aber die gravierenden Verwundungen. Zweifellos war das erstaunlich: Die Mitteilungen der Jenseitigen deckten sich exakt mit den Grabfunden. Wie aber sah es mit den genannten Namen aus? Stimmten sie auch?

Ein intensives Quellenstudium erbrachte: Tatsächlich war ein Graf Eawulf von Edgarley südlich von Glastonbury im Kampf mit Thurstans Schatzmeister Radulphus getötet worden.

Frederick Bligh Bonds trauriges Ende

Frederick Bligh Bond war mit Recht von seinen Erfolgen begeistert. In ganz England wuchs die Schar seiner enthusiastischen Anhänger rapide. In ähnlichem Maße nahm auch die Zahl seiner Gegner zu. Speziell Archäologen neideten ihm seine Erfolge, die ihm scheinbar nur so zuflogen, während sie sich mühsam durch Berge von Erdreich gruben und eine Enttäuschung nach der anderen erlebten. Mr. Bond konnte es irgendwann nicht mehr ertragen, die wahre Quelle seiner Erkenntnisse geheim zu halten: die jenseitigen Wächter. Schuldete er es den Toten nicht auch, dass er sie als Informanten ehrte, ohne die seine unzähligen Erfolge gar nicht möglich gewesen wären?

Mehr noch: Was ihm gelungen war, musste das nicht auch anderen Ausgräbern gelingen? Würde man ihm nacheifern und seine Methode der Geisterbefragung vor archäologischen Ausgrabungen anwenden?

Frederick Bligh Bond begann, die Geschichte der Ausgrabung von Glastonbury aufzuschreiben. 1916 hielt er einen Vortrag vor der „Somerset Archaeological Society". Was er da mitteilte, löste bei den Kollegen schieres Entsetzen aus. Er enthüllte die damals aktuellste und esoterischste Botschaft der „jenseitigen Wächter". Demnach handelte es sich bei dem Gesamtkomplex von Glastonbury um ein Esoterikbuch in Stein. Verschlüsselt in einen geheimnisvollen Zahlencode, enthalte die Abtei uraltes kabbalistisches Wissen. Zusammenhänge zwischen Worten und Zahlen würden dargestellt. Esoterisches Wissen verewigt in einer christlichen Abtei? Da wandten sich Kleriker wie Archäologen mit Grausen ab.

1918 veröffentlichte er die Geschichte von Glastonbury in seinem Buch „The Gate of Remembrance" („Das Tor der Erinnerung"). Wissenschaft und Klerus reagierten schnell und einvernehmlich. Frederick Bligh Bond, einer der erfolgreichsten Archäologen Englands, wurde zutiefst gedemütigt. Seine Forschungsmittel wurden auf ein lächerliches Minimum reduziert, ebenso wurde sein Gehalt auf nur noch 10 Pfund monatlich festgelegt. Schließlich durfte er überhaupt nicht mehr ausgraben, wurde dazu verdonnert, alte Funde zu katalogisieren und zu reinigen. 1922 wurde er entlassen. Glastonbury durfte er nicht mehr betreten.

1937 erhielt eine Gruppe von Amerikanern das Recht, auf dem Glastonbury-Areal weitere Ausgrabungen vorzunehmen – auf eigene Kosten natürlich. Als den Behörden aber zugetragen wurde, dass Mr. Bond der Gruppe als Berater diente, wurden sofort sämtliche Lizenzen wieder für ungültig erklärt.

Verbittert, verarmt und von der Öffentlichkeit vergessen starb Frederick Bligh Bond im Jahre 1945.

7.4 20. Jahrhundert: Die Stimmen der Toten

Ein toter Schulfreund meldet sich

Im Frühsommer 1999 hatte Franz M., 39, wohnhaft in einem fränkischen Kleinstädtchen, ein unheimliches Erlebnis, das ihn zutiefst irritierte. Der begeisterte Tonband-Fan hat sich auf die Fauna spezialisiert und nimmt seit Jahren Tierlaute auf. In seinem Brief an den Verfasser berichtet er: „Im Garten meines Hauses hatte ich mein Tonbandgerät installiert und nahm das zufriedene Schnurren meines Katers Kasimir auf. Später hörte ich das Band ab. Deutlich war der

Kater zu vernehmen, aber auch eine menschliche Stimme, die ich bei der Aufnahme mit Sicherheit nicht vernommen hatte. Und auf dem Band kann sie vor der Aufnahme auch nicht gewesen sein, denn es war fabrikneu. Ich benutzte es zum ersten Mal."

Franz spielte die Aufnahme immer wieder ab. Es gab keinen Zweifel. Da war sein Schulfreund Ernst zu hören: „Gift!" sagte er immer wieder. Und „Erlangen!" Erlangen? Franz und Ernst waren gemeinsam zur Schule gegangen. In Erlangen hatten sie einige Semester studiert. Und: Ernst hatte sich in Erlangen vergiftet. Für Franz gibt es keinen Zweifel: „Mein Freund Ernst, der vor Jahren Selbstmord verübte, hat sich aus dem Jenseits bei mir gemeldet. Es gibt also eine Existenz nach dem Tode."

In der Erforschung der rätselhaften Phänomene sind so genannte „Tonbandstimmen" weltweit bekannt. Das Lexikon der Parapsychologie erklärt kurz und bündig: „Ein Tonbandgerät wird bedient wie bei einer normalen Aufnahme, nur hört der Experimentator nichts. Nach der Aufnahme werden von den Bändern Stimmen abgehört. Die Inhalte verweisen gelegentlich scheinbar auf verstorbene Urheber."

Parapsychologen streiten seit Jahrzehnten darüber, wie die Stimmen entstehen. Weltweit diskutieren Forscher: Sprechen Tote aus dem Jenseits zu uns? Daran kann es für Franz M. keinen Zweifel geben: „Ich bin ein sachlicher, nüchtern denkender Mensch, der nicht zum Spintisieren neigt. Es gibt für mich keinen Zweifel: Mein Freund meldete sich Jahre nach seinem Selbstmord bei mir. Warum? Um mir zu zeigen, dass es ein Leben nach dem Tod gibt? Irgendetwas muss das physische Ende des Menschen überleben. Das weiß ich jetzt."

Dr. Jürgensons Jenseitskontakte

Was Franz M. auf Tonband festhielt, ist ein in der Esoterik bekanntes Phänomen. Entdeckt hat es Dr. Friedrich Jürgenson im Juni 1959. Der vom Papst für seinen Petrusfilm ausgezeichnete Filmemacher drehte damals eine Dokumentation über Vögel. Mit versteckten Mikrofonen nahm er in einem ruhigen Stadtpark ihr Gezwitscher auf. Beim Abhören der Bänder vernahm er Klänge, die bei der Aufnahme nicht zu vernehmen waren. Da war ein seltsames Brausen, gefolgt von einem Trompetensolo. Auf die typischen Gesänge einer norwegischen Rohrdommel folgte eine Männerstimme, die etwas von „nächtlichen Stimmen" erzählte.

Dr. Jürgenson konzentrierte sich weiter auf seinen Dokumentarfilm und beachtete das seltsame Stimmphänomen nicht. Doch immer wieder erschienen auf Bändern Stimmen, die bei der Aufnahme akustisch nicht wahrzunehmen gewesen waren. Dr. Jürgenson wurde neugierig und spielte die seltsamen Stimmen immer wieder ab. Nach und nach verstand er einige Worte. Irgendwer versuchte verzweifelt mit Dr. Jürgenson Kontakt aufzunehmen. Wer? Waren es die Insassen außerirdischer Raumschiffe? Dr. Jürgenson verwarf diesen Gedanken bald wieder. Die Stimmen antworteten manchmal auf Fragen, die er sich in Gedanken stellte. Auch zeigte es sich, dass sie Ereignisse aus Dr. Jürgensons Leben bereits im Voraus kannten.

Dr. Jürgenson experimentierte weiter, und es gelang ihm immer öfter, Stimmen, die aus dem Nichts zu kommen schienen, auf Tonband festzuhalten. Die Stimmen selbst erklärten, dass das Leben nicht mit dem Tod endet. Vielmehr gehe die menschliche Existenz in anderer Form im Jenseits weiter. Die Toten würden auf anderer Ebene weiterleben. Geister von Verstorbenen würden nun versuchen, mit ihm, Dr. Jürgenson, Kontakt aufzunehmen, damit er ihre Botschaft publik mache. Dies brachte eine der Stimmen aus dem Jenseits so zum Ausdruck: „Hier sprechen die Toten zu dir, du hörst die Stimmen der Jenseitigen. Wir haben gelebt, wir sind gestorben und wir leben weiter, auf einer anderen Ebene. Wir wollen, dass du den Menschen mitteilst, was du gehört hast. Sie sollen die Angst vor dem Tod verlieren, denn der Tod ist nicht das Ende des Seins. Der Tod ist nur eine Tür in eine andere Welt. Er ist kein Finale, er ist ein Übergang."

Dr. Jürgenson experimentierte weiter. Seine Filmtätigkeit stellte er ein. Er wollte sich ausschließlich auf die Jenseitskontakte konzentrieren. Stundenlang nahm er auf, setzte dabei auf verschiedene Techniken. Immer häufiger arbeitete er mit einem alten Radioapparat. Er schaltete das Gerät ein und stellte den Empfang auf Mittelwelle ein. Zwischen 1448 kHz und 1375 kHz war häufig ein seltsames Surren und Schwirren zu vernehmen. Diesen Laut nahm er per Tonband auf. Entweder geschah dies über ein Außenmikrofon oder er schloss das Tonband an den Radioapparat an und nahm direkt auf. Durch Herumexperimentieren fand Dr. Jürgenson heraus, dass die Zeit von 21.05 Uhr bis 22.00 Uhr besonders geeignet war für die Kontaktaufnahme mit dem Jenseits. Je intensiver er nachforschte, desto überzeugter wurde er, per Tonband eine Brücke ins Jenseits geschlagen zu haben.

Die Stimmen waren die von Toten aus einer anderen Ebene der Existenz.

Er ging mit seinen Erkenntnissen an die Öffentlichkeit und löste enorme Resonanz aus. Viele ignorierten ihn. Andere versuchten, die Stimmen auf „natürliche Weise“ zu erklären, und lehnten die These von Jenseitskontakten vollkommen ab. Nicht wenige waren aber begeistert von der neuen Chance und experimentierten selbst mit Tonbandgeräten.

Kennen die Toten unsere Zukunft?

Schon zu Beginn seiner Arbeit stellte Dr. Jürgenson fest, dass die Stimmen ihm immer wieder künftige Ereignisse schilderten, die dann auch tatsächlich eintrafen. Sollten die Toten unsere Zukunft kennen? Der Forscher wurde bald in dieser seiner Annahme bestätigt.

Dr. Jürgenson wurde immer bekannter, geradezu ein Prominenter, nicht nur in der Esoterikerszene. Er fand so ständig neue Mitstreiter, die ebenfalls Stimmen Verstorbener aus dem Jenseits auf Tonband bannen konnten. Erfolgreich war auch Lizz Werneroth aus Skane. Im Januar 1974 rief sie Dr. Jürgenson an und bat ihn, einige Aufnahmen, die ihr zwischen dem 2. und 7. Januar gelungen waren, zu kommentieren.

Auf dem Band waren wieder Stimmen zu vernehmen, die sich als „Jenseitige“ zu erkennen gaben. Sie kommentierten, teils vor Aufregung ganz nervös, teils gelassen und ruhig, den genauen Ablauf eines Autounfalls, der fast tödlich geendet hätte, der aber noch glücklich verlief. Mit Schaudern stellte Dr. Jürgenson fest, dass Lizz Werneroths Stimmen zwischen dem 2. und 7. Januar 1974 einen Unfall bis ins letzte Detail genau beschrieben, in dem Jürgensons Frau Monica am 16. Januar fast zu Tode gekommen wäre.

Dr. Jürgenson fasste den Sachverhalt so zusammen: „Völlig gegen ihre Gewohnheit legte meine Frau an diesem Tage den Sicherheitsgurt an. Als sie Mölnbo passiert hatte und sich auf einem Waldweg befand, der nach Järna führt, bemerkte sie, dass die Fahrbahn gefroren war. Sie setzte die Geschwindigkeit von 90 Kilometer auf 70 Kilometer pro Stunde herab.

In einiger Entfernung bemerkte sie auf der linken Seite einen Lastwagen, dessen Insassen bemüht waren, einen in den Graben geratenen Wagen mit Stricken herauszuziehen. Gleichzeitig sah meine Frau einige Autos, die sich mit aufgeblendeten Scheinwerfern dem parkenden Lastwagen näherten. Als Monica die Höhe des Lastwagens erreicht hatte, beobachtete sie zu ihrem Schrecken, wie der erste Wagen aus der entgegenkommenden Wegseite einbog, abrupt bremste und keine zehn Meter vor ihr auf der Fahrspur stehenblieb – auf Monicas Seite.

Alles ging rasch. Rechts von ihr waren Graben und Wald, links parkte der Lastwagen, ein Ausweichen war nicht mehr möglich. Sie bremste, schrie … ihr Wagen prallte frontal auf das stehende Fahrzeug, wurde nach der Kollision heftig zurückgeschleudert, prallte seitlich auf den Lastwagen und kam schließlich völlig ramponiert zum Stehen. Unverletzt konnte meine Frau aus dem Wrack geborgen werden."

Dr. Jürgenson war nun überzeugt. Nach dem Abschied von seinem irdischen Leben geht es für den Menschen in einer anderen Form von Wirklichkeit weiter. Die Geistwesen stehen sozusagen über unserer Wirklichkeit. Für uns folgt die Gegenwart auf die Vergangenheit. Vor uns liegt die Zukunft. Die Jenseitigen können anscheinend alle Zeiten überblicken, auch in die Zukunft schauen. So dachten auch schon die Alten Inder, in deren Augen Zeit Illusion war. Dr. Jürgensons Erkenntnisse stehen demnach im Einklang mit uraltem esoterischem Wissen.

Woher kommen die Stimmen?

Dr. Jürgenson fand viele Nachfolger. Menschen wie Dr. Konstantin Raudive und Hildegard Schäfer experimentierten geduldig. Sie nahmen zahllose Stimmen auf, die ihrer Ansicht nach nur aus dem Jenseits kommen konnten. Hauptmotiv für tausende „Tonbandstimmenforscher": Sie suchten Trost nach dem Tod eines lieben Menschen. Hildegard Schäfer wäre ohne die Kontaktaufnahme mit der jenseitigen Welt vielleicht zerbrochen. Nach Monaten eifrigen Experimentierens konnte sie einen glücklich klingenden Ausruf festhalten: „Hallo, Heli, hallo, Muje!": Kein Zweifel, das war die mit 24 Jahren verstorbene Tochter. Sie erkannte die Stimme wieder. Die Ausdrucksweise entsprach genau der des geliebten Kindes. „Bist du traurig, dass du so jung sterben musstest?", fragte die Mutter. Auf dem Band antwortete die Tochter: „Nie mehr zurück!" Sie sei sehr glücklich.

Soviele Menschen bis heute nach eigenen Versuchen auch positive Resultate erzielen konnten, soviele Experten nach wissenschaftlichen Tests (1964 in Deutschland, 1970 in Schweden) an der Realität des Phänomens nicht mehr zweifeln zu können glauben, so ist bis heute nach wie vor umstritten, woher denn die Stimmen kommen. Zwei Grundthesen gibt es: die animistische und die spiritistische.

Die Animisten behaupten, dass nicht tote Jenseitige die Urheber des Stimmphänomens sind. Ihrer Ansicht nach liegt die Quelle im Unterbewusstsein des Menschen. Er mag sich in Sehnsucht nach einem verstorbenen Menschen verzehren. Mit Gedankenkraft verändert er nun das laufende Tonband so, dass diese gedanklichen Manipulationen beim Abspielen als Stimmen wahrnehmbar werden.

Die Spiritisten hingegen sind felsenfest davon überzeugt, dass es – so wie viele Stimmen auch immer wieder behaupten – Geistwesen aus dem Jenseits sind, die mit der Welt der Lebenden kommunizieren wollen.

Eine Entscheidung zwischen beiden Alternativen zu fällen, ist mehr als schwer. Eine definitive Antwort kann es nicht geben.

Totes Unfallopfer meldet sich aus dem Jenseits

Dieter T. war als hilfsbereiter junger Mann allseits beliebt. Christlich orientiert wie er nun einmal war, engagierte er sich beim „Malteser Hilfsdienst". 24 Jahre jung war Dieter T. und sehr verantwortungsbewusst. Auf alle Fälle wollte er seiner Familie auch langfristig eine sichere Zukunft bieten. Seine Lieben sollten finanziell abgesichert sein. Deshalb wollte sich Dieter T. als Heizungsinstallateur selbstständig machen und eine Firma übernehmen. Zwei wichtige Prüfungen hatte er schon bestanden, eine dritte stand noch bevor. Doch dazu kam es nicht. An einem eiskalten Februarmorgen kam Dieter T. von einem wichtigen Kundenbesuch nicht nach Hause zurück. Es stellte sich heraus, dass er kurz vor der Ortschaft Ollendorf an der Luxemburger Grenze einen Autounfall gehabt hatte.

Der als vorsichtig bekannte Fahrer war bei Eisglätte von der Fahrbahn abgekommen und mit seinem beigen Mercedes 200 in das Flüsschen Sauer gestürzt. Er war dabei in seinem Auto ums Leben gekommen. Für die Polizei Echternach von Luxemburger Seite wie für die Beamten von Bitburg stellte sich nun die traurige Aufgabe, den Leichnam von Dieter T. zu bergen. Nach kurzer Beratung entschlossen sich die Herren dazu, einen Baum am Ufer zu fällen, der als natürliche Brücke zum Auto dienen sollte. Leider kippte das Auto zur Seite, als der abgesägte Baum darauf zu liegen kam. Es wurde vom Strom erfasst und driftete einige Meter weiter. Dabei öffnete sich die Autotür, und Dieter T. wurde aus dem Wagen gespült. Trotz intensiver Bemühungen durch die Polizei, die zunächst eine Tauchergruppe, dann einen Hubschrauber einsetzte, gelang es nicht, den Toten zu finden und zu bergen.

Am Ort des Geschehens war auch die Leiterin der Malteser Gruppe Ollendorf hilfreich tätig. Als die Polizei sowohl die Taucher als auch den Hubschrauber ergebnislos wieder abziehen musste, ergriff sie die Initiative. Sie kontaktierte das in den 80er-Jahren berühmte Medium Frau Elisabeth Kroll. Die benutzte ein normales Tonbandgerät, um in der Art der Tonbandstimmenforscher Kontakte mit Verstorbenen aufzunehmen. Es dauerte allerdings einige Stunden, bis es Frau Kroll gelang, erste Informationen zu erhalten. „Habt ihr den Hut gefunden?“ fragte Dieter T., der zu diesem Zeitpunkt nachweislich tot war. Der Hut war inzwischen angeschwemmt und entdeckt worden.

Wie war der Unfall verlaufen? Auf Frau Krolls Nachfrage schilderte Dieter T. den Hergang des Unfalls: „Ich bin traurig ... bremsen, niemand schuld ... beiger Wagen ... ins Wasser.“ Diese Angaben stimmten alle, wie dem Verfasser bei ausgiebigen Recherchen bestätigt wurde. Fremdverschulden war beim tragischen Tod von Dieter T. völlig auszuschließen.

Frau Kroll war überzeugt: Dieter T. hatte sich aus dem Jenseits gemeldet. Würde er bei der Suche nach seinem Körper behilflich sein? „Ihr werdet mich finden, Glück haben!“ erklärte er immer wieder. Aber wo? Frau Kroll stellte diese Frage, ließ dann das Tonband einige Minuten lang laufen. Als sie es wieder abhörte, ertönten mehrere Stimmen durcheinander. „Wollen helfen, helfen!“ riefen sie durcheinander. Dann sprach wieder Dieter T.: „Werdet mich finden! Boot nehmen!“

"Wie bist du aus dem Auto gekommen?“ fragte Frau Kroll. „Rechte Tür hinten!“ Tatsächlich hatte sich diese Tür im Strom geöffnet. Durch sie muss der Tote hinausgesogen worden sein. „Was geschah dann?“ Die Stimme erläuterte, der tote Körper sei unter der Wasseroberfläche dahingetrieben, dann an einem „Kabel, so einem ollen Ding“ hängengeblieben. Auch diese Aussage bestätigte sich später.

Dieter T.s Leichnam war völlig unversehrt, nur an einer Hand waren Schürfwunden zu sehen. Der Tote muss an etwas hängengeblieben sein.

Schließlich beschrieb er exakt, wo man nach seinem Körper suchen müsse: „Werdet mich finden, zwei Meter vom Ufer, auf der deutschen Seite, zweihundert Meter oberhalb vom Bach auf Luxemburger Seite. Nehmt Boot!" Es zeigte sich, dass diese Hinweise sehr präzise einen ganz konkreten Punkt im Flussverlauf beschrieben. Exakt an dieser Stelle wurde das junge Unfallopfer gefunden.

Fälle wie der beschriebene sind nicht selten. Immer wieder haben verschwundene Tote aus dem Jenseits um Hilfe gebeten und Angaben gemacht, wo sie zu finden seien. Für die Vertreter der spiritistischen Anschauung ist der Sachverhalt klar. Die Angaben sind deshalb so genau, weil sie von der Seele des Verstorbenen aus dem Jenseits stammen. Wer sonst sollte über die erstaunlichen Detailkenntnisse verfügen?

Die Anhänger der animistischen Überzeugung sehen den Sachverhalt ganz anders. Woher soll ein Toter wissen, was nach seinem Ableben mit seinem Körper geschehen ist? Wenn die Seele den irdischen Körper nach dem Tod verlässt, wieso kann dann die Seele aus dem Jenseits mitteilen, was nach dem physischen Tod geschah? Oder sollte die Seele – oder ein Teil des Bewusstseins – länger im Körper verbleiben als bislang angenommen?

Auch die Animisten gehen davon aus, dass im Fall Dieter T. das Medium Elisabeth Kroll auf hellsichtigem Wege den gesuchten Leichnam gefunden und mit psychischen Kräften auf das Tonband eingewirkt hat, so dass dann die entsprechenden Worte zu vernehmen waren. Dies alles müsste jedoch unbewusst geschehen sein, denn Frau Kroll erfuhr erst nach mehrmaligem Abhören der Bänder, was die Stimmen mitteilten. So konnte auch der sensationelle Fall des Dieter T. nicht dazu beitragen, definitiv zu erklären, woher die mysteriösen Stimmen stammen, die die Tonbandstimmenforscher seit Jahrzehnten einfangen.

7.5 Leben und Sterben

Tabuthema Tod
Zu Beginn des dritten Jahrtausends leben wir in einer Welt, die sich in weiten Teilen einem Jugendwahn verschrieben hat. Kranke werden, so irgend möglich, in Krankenhäuser abgeschoben und mit Hilfe einer technisch perfekten Apparatemedizin versorgt. Für Alte und Gebrechliche sind entsprechende Heime vorgesehen. Krankheit und Tod sollen verbannt werden, möglichst aus unserem Leben verschwinden, werden aber allenfalls nur vorübergehend aus dem Bewusstsein verdrängt. Doch indem wir das Thema Sterben tabuisieren, nehmen wir uns die Chance, auf uraltes esoterisches Wissen zurückgreifend die Angst vor dem Tod zu verlieren. Die Esoterik hat stets den Menschen als Gesamtwesen aus Körper, Geist und Seele im Blickfeld. Der schwer erkrankte Mensch verschwindet im Krankenhaus, wo moderne Medizin Seelsorge ersetzen soll. Im Krankenhaus, das sich als mechanistischen Reparaturbetrieb empfindet (der ohne Zweifel sehr häufig gut funktioniert), wird fast nur noch das einzelne erkrankte Organ gesehen.

Vier Phasen vor dem Tod
Schulmedizinisch perfekt geschulte Ärzte mögen den Uhrwerkmechanismus Mensch immer wieder zum Wiederfunktionieren bringen, den Tod empfinden sie aber viel zu oft als persönliche Niederlage. Der esoterisch denkende Mensch sieht das Dasein als Gesamtheit von Geburt, Leben und Tod. Esoterisch tief verwurzelt ist die Überzeugung von der Wiedergeburt.

Sterbeforschung wird an deutschen Universitäten leider nach wie vor sehr klein geschrieben, dabei hat doch auf diesem so wichtigen Gebiet Dr. Elisabeth Kübler-Ross schon vor Jahrzehnten Pionierarbeit geleistet.

Welche Haltung hat der Mensch, dessen Tod unmittelbar bevorsteht, gegenüber dem Sterben? Die Zeit vor dem physischen Tod lässt sich, folgt man Frau Dr. Elisabeth Kübler-Ross, in mehrere Phasen einteilen. Am Anfang steht die Mitteilung, dass mit dem baldigen Ableben zu rechnen sei, meist als Folge einer unheilbaren Krankheit.

In der ersten Phase herrscht strikte Verleugnung des Schicksals vor. Der Kranke weigert sich, die bedrohliche Realität zu akzeptieren.

Was ihm als Wahrheit vorgesetzt wird, will er nicht wahrnehmen. Wie ein Kind, das glaubt, die Wirklichkeit werde schon verschwinden, wenn es sich nur die Augen lange genug zuhält, verschließt er sich der Bedrohung. Er will sie nicht zur Kenntnis nehmen.

In der zweiten Phase folgen Zorn, Wut und schließlich Aggression. Der Patient empfindet Entsetzen ob der Wirklichkeit, die schlagartig über ihn hereinzubrechen scheint. Er fragt verzweifelt, warum das Schicksal gerade ihn auserwählt hat. Er empfindet unsägliche Verzweiflung und Ohnmacht einem anonymen Schicksal gegenüber.

Es ist ihm nicht möglich, mit diesem seinem Zorn allein fertig zu werden. Er sucht ein Ventil und lenkt seine harten Emotionen gegen die Außenwelt, häufig gerade gegen die nächsten Verwandten, sofern sich welche um ihn kümmern, in unserer Zeit aber meist gegen das Pflege- und Krankenhauspersonal.

Schließlich scheint es, dass der Patient sein Schicksal angenommen hat. Er hadert aber, will sozusagen einen Kompromiss finden: Sterben ja, aber noch nicht sofort. Nicht jetzt im Winter, einen Sommer möchte er gerne noch erleben. Nicht bevor die Kinder größer sind. Der Sterbende wünscht sich sehnlichst, das Damoklesschwert möge noch etwas länger hängen bleiben, erst später fallen. Diese dritte Phase ist von einem „Ja-schon-aber-noch-nicht-jetzt!"-Denken geprägt.

Die vierte Phase wird meist durch den Krankheitsverlauf ausgelöst. Dem kranken Menschen wird so deutlich gemacht, dass es nun wirklich Zeit wird, sich von dieser Welt zu verabschieden. Diese Gewissheit kann den Menschen – und das geschieht in den meisten Fällen – in tiefste Depressionen stürzen. Er will sich mit seinem Tod auseinander setzen. Er weiß nun, dass der Abschied naht und möchte letzte wichtige Dinge besprechen. Dies wird ihm durch Mitmenschen (Ärzte, Pfleger, Schwestern, Verwandte und Freunde) oft erschwert: durch das „Wegreden" des Todes. Gewiss, es ist für die in der Welt der Lebenden Zurückbleibenden schwer, den sich einem lieben Menschen nähernden Tod zu akzeptieren. Durch banale Gespräche oder geheuchelten Optimismus erschweren sie aber dem Sterbenden die letzten Stunden.

Was der Sterbende in dieser Phase dringend braucht, das sind Menschen, die bereit sind, zuzuhören, und die helfend zur Seite stehen, wenn es um die Regelung letzter Angelegenheiten geht. In diesem letzten Lebensabschnitt kann es nur noch eine Hoffnung geben: auf ein Hinübergleiten in eine andere Welt. Diese Hoffnung kann für den Esoteriker zur Gewissheit werden.

Nahbereich Tod

Der amerikanische Kinderarzt Dr. Melvin Morse beschäftigte sich intensiv mit dem Thema Tod. Er untersuchte intensiv den Nahbereich Tod. Seine wichtigste Erkenntnis: Menschen, die durch Krankheit oder Unfall in den „Nahbereich Tod“ gelangten, aber wieder ins Leben zurückkehren, erfahren eine grundlegende Neuorientierung. In der Sterbeforschung wird immer wieder in diesem Zusammenhang der Ausdruck „Nahtoderlebnis“ benutzt, der jedoch zu Missverständnissen führen kann.

Um Unklarheiten zu vermeiden, folgt hier nun die Definition des Begriffs Nahtoderlebnis des Verfassers. Sie soll verdeutlichen, in welchem exakten Sinn der Ausdruck verwendet wird. Zahlreiche esoterische Schulen sehen den physischen Tod nicht als Abschluss, nicht als das Ende an, dem nichts folgt. Vielmehr geht es nach dem Tod in anderer Form weiter. Ein Nahtoderlebnis geschieht demnach entweder direkt unmittelbar vor dem physischen Tod oder direkt danach. Unzählige Menschen, die schon einmal klinisch tot waren, haben ihre Erlebnisse Sterbeforschern offenbart. Sie haben, oft zögerlich und gehemmt, berichtet, was ihnen im Nahtodbereich widerfahren ist.

Auch wenn viele Betroffene in diesem Zusammenhang das Wort Esoterik nicht benutzen, so scheint doch in den meisten erlebten Nahtoderfahrungen dem Menschen Zugang zu einer anderen Welt gestattet worden zu sein, die den Esoterikern schon seit vielen Jahrtausenden vertraut ist. Kann daraus abgeleitet werden, dass viele Lehren, wie sie lange Zeit in geheimen Schulen weitergereicht wurden, auf konkrete Nahtoderfahrungen zurückgehen?

Es ist auch für den rein materialistisch denkenden Menschen gut nachzuvollziehen, dass jemand, der schon physisch tot war, aber in die Welt der Lebenden zurückkehrte, seine Haltung gegenüber dem Leben erheblich ändert. Dr. Melvin Morse konstatierte in seiner 1992 veröffentlichten Studie: „Sie haben mehr Freude am Leben, erkennen den Augenblick des Hier und Jetzt und genießen ihn.“ Verständlich ist auch, dass Überlebende liebevoller und warmherziger als vorher sind. Sie erkennen, wie nichtig meist die Anlässe zu Streit und Zank sind und bewerten Materielles nicht mehr so hoch wie vor dem einschneidenden Erlebnis.

Für den esoterisch denkenden Frater ML. ist der Tod der Übergang von der physischen Welt der Lebenden in ein Jenseits, das am ehesten mit einer höheren Dimension zu vergleichen ist. Der von den irdischen Fesseln befreite Mensch erfährt die Wirklichkeit in ihrer Ganzheit, die Esoteriker seit Jahrtausenden zu erfassen und zu umschreiben versuchen. Tatsächlich scheinen die Erkenntnisse von Dr. Melvin Morse diese Überlegungen der esoterischen Art zu bestätigen. Es ist so, als ob Menschen mit Nahtoderfahrungen kurzzeitig in eine andere Welt eintauchten und davon etwas mit in ihre alte Welt zurücknehmen konnten, sofern es ihr Schicksal war, danach weiterzuleben.

Menschen mit Nahtoderlebnissen fühlen sich im alten irdischen Leben nach dem überlebten Tod geistig geborgen. Gewiss, auch sie haben wieder ganz alltägliche Probleme wie wir alle. Aber sie haben einen Blick in die andere Welt tun dürfen und spüren dann in der irdischen Realität das Wirken einer höheren übergreifenden Ordnung, die sie zuvor nicht wahrnehmen konnten. Was sie früher als einfachen Zufall abgetan hätten, das mag von ihnen nunmehr als sinnvolles Detail eines klug angelegten, bedeutungsvollen Lebensplans verstanden werden. Menschen, die zuvor religiös auf ganz konkrete Glaubenslehren fixiert waren, empfinden ein überkonfessionelles Interesse an Spiritualität. Sektiererhaftes Leben nach fundamentalistischen Glaubenslehren wird häufig nach einem Nahtoderlebnis nicht mehr fortgesetzt. Viele Betroffene fühlen sich einer weit überkonfessionellen Glaubensgemeinschaft zugehörig, nicht mehr einer bestimmten Religion oder Sekte. Nicht wenige kommen zur Überzeugung, dass die uralte esoterische Lehre von der Wiedergeburt (siehe auch Wiedergeburt!) der Wahrheit entspricht.

Ein besonderes Phänomen, das in Verbindung mit Nahtoderlebnissen gesehen werden muss, ist die übersinnliche Kraft, die vielen Betroffenen sozusagen als „Nebenwirkung“ eines Nahtoderlebnisses geschenkt wird. Bernard Jakoby: „Bei zahlreichen Wissenden fand eine Wandlung zu paranormalen Fähigkeiten statt: Hellsichtigkeit, Prophetie, Zukünftiges im Traum sehen, Ereignisse durch innere Eingebung wissen.“

Leben jenseits der Grenze Tod
Dr. Raymond A. Moody gehört neben Frau Dr. Kübler-Ross zu den Pionieren der Sterbeforschung. Nach dem Studium der Philosophie promovierte er zum Dr. Phil. und wurde Dozent für Philosophie. Ein Studium der Medizin folgte, Moody promovierte als Dr. med. und wurde Facharzt für Psychiatrie und Nervenheilkunde. Schon während des Studiums setzte er sich intensiv mit der Erforschung von Phänomenen im Grenzbereich zwischen Leben und Tod auseinander. Er kam zur Überzeugung, dass es nicht wenige Menschen gibt, die tatsächlich die Schranke zwischen Leben und Tod schon überschritten hatten, dann aber ins Leben zurückgekehrt sind.

Über 150 Fälle von Todes- und Jenseitserlebnissen wurden von Dr. Moody sorgsam untersucht und führten zur Veröffentlichung seines Weltbestsellers „Leben nach dem Tod. Die Erforschung einer unerklärten Erfahrung".

Dank methodischer Vorgehensweise entdeckte Dr. Moody eindeutige Übereinstimmungen in „Sterbeerlebnissen", die seiner Ansicht nach nicht anders zu erklären sind, als dass es tatsächlich ein Leben nach dem Tod gibt. Seine Erkenntnisse wurden inzwischen immer wieder von anderen Forschern bestätigt. Dr. Moody rekonstruierte, was wir als „Tod" zu beschreiben gewohnt sind, wie folgt: Ein Mensch liegt im Sterben. Während sich seine körperliche Not steigert, sieht er sich selbst – seinen leblosen Körper. Er registriert, dass man ihn für tot erklärt. Oft wird ein als unangenehm empfundenes Geräusch wahrgenommen, etwa ein durchdringendes Läuten oder Brummen. Danach macht sich ein höchst angenehmes Gefühl von Frieden, vor allem aber von Schmerzfreiheit bemerkbar.

Nach der Trennung vom physischen Körper hat der Betroffene das Gefühl, sich schnell durch einen langen, dunklen Tunnel zu bewegen. Rasch gewöhnt sich der Mensch, heftige Gefühle überwindend, an den seltsamen Zustand. Er empfindet so etwas wie einen zweiten Körper, der als höchst realer zweiter Leib beschrieben wird. Weitere Eindrücke werden geschildert: Wesenheiten nähern sich, meist sind es bereits verstorbene, einst nahe stehende Verwandte, Freunde, liebe Menschen, die man einst sehr schätzte. Es wird die Gegenwart eines leuchtenden Wesens empfunden, das überwältigende Gefühle von Liebe und Wärme vermittelt, und das in einer Intensität, die früher nie erlebt, ja die bislang nicht für möglich gehalten wurde.

Jenes liebevolle Wesen fordert dazu auf, das Leben als Ganzes zu betrachten und zu bewerten. Wichtige Szenen des zurückliegenden, scheinbar abgeschlossenen Lebens ziehen vor dem geistigen Auge des Sterbenden (oder zeitweise bereits klinisch Toten) vorüber, er erlebt eine Rückschau. Schließlich taucht so etwas wie eine Grenze auf, eine Schranke, die als definitives Ende des irdischen Lebens, aber auch als ein Übergang zu einem Fortleben anderer Art in einem unvorstellbaren Jenseits empfunden wird. Die Freude auf das, was dann kommen wird, ist groß. Licht, Wärme, Geborgenheit, ja Glückseligkeit warten, das zurückliegende Leben wird als beschwerlich, wenig erfreulich empfunden. Und doch wird immer klarer: Die letzte Schranke, die letzte Grenze darf noch nicht überschritten werden, der endgültige Abschied ist noch nicht gekommen. Trotz heftigen inneren Widerstands vereinigt sich der Mensch wieder mit seinem irdischen Körper, kehrt in sein Leben zurück.

Bernard Jakoby: „Menschen, die eine intensive Nahtoderfahrung gemacht, das Licht gesehen und emotionale Ekstase gespürt haben, kehren höchst ungern in diese irdische Welt zurück. Sie möchten in diesem Zustand der Seligkeit verbleiben. Da Nahtoderfahrungen unterschiedlich intensiv sind und mitunter auch in jenseitige Welten führen, gibt es bei diesen Wissenden scheinbar eine Grenze, die sie nicht überschreiten dürfen. Sie können nicht frei entscheiden, ob sie dableiben wollen oder nicht. In dem Moment, wo man in den Körper zurückgezogen wird, fühlt man emotional den Verlust des Paradieses. Man kehrt zurück, hat wieder die physischen Schmerzen, fühlt sich wie eingesperrt in der Welt von Zeit und Raum mit all den Einschränkungen.“

Falsche Skepsis

Der Verfasser studierte in seiner fränkischen Heimat evangelische Theologie. Als zu Beginn der 70er-Jahre Dr. Raymond A. Moody mit seinen Publikationen weltweit für Aufsehen sorgte, wurde diese Bestätigung für urchristliches Glaubensgut seltsamerweise von der Theologie so gut wie nicht beachtet. Auf der Straße diskutierte man über Moody, in den Vorlesungssälen des Fachbereichs Theologie kaum oder gar nicht. Das berührte den Verfasser seltsam. Wären wissenschaftliche Belege dafür, dass es tatsächlich ein Leben nach dem Tod gibt, so wie es die christliche Lehre postuliert, nicht auch zumindest gewichtige Belege dafür, dass das gepredigte Glaubensgut der Realität entspricht? Die Skepsis der Theologen ist in den Augen des Verfassers genauso fehl am Platze wie die der Mediziner.

Bernard Jakoby weist darauf hin, dass im medizinischen Betrieb Nahtoderlebnisse in so manchem Arzt den Ehrgeiz wecken, solche Halluzinationen schon vorbeugend durch die Verabreichung entsprechender Medikamente (Psychopharmaka) zu verhindern.

Trotz der häufig vorgetragenen Behauptung konnten Nahtoderlebnisse in ihrer komplexen Gesamtheit bislang weder ausreichend medizinisch erklärt, geschweige denn im Versuch willkürlich ausgelöst werden.

Nahtoderlebnisse sind auf keinen Fall Folge von Sauerstoffmangel im Gehirn, da es eine Fülle von Berichten über solche Erlebnisse gibt, bei denen nachweislich keinerlei Sauerstoffmangel auftrat. Die im Kern einander sehr ähnelnden Jenseitserlebnisse treten nachweislich und definitiv auch dann auf, wenn das Hirn in ausreichendem Maße mit Sauerstoff versorgt wird.

Inzwischen hat die moderne Hirnforschung feststellen können, dass, wenn einige Elemente der Nahtoderlebnisse auftreten, eine ganz bestimmte Region im Gehirn aktiv wird. Sie befindet sich mitten im Gehirn im rechten Schläfenlappen über dem Ohr. Es gelang tatsächlich manchmal (aber nicht immer!), durch Reizung dieser Region mittels Stromstößen außerkörperliche Erlebnisse auszulösen. Manchmal wurden auch Geistgestalten gesehen oder Lebenserinnerungen flackerten auf. Nahtoderlebnisse in ihrer Gesamtheit konnten aber nicht ein einziges Mal ausgelöst werden. Das beglückende Licht, das Streben in das Helle, die Erfahrung des Glanzes und die tiefgreifende Persönlichkeitsveränderung, die Nahtoderlebnisse zur Folge haben, sind eindeutig nicht simulierbar.

7.6 Besucher aus dem Jenseits

Zwischen den Welten

Zusammen mit mehreren Arbeitskolleginnen wollte Elfi Freund eine ausgiebige Wandertour durch die Fränkische Schweiz machen. Sie hatte einen Unfall und wäre erfroren, wäre ihr nicht ein Geistwesen zu Hilfe gekommen. (Siehe hierzu: Vor dem Erfrieren bewahrt) Ein nicht minder eindrückliches Engelserlebnis hatte auch Dr. S.W. Mitchell aus Philadelphia. Er wurde vom Geist eines toten Kindes zur schwer kranken Mutter geführt. (Siehe auch: Ein Arzt und ein Schutzengel) In beiden Fällen traten Geister toter Kinder als Retter auf. Zufall?

Den Geistern von toten Kindern wird nach dem Verständnis der Bibel im Neuen Testament (Evangelium nach Matthäus Kapitel 18, Verse 1–10) ein besonderer Platz eingeräumt: „Ihre Engel im Himmel sehen allezeit das Angesicht meines Vaters." Nach diesem Bild Jesu sind Engel die Geister von Verstorbenen.

In den ältesten Glaubensvorstellungen der Völker ist die Welt des Jenseits keineswegs so entrückt, dass es keinen Verkehr zwischen der unsrigen Welt und jener der Toten geben könnte. In der Esoterik der Alten Ägypter, Gisela von Frankenberg weist in ihrem kulturvergleichenden Lexikon darauf hin, kommt der Mensch aus dem Jenseits und kehrt nach seinem irdischen Tod wieder dorthin zurück. Nach dieser Vorstellung wird bei der Geburt aus dem Leib einer Frau in unsere Welt der physische Körper geboren, während der geistige Leib im Jenseits stirbt. Dementsprechend positiv wird der körperliche Tod im Diesseits bewertet. Während der Leib stirbt, wird im Jenseits der Geist wieder geboren. Diesseits und Jenseits sind Spiegelbilder. Gisela von Frankenberg: „Dabei stülpt sich alles um: Was sich bisher als Psyche innen befand, umgibt nun die Toten als neue Außenwelt im Jenseits, und mit seinem Eintritt beginnt der Tote, um Orientierung kämpfend, seine Reise im ‚Land meines Ursprungs' (Ägyptisches Totenbuch)."

In drei völlig unabhängig voneinander entstandenen Kulturkreisen bestand die wohl wichtigste Aufgabe im Leben eines Menschen in der Vorbereitung auf den Tod als Übergang in die jeweils andere Welt. Wer sich dort zurechtfinden wollte, der musste sich im Hier beizeiten auf die andere Welt vorbereiten. Dieses esoterische Wissen soll schon uralt sein. Nach Gisela von Frankenberg schuf Thot das Ägyptische Totenbuch vor 20 000 Jahren. Von dem einst angeblich gewaltigen Text von 36.525 Kapiteln ist nur noch ein bescheidenes Fragment aus dem 7. Jahrhundert v. Chr. erhalten geblieben. Noch krasser ist das Missverhältnis bei den Mayas. Von einst unzähligen Codices haben nur etwa fünf die Zerstörungswut der spanischen Eroberer überlebt.

Ein ewiger Kreislauf

Die Alten Ägypter verstanden Leben und Sterben als eine Einheit. Die Geburt des Menschen in unsere Welt der Diesseitigen war für sie ohne den Tod im Jenseits nicht möglich. Entsprechend galt es als Bedingung für eine Wiedergeburt ins Jenseits, dass der Mensch im Diesseits stirbt. Leben war also für die Esoteriker Ägyptens ein steter, unaufhaltsamer Prozess der Wandlungen. Leben bedeutete eine ständige Aufeinanderfolge von Reisen aus dem Jenseits ins Diesseits und umgekehrt. Letztlich ist es für den Esoteriker gar nicht definitiv feststellbar, wo er sich nun befindet: im Jenseits oder im Diesseits.

Eine kulturenvergleichende Untersuchung von Glaubensformen an das Jenseits ergibt, dass die geschilderte Überzeugung der Esoteriker im Alten Ägypten keineswegs einzigartig war. Verblüffend ähnliche Vorstellungen wie im Ägyptischen Totenbuch begegnen uns im Totenbuch der Mayas und im Tibetanischen Totenbuch. Paul Arnold, einer der profundesten Kenner des Totenbuchs der Mayas: „Die Entzifferung des Pariser Codex enthüllt uns ein ganzes Ritual, das hauptsächlich dazu diente, den Verstorbenen von der Zeit des Sterbens und bei der Verwandlung der Seele bis zur Wiedergeburt im Leib einer schwangeren Frau zu begleiten und ihr beizustehen.“

Leben und Sterben waren für die Mayas keine Gegensätze: hier leben, hier sterben, dort geboren werden, warten auf den Tod dort, um hier wieder zu erscheinen. Sehr schön versinnbildlicht wird diese ewige Wiederkehr, dieses immer wieder Aufeinanderfolgen von Leben, in der Mayakunst. In zahlreichen Tempelanlagen der Maya-Welt, besonders schön in Labna, werden ganze Fronten mit ein und demselben, scheinbar immer wiederkehrenden Motiv des Gottes Chaak ausgestaltet. Ganz ähnliches Gedankengut finden wir im Tibetanischen Totenbuch, das den Lebenden auf das Sterben in eine andere Welt vorbereiten sollte. Aus dieser anderen Welt wurde man dann wieder in die unsrige zurückgeboren.

Diese Vorstellung dürfte, folgt man der Kulturanthropologin Barbara Walker, einstmals die am weitesten verbreitete gewesen sein. Sie wurde erst 553 n. Chr. auf dem Zweiten Konzil zu Konstantinopel offiziell abgelehnt und mit dem Kirchenbann belegt. Die christliche Lehre vom einmaligen Leben, das mit dem Tod endet und auf das ein einmaliger Wechsel ins Jenseits folgt, sieht sie als „späte Sonderentwicklung“ an.

Besucher von drüben?

Im Christentum gibt es freilich im Volksglauben nach wie vor die Überzeugung, dass Verstorbene aus dem Jenseits besuchsweise in unsere Welt zurückkehren können. Nach dem Verständnis gläubiger Bibelleser können Jenseitige sehr wohl auch in unserer Zeit als Retter in Erscheinung treten.

Hatten also Elfi Freund (siehe: Vor dem Erfrieren bewahrt) und Dr. Mitchell (siehe: Der Arzt und ein Schutzengel) tatsächlich Begegnungen mit Besuchern aus dem Jenseits? Es fällt schwer, Einzelfälle zu beurteilen. Zweifelsohne gibt es Parallelen zwischen Nahtoderlebnissen und Nachtodbegegnungen. Wie Esoterikern hinlänglich bekannt ist, berichten unzählige Menschen, die schon einmal vorübergehend physisch tot waren, über Begegnungen mit den Geistern Verstorbener im Nahtodbereich. Menschen, die im Zwischenbereich zwischen Leben und Jenseits waren, die sich etwa nach einem schweren Unfall sozusagen schon auf den Weg in eine andere Wirklichkeit machten, wurden von Toten abgeholt und ein Stück begleitet. Sie mussten aber wieder ins Leben zurückkehren. Wenn es solche Begegnungen im Nahtodbereich gibt, warum sollen dann nicht überhaupt Besuche von Jenseitigen in unserer Welt möglich sein?

An der Realität von solchen Besuchen kann Werner S. aus Österreich keinen Zweifel mehr haben. Er ist felsenfest davon überzeugt, vom Geist seines toten Hundes besucht worden zu sein. Sein treuer Freund wollte ihn trösten, meint Werner.

Trost aus dem Jenseits?

Tobby starb vor fünf Jahren bei einem Verkehrsunfall. Als unlängst Werners Ehefrau Margot einem Krebsleiden erlag, geschah im wahrsten Sinne des Wortes Merkwürdiges.

Werner teilte dem Verfasser mit: „Tobby war ein ganz verschmuster Kerl. Er hat uns immer gezeigt, wie dankbar er war, weil wir ihn aus dem Tierheim geholt hatten. Für uns war der kleine Kerl wie ein Kind. Leider waren uns in unserer glücklichen Ehe keine Kinder beschert. So schenkten wir unsere Liebe dem Tobby."

Geradezu abgöttisch hing Tobby an „Frauchen" Margot. Spielsachen, die sie dem aufgeweckten Vierbeiner schenkte, verteidigte er vehement als seinen unantastbaren Besitz. Niemand durfte seinen kostbaren Schätzen zu nahe kommen.

Werner P. weiter: „Ich hatte für Tobby in die Tür zum Garten eine Klappe eingebaut. So konnte er kommen und gehen, wann er wollte. Er spielte so gern im Garten. Stundenlang saß er vor Mäuselöchern, erwischte aber nie eines der Tierchen. Immer wenn Tobby aus dem Garten zurück ins Haus ging, überprüfte er zunächst, ob seine Spielsachen auch noch alle da waren. Erst dann fraß er etwas. Als er bei diesem Autounfall verunglückte, brachten wir es nicht übers Herz, sein Körbchen und die Spielsachen zu entfernen. Auch die Klappe ließen wir in der Tür."

Dann starb Margot. Werner verfiel in tiefe Depressionen. Manchmal trank er auch zu viel. In der Nacht von Margots Geburtstag hatte er ein rätselhaftes Erlebnis, das ihm seinen Lebensmut wiedergab. „Ich lag gegen Mitternacht – völlig nüchtern – wach in meinem Bett. Traurig erinnerte ich mich an glücklichere Zeiten. Plötzlich glaubte ich meinen Ohren nicht trauen zu können. Die Klappe in der Tür zum Garten war zu vernehmen, ganz so, als ob Tobby ins Haus zurückgekehrt wäre. Sollte ein anderes Tier diesen Eingang gewählt haben? Das war bisher noch nie geschehen. Ich spitzte die Ohren. Und tatsächlich: Die Stufen der Treppe knarrten. Es hörte sich genau so an, als ob Tobby heimgekehrt sei. Das war unmöglich. Tobby war doch tot! Die Geräusche aber waren identisch mit jenen, die er so oft hervorgerufen hatte! Mehrfach am Tag waren sie zu hören gewesen, nämlich immer, wenn unser geliebter Vierbeiner wie ein wilder Blitz die Stufen heraufsauste. Diese Geräusche waren ganz typisch für Tobby. Dann war es kurz still. Ich wagte es nicht, mich zu bewegen. Tobbys Spielzeuge quiekten: sein Plastikentchen und der Ball! Es war wie früher, wie immer, wenn Tobby die Sachen ins Maul nahm. Dann knarrte die Tür zum Schlafzimmer. So, als ob Tobby sie spielerisch aufschob. Ich blieb regungslos liegen. Kurz darauf hörte ich wieder das Trapsen auf der Treppe, von oben nach unten. Dann klapperte es, die Hundeklappe zum Garten wurde betätigt."

Irgendwann machte Werner das Licht an. Am Fußende des Betts lag Tobbys Spielzeugente, die er von Frauchen geschenkt bekommen hatte. Werner: „Für mich gibt es keinen Zweifel: der Geist meines toten Hundes hat mich aus dem Jenseits besucht. Er hat mir sein Spielzeug ins Schlafzimmer gebracht. Warum? Um mir zu beweisen, dass es ein Leben nach dem Tod gibt."

Werner ist von der Realität seines Erlebnisses überzeugt. Und davon, dass seine Frau in einer anderen Welt weiterlebt. „Dieses Wissen tröstet. Ich weiß jetzt, dass auch für mich das Leben weitergehen muss. Es wird auch wieder schöne Tage geben! Warum sonst hätte mich Tobby zum Spielen aufgefordert?"

Fachautorin Cherie Sutherland konstatiert: „Tatsache ist, dass wir nicht wissen, warum manche Menschen Nachtodkontakte erleben und andere nicht. Wir wissen nicht, warum manche Menschen im Augenblick des Todes von dem Sterbenden kontaktiert werden, während andere erst Jahre später Besuch erhalten. Wir wissen nicht, warum die einen Visionen haben, andere wiederum eine Stimme vernehmen. Eines jedoch ist sicher: All diese Dinge geschehen tatsächlich."

Das Thema Tod ist insgesamt sehr stark mit Tabus belegt, heute mehr denn je. Schon die junge Christenheit bezweifelte die Berichte über Jesus' kurze Rückkehr in die Welt der Lebenden nach seinem Tod. Alle vier Evangelisten berichten übereinstimmend über die Episode seines körperlichen Wiedererscheinens nach seinem physischen Tod. Bei Markus lesen wir (Kapitel 16, Verse 9–13): „Als aber Jesus auferstanden war früh am ersten Tag der Woche, erschien er zuerst Maria Magdala, von der er sieben böse Geister ausgetrieben hatte. Und sie ging hin und verkündete es denen, die mit ihm gewesen waren, die da Leid trugen und weinten. Und diese, die da hörten, dass er lebte und wäre ihr erschienen, glaubten ihr nicht. Danach offenbarte er sich unter einer anderen Gestalt zweien von ihnen unterwegs, da sie über Land gingen. Und sie gingen auch hin und verkündigten das den andern. Und denen glaubten sie auch nicht."

Schon in einer Zeit, da man zumindest die Wundertaten Jesu noch vom Hörensagen kannte, wurde seine kurzzeitige nachtödliche Wiederkehr angezweifelt . In unseren Tagen sind viele Menschen weitaus skeptischer geworden. Dabei gibt es vermutlich heute mehr Besuche von Jenseitigen in unserer Welt der Lebenden denn je. Doch während man vor wenigen Generationen noch eher über derartige mysteriöse Begebenheiten berichtete, schweigt man heute darüber lieber, um von den lieben Mitmenschen nicht für verrückt erklärt und in die Psychiatrie abgeschoben zu werden. Dabei ergab beispielsweise eine wissenschaftliche Studie im Jahr 1997, dass 50 Millionen Amerikaner Kontakte mit Besuchern von drüben hatten. Damit ist immerhin jeder fünfte US-Bürger betroffen.

Die vorübergehende Präsenz Jenseitiger in unserer Welt der Lebenden wurde stets als angenehm und trostreich empfunden. Die „Besucher" machten sich auf unterschiedliche Weisen bemerkbar. Wahrgenommen wurden:

- Gegenwartsempfindungen. Verstorbene werden als eindeutig präsent gefühlt.
- Stimmen und Botschaften. Verstorbene sind akustisch wahrnehmbar. In einzelnen Fällen gab es Telefonanrufe von Verstorbenen, die eindeutig identifiziert werden konnten. Manche meldeten sich auf dem Anrufbeantworter.
- Tröstliche Berührungen. Verstorbene berühren liebe Hinterbliebene.
- Düfte. Ganz bestimmte Gerüche deuten auf die tatsächliche Präsenz Verstorbener hin. Beispiel: Ganz bestimmte Parfüme wurden plötzlich gespürt.
- Optische Reize. Verstorbene erscheinen lieben Hinterbliebenen visuell. Die Besucher zeigten sich kurz. Sie erschienen plötzlich wie aus dem Nichts und verschwanden wieder. Manchmal fühlten sich die Zeugen an Dia-Projektionen oder dreidimensionale Fotografie erinnert.

So ist das Sterben

Seit Menschengedenken beschäftigen sich Esoteriker mit Fragen nach dem Weiterleben jenseits des Todes. Im 20. Jahrhundert begann die Sterbeforschung gezielt zu untersuchen. Ihre Resultate sprechen dafür, dass der Tod, so wie das Esoteriker seit Jahrtausenden lehren, nicht das absolute Ende ist.

Wie man auch zur Esoterik steht: Diese Erkenntnis als Ergebnis von Überprüfung esoterischen Gedankenguts ist trostreich. Das wird jeder, der einen lieben Menschen verloren hat, bestätigen können und müssen. Diese Erkenntnis kann aber auch Zuversicht geben und die Angst vor dem eigenen, unausweichlich nahenden Abschied von der Welt, in der wir leben, nehmen. Der Tod verliert so sein schreckliches Antlitz, und die Angst vor dem Sterben wird zumindest gemildert.

Die Journalistin Cathy Hainer, die an Krebs starb, führte in den letzten Monaten ihres Lebens Tagebuch. Offensichtlich empfand sie die Notiz, die ein israelischer Soldat sterbend auf ein Blatt Papier gekritzelt hatte, als trostreich:

„Ich stehe an der Küste.
Vor mir entfaltet eine Jacht ihre weißen Segel.
Sie gleitet im Wind hinaus auf den Ozean.
Und irgendwann sehe ich sie nur noch als kleine weiße Wolke am Horizont.
Da ruft jemand: ‚Sie ist verschwunden!'
Verschwunden?
Nur aus meinem Blick. Sie ist noch genau so groß, wie sie es war, als sie mich verlassen hat.
Und in dem Moment, wo auch ich rufe:
Sie ist fort!, wird an anderer Stelle gerufen ‚Da ist sie!'
So ist das Sterben."

Nachwort: Esoterik, Wissenschaft, falsche und echte Wunder

„Das Wunder ist des Glaubens liebstes Kind“, heißt es schon in Goethes Faust. Und in der Tat: Wundersames fasziniert die Menschen weltweit heute mehr denn je. Mehr Menschen denn je setzen sich heute mit Esoterik auseinander, im Gegensatz zu früheren Zeiten, als das nur kleinen mehr oder minder geheimen Zirkeln vorbehalten war. Esoterik wird heute zunehmend als besondere Dienstleistung angeboten, für die sich immer mehr Menschen interessieren. Esoterik gibt es in unzähligen Kursen und Seminaren.

Esoterik und Sauerstoff

Esoterik ist aber auch ein Thema für seriöse Wissenschaftler geworden, die zu verblüffenden Ergebnissen gelangen können. Dr. Anton Krammer, studierter Naturwissenschaftler, untersuchte die diversen Energieniveaus von Sauerstoffmolekülen und entdeckte dabei komplexe Sachverhalte, die sich in Zahlenverhältnissen ausdrücken lassen, und siehe da: Sie entsprechen genau musikalischen Intervallproportionen. Damit war eine der ältesten esoterischen Kosmologien bestätigt worden, wonach die Welt eine Klangschöpfung ist. Mehr noch! Dr. Krammer meint erkennen zu können: dass zwischen der Prana genannten Lebensenergie der Alten Inder und dem „aktiven Sauerstoff eine enge Beziehung besteht“.

Die Alten Inder waren davon überzeugt, dass der Mensch zu einer höheren und ganzheitlichen Erkenntnis der Wirklichkeit zu gelangen vermag. Das kann theoretisch sehr lange dauern. Esoterikern war aber eine gezielte erhebliche Beschleunigung der geistigen Entwicklung möglich. Als treibende Kraft für diesen Prozess galt Prana-Energie. Und die konnte nach uralter Lehre durch eine Kombination aus diszipliniertem Atmen und Denken bewusst aufgenommen werden. So schufen die Esoteriker aus dem Alten Indien eine ganz bestimmte, nur Eingeweihten bekannte Atemtechnik. Ihr Zweck war die Einatmung besonders energiegeladener Sauerstoffmoleküle in erhöhtem Maße. Durch die Nase gelangten sie ins Hirn, wo es dann zu einer Veränderung des Bewusstseinszustands kam.

Dr. Anton Krammer weist darauf hin, dass Prana-Energie in Form von „besonderer Anordnung der Anregungsstufen des molekularen Sauerstoffs" bei besonderen Übungen gezielt eingeatmet werden kann. „Soll in diesem Gedanken auch nur der Funke einer Wahrheit enthalten sein, so wäre damit erstmals ein konkreter Ansatzpunkt gegeben, um die seit der Neuzeit und dem Aufkommen der Naturwissenschaften vollzogene Spaltung unseres Weltbildes in Materie und Energie einerseits und Geist und Bewusstsein andererseits aufzuheben und zu überwinden."

Mit anderen Worten: Es gibt konkrete wissenschaftliche Ansatzpunkte, die uraltes esoterisches Wissen der Inder bestätigen. Modernste Chemie und Physik und uralte Esoterik scheinen sich zu Beginn des 3. Jahrtausends einander zu nähern. Ist die Hoffnung berechtigt, dass sich mehr und mehr Wissenschaftler auch mit den Aussagen ältester Esoterikschulen auseinander setzen? Gewiss, viele heutige Gelehrte waren bisher zu einem solchen Schritt auf ein völlig neues Gebiet nicht bereit. Man darf aber nicht einseitig die Schuld bei den vermeintlich „bösen Wissenschaftlern" suchen, die sich nur entsetzt und empört abwenden, wenn es um Esoterik geht. Esoteriker sind bis heute oft nicht gerade kooperativ, wenn es um Zusammenarbeit mit Schulwissenschaftlern geht.

Diese sollten weniger Berührungsängste mit Esoterik haben. Und Esoteriker sollten kritischer bei der Bewertung des Mysteriösen sein. Denn nicht alles, was auf den ersten Blick wundersam erscheint, ist auch wirklich echt. In einer Zeit, in der das Interesse für Esoterik wächst, nimmt auch die Bereitschaft zu, falsche „Wunder" zu bieten. Das ist bedauerlich, denn so kommt es dazu, dass der Laie immer weniger zwischen falschen und echten Wundern unterscheiden kann. Leicht geschieht es dann, dass wirklich Unerklärliches vorschnell als Humbug abgetan wird.

Falsche und echte Wunder

In Indien wurde der Gott Ganesa zeitweise in wichtigen Landesteilen als höchste himmlische Autorität angesehen. Als mächtiges Wesen wurde er in Statuen als Kombination aus Elefant und Mensch dargestellt. Der vierbeinige Elefant galt dann als Symbol der Gottheit. In populärerer Religionsmystik glaubte man, dass die Berührung durch einen Elefanten die positiven Kräfte des Gottes mit dem Elefantenkopf überträgt. So begegnet man noch heute in vielen Tempelstätten Indiens Männern, die zahme Elefanten hüten. Gegen eine kleine Spende legt einem dann ein Elefant den weichen Rüssel in den Nacken und segnet so den Menschen. Das soll Glück bringen. Viele der großfußigen, sympathischen Dickhäuter nehmen dann mit ihrem Rüssel den finanziellen Obolus entgegen.

Zum Ausklang des zweiten Jahrtausends nach Christus machte zunächst in Indien, dann in aller Herren Länder ein merkwürdiges Phänomen Schlagzeilen. Vor laufenden Kameras und unter den Augen staunender Tempelbesucher tranken allem Anschein nach leblose Statuen Milch, die ehrerbietig gereicht wurde. Es handelte sich dabei stets um Darstellungen von Ganesa, der bei einigen Sekten als höchster Gott gilt.

Luigi Garlaschelli, ein angesehener Forscher, der an der Universität Pavia Vorlesungen über trockene Themen wie Steroid-Hormone hält, vernahm von dem Phänomen. Sollte da wirklich Übersinnliches geschehen? Sollten verehrte Kunstwerke tatsächlich stellvertretend für einen indischen Gott Opfergaben annehmen? Luigi Garlaschelli wagte eine „Ferndiagnose“, die inzwischen vor Ort von einem Wissenschaftlerteam aus New Delhi bestätigt wurde. Sie mutet profan an: „Die Milch wird über die Kapillarkräfte unter den Körper des Elefanten geleitet, wo sie dann abtropft.“

Das Prinzip lässt sich in einem einfachen Experiment nachvollziehen: Man fülle ein Waschbecken mit Wasser, lege ein Handtuch zur Hälfte hinein und zur Hälfte über die Kante des Beckens. So wie die Elefantenfigur Milch vom Löffel saugte, so nimmt das Handtuch Wasser auf und lässt es abtropfen.

Luigi Garlaschelli ist so etwas wie ein Sherlock Holmes, der sich dem Übersinnlichen verschrieben hat. Religiöse Phänomene haben es ihm allem Anschein nach sehr angetan. Als Mitarbeiter des „Italienischen Komitees zur Untersuchung der Behauptungen über paranormale Vorkommnisse“ konnte er vordergründig unerklärliche Geschehnisse verständlich machen. Da sahen heilige Hostien plötzlich aus, als seien sie mit Blut getränkt. Jedoch waren sie von einem seltenen Schimmelpilz namens Serratia marcescens befallen, der für die Verfärbung verantwortlich war.

Manche vermeintlichen Wunder erwiesen sich gar als Betrug. So hatten findige Tüftler Marienstatuen mit einem Hohlraum im Inneren hergestellt. Der wurde mit Flüssigkeit gefüllt – und die trat an den Augen, wo man die Glasur weggelassen hatte, aus. So konnten Statuen salziges Wasser oder Blut „weinen“.

Auch für die weltberühmte Blutwunder Italiens bietet Luigi Garlaschelli Erklärungen an, die an geschickte Taschenspielertricks erinnern. So wurde St. Januarius anno 305 geköpft. Fromme Anhänger fingen sein Blut in einem gläsernen Behältnis auf. Noch heute wird es als heilige Reliquie in Neapel verehrt. Das ganze Jahr über ist das Blut des Märtyrers geronnen, ein- oder zweimal aber verflüssigt es sich an kirchlichen Festtagen. Für Luigi Garlaschelli gibt es nur eine Erklärung: Irgendwann wurde das Blut durch eine Mischung einfacher Chemikalien ersetzt: Eisenchlorid, Kalk und Kochsalz. Dieses Gemisch sieht in ruhendem Zustand wie geronnenes Blut aus und verflüssigt sich durch Schütteln. Die Ampulle mit der Reliquie wird bei der kirchlichen Zeremonie gedreht, also bewegt. Reicht das aus, um den gewünschten Effekt der „wundersamen Verflüssigung“ zu erzielen?

Ausgetauscht worden sein müsste irgendwann einmal auch das Blut des St. Lorenzo. Immer wenn sich der Todestag des Heiligen – der 10. August – jährt, verflüssigt sich sein als Reliquie verehrtes Blut. Für Luigi Garlaschelli gibt es nur eine Erklärung: Das angebliche Blut ist in Wirklichkeit ein Gemisch aus Fetten, Wachsen und roter Farbe. Im kühlen Altarraum erstarrt es in der Ampulle. In der von zahllosen Kerzen erleuchteten Menschenmenge wird es jeden 10. August flüssig, einfach weil es dann deutlich höheren Temperaturen ausgesetzt ist.

Immer wieder gelang es dem findigen Sherlock Holmes in Sachen Wunder, vermeintliche Mysterien als Trickbetrügereien zu entlarven. In den Fällen St. Januarius und St. Lorenzo unterstellt er ebenso betrügerische Machenschaften, die schon vor Jahrhunderten begangen worden sein müssen. Beweisen konnte er sie bislang noch nicht. Denn aus verständlichen Gründen der Pietät hat man ihm keine Proben der Reliquien zur Verfügung gestellt.

Wer allerdings vermutet, Luigi Garlaschelli sei zu einem Kreuzzug gegen das Wunderbare angetreten, irrt. Er sei lediglich neugierig und wolle interessanten Dingen auf den Grund gehen, erklärt er immer wieder. „Der Begriff ‚übersinnliches Phänomen' bedeutet schließlich, dass man es mit Dingen zu tun hat, die man mit den bekannten Naturgesetzen nicht erklären kann. Darum sehen wir uns derartige Phänomene an, so genau es geht und suchen Erklärungen. Wer weiß, vielleicht finden wir dann tatsächlich neue Naturgesetze." Der Wissenschaftler sollte einmal das Bildnis der Jungfrau von Guadalupe unvoreingenommen unter die Lupe nehmen.

Das Wunder von Guadalupe

Im Dezember 1531 will der zum Katholizismus konvertierte Juan Diego unweit der heutigen Millionenmetropole Mexico City eine Marienerscheinung erlebt haben. Die Erscheinung trug ihm auf, Blüten – die es in der Trockenzeit eigentlich gar nicht hätte geben dürfen – zu pflücken und in seinem Umhang dem Bischof zu bringen: als Beweis für die Echtheit der Erscheinung. Als er tat, wie ihm geheißen, und die Blüten vor dem Bischof ausschüttete, zeigte sich auf seinem Umhang eben jenes Bild der Jungfrau von Guadalupe, das noch heute als heilige Reliquie verehrt wird.

Das Porträt der Jungfrau – 152,24 Zentimeter groß – ist eigentlich eine Unmöglichkeit. Der Stoff, auf dem es sich abzeichnet, wurde aus groben Agavefasern gewebt. Er hat gewöhnlich eine Lebensdauer von maximal zwanzig Jahren und hätte eigentlich vor rund 450 Jahren zerfallen sein müssen. Auch die „Farben" selbst hätten eigentlich längst schon völlig verblasst sein müssen. Dabei kann man nicht einmal feststellen, wie das Bild produziert wurde. Denn gemalt wurde es auf keinen Fall. Weder auf noch in den Fasern findet sich Farbe, Pinselstriche sind auch nicht feststellbar. Nach einer exakten Untersuchung, durchgeführt von Experten der Firma Kodak, ist das Bildnis „dem Wesen nach eine Fotografie".

Das eigentliche Geheimnis enthüllte Dr. José A. Tonsmann von der Cornell-Universität mit modernster Computertechnologie. Er fotografierte die Pupillen der Jungfrau von Guadalupe und vergrößerte sie auf das 2000fache. Resultat: In ihnen spiegelt sich, erst in der gewaltigen Vergrößerung erkennbar, eine denkwürdige Szene. Der Bischof Zumarrage, im Profil, spricht mit dem Dolmetscher Gonzales. Am Boden kauert Juan Diego, der gerade seinen Mantel ausbreitet. Außerdem sind noch zu sehen: eine Mutter mit Baby auf dem Rücken, ein weiterer Indio und ein kleiner Junge.

Dr. Johannes Fiebag, der sich intensiv mit dem Bildnis auseinander gesetzt hat: „Der Vorgang der Bildentstehung war dabei nicht eine Fotografie im herkömmlichen Sinne. Zum einen fungierte der Umhang Juan Diegos sowohl als Linse wie auch als Farbfilm, zum anderen blieb das Objekt der Fotografie, nämlich die Mariengestalt, während des Vorgangs unsichtbar."

Dem Auftrag der Erscheinung gemäß wurde am Ort des Geschehens ein Marienheiligtum errichtet. Das „Produkt" der Begegnung mit der Erscheinung wird von Millionen Menschen angebetet und ist mit wissenschaftlichen Maßstäben nicht zu erfassen. Man kann und muss es als ein echtes Wunder bezeichnen.

Francois Mauriac schrieb über die Notwendigkeit des Wunderbaren kluge, ja weise Worte. Sie treffen auf kaum einen anderen Ort so zu wie auf die Basilika von Guadalupe: „Es muss Stätten geben, wo jeder Mensch, wer auch immer es sei, das Übernatürliche in dem Maße, wie Gott es will, mit Händen greifen kann. Es wird aber nie so deutlich geschehen, dass wir nicht mehr frei wären, es zu leugnen."

Literaturanhang

Der Themenkomplex Esoterik hat den Verfasser von zahlreichen populärwissenschaftlichen Büchern zu grenzwissenschaftlichen Themen schon seit Jahrzehnten fasziniert. Im Laufe seiner Publikationstätigkeit sammelte sich im Archiv des Verfassers eine Fülle von Material zum Thema an, das nun erstmals als das Resultat langjähriger Recherchen publiziert vorliegt.

Im folgenden Literaturanhang sind jene Werke aufgelistet, auf die sich der Verfasser in seinen Ausführungen stützt. Den genannten Werken (manche sind leider nur noch über Fernleihe in Bibliotheken zugänglich) kann weiterführendes Material entnommen werden. Außerdem kann die Leserschaft den Literaturverzeichnissen der jeweiligen Bücher wiederum weitere Werke entnehmen, wenn ein intensiveres Quellenstudium erwünscht ist.

Schließlich möchte der Verfasser noch darauf hinweisen, dass wichtige Information im Gespräch mit Forschern und Publizisten sowie Verfassern von Sachbüchern erlangt wurde.

Der Verfasser war stets darum bemüht, Sachverhalte wertungsfrei zu beschreiben. Allerdings besteht die Beschreibung von esoterischen Themen nicht zuletzt auch in der Bewertung von Tatsachen. Es mag durchaus sein, dass Verfasser von als Quellen benutzten Werken zu abweichenden Beurteilungen gekommen sind. Sollte es zu Fehleinschätzungen seitens des Verfassers gekommen sein, so mögen diese dem Verfasser und nicht den Autorinnen und Autoren der als Quellen benutzten Literatur angelastet werden.

Es liegt dem Verfasser eine Fülle von Berichten von Menschen, die selbst von esoterischen Phänomenen betroffen waren oder sind, vor, die ebenfalls als Quellen benutzt wurden. Falls die Betroffenen um Anonymität bei der Veröffentlichung baten, wurde diesem Wunsch selbstverständlich Rechnung getragen. Diese Anonymität wird auch in Zukunft nur dann aufgehoben werden, wenn die Betroffenen dies ausdrücklich wünschen. Ohne ihre Zustimmung werden weder Namen noch gar Adressen oder Telefonnummern an Dritte weitergegeben.

Schließlich sei noch eine wichtige Anmerkung hervorgehoben: Das vorliegende Werk kann natürlich nicht die Esoterik in ihrer Gesamtheit abdecken. Zudem besteht auch unter Experten keineswegs Einigkeit darin, welche Themen denn nun schon, noch oder nicht mehr dem vielseitigen Bereich der Esoterik zuzurechnen sind.

Literaturverzeichnis

Vorwort

Bublath, Joachim: Geheimnisse unseres Universums, München 2000

Capra, Fritjof: Wendezeit, Bern, München und Wien 1983

Capra, Fritjof: Das Tao der Physik, Bern, München und Wien 1984

Langbein, Walter-Jörg: Reisenotizen Peru November 1998

1 Am Anfang war das Wort

1.1 Altes Testament: Esoterisches Wissen von der Welt

Bibel, Württembergische Bibelanstalt, Stuttgart 1978

Buber, Martin: Bücher der Kündung, Köln und Olten 1966

Buber, Martin: Die Schriftwerke, Heidelberg 1976

Claeys, Karel: Die Bibel bestätigt das Weltbild der Naturwissenschaft, Stein am Rhein/Schweiz, 2. Auflage 1987

Ditfurth, Hoimar von: Wir sind nicht von dieser Welt, Hamburg 1981

Fohrer, Georg: Hebräisches und aramäisches Wörterbuch zum Alten Testament, Berlin und New York 1971

Kittel, Rudolf (Herausg.): Biblia Hebraica, Stuttgart 1974

König, E.: Hebräisches und aramäisches Wörterbuch zum Alten Testament, Leipzig 1936

Sagan, Carl: Unser Kosmos, München 1982

Schröder, Gerald L.: Schöpfung und Urknall, München 1990

1.2 Neues Testament: Astrologen und Engel

Barthel, Manfred: Was wirklich in der Bibel steht, Düsseldorf, Wien und New York 1987

Bibel, Württembergische Bibelanstalt, Stuttgart 1978

Bultmann, Rudolf: Jesus, Tübingen 1984

Freund, Elfi (Pseudonym): persönliche Mitteilungen an den Verfasser

Garden, Ernest: Sagt die Bibel die Wahrheit?, Lüneburg 1957

Hesemann, Michael: Auf den Spuren der Magier, Magazin 2000, Ausgabe Dezember 1998
Heyn, Immanuel: Jesus im Lichte moderner Theologie, Greifswald 1907
Kühner, Otto: Das Jahr Null und die Bibel, ohne Ortsangabe 1962
Langbein, Walter-Jörg: Geheimnisse der Bibel, Berlin 1997
Lejeune, Dr. René: Die Engel – Geheimarmee des Himmels, Kißlegg 1999
Pur: Schutzengel, Herbst 1/99 (Verlagsanschrift: PUR, Friedr.-Wirth-Str.4, D-88353 Kisslegg)

1.3 Kabbala – Gott, Mensch und Welt

Bergier, Jacques: persönliche Mitteilungen an den Verfasser
Buchmann,-Naga, Franz: Schlüssel zu den 72 Gottesnamen der Kabbala, Leipzig 1925
Castiglioni, Arturo: Die jüdische Überlieferung in Moderne Universalgeschichte der Geheimwissenschaften, Band 1, Düsseldorf und Wien 1979
Franck, Adolph: Die Kabbala, Reprint, Holzminden o.J.
Heussi, Karl: Kompendium der Kirchengeschichte, Tübingen 1976
Langbein, Walter-Jörg: Geheimnisse der Bibel, Berlin 1997
Langbein, Walter-Jörg: Das Reich der Magie, Rastatt 1997
Langbein, Walter-Jörg: Magische Welten, Rastatt o.J.
Lehmann, Dr. Alfred: Aberglaube und Zauberei, Stuttgart, 3. Auflage 1925
Miers, Horst: Lexikon des Geheimwissens, München 1982
Müller, Ernst: Das Sohar und seine Lehre, Zürich 1959
Nigg, Walter: Das Buch der Ketzer, Zürich 1970
Scholem, Gershom: Ursprung und Anfänge der Kabbala, ohne Ortsangabe 1962

1.4 Gnosis – esoterische Konkurrenz zur frühen Kirche

Campbell, Joseph: Myths to live by, New York 1972
Castiglioni, Arturo: Die jüdische Überlieferung in Moderne Universalgeschichte der Geheimwissenschaften, Band 1, Düsseldorf und Wien 1979
Jonas, Hans: Gnosis und spätantiker Geist, Göttingen 1998
Klauck, Hans-Josef: Die religiöse Umwelt des Urchristentums, Stuttgart 1996
Koslowski, Peter: Gnosis und Theodizee, Wien 1993

Leisegang, Hans: Die Gnosis, Stuttgart 1985
Maier, Johann: Vom Kultus zur Gnosis, Salzburg 1964
Pagels, Elaine: The Gnostic Gospels, New York 1979
Przybyszewski, Stanislas: Die Gnosis des Bösen, Berlin 1995
Rudolp, Kurt: Die Gnosis, Stuttgart 1990
Walter, Benjamin: Gnosis, München 1992

2 Esoterik – von Atlantis bis heute

2.1 Atlantis – ein Weltphänomen

Ashby, Gene (Herausgeber): Micronesian Customs and Beliefs, Pohnpei 1983
Ashby, Gene (Herausgeber): Never and Always – Micronesian Legends, Fables and Folklore, Kolonia, Pohnpei, 1983
Ashby, Gene (Herausgeber): A Guide to Pohnpei – An Island Argosy, revidierte Auflage, Pohnpei 1993
Ballinger, Bill: Lost City of Stone, New York 1978
Brown, John Macmillan: The Riddle of the Pacific, London 1924
Childress, David Hatcher: Lemuria and the Pacific, Stelle, Illinois 1988
Childress, David Hatcher: Ancient Tonga, Stelle, Illinois,1996
Childress, David Hatcher: Ancient Micronesia, Kempton, Illinois, 1998
Däniken, Erich von: Aussaat und Kosmos, Düsseldorf und Wien 1972
Däniken, Erich von: Im Namen von Zeus, München 1999
Ekschmitt, Werner: Die sieben Weltwunder, Mainz 1984
Ellis, James J.: Polynesian researches, London 1932
Flem-Ath, Rand: Atlantis, Hamburg 1996
Fox, Charles E.: The threshold of the Pacific, London 1924
Freska, Martin: Das verlorene Atlantis, Tübingen 1997
Hambruch, Paul: Ergebnisse der Südsee-Expedition 1908–10, Berlin 1936
Hermann, Wieland: Atlantis, Edda und Bibel, Manuskript, Weißenburg 1925
Irwin, Valerie: Die Legende von Atlantis, Frankfurt 1999
Kimura, Prof. Dr. Masaaki: Die Entdeckung unterseeischer Ruinen vor Okinawa in Sagenhafte Zeiten, Ausgabe 6/1999 (Kontaktanschrift Sagenhafte Zeiten, Postfach, CH-3803 Beatenberg, Schweiz)
Langbein, Walter-Jörg: Die großen Rätsel der letzten 2500 Jahre, München 1997
Lexikon Alte Kulturen: Band I, Zürich 1990

Maläse, René: Atlantis, a verified Myth, Lidingo, Schweden, o.J.
Morrill, Sibley (Herausgeber): Ponape, San Francisco 1970
Polynesian Mythology, Wellington, New Zealand, o.J.
Rao, Dr. Shikaripur Ranganatha: The lost city of Dvaraka, Delhi 1999
Riesenberg, Saul: The Native Polity of Ponape, Washington 1968
Saxe, Dr. Arthur: The Nan Madol Area of Ponape. Researches Into Bounding and Stabilizing an Ancient Administrative Center, Office of the High Commissioner, Trust Territory of the Pacific, Saipan, Marianas Islands, 1980
Spanuth, Jürgen: Atlantis enträtselt in Kosmos Nr. 8/1957
Spegal, Lihp: persönliche Mitteilungen, aufgezeichnet vom Verfasser, Pohnpei, Februar 1998
Sputnik: Noch eine (sic!) Atlantis, Heft 12/83
Zamarovsk, Vojtech: Den sieben Weltwundern auf der Spur, Augsburg 1988
Zeitlmair, Dr. h.c. Hubert: Prähistorischer Megalithtempel unter Wasser entdeckt, Magazin 2000 Nr. 147 (4/2000)

2.2 Ägypten und das Geheimnis der Pyramiden

Al-Makrizi: „Hitat" übersetzt von Erich Grafe, Leipzig 1911
Beckrath, Jürgen von: „Abriß der Geschichte des Alten Ägypten", München 1971
Bergier, Jacques: persönliche Mitteilungen an den Autor
Däniken, Erich von: „Die Augen der Sphinx", München 1989
Däniken, Erich von: „Der jüngste Tag hat längst begonnen", München 1995
Davidovits, Joseph und Morris, Margie: „The Pyramids. An Enigma Solved", New York 1988
Davidovits, Joseph: „Ancient and Modern Concretes. What is the Real Difference?", „Concrete International/Design and Construction", Vol. 9, Nr. 12, Dezember 1987
Groth, Klaus-Ullrich: Die geheimen Kammern der Sphinx in Sagenhafte Zeiten Nr. 2/2000
Herodot: „Historien", München 1963
Langbein, Walter-Jörg: Das Sphinx-Syndrom, München 1995
Langbein, Walter-Jörg: Bevor die Sintflut kam, München 1996
Lehner, Mark: „The Egyptian Heritage, Based on the Edgar Cayce Readings", Virginia Beach, Virginia, 1991

Lewis, H. Spencer: The Symbolic Prophecy of the Great Pyramid, Rosicrucian Press 1936
Lewis, H. Spencer.: La prophétie symbolique de la grande pyramide, Villeneuve-St. Georges, 2. Auflage 1988
Schoch, Peter: „The Great Sphinx Controversy“, „Fortean Times“, No. 79/1995
Sitchin, Zecharia: „Stufen zum Kosmos“, Untergäri 1982
Sitchin, Zecharia: „Forging the Pharao's Name“, „Ancient Skies“, US-Ausgabe, Vol. 8, 2/1981
Waseda University: Studies in Egyptian Culture No. 8, Tokyo 1988.
Siehe auch: Studies in Egyptian Culture No. 6, Tokyo 1988
Wolf, Doris: „Was war vor den Pharaonen?“, Zürich 1994
Zehren, Erich: „Scherben, Schriften und Geschichte“, Bergisch Gladbach 1980

2.3 Antikes Griechenland: Wunderheilungen und Orakel

Bergier, Jacques: persönliche Mitteilungen an den Verfasser
Däniken, Erich von: Im Namen von Zeus, München 1999
Farkas, Viktor: Esoterik, Frankfurt 1990
Flagel, Odilo: „Lourdes“, Feldkirch o.J.
Flury, Philipp: „Die Sache mit Lourdes“, Basel o.J
Fontenrose, Joseph: The Delphic Oracle, University of California Press 1978
Graber, Rudolf: „Marienerscheinungen“, Würzburg, 2. Auflage 1986
Leuenberger, Hans-Dieter: Die sieben Säulen der Esoterik, Freiburg im Breisgau 1989
Nilsson, Martin: Geschichte der griechischen Religion, München 1955
Paget, Robert: In the footsteps of Orpheus, London 1967
Pillement, Georges: Unknown Greece, London 1973
Ranke-Graves, Robert: Die Götter Griechenlands, Hamburg 1981
Schwab, Gustav: Sagen des klassischen Altertums, Wien und Heidelberg 1972
Spiegel, Der: Göttliche Dünste, Heft Nr. 21/1997
Temple, Robert: Götter, Orakel und Visionen, Frankfurt am Main 1982

2.4 Imperium Romanum – ein Reich zerfällt

Antpöhler, Werner: Unterm Keltenkreuz, Saarbrücken 1998
Artmann, Hans C.: Schlüssel zum Paradies, Salzburg 1993

Classen, Peter: Karl der Große, das Papsttum und Byzanz, Sigmaringen 1985
Cunliffe, Barry: Die Kelten und ihre Geschichte, Bergisch Gladbach 1992
Die große Bertelsmann Enzyklopädie des Wissens, Gütersloh 1993
Ellis, Peter B.: Die Druiden, München 1999
Klein, Stefan: Imperium Romanum, Mühlheim 1997
Norwich, John J.: Byzanz, 3 Bände, München 1998
Schindler, Hans: Persönliche Mitteilungen an den Verfasser
Stierlin, Henri: Imperium Romanum, Köln 1996

2.5 Auch im Mittelalter gab es Esoterik

Lehmann, Alfred: „Aberglaube und Zauberei", Stuttgart 1925
Althoff, Gerd: Menschen im Schatten der Kathedrale, Darmstadt 1998
Angenendt, Arnold: Geschichte der Religiosität im Mittelalter, Darmstadt 1998
Betz, Otto: Hildegard von Bingen, München 1996
Bergier, Jacques: persönliche Mitteilungen an den Verfasser
Bredero, Adrian v.: Christenheit und Christen im Mittelalter, Stuttgart 1998
Breindl, Ellen: Das große Buch der Heiligen Hildegard von Bingen, Weyarn 1997
Dinzelbacher, Peter: Christliche Mystik im Abendland, Paderborn 1994
Gnädinger, Louise (Hrsg.): Deutsche Mystik, Stuttgart 1989
Kochanek, Hermann: Die Botschaft der Mystik in den Religionen der Welt, München 1998
Kuper, Michael: Roger Bacon, Berlin 1996
Ruh, Kurt: Meister Eckhart, München 1989

2.6 Von der Renaissance zur Aufklärung

Bartak, Jan: Einführung in die Homöopathie, Leer 1996
Baumgart, Gert: Reisen in die sanfte Medizin, Wien 1999
Bohnke, Ben-Alexander: Esoterik, Düsseldorf 1991
Borland, Douglas: Homöopathie in der Alltagspraxis, Stuttgart 1992
Burgard, Peter (Hrsg.): Das Barock, Wien 1998
Capra, Fritjof: Wendezeit, München, 3. Auflage 1983
Groll, Ursula: Emmanuel Swedenborg und das Neue Zeitalter, St. Goar 1993
Horkel, Wilhelm: Botschaft von Drüben?, St. Goar 1987

König, Emil: Geschichte der Hexenprozesse, Wiesbaden o.J.
König, Emil: Hexenprozesse, Schwerte 1977
Krämer, Walter und Trenkler, Götz: Lexikon der populären Irrtümer, 8. Auflage, Frankfurt 1996
Krassa, Peter: Der Wiedergänger, München 1998
Lagercrantz, Olof: Vom Leben auf der anderen Seite, Frankfurt 1997
Lucadou, Walter von: Theorien der Parapsychologie, Frankfurt 1995
Lüer, Edwin: Aurum und Auroa, Heidelberg 1997
Reisch, Donata S.: Erhöhter Gott, vertiefter Mensch, Freiburg 1999
Schneider, Peter: Hexenwahn, Schwerin 1996
Tavernier, Ludwig: Barock und Rokoko, Innsbruck 1999
Völker, Klaus: Boris Vian, der Prinz von Saint Germain, Berlin 1989
Wehr, Gerhard: Jakob Boehme, Reinbek o.J.
Wächter, Oskar: Hexenprozesse, Holzminden 1995
Weber, Hartwig: Von der verführten Kinder Zauberei, Sigmaringen 1995

3 Geheime Schulen und Gesellschaften

3.1 Der Templerorden – die Suche nach einem esoterischen Schatz

Beck, Andreas: Der Untergang der Templer, Freiburg im Breisgau 1992
Charpentier, Louis: Macht und Geheimnis der Templer, Freiburg im Olten 1978
Fiebag, Dr. Johannes und Peter: Die Entdeckung des Grals, München 1989
Frater ML: Von der Templer Suche und Entdeckung des esoterischen Schatzes im Heiligen Lande zu Jerusalem, Manuskript (Anmerkung: das umfangreiche Manuskript stand dem Verfasser nur kurzzeitig zur Verfügung. Eine Garantie für die Echtheit des Dokuments kann der Verfasser nicht übernehmen.)
Grundmann, Herbert: Religiöse Bewegungen im Mittelalter, Darmstadt 1961
Schottmüller, Konrad: Der Untergang des Templerordens (Nachdruck), Walluf 1970
Werner, Helmut: Lexikon der Esoterik, Dreieich 1991
Wildermann, Anton: Die Beurteilung des Templerprozesses bis zum 17. Jahrhundert, Konstanz 1971

3.2 Katharer – noch ein esoterischer Schatz

Baier, Lothar: Die große Ketzerei, Berlin 199

Beijick, Urte: Die Katharerinnen, Freiburg 1993
Borst, Arno: Die Katharer, Freiburg 1995
Fiebag, Dr. Johannes und Peter: Die Entdeckung des Grals, München 1989
Frater ML.: Der Schatz der Katharer, der Heilige Gral, Christi Blut und das Geheimnis der Geheimnisse, Manuskript
Roll, Eugen: Die Katharer, Stuttgart 1987
Ott, Inge: Geier über Montsegur, Stuttgart 1997

3.3 Die Rosenkreuzer und kosmische Magie

Adams, George: Das Rosenkreuzertum als Mysterium der Trinität, Stuttgart 1994
Bergier, Jacques und Paulwes, Louis: Aufbruch ins dritte Jahrtausend, Bern und München 1979
Daural, Arkon: „A History of Secret Societies", Secaucus, New Jersey, 1961
Dietzfelbinger, Konrad: Mysterienschulen, München 1997
Edighoffer, Roland: Die Rosenkreuzer, München 1995
Frietsch, Wolfram: Die Geheimnisse der Rosenkreuzer, Reinbek 1999
Heckerthon, Charles W.: „The Secret Societies of All Ages and Countries", Vol. I, New York 1965
Helmond, Johannes: Die entschleierte Alchimie, Bietigheim 1994
Heyer, Karl: Geschichtsimpulse des Rosenkreuzertums, Basel 1990
Schick, Hans: „Die geheime Geschichte der Rosenkreuzer", Schwarzenburg 1980
Sievert, Hans: Im Zeichen von Kreuz und Rose, Berlin 1996
Wehr, Gerhard (Hrsg.): Die Bruderschaft der Rosenkreuzer, München o.J.

3.4 Die Freimaurer – Sehnsucht nach dem Menschheitsbund

Clausen, Ernst: Die Freimaurer – Einführung in das Wesen des Bundes, Leipzig 1922
Das Allgemeine Handbuch der Freimaurerei, zitiert in Schreiber, Hermann und Schreiber, Georg: Geheimbünde, Augsburg 1993
Fay, Bernard: Revolution and Freemasonry 1680–1800, Boston 1935
Frater ML.: Der Schatz der Katharer, der Heilige Gral, Christi Blut und das Geheimnis der Geheimnisse, Manuskript
Guardian, The: It's a square cop, Artikel in Ausgabe vom 29. Januar 1997

Heckethorn, Charles W.: The Secret Societies of All Ages and Countries, Vol. I, New York 1965

Heinichen, Otto: Die Grundgedanken der Freimaurerei im Lichte der Philosophie, Berlin 1927

Holtorf, Jürgen: Die Logen der Freimaurer, München 1991

Lennhoff, Eugen: Die Freimaurer, Zürich 1932

Miers, Horst: Lexikon des Geheimwissens, München 1982

Terhart, Franjo: Einweihungslehren, München 1996

3.5 Theosophie – ein esoterisches Bild vom Universum

Blavatsky, Helena P.: Die Geheimlehre, 4 Bände, Den Haag ohne Jahresangabe

Blavatsky, Helena P.: Der Schlüssel zur Theosophie, 5 Bände, Satteldorf 1995

Cranston, Sylvia: Leben und Werk der Helena Blavatsky, Salledorf 1995

Ruppert, Hans-Jürgen: Theosophie, unterwegs zum okkulten Übermenschen, Neukirchen-Vluyn 1993

Swassjan, Karen und Schultz, Georg Friedrich: Überwindung der Philosophie, Umwandlung der Theosophie, Erschaffung der Anthroposophie, Urphänomene Bände 1/95, 2/95 und 3/95, Dornach 1995

Steiner, Rudolf: Theosophie, Stuttgart 1973

Terhart, Franjo: Einweihungslehren, München 1996

3.6 Golden Dawn – mit esoterischem Wissen zur Unsterblichkeit?

Birven, Henri: Lebenskunst in Joga und Magie, Zürich 1953

Frick, Karl: Gnostisch-theosophische und alchimistisch-rosenkreuzerische Geheimgesellschaften bis zum Ende des 18. Jahrhunderts, Graz o.J.

Frick, Karl: Gnostisch-theosophische und freimaurerisch-okkulte Geheimgesellschaften bis an die Wende zum 20. Jahrhundert, Graz o.J.

Haggard, Howard: Devils, Drugs and Doctors, New York 1929

Lehmann, Alfred: Aberglaube und Zauberei, Jena 1913

Lévi, Eliphas: Geschichte der Magie, Basel 1978

Terhart, Franjo: Einweihungslehren, München 1996

Wichmann, Jörg: Die Ranaissance der Esoterik, Stuttgart 1990

3.7 Aleister Crowley – Unhold oder Esoteriker?

Akron: Das Crowley Tarot, Handbuch zu den Karten von Aleister Crowley und Lady Frieda Harris, München 1998

Crowley, Aleister: Das Buch des Gesetzes, Basel 1981

Crowley, Aleister: Das Buch Thoth, Neuhausen 1989

Crowley, Aleister: Buch Vier Magick I, Bad Ischl 1996

Crowley, Aleister: Buch Vier Magick II, Bad Ischl 1996

Crowley, Aleister: Original Alaister Thot Tarot, 80 Karten mit Beiheft, Urania Verlag Neuhausen 1997

Crowley, Aleister: Astrologick, München 1997

Schumacher, Joseph: Esoterik – Die Religion des Übersinnlichen, Paderborn 1994

Schweer, Thomas: Stichwort Satanismus, München 1997

Symonds, John: Aleister Crowley – Das Tier 666, München 1997

3.8 Georg Iwanowitsch Gurdjieff und der Kampf gegen den Schlaf

Bergier, Jacques und Pauwels, Louis: Aufbruch ins dritte Jahrtausend, Bern und München 1962

Gurdjieff, Georg I.: Beelzebubs Erzählungen für seine Enkel, Basel 1982

Gurdjieff, Georg I.: Begegnungen mit bemerkenswerten Menschen, Basel 1992

Wilson, Colin: Gurdjieff – Der Kampf gegen den Schlaf, München 1986

3.9 Anthroposophie – Esoterik und Pater Ernettis Erfindung

Anmerkung des Autors: Sowohl zum Thema Anthroposophie im Allgemeinen als auch aus der Feder Rudolf Steiners im Speziellen gibt es eine kaum zu überschauende Flut von Buchpublikationen. Der interessierte Leser wird im Buchhandel eine Fülle von Werken finden. Ein Literaturverzeichnis kann nur eine winzige Auswahl bieten.

Badewein, Jan: Anthroposophie, Neukirchen-Vluyn 1990

Badewein, Jan: Die Anthroposophie Steiners, München 1994

Barz, Heinz: Anthroposophie im Spiegel von Wissenschaftstheorie und Lebensweltforschung, Weinheim 1994

Fränkl-Lundborg, Otto: Was ist Anthroposophie, Dornach o.J.

Krassa, Peter: Dein Schicksal ist vorherbestimmt, München 1997

Kriele, Martin: Anthroposophie und Kirche, Freiburg 1996

Steiner, Rudolf: Antworten der Geisteswissenschaft auf die großen Fragen des Daseins, Dornach 1987

Steiner, Rudolf: Anthroposophie, Dornach 1994
Steiner, Rudolf: Anthroposophische Leitsätze, Dornach 1998
Steiner, Rudolf: Die Anthroposophie und das menschliche Gemüt, Dornach o.J.

4 Magische Welten

4.1 Magie und Esoterik

Anmerkung des Verfassers: Auch zum Thema Magie gibt es eine schier unüberschaubare Flut von Publikationen. Der Autor stützte sich bei seinem allgemeinen Kapitel über Magie hauptsächlich auf folgende Werke:

Aliti, Angelika: Macht und Magie, München 1998

Amadou, Robert: Das Zwischenreich, Baden-Baden 1957
Ansha: Das große Praxisbuch der weißen Magie, München 1999
Aram, Kurt: Magie und Zauberei in der Alten Welt, Wiesbaden 1998
Biedermann, Hans: Handlexikon der magischen Künste von der Spätantike bis zum 19. Jahrhundert, Graz 1973
Blacker, Carmen: Weltformeln der Frühzeit, Düsseldorf 1977
Brandl, Karin: Magie, München 1986
Danzel, Theodor-Wilhelm: Magie und Geheimwissenschaft in ihrer Bedeutung für Kultur und Kulturgeschichte, Stuttgart 1924
Eliade, Mircea: Mythen, Träume und Mysterien, Salzburg 1961
Eliade, Mircea: Die Sehnsucht nach dem Ursprung, Frankfurt am Main 1976
Fohr, Dieter: Trance und Magie, München 1997
Langbein, Walter-Jörg: Magische Welten, Rastatt 1998
Lehmann, Dr. Alfred: Aberglaube und Zauberei, Stuttgart, 3. Auflage 1925
Levi, Eliphas: Geschichte der Magie, München 1997
Papus: Die Grundlagen der okkulten Wissenschaft, Neuauflage als Reprint, Schwarzenburg 1977
Seligmann, Kurt: Das Weltreich der Magie, Stuttgart 1958

4.2 China: Mutter Erde, Heilige Berge, Tempel und Magie

Bauer, Wolfgang: Das Antlitz Chinas, München 1990
Blofeld, John: Das Geheime und das Erhabene, Weilheim 1974
Blofeld, John: Der Taoismus oder die Suche nach Unsterblichkeit, München 1998

Boerschmann, Ernst: Baukunst und Landschaft in China, Berlin 1926
Bredon, Juliet und Mitrofanov: Das Mondjahr, Wien 1953
Chen, Chao-Hsiu: Fen Shui, München 1998
Domoulin, Heinrich: Geschichte des Zen-Buddhismus, Indien und China, Tübingen 1985
Hausdorf, Hartwig: „Auf Göttersuche in China" in Däniken, Erich von (Hrsg.): Fremde aus dem All, München 1995
Hübotter, Franz: Die chinesische Medizin zu Beginn des 20. Jahrhunderts und ihr historischer Entwicklungsgang, Leipzig 1929
Needham, Joseph: Die frühen Chinesen in Blacker, Carmen: Weltformeln der Frühzeit Düsseldorf 1977
Pierers Konversations-Lexikon, Band V, Stuttgart, 7. Auflage 1890

4.3 Indien: Magie, Tricks und der Weg zur Erkenntnis des Überirdischen

Blofeld, John: Der Weg zur Macht, Weilheim 1970
Castiglioni, Arturo: Geheimnisvolles Indien in Moderne Universalgeschichte der Geheimwissenschaften, Das Reich der Magie, Düsseldorf und Wien 1979
Eliade, Mircea: Joga, Unsterblichkeit und Freiheit, Zürich 1960
Walker, Barbara G.: Das geheime Wissen der Frauen, Frankfurt 1993
Zimmer, Heinrich: Maya – der indische Mythos, Frankfurt 1978

4.4 Amerika – Esoterik vor Kolumbus: Naht die Apokalypse?

Anders, Ferdinand: Das Pantheon der Maya, Graz 1963
Bandini, Pietro: Der Heilige Kalender der Maya, München 1998
Biedermann, Hans: Altmexikos heilige Bücher, Graz 1971
Bourbon, Fabio: Die Mayas, Erlangen 1999
Däniken, Erich von: Der Tag an dem die Götter kamen, München o.J.
Harper, Piers: Die Rätsel der Maya, Oldenburg 1997
Henseling, Robert: Das Alter der Maya-Astronomie und die Oktaeteris in Forschungen und Fortschritte, Nachrichtenblatt der deutschen Wissenschaft und Technik, Berlin, 25. Jahrgang, Heft 3/4, Februar 1949
Sabloff, Jeremy: Die Maya, Heidelberg 1991
Time-Life: Die Verlorene Welt der Maya, München 1994

4.5 Afrika: Voudou und Tiermenschen

Bonin, Friedrich: Die Götter Schwarzafrikas, Graz 1979
Chesi, Gert: Voodoo. Afrikas Geheime Macht, Schwarz 1979

Damman, Ernst: Die Religionen Afrikas, Stuttgart 1963
Drake, Dr. Walter Raymond: persönliche Mitteilungen an den Verfasser
Fort, Charles: Wilde Talente, Frankfurt 1998
Frobenius, Leo: Kulturgeschichte Afrikas, Wuppertal 1993
Habeck, Reinhard und Krassa, Peter: Das Licht der Pharaonen, Berlin 1996
Langbein, Walter-Jörg: Magische Welten, Rastatt o.J.
Mbiti, John: Afrikanische Religion und Weltanschauung, Berlin 1974
Miers, Horst: Lexikon des Geheimwissens, München 1986
Triebel, Johannes: Gottesglaube und Heroenkult in Afrika, Erlangen 1993
Waite, A. E.: The Occult Sciences, London 1891

4.6 Italien: Magisches Erbe der Etrusker

Biedermann, Hans: Materia Prima, Graz 1967
Grant, Michael: Rätselhafte Etrusker, Bergisch Gladbach 1997
Heurgon, Jacques: Die Etrusker, Ditzingen 1993
Prayen, Friedhelm: Die Etrusker, München 1996
Temple, Robert: Götter, Orakel und Visionen, Frankfurt 1982

5 Esoterische Medizin

5.1 Esoterische Medizin im Volksglauben

Avianshov, Amraam: Geheimnis Mensch, Rottweil 1995
Bourgault, Luc: Ganzheitliche Edelsteintherapie, Freiburg 1994
Grabner, Elfriede (Hrsg.): Volksmedizin, Darmstadt 1967
Heinsberg, Peter: Alte und neue Volksmedizin, Innsbruck 1968
Hofmann, Helmut: Praktische Einführung in die Edelsteintherapie, München 1998
Kappauf, Baltasar: Kappaufs Sammelsurium, Passau 1973
Mandel, Peter: Die Therapie mit Licht und Klang, München 1997
Mandel, Peter: Handbuch zur Schmerztherapie mit spezifischen Infrarot-Frequenzen, Bruchsal 1994
Mohr, Paul: Farbtherapie, Wiesbaden 1998
Rudolph, Ebermut: Die geheimnisvollen Ärzte, Olten 1977
Spiegel: Sanfte Heilkunst aus Fernost, Heft 18/2000 vom 1.5.2000, Titelgeschichte
White Eagle: Die Chakras, Grafing 1993

5.2 Homöopathie: Heilung im Unsichtbaren

Blackie, Margery: Lebendige Homöopathie, Stuttgart 1990

Borland, Douglas: Homöopathie in der Alltagspraxis, Stuttgart 1992

Boyd, Hamisch: Fundamente der Homöopathie, Stuttgart 1995

Garion-Hutchings, Nigel: Der neue Homöopathie-Führer für die ganze Familie, Braunschweig 1995

Kollmann, Harry: Die andere Medizin, Lahnstein 1988

Vithoulkas, Georgos: Medizin der Zukunft – Homöopathie, Kassel 1997

5.3 Mesmerismus: Esoterische Heilmethode oder Ketzerei?

Bromberg, Walter: From Shaman to Psychotherapist, Chicago 1975

Kollak, Ingrid: Literatur und Hypnose, Frankfurt 1997

Florey, Ernst: Ars Magnetica – Franz Anton Mesmer, Konstanz 1995

Medizinische Gesellschaft: Bericht über Mesmers Arbeitsweise, zitiert in Medizin und Esoterik, Band 5 der Modernen Universalgeschichte der Geheimwissenschaften, Düsseldorf und Wien 1979

Reich, Wilhelm: Die Funktion des Orgasmus. Die Entdeckung des Orgons. Sexualökonomische Grundprobleme der biologischen Energie, Köln 1987

Reich, Wilhelm: Die Entdeckung des Orgons/Der Krebs, Köln 1994

Sabetti, Stephano: Lebensenergie, Bern, München und Wien 1985

Schneider, Emil: Der animale Magnetismus, Zürich 1950

Senf, Bernd: Die Wiederentdeckung des Lebendigen, Frankfurt 1996

Walker, Barbara G.: Das geheime Wissen der Frauen, Frankfurt 1993

Werthmüller, Lucius: Lebensenergie – zwischen Mysterium und Forschungsobjekt, Manuskript

Zweig, Stefan: Heilung durch den Geist, Frankfurt 1982

5.4 Osphreologie und Bachblütentherapie: Die Welt der Düfte und Pflanzen

Bach, Edward: Heile Dich selbst, München 1998

Bohnke, Ben-Alexander: Esoterik, Düsseldorf 1991

Davis, Patricia: Aromatherapie von A bis Z, München 1998

Davis, Patricia: Aromatherapie und Chakren, München 1999

Frater ML.: Prana, die alles durchdringende feinstoffliche Kraft – die Seele in Stein, Pflanze, Tier und Menschen, Manuskript

Lowen, Alexander: Bioenergetik, Bern, München und Wien 1983

Maly, Ilse: Bachblüten als Chance und Hilfe, München 1999

Sabetti, Stephano: Lebensenergie, Bern, München und Wien 1985

Trott-Tschepe, Jürgen: Mensch und Duft im Elementen-Kreis, Leer 1993
Werner, Helmut: Lexikon der Esoterik, Dreieich 1991
Werthmüller, Lucius: Lebensenergie – zwischen Mysterium und Forschungsobjekt, Manuskript
Wilbur, Ken: Das Spektrum des Bewusstseins, Reinbek 1991

5.5 Ayurveda: die Lehre vom Fließen der Kräfte

Chopra, Deepak: Alle Kraft steckt in dir, Bergisch-Gladbach 1996
Chopra, Deepak: Die heilende Kraft, Bergisch-Gladbach 1990
Frawley, David: Das große Ayurveda-Heilungsbuch, München 1999
Verma, Vinod: Ayurveda, Braunschweig 1992
Wallnöfer, Heinrich: Ayurveda, Stuttgart 1990

5.6 Geistheilung: Heilung mit der Kraft des Geistes, Heilung des Geistkörpers – oder beides?

Bibel, Württembergische Bibelanstalt, Stuttgart 1978
Dröse, Professor Dr. Konrad: Gedanken zum Jenseitigen, Freies Christentum, Auf der Suche nach neuen Wegen, Mai 1982 No. 5
Edwards, Harry: Wege zur Geistheilung, Freiburg 1999
Kress, Ursula: Heilende Hände, Wienacht/Tobel 1986
Langbein, Walter-Jörg: Was können Geistheiler?, Das Neue Zeitalter Heft 29/1984
Young, Alan: Das ist Geistheilung, Freiburg 1999
Zinser, Bodo und Fisch, John: Paranormale Chirurgie auf den Philippinen – Augenzeugenberichte, Luxemburg o.J. (vermutlich 1982)

5.7 Akupunktur: Heilen mit spitzen Nadeln – und mehr

Abraham, Winnie: Shiatsu, Niederhausen 1999
Acolla, Dylana: Traditionelle chinesische Medizin, Niederhausen 1998
Compact Miniratgeber: Shiatsu, München 1996
Ferguson, Pamela: Shiatsu, Stuttgart 1995
Jirui, Chen: Akupunktur aus China in 101 Fallbeispielen, Wien 2000
Kleber, Johann J.: Traditionelle chinesische Medizin, München 1989
Mertz, Bernd A.: Esoterik, Berlin 1996
Ohashi: Shiatsu, die japanische Fingerdrucktherapie, Freiburg 1993
Porkert, Manfred und Hempen, Carl-Hermann: Systematische Akupunktur, München 1998
Pothmann, R. (Hrsg.): Sanfte Verfahren in der Akupunktur, Stuttgart 2000

Schmook, Tobias: Der Akupunktur-Leitfaden, Stuttgart 1999
Schumacher, Joseph: Esoterik – Die Religion des Übersinnlichen, Paderborn 1994
Stux, Gabriel: Akupunktur – Lehrbuch und Atlas, Berlin 1999

5.8 Reinkarnationstherapie: Wunden aus früheren Leben

Aivanhov, Omraam: Die Reinkarnation, Rottweil 1995
Badewien, Jan: Reinkarnation – Treppe zum Göttlichen?, Neukirchen-Vluyn 1994
Bodde, Albert: Karma und Reinkarnation, Guellesheim 2000
Dethlefsen, Thorwald: Das Erlebnis der Wiedergeburt – Heilung durch Reinkarnation, München 2000
Fosar, Grazyna: Resonanz der Psyche, Frankfurt 1997
Hummel, Reinhart: Reinkarnation, Freiburg 1999
Jannberg, Judith: Ich bin eine Hexe, Bonn 1983
Jannberg, Judith: Ich bin ich, Frankfurt 1999
Mertz, Bernd A.: Esoterik, Berlin 1996
Sachau, Rüdiger: Westliche Reinkarnationsvorstellungen, Gütersloh 1996
Zander, Helmut: Reinkarnation und Christentum, Paderborn 1995
Zürner, Ronald: Reinkarnation, Jestetten-Oldenburg 1984

5.9 Reiki: Ritueller Umgang mit der Lebensenergie

Asbach, Gerda I.: Reiki – Heilende Kraft der Hände, München 196
Blazoka, Beate: Das andere Reiki, München 1997
Horan, Paula: Reiki – Der Weg zur Erfüllung, Aitrang 1995
Schwarzkopf, Jutta: Reiki – 1. Grad – Shoden, Manuskript
Ziegler, Brigitte: Erfahrungen mit der Reiki-Kraft, Aitrang 1992
Zopf, Regine: Reiki, Scharnhorst 1994

6 Der Blick in die Zukunft

6.1 Träume als Erinnerungen an die Zukunft

Bibel, Württembergische Bibelanstalt, Stuttgart 1978
Bosnak, Robert: Auf den Spuren unserer Träume, München 1997
Einsichten über die Heilige Schrift, Band 1, Selters ohne Jahresangabe
Koch, Beth: Die Astrologie der Träume, Mössingen 1994
Lamon, Ward Hill: Recollections of Abraham Lincoln, Chicago 1895
Marinelli, Lydia: Die Lesbarkeit der Träume, Frankfurt 2000

Miller, Johana: Ein Kurs in Träumen, München 1999

Vedefelt, Ole: Dimensionen der Träume, Düsseldorf 1997

6.2 I-Ging: das Buch der Wandlungen

Alink, Frank: PC Merlin (zwei 3 1/2' Disketten für MS-Dos ab 3.21. Tarot, I Ging, Numerologie und Biorhythmus. Vier komplette Programme zur Lebensberatung und Persönlichkeitsanalyse), Aitrang 1995

Anthony, Carol K.: Handbuch zum klassischen I Ging, München 1998

Claussen, Claus: I Ging kurz und praktisch, Freiburg 1998

Sneddon, Paul: Das neue I Ging, München 1996

Xing Shu: I Ging – Das Praxisbuch, München 1998

6.3 Kartenlegen: Zukunft à la carte

Adams, Anja: Tarot leicht erklärt, Bindlach 1999

Alink, Frank: PC Merlin (zwei 3 1/2' Disketten für MS-Dos ab 3.21. Tarot, I Ging, Numerologie und Biorhythmus. Vier komplette Programme zur Lebensberatung und Persönlichkeitsanalyse), Aitrang 1995

Bürger, Evelin: Tarot – Spiegel der Erfahrungen, Trier 1998

Fiebig, Johannes: Crowley-Tarot, Karten und Buch, Krummwisch 1998

Kaplan, Stuart R.: Klassisches Tarot, Neuhausen 1998

Masino, Marcia: Tarot – Das Praxisbuch, München 1998

Ruzha, Yvette: Kartenlegen im Handumdrehen, München 1997

Nilsen, Karin: Tarot – Orakel der Götter, Trier 1991

6.4 Astrologie: Weisen die Sterne den Weg?

Adler, Oskar: Das Testament der Astrologie, München 1993

Banzhaf, Hajo: Schlüsselworte zur Astrologie, München o.J.

Focus: Faszination Astrologie, Titelgeschichte Heft 52/1993

Mertz, Bernd A.: Handbuch zur Astrologie, München 1999

Miller, Anistatia: Die Jahrtausendenzyklopädie der Astrologie, München 1998

Schele, Linda und Freidel, David: Die unbekannte Welt der Mayas, München 1991

Weidner, Christopher: Die Sprache der Sterne, München 1999

Zehl, Hermine-Marie: Grundkurs Astrologie, München 1998

6.5 Das Geheimnis der Entsprechungen

Barrett, David: Handlinien und was sie bedeuten, Würzburg 1998

Brehm, Hanne: Horoskop, Handlinien, I Ging, Zürich 2000

Fenton, Sasha: Die Kunst des Handlesens, Erlangen 1996

Langbein, Walter-Jörg: So deuten Sie Stirnlinien, Das Neue Zeitalter Nr. 29/84

Lichtenfels, Henry: Das japanische Erfolgshoroskop in Das Neue Zeitalter, Heft Nr. 34/1984

7 Was kommt nach dem Tod?

7.1 Das Totenreich

Doucet, Friedrich W.: Forschungsprojekt Seele, München 1971

Doucet, Friedrich W.: „Die Toten leben unter uns", Wien 1979

Feuerstein, Otto: Wie sieht es im Jenseits aus?, Bietigheim 1990

Grof, Stanislav: Jenseits des Todes, München 1984

Hornung, Erik: Altägyptische Jenseitsbücher, Darmstadt 1997

Innes, Brian: Der Tod und das Leben danach, Bindlach 1999

Jakoby, Berard: Auch du lebst ewig, München 2000

Linke, Bernd M. und Neumann, Wolfgang; Die Welt nach der Welt, Frankfurt 1999

Radunz, Elisabeth und Konrad: Sagen und Legenden des Lichtenfelser Landes, Lichtenfels 1996

7.2 Kontakte mit dem Jenseits im 19. Jahrhundert

Eysenck, Hans J. und Sargent, Carl: Der übersinnliche Mensch, München 1984

Langbein, Walter-Jörg: Parapsychologische Phänomene, München 1997

Plichta, Dr. Peter: Gottes geheime Formel, München 1995

Richet, Charles: Grundrisse der Parapsychologie und Paraphysik, Stuttgart, Berlin und Leipzig 1923

Rochas, Eugène Auguste de: Die Grenzen der Wissenschaft, Leipzig 1911

Tart, Charles: Altered States of Consciousness, New York 1969

Watson, Lyall: The Rome Error, London 1974

7.3 20. Jahrhundert: Esoterische Archäologie

Brookesmith, Peter (Hrsg.): Ghosts, London 1984

7.4 20. Jahrhundert: Die Stimmen der Toten

Küng, Hans: Eiges Leben, München 1982

Langbein, Walter (Hrsg.): Im Gespräch mit dem Jenseits, Göttingen 1984

Langbein, Walter-Jörg: Dr. Raudive brachte als erster den lückenlosen Beweis für die Existenz paranormaler Stimmen in Neue Weltschau Heft 46/1982

Schäfer, Hildegard: Stimmen aus einer anderen Welt, Freiburg 1978

7.5 Leben und Sterben

Innes, Brian: Der Tod und das Leben danach, Bindlach 1999

Jakoby, Berard: Auch du lebst ewig, München 2000

Kübler-Ross, Elisabeth: Über den Tod und das Leben danach, Guellsheim 1996

Kübler-Ross, Elisabeth: Sehnsucht nach Hause, Guellsheim 1997

Kübler-Ross, Elisabeth: Das Rad des Lebens, München 1997

Kübler-Ross, Elisabeth: Interviews mit Sterbenden, München 1999

Moody, Raymond D.: Leben nach dem Tod, Reinbek 1977

Moody, Raymond A.: Das Licht von drüben, Reinbek 1989

Moody, Raymond A.: Nachdenken über das Leben nach dem Tod, Reinbek 1999

7.6 Besucher aus dem Jenseits

Arnold, Paul: Das Totenbuch der Maya, Bern 1978

Frankenberg, Gisela von: Kulturvergleichendes Lexikon, Bonn 1985

Jakoby, Berard: Auch du lebst ewig, München 2000

Sutherland, Cherie: Tröstliche Begegnungen mit verstorbenen Kindern, Bern 1998

Walker, Barbara G.: Das geheime Wissen der Frauen, Frankfurt 1993

Zürcher, Walter: Der Puls der Dinge, Freiburg i.Br. 1990

Nachwort: Esoterik, Wissenschaft, falsche und echte Wunder

Feldman, Frank: Wunder gibt's noch, doch sie werden seltener, Manuskript

Fiebag, Johannes und Peter: Himmelszeichen, München 1992

Krammer, Dr. Anton: Die Harmonikale Struktur des Singulett-Sauerstoffs in Verbindung mit der Vorstellung der ‚Lebensenergie' in Grenzgebiete der Wissenschaft, 36. Jahrgang 3-1987